amy-Jo
KOSIOW

READ, WRITE, SPEAK FRENCH

Here is a new course of study for the student who wants to understand and use the language, not simply memorize sentences and repeat them by rote. It instructs the student in the fundamental structure of French and teaches him to communicate practical needs as well as abstract ideas.

PART I. FRENCH GRAMMAR

A complete course in twenty-four lessons, each dealing with a topic of French grammar.

PART II. CONVERSATION

Phrases and paraphrases designed to build the student's knowledge of vocabulary, idioms and syntax.

PART III. READING SELECTIONS

Seventeen graduated dual-language reading selections, plus a special vocabulary list for the stories.

APPENDIX

A wealth of useful information, including French phrases common in English usage, French proverbs, basic idioms, verb-conjugation charts and French-English, English-French vocabularies.

Bantam Foreign Language Books
Ask your bookseller for the books you have missed

THE BANTAM NEW COLLEGE FRENCH &
 ENGLISH DICTIONARY by Roger Steiner
THE BANTAM NEW COLLEGE GERMAN &
 ENGLISH DICTIONARY by John C. Traupman
THE BANTAM NEW COLLEGE ITALIAN &
 ENGLISH DICTIONARY by Robert C. Melzi
THE BANTAM NEW COLLEGE SPANISH &
 ENGLISH DICTIONARY by Edwin B. Williams
THE FIRST SPANISH READER edited by Angel Flores
NEW BANTAM-MEGIDDO HEBREW &
 ENGLISH DICTIONARY by Dr. Reuen Sivan and
 Dr. Edward A. Levenston
THE NEW COLLEGE LATIN & ENGLISH
 DICTIONARY by John C. Traupman
READ, WRITE, SPEAK FRENCH by Mendor Brunetti
SPANISH STORIES by Angel Flores

READ, WRITE, SPEAK
FRENCH

BY MENDOR BRUNETTI
**PROFESSOR OF ROMANCE LANGUAGES
COORDINATOR OF LANGUAGE INSTRUCTION
DIVISION OF GENERAL EDUCATION
NEW YORK UNIVERSITY**

BANTAM BOOKS
TORONTO · NEW YORK · LONDON · SYDNEY

READ, WRITE, SPEAK FRENCH
A Bantam Book / April 1963

2nd printing .. December 1965	7th printing .. September 1971
3rd printing .. November 1966	8th printing ...... October 1972
4th printing .... August 1968	9th printing .... January 1974
5th printing .... June 1969	10th printing .. December 1975
6th printing .... March 1970	11th printing .. September 1977

12th printing .... April 1980

Selection reprinted from EMELIE *by Ken Krippene
Copyright 1950 by the Garden City Publishing Company, Inc.
Reprinted by permission of Doubleday and Company, Inc.*

The publishers gratefully acknowledge Holt, Rinehart and Winston's permission to reprint from William G. Giese's Graded French Method; Copyright 1913, 1918, Holt, Rinehart and Winston, Inc., the following selections:
"The Father and the French Teacher"—pages 53–54
"A Sunday Morning Quarrel"—pages 99–101
"The Lawyer and the Grocer"—pages 150–152
"The Grocer at the Louvre"—pages 179–181

Library of Congress Catalog Card Number: 63-8350

*All rights reserved.
Copyright © 1963 by Mendor Brunetti.
This book may not be reproduced in whole or in part, by mimeograph or any other means, without permission.
For information address: Bantam Books, Inc.*

ISBN 0-553-14168-6

Published simultaneously in the United States and Canada

Bantam Books are published by Bantam Books, Inc. Its trademark, consisting of the words "Bantam Books" and the portrayal of a bantam, is Registered in U.S. Patent and Trademark Office and in other countries. Marca Registrada. Bantam Books, Inc., 666 Fifth Avenue, New York, New York 10019.

PRINTED IN THE UNITED STATES OF AMERICA

21 20 19 18 17 16 15 14 13

TO
"THE THOUSANDS OF STUDENTS WHOSE INQUISITIVE
MINDS, OVER A PERIOD OF MANY MANY YEARS,
TAUGHT ME MORE THAN THEY EVER DREAMED"

ACKNOWLEDGMENTS

The author wishes to express his thanks to the following colleagues and members of his department for their valuable assistance in the preparation of the manuscript. To Mr. and Mrs. Arié Gilon for their suggestions and corrections of the exercises and drills of the French Grammar; to Mr. André Bovay and Professor Marie-Rose Huntzbuchler for their criticisms and corrections of the French stories in the reading section; to his wife, Elizabeth, for her aid and suggestions in choosing the reading materials; to Milton R. Stern, Assistant Dean, and Mr. Lawrence Terzian, Instructor of English, for their helpful suggestions and criticisms of the manuscript; to Miss Dominique McAvoy, Instructor of French, for her invaluable aid in the translation of the reading selections; to Mrs. Olga Z. Taylor, for her English translation of Maupassant's "The Necklace"; and to Mr. Gerard R. Wolfe for his many suggestions in organizing the materials of the text and for his editorial labors in the preparation of the manuscript.

PREFACE

Read, Write, Speak French is a comprehensive French textbook dealing with the various aspects of the French language. The text, which begins with a brief review of English grammar, is divided into three sections:

I. A complete French grammar with exercises and a French key to all the English sentences.
II. A conversational manual with stress on grammatical patterns.
III. A progressive reader containing seventeen short stories in dual-language versions.

An appendix contains a long list of the most important French idioms and proverbs; a list of French phrases used in current English; and vocabularies.

The book is written for the serious student, in school or out of school, who is interested in acquiring a basic knowledge of the French language, whether his goal is reading, writing, translation, or conversation. *The core of the text is the French grammar.* In twenty-four lessons the student will find all the essentials of French syntax written in concise, simple English. Since the American student has a deplorable misunderstanding of English grammar, a special effort has been made to overcome this obstacle. In addition to the compendium of English grammar, the student will find, when necessary, examples of English grammar incorporated in each French lesson to clarify both the French and the English.

The French grammar included in this text has been used for many years in the Saturday School of Foreign Languages, New York University. The approach to the study of the language is analytical and its aim is to give the student a clear understanding of the basic structure of the French language. The twenty-four lessons of the text are completed in thirty sessions, two scholastic hours for each session. The first hour of each session is devoted to the grammar. For the second hour the student may choose either a reading section, if he

is interested in reading, or a conversational class under the direction of native instructors, if he is interested in conversation. No student is permitted to take a conversational class without having had a preliminary analysis of English and French grammar.

Very few of the great languages of the world are as amenable to structural organization as French and, for the English speaking student, few languages lend themselves to reading more easily than French. The thousands and thousands of words which are similar in both languages, or easily recognizable, make the acquisition of an extensive reading vocabulary a relatively simple task. Once the student has mastered the fundamental essentials of French syntax, he is well on his way to the comprehension of the written page.

Pronunciation, aural comprehension, and skill in speaking French are not so simple, however. To acquire a commendable command of spoken French, or of any language, requires time, patience, and a great deal of practice. It is rather difficult to acquire an acceptable pronunciation in French without the aid of a competent teacher. The student who wishes to learn the language without a teacher should be extremely careful if he uses any of the ingenious "systems of hieroglyphics" found in many texts that have appeared recently. First impressions have a way of remaining permanently in the mind of an adult and the constant repetition of an incomprehensible jargon may lead to perfection in error. In the absence of a competent teacher the student should use records, the radio, television, and the movies to improve his pronunciation.

The seventeen stories which comprise the reading section of this text were selected with great care. The selections were chosen both for their human interest and for their varied vocabulary. The four stories taken from the *Graded French Method* by W. F. Giese are reproduced here without any change. The sketch on "The Creation of Woman," and "An American Student at the University of Paris," are by the author. The remainder of the stories are adaptations from French, Spanish, and English sources. They may be read with pleasure and profit by any reader who enjoys reading regardless of his interest in the French language. Students who are learning French on their own should master the first six or seven lessons in the grammar before beginning their reading. The English versions of the stories should be used only to check the student's own translation or for com-

parison. They should not be used as substitutes for some hard work.

Read, Write, Speak French should prove an ideal text to aid the graduate and undergraduate student; the high school junior and senior; and others who have studied French but who feel the need of a brief and intensive review of the various aspects of the French language.

CONTENTS

PREFACE ix
AN OUTLINE OF ENGLISH GRAMMAR 1
FRENCH PRONUNCIATION 20

I. FRENCH GRAMMAR

LESSON 1 28
Gender and plural of nouns · Definite Article · Contractions · Personal Pronoun Subjects · The Verb *être* ("to be") · Questions · Indefinite Articles · Cognates

LESSON 2 35
Regular verbs · Present indicative of *donner, finir, vendre* · Constructions

LESSON 3 39
Present indicative of *avoir, pouvoir, vouloir, faire*

LESSON 4 43
Adjectives · Position of descriptive adjectives · Questions

LESSON 5 48
The irregular verbs *aller, venir, savoir* · The pronoun *on* · Imperatives

LESSON 6 53
The partitive construction · Partitive adjectives and pronouns · Adverbs of quantity

LESSON 7 58
Personal pronouns · The pronominal adverbs *y* and *en* · Reflexive verbs and pronouns

LESSON 8 66
Object pronouns · Unstressed and stressed personal pronouns · The verbs *voir* and *falloir* · The preposition *chez*

xiii

xiv / CONTENTS

Lesson 9 74
Possessive adjectives and possessive pronouns · Demonstrative adjectives and demonstrative pronouns

Lesson 10 82
Indicative tenses of *avoir* and *être* · Imperfect tense of regular and irregular verbs · The idiom *il y a*

Lesson 11 87
Future tense · Conditional tense · The conditional with *si*

Lesson 12 94
Past definite tense of regular and irregular verbs · The irregular verbs *dire, écrire, lire, rire*

Lesson 13 98
Present participle · Use of verbs after prepositions

Lesson 14 100
Past participle · How to form compound tenses · Verbs conjugated with *être* · The irregular verbs *sortir* and *partir*

Lesson 15 105
Object pronouns in compound tenses · Compound tenses of reflexive verbs

Lesson 16 110
Past definite, past indefinite, and imperfect tenses compared · Continents, nations, nationalities, cities

Lesson 17 115
The weather · Time of day · Days of the week · Months · Seasons

Lesson 18 121
Comparison of adjectives and adverbs · Negatives · The irregular verb *boire*

Lesson 19 127
Present subjunctive tense · Analysis of the English and French subjunctive

Lesson 20 135
Present perfect subjunctive, imperfect subjunctive, and pluperfect subjunctive tenses

CONTENTS / xv

Lesson 21 141
Interrogative adjectives and pronouns · Relative pronouns

Lesson 22 149
Cardinal and ordinal numbers · Adverbs · Complementary infinitives · Causative *faire* · Idiomatic use of present indicative and imperfect tenses

Lesson 23 155
The verbs *devoir* and *falloir* · The passive voice

Lesson 24 161
Miscellany

Keys to Drills 166

II. CONVERSATION

Lessons 1–24 181–207

III. READING SELECTIONS

1. Un Étudiant américain à l'Université de Paris, 212
   An American Student at the University of Paris
2. Le Maître et le père, 214
   The Teacher and the Father
3. Le Présent des rois mages, 216
   The Gift of the Magi
4. Le Curé de Cucugnan, 218
   The Curé of Cucugnan
5. L'Épicier, 224
   The Grocer
6. L'Épicier au musée, 226
   The Grocer at the Museum
7. La Création de la femme, 228
   The Creation of Woman
8. Ancienne Éloquence, 232
   "Ye Ancient Eloquence"
9. Une Querelle de dimanche, 234
   A Sunday Quarrel
10. Le Lièvre et le hérisson, 238
    The Hare and the Hedgehog
11. La Chemise de l'homme heureux, 242
    The Shirt of the Happy Man

12. La Chèvre de monsieur Seguin, 248
    The Goat of Monsieur Seguin
13. Émélie, le trésor perdu, 256
    Emelie, The Lost Treasure
14. Les Deux Gloires, 262
    The Two Glories
15. Les Étoiles: rêverie d'un berger, 268
    The Stars: Reveries of a Shepherd
16. Toine, 274
    Toine
17. La Parure, 284
    The Necklace

Vocabularies for Reading Selections, 302

APPENDIX

FRENCH PHRASES COMMON IN ENGLISH USAGE 315

FRENCH PROVERBS 318

IDIOMS 323

CONJUGATION OF VERBS 342
  avoir and *être* · Regular verbs · Irregular verbs

VOCABULARIES 361
  French-English · English-French · Situational

READ, WRITE, SPEAK FRENCH

AN OUTLINE OF ENGLISH GRAMMAR

LANGUAGE: Language is the means of expressing ideas ... of communicating thoughts and emotions. There are over three thousand languages and dialects in the world. A dialect is a modification of a language peculiar to a certain section of a country.

GRAMMAR: Grammar deals both with the science of a language and the art of using it. As a science it consists of a system of general principles or rules; as an art it concerns the manner of speaking and writing with power and accuracy. The general principles of a language are deduced from the best writers and speakers. This we call good usage.

Grammar is generally divided into four parts:

1. *Orthography*—which deals with sounds, letters, syllables, words, and spelling.
2. *Etymology*—which deals with the classification, derivation, properties, and inflection of words.
3. *Syntax*—which deals with the agreement, relation, government, and arrangement of words into sentences, in accordance with good usage.
4. *Prosody*—which deals with punctuation, figures of speech, and versification.

SYLLABLES: A syllable is a word, or part of a word, which can be pronounced with a single effort of the voice. A word consists of one, two, or more syllables: *man, man-ly, man-li-ness,* etc.

A word of one syllable is called a **monosyllable.**
A word of two syllables is called a **disyllable.**
A word of three syllables is called a **trisyllable.**
A word of more than three syllables is called a **polysyllable.**

ACCENT: The word *accent* in English has two meanings: (1) the stress of voice on a particular syllable or syllables, and (2) the symbols used to indicate such stress. To "stress"

means to place emphasis on a certain syllable or syllables. Be sure to remember this distinction. In French the "accents" refer to the marks used over vowels, such as the acute accent (é); the grave accent (è); the circumflex accent (ê).

PARTS OF SPEECH. All words in a language are classified according to meaning and use into eight general classes known as Parts of Speech: nouns, pronouns, adjectives, adverbs, conjunctions, prepositions, interjections, and verbs.

I. THE NOUN. The word *noun* comes from the Latin **nomen** (name). A noun is the name of a person, place, or thing. It is often called a substantive.

A. Nouns are divided into two general classes, proper nouns and common nouns.

> A proper noun is the name of a specific person, place, or thing: *Robert, Paris, Asians.*
>
> A common noun is the name of a class, group, or species: *man, town, city, river.* Included in the common nouns are:

1. Abstract nouns, nouns which have intangible qualities: *liberty, justice, wisdom.*
2. Concrete nouns, nouns which have tangible qualities: *coins, stone, books.*
3. Collective nouns, a collection or group of things: *family, army, mob.*
4. Verbal nouns, nouns which have the form of a participle or an infinitive: *Teaching* is a science; to *teach* requires skill.

B. Nouns can have four properties; gender, person, number, and case.

1. Gender. There are four genders:
    a. The masculine, which denotes male: *boy, father.*
    b. The feminine, which denotes female: *girl, mother.*
    c. The common gender, either or both sexes: *person, children.*
    d. The neuter, which denotes objects without sex: *stone, hill.*
2. Person. Person is the property of the noun that indicates whether the noun represents the speaker, the per-

son spoken to, or the person spoken of: namely, the first, second, and third person, singular and plural.
3. Number. There are two numbers, singular and plural: *boy, boys.*
4. Case. Case is a modification of the noun to distinguish its relation to other words. In English there are three cases:

   a. The nominative case. It is always the subject of a finite verb: *John studies.*
   b. The possessive case. It denotes ownership or possession: *John's book.*
   c. The objective case. It denotes a direct object of a transitive verb or the indirect object of a preposition: *He saw John. He spoke to John.*

5. Declension. To decline is to express the changes a noun undergoes to indicate gender, person, number, and case.

II. THE PRONOUN.
A pronoun is a word used instead of a noun: Robert has the grammar; *he* has *it.*

A. In English, the pronouns are classified as:

Personal Pronouns

1. Personal pronouns used as subjects: *I, you, he, she, it, we, you, they.* (*I work hard; he works harder, they never work,* etc.)

2. Personal pronouns used as objects: these are either—

   a. Direct: *me, you, him, her, it, us, them.* (*She kicks him.*)
   b. Indirect: *to me, to you, to him, to her, to it, to us, to you, to them.* (*She gives him* [indirect] *a book. She gives a book to him* [indirect].)

3. Personal pronouns, reflexive:

   a. Direct: *myself, yourself, himself, herself, itself, ourselves, yourselves, themselves.* (*She washes herself* [direct].)
   b. Indirect: *to myself, to yourself, to himself, to herself, to itself, to ourselves, to yourselves, to themselves.* (*She buys herself a hat* [*for herself,* indirect].)

4 / ENGLISH GRAMMAR

4. Intensive pronouns: *myself, yourself, himself, herself, itself, ourselves, yourselves, themselves.* (*She herself did that, not he. They themselves were there, not their children.*)

5. Reciprocal pronouns: *each other, one another.* (*They speak to each other. They flatter one another.*)

6. Prepositional pronouns: these pronouns are used with prepositions. They are always in the objective case: *me, you, him, her, it, us, them.* NOTE: Never use a subject pronoun after prepositions, i.e., never say "*between him and I,*" but, "*between him and me,*" etc.

Note the omission of the preposition *to*, and sometimes *for:*

He gives me the book.	He gives the book to me.
He buys himself a hat.	He buys a hat for himself.

but

He goes with me. He goes without him (*etc.*).

7. Demonstrative pronouns: the demonstrative pronouns are used to point out persons, things, etc., without naming them: *this, that, these, those.*

SINGULAR	PLURAL
this	these
that	those

this book, this or *this one; that book, that* or *that one; these books, these; those books, those.* (See demonstrative adjectives.)

8. Possessive pronouns: these pronouns show possession—*mine, yours, his, hers, its, ours, yours, theirs* (compare with possessive adjectives). *My book, mine; your book, yours; his book, his,* etc. *This book is mine; that book is his,* etc.

RELATIVE PRONOUNS

The most common relative pronouns are: *who, whom, whose, which, what, that.* They are called relative pronouns because they refer or "relate" to a preceding noun or a phrase—an antecedent—and they introduce a dependent clause.

1. When the antecedent is a person, use *who* as a subject and *whom* as an object.

> The man who is here is my friend.
> The man whom you met is my friend.

2. When the antecedent is not a person, use *which* both as a subject and as an object.

> The chair which is broken is expensive.
> The chair which you bought is inexpensive.

3. The relative pronoun *that* may replace *who* or *which* in a restrictive clause. (A restrictive clause limits or identifies the word it modifies. It answers the questions: *Which one? Which ones?*)

> Those are the girls that (who) deserve a promotion.
> These are the books that (which) we sold today.

4. The relative pronoun *what* is equivalent to *that which*.

> I know what you want. (I know that which you want.)

5. The relative pronoun *whose* shows possession.

> The boy whose book was lost is annoyed.
> The city whose streets (the streets of which) were paved . . .

NOTE: Sometimes compound relatives are used. These are *whoever, whomsoever, whichever, whichsoever, whatever, whatsoever*.

> Whatever he may think doesn't really matter.
> Whoever says that doesn't know very much.

INTERROGATIVE PRONOUNS

The interrogative pronouns, *Who? Whom? Whose? Which? What?* are used to ask questions.

> Who is dumb? He, not I!
> Whom did you meet? The President, of course.
> What did you write? I wrote a note.
> Which did you buy? I bought the expensive one.
> Whose book have you? I have John's.

INDEFINITE PRONOUNS

These are called indefinite pronouns because they do not point to any definite persons, places, or things—their ante-

cedents are either vague or unknown. The most common are: *each, every, some, any, other, one, all, none, few, many, several.*

> Each should endeavor to please the other.
> All or many of you may come.
> Many are called but few are chosen.

III. THE ADJECTIVE. Most students think adjectives describe nouns or pronouns. This is only one of the numerous functions of an adjective.

DEFINITION: An adjective is a word that restricts, limits, qualifies, or makes any change in the meaning of the noun or pronoun it modifies.

a book	the book
the red book	a black book
few books	many books

A. Thus we have:

1. Limiting adjectives: *the book, a book; the* and *a (an)* (also called the definite and indefinite articles).

2. Numerical adjectives: these include the cardinal and the ordinal numbers: *one, two, three; first, second, third,* etc.

3. Partitive adjectives: *some* or *any.* These adjectives denote a part of a class of objects. When we say *"Books are useful,"* we mean in a general way that *all* books are useful. *Books* in this sentence is a general noun since it includes all books. When we say, *"I have books,"* we mean *some* books. *Books* in this case is a partitive noun and *some* is a partitive adjective.

   > I have some books.
   > We haven't any books.

4. Descriptive adjectives: these adjectives denote quality, kind, or condition.

   > The black book is on the table.
   > The oak tree is very beautiful.
   > The children are very happy.

5. Possessive adjectives: these denote possession: *my book, your book, his book, her book, our book, your book, their book.* (See also possessive pronouns.)

6. Demonstrative adjectives: these point out the objects to which they refer. (See also demonstrative pronouns.)

   this book   these books
   that book   those books

7. Interrogative adjectives: *What? Which? Whose?* These adjectives are used to ask questions. (See also interrogative pronouns.)

   What book did he have in his hand?
   Which book did he buy?
   Whose book did he take?

8. Proper adjectives: these are descriptive adjectives formed from a proper noun.

   a Roman soldier   the French people   a Ford product

9. Indefinite adjectives: adjectives such as *several, few, many, all, most,* etc., are called indefinite because they do not indicate any definite person, place, or thing.

   Few students are really brilliant.
   Most teachers are not lazy.

10. Verbal adjectives: a verbal adjective is a descriptive adjective which has the form of a participle.

    a running stream   a broken neck

11. Adjective phrases: an adjective phrase is a phrase used as an adjective. These may be (a) prepositional phrases, (b) participial phrases, or (c) infinitive phrases.

    The book *on my desk* is very old.
    The plane *flying over the ocean* arrived safely.
    We have a lesson *to prepare*.

12. Adjective clauses: an adjective clause is a clause used as an adjective. The adjective clause is introduced by a relative pronoun, *who, that, which, what, whose.* (See relative pronouns.)

    Here is the student who is so brilliant.
    The book which is on my desk is mine.
    The man whose money he stole is rich.

13. The predicate adjective: predicate adjectives follow the verbs *be, seem, taste, smell, feel, look, appear, become,* etc., and modify the subject of the sentence.

> The student is very bad.
> This wine seems quite dry.
> The ice cream tastes good.

B. The Property of Adjectives: Adjectives have the property of comparison, to express quality in different degrees. There are three degrees of comparison: the *positive,* the *comparative,* and the *superlative.*

1. The positive expresses quality without comparison:

> a good book   a difficult lesson   an ignorant man

2. The comparative expresses quality in a higher or lower degree; it denotes a comparison between two objects:

> a better book   a more difficult book   a less ignorant man
> Wisdom is better than money and far more rewarding.

3. The superlative degree: The superlative degree expresses the greatest or the least quality of the adjective. It is formed by adding *-est* to the comparative or by using the words *most* or *least.*

POSITIVE	COMPARATIVE	SUPERLATIVE
wise	wiser	wisest
frugal	more frugal	most frugal

IV. **THE ADVERB.** An adverb is a word used to modify the meaning of a verb, an adjective, or another adverb. An adverb may also modify a preposition or a conjunction. It may consist of a single word, a phrase, or a clause.

> The boy sang *beautifully.* (Modifies the verb *sang.*)
> The professor was *very* eloquent. (Modifies the adjective *eloquent.*)
> The stream flowed *very* rapidly. (Modifies the adverb *rapidly.*)
> She was *almost* beyond the river. (Modifies the preposition *beyond.*)
> They finished the work *just* before you came. (Modifies the conjunction *before.*)
> They sang *with enthusiasm.* (Phrase modifies *sang.*)
> The boys cried *because they were unhappy.* (Clause modifies *cried.*)

A. Adverbs may be classified as:

1. Simple: adverbs functioning as simple modifiers.
   The boy sang beautifully.
2. Interrogative: adverbs that ask questions.
   Why did the boy sing?
3. Conjunctive: adverbs that connect clauses.
   I know when he wrote that book.

B. Classification of adverbs as to meaning. Adverbs are generally classified as adverbs of—

1. Time: these indicate the time of the action. They answer the question "When?": *now, then, before, later, soon, presently,* etc.
   Prepare this lesson now and that one later.
2. Place: these indicate the place of action. They answer the question "Where?"; *here, there, near, far,* etc.
   Prepare this lesson here, not at home.
3. Manner: these indicate how the action takes place. They answer the question "How?": *wisely, justly, quickly,* etc.
   Prepare this lesson carefully.
4. Degree or quantity: these indicate to what degree, or in what quantity or number, and answer the questions "How much?" "How many?" "To what degree?": *much, many, very, little, less, more, enough, sufficiently,* etc.
   They were sufficiently interested to study.

C. Many other classifications of adverbs are possible. You may have adverbs of—

1. Number: *once, twice, singly, secondly,* etc.
2. Affirmation: *yes, no, indeed, truly, surely,* etc.
3. Negation: *no, not, not at all,* etc.
4. Doubt: *perhaps, possibly, perchance,* etc.
5. Cause: *why, therefore,* etc.
6. Direction: *upward, downward, forward, backwards,* etc.
7. Interrogation: *why, wherefore, how, where,* etc.
8. Comparison: *more, most, least, less, best,* etc.

D. Adverbs, like adjectives, may be compared.

POSITIVE	COMPARATIVE	SUPERLATIVE
little	less	least
fast	faster	fastest
badly	worse	worst
carefully	more carefully	most carefully

Many adverbs, however, have a meaning not subject to comparison: *then, now, here, no, yes,* etc.

NOTE: 1. Adverbs are, generally speaking, substitutes for phrases or clauses. They express the same ideas in a more precise manner:

> He reasons logically. (He reasons in a logical manner.)
> She was there then? (She was in that place at that time?)
> Where did you come from? (From what place did you come?)

2. Sometimes adverbs are used independently, that is, without referring to anything specific:

> Then you agree with me on this subject?
> Therefore I assure you that nothing can be done.

3. Sometimes adverbs are used as mere expletives. (Expletives are words used as fillers for emphasis or rhetorical effect.)

> Well! You will never change, will you?
> There are several books in my desk. (Several books are in my desk.)

4. Some words function both as adjectives and as adverbs: *slow, fast, well, back,* etc.

> He has a fast car. With that car he can travel very fast.

V. THE CONJUNCTION. A conjunction is a word that connects words, phrases, or clauses. The word *conjunction* means "joined with." The conjunction does not modify anything; it merely connects two words, two phrases, or two clauses.

> Mary and Robert are not here. (*Words.*)
> He began to teach and to write. (*Phrases.*)
> John is happy because he is a good student. (*Clauses.*)

ENGLISH GRAMMAR / 11

A. Classification: conjunctions are of two classes, coordinate and subordinate.

1. A coordinate conjunction is one that connects elements of similar rank.

   You or I will have to do this.
   We sent greetings to Mary and to her sister.

   The most common of these are: *and, or, nor, but, for, also, still, yet, else, neither.* (Note that some of these conjunctions may function also as adverbs.)

2. A subordinate conjunction is one that connects elements of dissimilar rank.

   They were here when she came.

   (*When* connects the dependent clause "when she came" of the independent clause "they were here." The most important of these conjunctions are: *if, though, although, unless, except, whether, that, provided, since, because, than, as.*

   Correlative conjunctions: when conjunctions are used in pairs they are called correlatives. Among these are: *both ... and, either ... or, neither ... nor, whether ... or, though ... yet, if ... then, as ... so, so ... that, not only ... but also, when ... then, where ... there.*

   (1) The child can both read and write.
   (2) This is either his or hers.
   (3) That is neither yours nor mine.
   (4) Though he may whip me yet I will like him.
   (5) If he had doubts then let him stay.
   (6) Robert is as old as John.
   (7) As one does, so does the other.
   (8) The man ran so fast that he couldn't stop.
   (9) She is not only charming but she is also intelligent.
   (10) When wealth comes, then comes trouble.
   (11) Where she is, there will he be.

NOTE: 1. Certain words, which are generally adverbs, are sometimes used as subordinate conjunctions. They are called conjunctive adverbs. The most frequently used are: *why, how, when, there, after, before, till.*

2. Any expression whose primary function is to connect is called a conjunction. The following are often used: *as if, even if, even though, except that, provided that, seeing that, inasmuch as, so that, in order that*. These are called phrasal conjunctions.

> He will do it *provided that* it be interesting.

VI. THE PREPOSITION.
A preposition is a word that shows the relation of a noun or pronoun to some other word.

A. Simple prepositions: *about, for, over, along, after*, etc.

> The world of ideas.

Compound prepositions: *along with, from under, out of*, etc.

> He came out of the cellar.

B. A preposition followed by a noun or a pronoun is called a prepositional phrase. The noun or pronoun which follows a preposition is in the objective case.

> The book is on the table.

(In this prepositional phrase, *table* is the object of the preposition *on*.)

C. A prepositional phrase may function either as an adjective or as an adverb depending on the word it modifies:

> The man in the car is ill. (*Adjective.*)
> The man who is in the car is ill. (*Adverb.*)

D. Words which are generally prepositions become adverbs when used without an object:

> He went on the road. (*Preposition.*)
> He went on. (*Adverb.*)
> She ran about the lawn. (*Preposition.*)
> She ran about. (*Adverb.*)

VII. THE INTERJECTION.
An interjection is a word that expresses some strong feeling or emotion. Each language has its own peculiar way of expressing enthusiasm, aversion, laughter, sorrow, admiration, etc. Interjections are used independently of grammatical relations. The following are some of

the principal interjections used in English: *Good! Well done! Bravo! Behold! Look! Ho! Shoo! Hurrah! Alas! Hush! Welcome! Hail! Stop! Farewell! Good-by! Indeed! What! How!*

VIII. THE VERB. A verb is a word which expresses an action, a state, or a condition concerning a person, place, or thing.

> We walk through the fields.
> Apples are usually red.
> The boy's face turned pale.

A. With reference to the object, a verb may be either transitive or intransitive.

   1. A transitive verb is a verb that takes a direct object.

   > The boy ate the apple.
   > Robert writes a letter.

   2. An intransitive verb is a verb that does not take a direct object.

   > John goes to school.
   > Mary runs fast.

B. The auxiliary verbs *to have, to be*. These two verbs are very important both in English and in French. They are not only used independently as complete verbs, but are used also to form the compound tenses: *I have read, I had read,* etc. (See compound tenses.)

C. Voice: verb forms are classified as being in the active or passive voice. (Besides voice, verbs have mood, tense, person, and number.)

   1. A verb is in the active voice when the subject of the sentence acts.

   > People speak French in France.

   2. A verb is in the passive voice when the subject is acted upon.

   > French is spoken in France.

   NOTE: The passive voice in English is formed by using any tense of the auxiliary verb *to be* followed by the past participle: *I am loved, I was loved, I will be loved, I have been loved, I had been loved,* etc.

D. Mood: verbs may be used in one of three moods, depending upon the manner in which a statement is made:

1. The indicative mood: this mood is used primarily to express statements of fact or to ask a question.

   > Mary sings beautifully.
   > Does Robert sing also?

2. The imperative mood: this mood expresses a command, a request, or an entreaty.

   > Do not shout so loudly, please.
   > Let us all go to the opera.
   > Be sure to prepare your lessons.

3. The subjunctive mood: see page 16.

TENSES

Tense means time ... hence tense indicates the time when an action takes place. English grammars give six tenses (three simple tenses and three compound tenses): the present, the past, the future (simple tenses); the present perfect, the past perfect, the future perfect (compound tenses). To simplify matters, this text will include also a simple conditional tense and a compound conditional tense (the conditional perfect).

> SIMPLE TENSES: I speak, I spoke, I will speak, I would speak.
> COMPOUND TENSES: I have spoken, I had spoken, I will have spoken, I would have spoken.

A. The Tenses of the Indicative: SIMPLE TENSES.

1. The Present Tense: the present tense generally indicates present time. In English this tense has three forms:

   a. The simple present: *I speak.*
   b. The emphatic present: *I do speak.*
   c. The progressive present: *I am speaking.*

2. The Past Tense: the past tense usually expresses an action that happened in the past. The past tense in English has various forms to bring out distinctions in meaning.

   a. The simple past: *I spoke.*
   b. The emphatic past: *I did speak.*
   c. The progressive past: *I was speaking.*

Note: "I used to speak" (and also "I would speak" when used in the sense of "I used to speak") are also past tenses. (In French these variations are expressed by three different tenses, the imperfect, the past definite, and the past indefinite. See French grammar lessons dealing with these tenses.)

3. **The Future Tense:** the future tense indicates that an action will take place at some future time.

   He will do that next week.

4. **The Conditional Tense:** this tense is normally expressed in English by the modal auxiliary *would* followed by the verb.

   If I had money, I would go to Paris.
   If we were rich, we would not work.

B. THE COMPOUND TENSES: compound tenses are formed by any tense of the auxiliary verbs *to have* or *to be*, followed by the past participle:

   I have spoken, I had spoken, I will have spoken, I would have spoken.

Note that each simple tense has a corresponding compound tense.

1. **The Present Perfect Tense:** the present perfect is formed by the present tense of the verb *to have* followed by the past participle.

   I have studied, you have studied, *etc.*

The present perfect expresses an action which occurred in the past but is connected in one way or another with the present. The time of the action is never stated.

   We have read that book many times.
   They have been in France, of course.
   but
   We read that book last week.
   They were in France a year ago. (*Simple past tense.*)

2. **The Past Perfect Tense:** this tense is formed by the past tense of the verb *to have* followed by the past participle.

   We had been in Paris before, but he didn't know it.

The past perfect tense is used to describe an action which occurred in the past before another action or before a certain time in the past.

> I had spoken to her long before that happened.
> By the time they arrived we had gone home.

NOTE: In French grammar this tense corresponds to the pluperfect tense or the past anterior. (See lessons dealing with these two tenses in French grammar.)

3. **The Future Perfect Tense:** the future perfect is formed by the future of the verb *to have* (*"will have"*) followed by the past participle.

> By next year I will have finished my studies.

4. **The Conditional Perfect Tense:** the conditional perfect is formed by the conditional of the verb *to have* (*"would have"*) followed by the past participle.

> I would have gone to the movies last night if I had had enough money.

The conditional perfect is used in constructions having an "if-clause" and a "result-clause." Note carefully the following sentences:

> If I had had time to study I *would have passed* French.
> If she had saved enough money she *would have gone* to Paris.
> We *would have seen* them if they had come sooner.

(For a fuller description of this tense as applied to French, see lesson in French grammar on the conditional perfect.)

THE SUBJUNCTIVE MOOD

The subjunctive, in general, is the mood of doubt and supposition. It deals with the uncertain, the contingent, with what is desirable or undesirable, and with what is contrary to fact or at least questionable.

The subjunctive is not used as extensively now as it was in earlier English. It has been replaced, generally, by the indicative tenses and the so-called modal auxiliaries: *may, might, can, could, would, should, must.*

The forms of the subjunctive, with some few exceptions,

are the same as the forms of the indicative. The most important exception is the verb *to be*:

PRESENT INDICATIVE	PRESENT SUBJUNCTIVE	
I am	(if) I be	(if) we be
you are	(if) you be	(if) you be
he is, *etc.*	(if) he be	(if) they be

The verb *to have*:

PRESENT INDICATIVE	PRESENT SUBJUNCTIVE	
I have	(if) I have	(if) we have
you have	(if) you have	(if) you have
he has, *etc.*	(if) he *have*	(if) they have

All other verbs, without exception, will differ only in the third person singular form. The present subjunctive has no *-s*. Thus, for the verb *to study*:

PRESENT INDICATIVE	PRESENT SUBJUNCTIVE	
I study	(if) I study	(if) we study
you study	(if) you study	(if) you study
he studies, *etc.*	(if) he *study*	(if) they study

Tenses of the subjunctive: the subjunctive has four tenses—two simple tenses and two compound tenses.

PRESENT SUBJUNCTIVE	PRESENT PERFECT SUBJUNCTIVE
I may speak	I may have spoken
you may speak	you may have spoken
he may speak, *etc.*	he may have spoken, *etc.*

PAST SUBJUNCTIVE	PAST PERFECT SUBJUNCTIVE
I might speak	I might have spoken
you might speak	you might have spoken
he might speak, *etc.*	he might have spoken, *etc.*

NOTE: In French grammars the past subjunctive is called the *imperfect subjunctive*, and the past perfect subjunctive is called the *pluperfect subjunctive*.

USES OF THE SUBJUNCTIVE IN ENGLISH

A. The present subjunctive is still used in legal and parliamentary expressions. It may still be used in conditions which may or may not be true, as well as after *though* or *although*, and after verbs or adjectives that express *necessity, doubt, requests, urgency, suggestions*, and some impersonal expressions:

18 / ENGLISH GRAMMAR

> The court requests that the prisoner *be* released.
> The committee suggests that he *be* dropped from membership.
> His father insists that he *return* immediately.
> The colonel orders that he *leave* at once.
> It is necessary that he *finish* the work now.

B. The past subjunctive is frequent after the verb *to wish*, and obligatory in conditions contrary to fact, and after *as if* and *as though*:

> I wish she *were* studious.
> If he *were* rich, he would live in Paris.
> She talks as if she *were* drunk.
> He spends money as though he *were* wealthy.

NOTE: Since the use of the subjunctive in present-day French is much closer to the use of the subjunctive in earlier English, the student will get a better understanding and a broader perspective of this subject if he studies Lessons 19 and 20 in the French grammar, where an analysis of the French subjunctive will be found.

THE PROGRESSIVE TENSES

All the tenses of the indicative and the subjunctive have progressive forms. Progressive tenses are formed by adding the *present participle* to the various forms of the verb *to be*.

A. Progressive forms of the simple tenses:

1. PRESENT: He is studying French.
2. PAST: He was studying French.
3. FUTURE: He will be studying French.
4. CONDITIONAL: He would be studying if he were not lazy.
5. PRESENT SUBJUNCTIVE: He may be studying French now.
6. PAST SUBJUNCTIVE: He might be studying now.

B. Progressive forms of the compound tenses:

1. PRESENT PERFECT: He has been studying French for years.
2. PAST PERFECT: He had been studying French for years before he went to Paris.
3. FUTURE PERFECT: He will have been studying French for five years by next June.
4. CONDITIONAL PERFECT: He would have been studying French for two years if he had continued for another month.

| 5. PRESENT PERFECT SUBJUNCTIVE: | He may have been studying at that time. |
| 6. PAST PERFECT SUBJUNCTIVE: | He might have been studying at that time. |

The Passive Voice

Heretofore, we have been dealing with the tenses in the active voice. Each active tense has a corresponding passive tense. Observe that the simple tenses of the passive voice are formed with the simple tenses of the verb *to be*, followed by a past participle. This differs somewhat from the construction of the active voice, where any tense of the verb *to have* followed by a past participle forms a compound tense. Compare the forms that follow with the simple and compound tenses of the active voice.

Simple tenses of the passive voice:

PRESENT:	I am praised
PAST:	I was praised
FUTURE:	I will be praised
CONDITIONAL:	I would be praised
PRESENT SUBJUNCTIVE:	(that) I may be praised
PAST SUBJUNCTIVE:	(that) I might be praised

Compound tenses of the passive voice:

PRESENT PERFECT:	I have been praised
PAST PERFECT:	I had been praised
FUTURE PERFECT:	I will have been praised
CONDITIONAL PERFECT:	I would have been praised
PRESENT PERFECT SUBJUNCTIVE:	(that) I may have been praised
PAST PERFECT SUBJUNCTIVE:	(that) I might have been praised

(Note that in the passive voice, the various tenses of the verb *to have* are followed by two past participles—the past participle of the verb *to be*, and the past participle of the conjugated verb.)

FRENCH PRONUNCIATION

I. GENERAL OBSERVATIONS

In the following pages French pronunciation is explained in terms of English equivalents. These equivalents are never precise, and, in some cases, there are not even approximate equivalents.

1. Syllable values in English are very uneven and the enunciation and articulation of the English syllable is usually weak and muffled.

2. The stress in English constantly shifts and there is a great deal of slurring and gliding, especially in long vowels. The muscles used in articulation are generally relaxed in English and the quality of the vowel sounds is not clear and definite.

3. French vowels and consonants, on the other hand, are clear and definite. There is no slurring, no gliding, and articulation is not only precise but energetic. There is no movable stress in French and each syllable has an equal and full value. In practice, however, a slight stress should be given to the last pronounced syllable of a word or the last syllable of a group of words expressing a single thought.

4. These differences in the pronunciation of the two languages make it difficult for the beginner to acquire a good pronunciation in French. Speech is learned by imitating the spoken language, not from reading a textbook. It is almost impossible to learn by following the various "symbol systems" to be found in many textbooks. If at all possible, the beginner should take at least a few lessons from a competent teacher or friend, preferably a Frenchman. In the absence of a teacher, records can be useful if selected with care, and used daily. Take advantage of the radio, television, and the theater at every opportunity, but do not become impatient if your ear does not respond readily, especially if you are an adult. Learning to speak a language fluently requires as much patience, effort, and time as learning to play a musical instrument. Do not get discouraged if the results of your initial

effort are meager. With time, perseverance, and effort you will eventually "get places."

If learning to speak and understand French is rather difficult, learning to read French is comparatively simple. A mastery of the fundamentals of grammar will give the student the tools with which to function, and the acquisition of an extensive vocabulary is not a great problem. Try it. You will be pleasantly surprised.

II. ACCENTS

1. There are three accents in French: the acute accent (´), the grave accent (`), and the circumflex accent (ˆ). In addition there is a cedilla used to give the letter c the sound of "s" (ç).

2. Do not confuse accents with stress! Stress is a special emphasis we give to one syllable compared to other syllables. In the word "dom-i-no," for example, the emphasis falls on the first syllable. DOM-i-no. This is *stress*. It has nothing to do with accent.

III. SYLLABICATION

There are as many syllables in a word as there are vowel sounds.

1. A consonant between two vowels goes with the following vowel: a-mi, re-pas, cra-va-te.

2. When there are two consonants the division falls between the consonants: pat-te, par-le, las-se. However, never divide ch, th, ph, gn, qu, or l or r preceded by a consonant: ca-tho-li-que, té-lé-pho-ne, rè-gle, ta-ble, pro-grès.

IV. CONSONANTS

1. Consonants at the end of words are silent, with the exception of c, f, l, and r, which *are* sometimes pronounced. Note the silent consonants:

mot̷s̷, doig̷t̷, rédui̷t̷

But, in avec, sel, hier, neuf, the final consonants are pronounced.

2. The ending -ent of the third person plural of all verbs is silent: donn[ent], finiss[ent], vend[ent].

3. c before e, i, y, like *s* in *so*; ici, cela, ceci, Nancy; also when written with a cedilla: ça.

4. c before a, o, u, like the *k* in *kale:* café, col, curé. Also when final: avec, parc, sac.

5. ch like *sh* in *share:* chat, chic, chez.

6. g before e, i, y, like *s* in *pleasure:* âge, général, argent.

7. g before a, o, u, or before another consonant, like g in *go:* gant, gare, gros, grand, gris.

8. gn like *ni* in *onion:* bagne, agneau, Espagnol.

9. h always silent, whether mute or aspirate. An aspirate h, however, prevents elision and linking (*see below*). There are over three hundred words in French that begin with an aspirate h. Mute h: l'homme, les hommes. Aspirate h: Le Havre, la hauteur, le héros, les héros.

10. j like the *s* in *pleasure:* joli, joujou, jour.

11. ph like the *f* in *fetch:* photographie, philosophe.

12. qu like the *k* in *kale:* qui, quitter, quand, quoi.

13. s, ss, like *s* in *so:* si, son, soit, classe, aussi. A single s between two vowels is pronounced like *z* in *zero:* maison, rose, pose, close.

14. t, th, like *t* in *to:* table, porte, tabou, thé, thème. However, with words ending in -tion, -tial, -tie, -tiel, -tieux, the t is pronounced like *s* in *so:* action, democratie, partiel, partial, ambitieuse. Pronounce the t like *t* in *to* in the following words: question, partions, partie, sentions.

V. VOWELS

1. Vowels are called open or closed according to the position of the tongue, mouth, and lips.

    a. Simple vowels: a, e, i, o, u.
    b. Combinations: ai, ay, ei, ey, au, eau, ou, eu, œu.

2. Final e: silent unless accented. If s is added to form the plural, -es is silent: livre, livres; tête, têtes; facile, faciles.

3. Mute e: pronounced like *e* in *the.*

    a. In words of one syllable ending in e: le, me, te, se.
    b. e at the end of a syllable which is not final; re-ve-nir, me-ner, re-le-ver, a-ve-nue.

4. Closed e: pronounced like *a* in *gate.*

    a. When it has an acute accent (´): répété, été. There are no exceptions.
    b. Final -er, -ed, -ez: donner, nez, pied. There are a few exceptions such as hier, fier, hiver, cher, where the r is pronounced.

c. Final ai is sometimes pronounced like e closed: donnerai, donnai, parlerai, gai.
d. In one-syllable words ending in -es: les, mes, tes.

5. Open e: pronounced like the *e* in *let*.

   a. When the e has a grave accent (ˋ) or a circumflex accent (ˆ): mère, être, tête. No exceptions.
   b. The combinations ai, ay, ais, ei, ey: peine, Bey, Seine, donnais, air, etc. There are some exceptions.
   c. An unaccented e which falls in the interior of a syllable: det-te, sec, bel-le, sel, etc. Do not apply this rule to final -es which is silent.

faire	chère	clair	chaise
concert	terre	taire	treize
amère	anglaise	serre	libraire
verre	française	neige	frère

6. In the combination ei, when followed by l or ll. Pronounce ei as open e (*let*) and add y as in *yes*. The ll and the l are liquid.

| conseil | vieille | soleil | orteil |
| pareil | veille | sommeil | corneille |

7. Open a: somewhat close to the *a* in *father*, but not as broad. Generally before ss: lasse; before final s: pas; with a circumflex â: âme.

| âme | âge | repas | lasse |
| âne | blâme | gras | passe |

8. Closed a: close to *a* in the word *part*.

| la | chat | pinacle | drame |
| ma | lac | madame | amical |

9. In the combination ai, followed by the letters l or ll, the i is silent, the a is pronounced like *a* in *park*, and the l or ll is pronounced like *y* in *yes* (liquid sound).

| Versailles | braille | volaille | paille |
| bataille | caille | raille | canaille |

10. oi: pronounced like the *a* in *part* preceded by the English *w* (*wa*).

| toi | fois | bois | trois |
| moi | croix | soir | boire |

24 / FRENCH PRONUNCIATION

11. The vowels i (î), y, are pronounced like the English *i* in *police*.

il	difficile	pyramide	bicyclette
midi	facile	civilité	bible

12. The ll or l that follows the vowel i is liquid, pronounced like *y* in English *yes*.

fille	famille	gentille
bille	billet	papillon

NOTE: There are important exceptions to this rule.

    a. Both the l and ll in initial syllables are pronounced regularly: il, illusion, illégal, etc.
    b. In the following important words both the l and ll are pronounced regularly: ville, village, mil, mille, million, billion, tranquille, vaciller.

13. The vowel o has two sounds in French: the open sound and the closed sound.

    a. The closed o is pronounced like the English *o* in the word *omen*.

        (1) The combination eau is always pronounced like the closed o: beau, bateau, etc.
        (2) The combination au is pronounced like the closed o (except before the letter r when it is pronounced open; *see below*): saut, maux, etc.
        (3) The ô (o with a circumflex) is pronounced like the closed o: côte, nôtre, etc. There are three important exceptions to this rule: the o is pronounced open in the words hôpital, rôti, hôtel.

14. The vowel o without the circumflex accent is pronounced either closed or open.

    a. It is pronounced closed in the following cases:

        (1) If it is the final sound in the word: piano, mots, gros, etc.
        (2) If it comes before the sound of z (the letter s coming between two vowels is pronounced like the English z): rose, close, etc.

b. In all other cases the unaccented o is pronounced open like the *o* in the English word *nor:* mort, robe, mode, etc. (au before r is pronounced open o: aurai, aurais, etc.).

Closed o: piano, chose, rose, autre, pauvre, drôle, beau, veau.

Open o: mode, mobile, poste, porte, mort, bord, tort, aurai, aurais, etc.

15. The combinations eu, œu:

a. These two vowel combinations have two sounds which are close to the sound of *u* in the English word *burn.* (The u in burn is closer to the closed sound.) To form the open sound open the lips a little and pronounce the *i* as in sir.

(1) The eu and œu are closed when they are final sounds in a word: peu, bleu, adieu, deux, pleut, cieux.

(2) They are closed before the sound of z (s between two vowels is pronounced like an English z): masseuse, chartreuse, creuse, heureuse, etc.

b. In other cases eu, œu, are pronounced like the *i* in *sir:* peur, seul, cœur, sœur, professeur, etc.

NOTE: In the combination œi and uei followed by ll or l, the sound is open and the l and ll are liquid (*y* in *yes*): œil, œillet, accueil, orgueil, etc.

16. The vowel u has no equivalent in English. Pronounce the English ee with the lips in the position of whistling, and keep the muscles of the lips tense: curé, lune, russe, turc, salut, une, pur, plus, etc.

17. The vowel combination ou: pronounced like the *oo* in the English word *moon:* mou, vous, loup, Louvre, bijou, double, toujours.

VI. THE SEMIVOWELS

1. Whenever the vowels i, ou, u, are followed by other vowels, the stress is placed on the vowel which follows them.

a. i: pied, hier, idiot, diable, pitié, mieux, amitié.
b. ou: oui, Louis, louer, jouer joueur, ouest.
c. u: nuit, lui, fuite, cuisine, suivre, nuage, nuire.

VII. NASALS

1. In a nasal sound the vibrations of the vocal cords pass not only through the mouth but partly through the nose. Americans have a tendency to overdo the nasals by emitting too much air through the nostrils.

   a. When to nasalize: A vowel or a diphthong followed by n or m in the same syllable is nasal. The n and m are silent. Nasalization is rare before mm or nn.
   b. There are four nasal sounds in French. There are no equivalents in English, but the following words may be used as a guide: *sung, song, sang, encore*. Do not pronounce the *-ng* of *sung, song, sang*.

      (1) *sung*: un, um: un, parfum, brun, chacun, tribun.
      (2) *song*: on, om: mon, ton, vont, ronde, bonbon, font.
      (3) *sang*: in, im: vin, fin, symbole, main, faim.
        yn, ym: syntaxe, symbole.
        ain, aim: } saint, bain, rein, feinte.
        ein, eim:
      (4) *encore*: en, em: dans, enfant, champs, temps, dent.
        an, am: lampe, tendre, vendre.

NOTE: Whenever final en, ens, ent, are preceded by i, they are pronounced like the nasal sound in *sang*: bien, chien, vient, viens.

VIII. ELISION

1. Elision is the dropping of the vowel e or a before a word beginning with a vowel or non-aspirate h. Elision occurs in the following cases:

   a. Final e or a in: la, ce, le, je, me, de, que, se, te, ne, and generally the e of lorsque, jusque, puisque, quoique, quelque.
   b. The i of si is dropped only before il, ils—s'il(s).
   c. No elision occurs before oui, huit, onze.

IX. LINKING (LIAISON)

Final consonants which are usually silent may be carried over to the following word when this word begins with a vowel or a non-aspirate *h*. Linking is not subject to strict rules

and is not always imperative. In some cases linking is obligatory, in others it *may* be made, and in some cases it *must not* be made. A great deal depends on usage and euphony.

Linking is obligatory in the following cases:

  a. subject and verb: **on‿est prêt**
  b. pronouns and verbs: **nous nous‿amusons**
  c. prepositions and their objects: **après‿avoir parlé**
  d. adjectives and nouns: **les‿anciens‿amis**
  e. adverbs and adjectives: **très‿élégant**
  f. certain expressions: **de temps‿en temps, mot‿à mot,** etc.
  g. the auxiliary and the past participle: **ils‿ont‿écrit**

Observe what happens when certain consonants are carried over to the next word:

d is pronounced as t: **un grand‿homme**
f is pronounced as v: **neuf‿heures**
q is pronounced as k: **cinq‿heures**
s is pronounced as z: **mes‿amis**
x is pronounced as z: **six‿heures**

Do *not* link in the following cases:

  a. the t in et: **un‿homme et//une fille**
  b. words beginning with an aspirate h:
    deux//héros, un//homard, les//Halles
  c. oui, huit, huitième, onze, onzième:
    les//oui et les non, les//huit garçons

FRENCH GRAMMAR

Lesson 1

A. I. GENDER: All nouns in French are either masculine or feminine:

  a. Nouns that refer to males are masculine:

  le père, the father

  b. Nouns that refer to females are feminine:

  la mère, the mother

  c. All nouns that are neuter in English are either masculine or feminine, and their gender must be memorized:

  le livre, the book (*m.*)
  la table, the table (*f.*)

II. NUMBER: In French, as in English, there are two numbers: singular and plural. The plural of nouns is generally formed by adding *s* to the singular:

  le livre, les livres, the book, the books
  la table, les tables, the table, the tables

III. THE DEFINITE ARTICLE *the* has the following forms in French:

  a. masculine singular **le**   **le livre,** the book
  b. feminine singular **la**   **la table,** the table
  c. masculine plural **les**   **les livres,** the books
  d. feminine plural **les**   **les tables,** the tables

  le and **la** become **l'** before words beginning with a vowel or a mute **h**:

  l'ami   l'homme   l'histoire

  The definite article is generally repeated before each noun:

  le livre et la table   le père et la mère

VOCABULARY

le père, the father
la mère, the mother
le frère, the brother
la sœur, the sister
l'enfant (*m., f.*), the child
l'anglais (*m.*), (the) English
le français, (the) French
l'étudiant (*m.*), the student
le professeur, the professor
très, very
mais, but
dans, in, into
sur, on
la grammaire, the grammar
facile, easy
difficile, difficult
bête (stupide), stupid
le maître, the teacher

le papier, the paper
le crayon, the pencil
la plume, the pen
la leçon, the lesson
la table, the table
la porte, the door
la fenêtre, the window
l'école (*f.*), the school
la maison, the house
le pupitre, the desk
et, and
de, of, from, about, *etc.*
à, to, at, *etc.*
Monsieur, Mr., sir
Madame, Mrs., madam
Mademoiselle, Miss
Oui, monsieur, Yes, sir
Non, madame, No, madam

IDIOMS

An idiom is an expression peculiar to a language, not subject to logical analysis, e.g., *to make sense, to pay attention.*

> la leçon de français, the French lesson
> la leçon d'anglais, the English lesson
> le professeur de français, the professor of French
> le professeur d'anglais, the professor of English
> la classe de français, the French class
> la classe d'anglais, the English class
> la salle de classe, the classroom
> à la maison, at home, at the house
> à l'école, at school, in school

B. CONTRACTIONS

1. The preposition de (*of, from, about*) contracts with the definite article le and les as follows:

    a. de + le = du   le livre *du* père, the book of the father
    b. de + les = des   les livres *des* pères, the books of the fathers
                                les livres *des* mères, the books of the mothers

30 / GRAMMAR: LESSON 1

Do not contract **de la** le livre de la sœur, the book of the sister
Do not contract **de l'** le livre de l'enfant, the book of the child

TRANSLATE: (1) des mères, des pères, des enfants, du frère, de la mère, de la sœur, du français,
(2) from the father, from the mother, from the sister, of the brother, of the children, about the child, from the professor, from the student, of the English.

2. The preposition **à** (*to, at*) also contracts with **le** and **les** as follows:

a. à + le = au   *au* père, to the father
b. à + les = aux *aux* pères, to the fathers
               aux mères, to the mothers

Do not contract **à la** à la mère, to the mother
Do not contract **à l'** à l'enfant, to the child

TRANSLATE: (1) à la mère, à la sœur, aux frères, aux enfants, au professeur, à la fenêtre, à la porte, à l'anglais, aux écoles, à la maison.
(2) to the sister, to the child, at the window, at the door, to the schools, at the children, to the house, to the English.

EXERCISE I

Translate literally, paying special attention to the contractions.

1. Des pères aux mères. 2. Aux mères des pères. 3. De l'étudiant au professeur. 4. Des étudiants aux professeurs. 5. De la maison à l'école. 6. Des maisons aux écoles. 7. Du frère à la sœur. 8. De la sœur au frère. 9. De l'école à la maison. 10. Du français à l'anglais. 11. De l'anglais au français. 12. De la porte à la fenêtre. 13. Des fenêtres aux portes. 14. De la leçon de français à la leçon d'anglais. 15. Du professeur de français au professeur d'anglais.

DRILL I

Translate, then check your translation on page 166.

1. To the father. 2. To the mother. 3. To the child. 4. To the brothers and to the sisters. 5. From the father to the mother.

GRAMMAR: LESSON 1 / 31

6. From the sister to the brother. 7. From the father to the mother. 8. From the door to the window. 9. From the classroom to the house. 10. From the houses to the schools. 11. From the French to the English. 12. From the English to the French. 13. From the French lesson to the English lesson. 14. From the professor of French to the professor of English.

C. I. THE PERSONAL PRONOUN SUBJECTS for the six persons:

je	I	nous	we
tu	you	vous	you
il	he (it)	ils	they (*m.*)
elle	she (it)	elles	they (*f.*)

NOTE: **Tu** is used in familiar address; use it only when addressing members of your family, intimate friends, and children. It is always singular. The usual form of address, singular and plural, is **vous**.

II. THE PRESENT INDICATIVE of the verb *être, to be*

AFFIRMATIVE

je suis	I am	nous sommes	we are
tu es	you are	vous êtes	you are
il est	he (it) is	ils sont	they (*m.*) are
elle est	she (it) is	elles sont	they (*f.*) are

INTERROGATIVE

suis-je?	am I?	sommes-nous?	are we?
es-tu?	are you?	êtes-vous?	are you?
est-il?	is he (it)?	sont-ils?	are they? (*m.*)
est-elle?	is she (it)?	sont-elles?	are they? (*f.*)

NEGATIVE

No, not, when used with a verb is **ne . . . pas**. Place **ne** before the verb and **pas** after the verb: Je suis. Je *ne* suis *pas*.

je ne suis pas, I am not, *etc.*	nous ne sommes pas, we are not, *etc.*
tu n'es pas	vous n'êtes pas
il n'est pas	ils ne sont pas
elle n'est pas	elles ne sont pas

NEGATIVE-INTERROGATIVE

ne suis-je pas? am I not? *etc.*	ne sommes-nous pas? are we not? *etc.*
n'es-tu pas?	n'êtes-vous pas?
n'est-il pas?	ne sont-ils pas?
n'est-elle pas?	ne sont-elles pas?

EXERCISE II

Translate literally.

1. La leçon de français n'est pas difficile, elle est facile. 2. Les enfants des mères et des pères ne sont pas à l'école, ils sont à la maison. 3. Les étudiants du professeur sont dans la salle de classe. 4. Sont-ils aux fenêtres? 5. Ne suis-je pas à la porte? 6. Les frères du professeur ne sont pas à l'école, ils sont à la maison. 7. Êtes-vous à la fenêtre? 8. Ne sont-elles pas les sœurs du professeur de français? 9. Ne sommes-nous pas les étudiants du professeur? 10. N'est-il pas à la maison?

DRILL II

Answers are on page 166.

1. We are at school, we are not at the house. 2. Are they not in the classroom? 3. Aren't they at the window? 4. The French lesson is difficult, it is not easy. 5. You are not at home, you are at school. 6. Isn't she at the door of the school? 7. The pencils, the papers, and the pens are not on the table. 8. The children are not in the classroom. 9. The grammar and the pen are not on the table. 10. Isn't she the sister of the student?

In French one does not use an apostrophe to show possession: hence, *The student's books are on the teacher's table* becomes *The books of the student are on the table of the teacher.*

DRILL III

Write the following sentences in English using the French pattern, *then* translate them into French. (Example: *Robert's book = the book of Robert =* **le livre de Robert.**) Answers are on page 166.

1. The father's books. 2. The mother's children. 3. The child's grammar. 4. The student's pencils and pens. 5. The brother's paper. 6. The French professor's books are not on the students' desks. 7. The French lessons are not in the teacher's classroom. 8. The French teacher's French lessons are at the student's house.

QUESTIONS

There are three ways of formulating a question in French:

ENGLISH:	I am.	Am I?		I am, am I not?
FRENCH:	Je suis.	1. Suis-je?	Am I?	
		2. Est-ce que je suis?	*Is it that* I am?	
		3. Je suis, n'est-ce pas?	I am, *am I not?*	

NOTE: a. **Est-ce que** (*is it that* . . . ?) comes at the beginning of a sentence.
N'est-ce pas (*is it not?*) comes at the end of a sentence.

b. **Est-ce que** may be used in any person and any tense.

Are the pencils on the desk?
Est-ce que les crayons sont sur le pupitre?

c. **N'est-ce pas** replaces the English *am I not? aren't we? aren't they? isn't it? shouldn't we?* etc.

French is easy, isn't it?
Le français est facile, *n'est-ce pas?*

D. THE INDEFINITE ARTICLE *a, an* is repeated before each noun.

masculine singular **un**   un livre, un frère, un enfant
feminine singular **une** une mère, une sœur, une leçon

TRANSLATE: (1) une école et un étudiant, un père et une mère, une table et un livre, une porte et une école, une classe et un professeur, un crayon et une plume.

(2) a pencil and a pen, a book and a table, a student and a professor, a door and a window, a child and a mother.

COGNATES (words that have a common origin). French was the official language of England for two centuries, and thousands upon thousands of French words are a part of our English vocabulary. Many of these words have the same spelling and meaning as in French; others have undergone such slight changes in spelling and meaning that they offer no difficulty to the student. A limited num-

ber of words, however, have changed completely in meaning; they are called "deceptive" words. A list of the most important deceptive words is given in (4) below.

1. Words with the following endings are generally spelled the same in French and in English: *-ice, -ine, -ance, -ence, -age, -ent, -ant, -tion, -able, -acle, -al, -ace, -ile*.

FRENCH	ENGLISH	FRENCH	ENGLISH
justice	justice	nation	nation
famine	famine	table	table
absence	absence	oracle	oracle
finance	finance	animal	animal
image	image	grimace	grimace
moment	moment	agile	agile
instant	instant	minute	minute

2. Note this list of words where only a slight change occurs:

FRENCH	ENGLISH	FRENCH	ENGLISH
société	society	faveur	favor
élastique	elastic	actif	active
contraire	contrary	histoire	history
prisme	prism	curieux	curious
Parisien	Parisian	certainement	certainly

3. Note the similarity in some verbs:

FRENCH	ENGLISH
certifier	certify
opérer	operate
exécuter	execute
réaliser	realize
accomplir	accomplish

4. Here is a list of the most important "deceptive" words. Go over them carefully so you will recognize them when you see them.

FRENCH	ENGLISH	FRENCH	ENGLISH
la journée	the day	la dévotion	piety
la figure	the face	la chair	the flesh
la lecture	the reading	le chagrin	sorrow
la conférence	the lecture	le coin	the corner
la librairie	the bookstore	l'injure (f.)	the insult, the wrong
la pièce	the play, the coin, the room	le magasin	the store
la peine	the difficulty	sensible	sensitive

Lesson 2

A. REGULAR VERBS are conveniently divided into three conjugations:

1. Verbs ending in -er belong to the *first* conjugation.
2. Verbs ending in -ir belong to the *second* conjugation.
3. Verbs ending in -re belong to the *third* conjugation.

> **donner**
> **finir**
> **vendre**

   a. donner, finir, and vendre are *infinitives*.
   b. -er, -ir, -re are *infinitive endings*.
   c. donn-, fin-, vend- are called *stems*.

B. THE PRESENT INDICATIVE. Remember that the present indicative in English has three forms:

1. the simple form   I give
2. the emphatic form   I do give
3. the progressive form I am giving

French has only the simple form. Therefore, **je donne** is translated: *I give, I do give, I am giving*. This applies to all persons. Be sure you understand this. *It is very important!*

donner, *to give*		finir, *to finish*		vendre, *to sell*	
je	donn e, *I give,*	je	fin is, *I finish,*	je	vend s, *I sell,*
tu	donn es etc.	tu	fin is etc.	tu	vend s etc.
il	donn e	il	fin it	il	vend (t)
elle	donn e	elle	fin it	elle	vend (t)
nous	donn ons	nous	fin *iss* ons	nous	vend ons
vous	donn ez	vous	fin *iss* ez	vous	vend ez
ils	donn ent	ils	fin *iss* ent	ils	vend ent
elles	donn ent	elles	fin *iss* ent	elles	vend ent

NOTE: 1. The addition of **iss** in the plural stem of verbs of the second conjugation.
        2. The **t** in the third person singular of the third conjugation. Do not add the **t** if the stem of the verb ends in **d** or **t**.

3. The -ent of all verbs in the third person plural is *silent*.

donn ~~ent~~ finiss ~~ent~~ vend ~~ent~~

DRILL I

Answers on page 166.

1. I finish. 2. I do finish. 3. I am finishing. 4. He sells. 5. He does sell. 6. He is selling. 7. We give. 8. We do give. 9. We are giving. 10. You are finishing. 11. She is selling. 12. She does sell. 13. They are finishing. 14. They do finish. 15. I am selling. 16. He gives. 17. You (*familiar*) finish. 18. You (*fam.*) are selling. 19. You (*fam.*) are giving. 20. We are selling. 21. We are finishing. 22. They are selling. 23. They are giving. 24. You do give. 25. You do finish.

C. BASIC CONSTRUCTION. Be sure that you understand what is meant by *affirmative, negative, interrogative, negative-interrogative*. Analyze carefully the following constructions both in English and in French. Since all verbs will follow the same pattern, it is important that you understand and master thoroughly the following constructions:

	ENGLISH	FRENCH
AFFIRMATIVE	we give / we do give / we are giving	nous donnons (*we give*)
NEGATIVE	we do not give / we are not giving	nous ne donnons pas (*we give not*)
INTERROGATIVE	do we give? / are we giving?	donnons-nous? (*give we?*)
NEGATIVE-INTERROGATIVE	do we not give? / are we not giving?	ne donnons-nous pas? (*give we not?*)

GRAMMAR: LESSON 2

AFFIRMATIVE		NEGATIVE	
je	donne, *I give, I do give,* etc.	je	ne donne pas, *I do not give,* etc.
tu	donnes	tu	ne donnes pas
il	donne	il	ne donne pas
elle	donne	elle	ne donne pas
nous	donnons	nous	ne donnons pas
vous	donnez	vous	ne donnez pas
ils	donnent	ils	ne donnent pas
elles	donnent	elles	ne donnent pas

INTERROGATIVE	NEGATIVE-INTERROGATIVE
est-ce que je donne? *Do I give?* etc.	est-ce que je ne donne pas? *Don't I give?* etc.
donnes-tu?	ne donnes-tu pas?
donne-t-il?	ne donne-t-il pas?
donne-t-elle?	ne donne-t-elle pas?
donnons-nous?	ne donnons-nous pas?
donnez-vous?	ne donnez-vous pas?
donnent-ils?	ne donnent-ils pas?
donnent-elles?	ne donnent-elles pas?

OBSERVE:
1. the hyphen when the subject pronoun follows the verb.
2. the insertion of the **t** (for euphony) in the third person singular when the verb ends in a vowel.
3. the position of **pas** in the negative-interrogative.
4. the use of **est-ce que** in the first person singular of the interrogative and negative-interrogative to avoid sounds difficult to pronounce (e.g., vends-je, donné-je).

VOCABULARY

donner, to give
parler, to speak
étudier, to study
amuser, to amuse
fermer, to close
travailler, to work
entrer (dans), to enter (in, into)
arriver, to arrive
préparer, to prepare
chercher, to look (for)
regarder, to look (at)
écouter, to listen (to)
voilà, there is, there are
voici, here is, here are

finir, to finish
choisir, to choose
vendre, to sell
pourquoi, why
parce que, because
toujours, always, still
devant, in front of
derrière, behind
entre, between, among
pour, for, in order to
sous, under
Marie, Mary
Jean, John
Robert, Robert

IDIOMS

ne . . . jamais, never
ne . . . plus, no longer
en retard, late
à l'heure, on time
de bonne heure, early

Note the use of: ne . . . pas, ne . . . jamais, ne . . . plus:

je *ne* donne *pas*, je *ne* donne *plus*, je *ne* donne *jamais*

Conjugate **travailler, chercher, étudier,** and **choisir** in the (a) *affirmative*, (b) *negative*, (c) *interrogative*, (d) *negative-interrogative*.

EXERCISE I

Do not forget that **chercher** means *to look* and *to look for;* **regarder** means *to look* and *to look at;* **écouter** means *to listen* and *to listen to*.

1. Je cherche. 2. Il cherche les crayons. 3. Nous cherchons le professeur. 4. Vous cherchez la grammaire. 5. Je regarde. 6. Ils regardent les étudiants. 7. Elle regarde Robert. 8. Vous regardez Marie. 9. Elles regardent les enfants. 10. Nous écoutons. 11. Nous écoutons le professeur. 12. Le professeur écoute les étudiants. 13. Nous travaillons toujours. 14. Vous ne travaillez jamais. 15. Ils ne travaillent plus. 16. Elle choisit la grammaire. 17. Nous ne choisissons jamais le papier. 18. Ils ne préparent jamais les leçons. 19. Elle n'étudie pas. 20. Ne préparons-nous pas toujours les leçons? 21. Ne ferment-ils pas les portes et les fenêtres? 22. Ne sont-elles pas toujours aux fenêtres? 23. Pourquoi n'arrive-t-il jamais à l'heure? 24. Pourquoi choisissent-ils toujours une leçon difficile? 25. N'entrent-elles pas dans la salle de classe? 26. Robert est devant la table, Jean est derrière la table, et la table est entre Jean et Robert. 27. Sont-ils dans la salle de classe pour étudier? 28. Elle amuse les étudiants parce qu'elle prépare toujours les leçons et parce qu'elle n'est jamais en retard. 29. Nous arrivons toujours de bonne heure pour étudier le français. 30. Voici les livres sur la table et voilà le papier sous les livres.

DRILL II

Answers are on pages 166–167.

1. I am looking for Mary's book. 2. Doesn't he give the books to the professor? 3. Why does he amuse John's sister? 4. He is always looking at Mary and he never listens to the teacher. 5. Why does he always arrive late? 6. He is never on time because he is always talking to Robert's sisters. 7. Here is John at the door, but there is Mary at the window. 8. And there are John's pencils on the table. 9. We are no longer studying. 10. Why isn't he at school? 11. He isn't at school because he is working. 12. Why do we close the door? 13. We close the door because we are studying and preparing the lesson. 14. The professor is in front of the table but the students are behind the table. 15. The table is between the students and the teacher, isn't it?

Lesson 3

A. THE PRESENT INDICATIVE of the verb *avoir, to have*:

AFFIRMATIVE

j'ai I have, I do have, I am having	nous avons
tu as	vous avez
il a	ils ont
elle a	elles ont

INTERROGATIVE

ai-je? Have I? Do I have? Am I having?	avons-nous?
as-tu?	avez-vous?
a-t-il?	ont-ils?
a-t-elle?	ont-elles?

NEGATIVE

je n'ai pas I have not, I do not have	nous n'avons pas
tu n'as pas	vous n'avez pas
il n'a pas	ils n'ont pas
elle n'a pas	elles n'ont pas

NEGATIVE-INTERROGATIVE

n'ai-je pas? Have I not? Haven't I?	n'avons-nous pas?
n'as-tu pas?	n'avez-vous pas?
n'a-t-il pas?	n'ont-ils pas?
n'a-t-elle pas?	n'ont-elles pas?

EXERCISE I

1. Ils ont les livres du professeur. 2. N'ont-ils pas le stylo de l'étudiant? 3. N'as-tu pas les crayons de la sœur de Jean? 4. Pourquoi n'avez-vous pas la grammaire? 5. Nous n'avons pas la grammaire parce que nous ne désirons pas étudier. 6. N'a-t-elle pas les cigarettes de Marie? 7. Vous avez la craie, n'est-ce pas? 8. Est-ce qu'ils n'ont pas les plumes des étudiants? 9. Monsieur, pourquoi n'avez-vous pas un stylo? 10. N'ai-je pas une automobile?

DRILL I

Answers are on page 167.

1. We have. 2. They haven't the books. 3. Don't you have the pencils? 4. And doesn't he have Robert's grammar? 5. Doesn't she have the teacher's fountain pen? 6. Don't you have John's book? 7. We have the chalk, but you don't have the paper. 8. Who has the newspaper? 9. Why don't you have this, and why doesn't she have that? 10. She never has that and he no longer has this. 11. We never have the grammar because we study at the house; we never study at school. 12. We are looking at the man and woman who have an automobile.

B. IDIOM: il y a, *there is, there are*. (Do not confuse with il a, *he has*.)

AFFIRMATIVE:	il y a	there is, there are
NEGATIVE:	il n'y a pas	there isn't, there aren't
INTERROGATIVE:	y a-t-il?	is there? are there?
NEGATIVE-INTERROGATIVE:	n'y a-t-il pas?	isn't there? aren't there?

Both il y a and voilà mean *there is, there are*. Use voilà when you wish to point out something or someone. Il y a expresses a simple statement without the idea of pointing.

EXERCISE II

1. Il y a deux livres sur la table. 2. Y a-t-il deux livres sur la table? 3. Il n'y a pas trois livres sur la table. 4. N'y a-t-il pas trois livres sur la table? 5. Voilà Pierre et Marie à la fenêtre. 6. Voilà Pierre devant la table. 7. Voilà le professeur derrière la table. 8. Il y a six étudiants dans la classe. 9. Voilà Robert et la sœur de Jean dans l'automobile. 10. Il y a un homme et une femme dans l'automobile.

DRILL II

Answers are on page 167.

1. There are John and Mary at the window now. 2. Here are the grammar and the pen. 3. There are four books under the table. 4. There is a table between John and Mary. 5. Is there a student at the door? 6. Aren't there six students and a teacher in the classroom? 7. Here is the teacher. 8. Here are the man and the woman. 9. And isn't there a child in the automobile? 10. And isn't there a woman with the child?

From now on, we shall take for granted that you know how to use verbs in the affirmative, the negative, the interrogative, and the negative-interrogative. If you do not, review these forms thoroughly before you go on.

C. THE PRESENT INDICATIVE of **pouvoir**, *to be able, can*; **vouloir**, *to wish, want*; **faire**, *to do, make*; three *irregular* verbs:

	pouvoir	vouloir	faire
je	peux (puis)	veux	fais
tu	peux	veux	fais
il	peut	veut	fait
elle	peut	veut	fait
nous	pouvons	voulons	faisons
vous	pouvez	voulez	faites
ils	peuvent	veulent	font
elles	peuvent	veulent	font

1. Write the negative, the interrogative, and the negative-interrogative of these three verbs. Practice them orally until you are thoroughly familiar with them. Use **puis** in the interrogative and the negative-interrogative (first person singular of **pouvoir**). Do not confuse the

auxiliary *do* used in the emphatic form of the present indicative in English with the verb *to do* (**faire**). *They do speak* = **ils parlent;** *they do this* = **ils font ceci.**

2. Study the following sentences carefully. Note that when two verbs belong to the same subject the second verb is an *infinitive*.

   a. **Je peux faire cela.**   I am able to do that.
   b. **Veulent-ils étudier le français?** Do they wish to study French?
   c. **Elle ne peut pas fermer la porte.** She is not able to close the door.

   But: **Nous étudions et (nous) préparons les leçons.**

EXERCISE III

1. Je veux choisir une leçon facile. 2. Voulez-vous faire l'exercice aujourd'hui? 3. Nous voulons étudier et préparer les leçons de français. 4. Est-ce qu'elle parle français maintenant? 5. Non, elle ne parle pas français parce qu'elle ne veut pas étudier; elle est paresseuse. 6. Ne veux-tu pas parler français avec le professeur? 7. Pourquoi ne veulent-ils pas faire cela? 8. Elles ne veulent pas faire cela et elles ne peuvent pas faire ceci. 9. Après le repas ils font une promenade. 10. Pourquoi ne font-ils pas attention aux automobiles? Ils sont bêtes, n'est-ce pas?

DRILL III

Answers are on page 167.

1. I can (am able to) study in the classroom. 2. Does she take a walk with John? 3. Do you want to speak French in the French class? 4. We can (are able to) do this because it is easy, but we cannot (are not able to) do that because it is difficult. 5. Why do they want to take a walk with Mary? 6. Why don't they want to pay attention to the teacher? 7. You are not doing this because you do not wish to work; you are lazy, aren't you? 8. He never wants to work; he always wants to take a walk with Mary. 9. Do we want to listen to the students? 10. Why does he want to give the grammar to the child? 11. Do I want to speak French now? 12. I cannot speak French with the teacher, but I can speak French with the students.

VOCABULARY

l'homme (*m.*), the man
la femme, the woman
le garçon, the boy, the waiter
le restaurant, the restaurant
dîner, to dine
le repas, the meal
cela (ça), that
ceci, this
vouloir, to wish, to want
pouvoir, to be able, can
faire, to do, to make
aujourd'hui, today
maintenant, now
fumer, to smoke

il y a, there is, there are
aussi, also
avec, with
après, after
souvent, often
paresseux (*m.*), lazy
paresseuse (*f.*), lazy
le stylo, the fountain pen
le journal, the newspaper
le cigare, the cigar
la cigarette, the cigarette
l'automobile (*f.*), the automobile
qui, who, which
un, une, a, an, one

IDIOMS

faire une promenade, to take a walk
faire attention à, to pay attention to
s'il vous plaît, if you please, please (if it pleases you)

NUMBERS

0, zéro	7, sept	14, quatorze
1, un, une	8, huit	15, quinze
2, deux	9, neuf	16, seize
3, trois	10, dix	17, dix-sept
4, quatre	11, onze	18, dix-huit
5, cinq	12, douze	19, dix-neuf
6, six	13, treize	20, vingt

Lesson 4

A. ADJECTIVES. Most American students have a very hazy idea about adjectives. (See p. 6.)

1. All adjectives in French agree in gender and number with the nouns and the pronouns they modify. In English, the adjectives do not indicate gender and number.

Les pommes sont rouges.   *The* apples are *red.*

2. Generally the feminine is formed by adding **e** to the masculine. If the masculine adjective ends in **e**, however, it remains unchanged in the feminine.

le petit livre bleu	*the little blue book*
la petite table bleue	*the little blue table*
le livre rouge	*the red book*
la table rouge	*the red table*

3. The plural is generally formed by adding **s** to the singular.

    le petit livre   les petits livres

   a. Adjectives (and nouns) that end in **s, x,** or **z** do not change in the plural.

le mois (*month*)	les mois
le nez (*nose*)	les nez
heureux (*happy*)	heureux (*pl.*)

4. A few adjectives have two forms in the masculine singular:

    beau, bel   nouveau, nouvel   vieux, vieil

Use **bel, nouvel,** and **vieil** before a masculine singular noun *beginning with a vowel or mute h*:

le beau garçon	*but*	le bel ami
le vieux chapeau	*but*	le vieil homme

5. The position of *descriptive* adjectives is determined by usage. For the present however, place the following descriptive adjectives *before* the noun, and all others after the noun. (Be sure you know what a descriptive adjective is.)

beau (bel)	joli
bon	long
court	mauvais
gentil	méchant
grand	nouveau (nouvel)
gros	petit
haut	vieux (vieil)
jeune	vilain

6. When there are two or more nouns of different genders, always use the *masculine plural* form of the adjective.

    L'homme et la femme sont petits.

VOCABULARY

Study this list very carefully. The regular adjectives add -e to form the feminine. There are many exceptions to this rule: only a few are given below.

rouge, red
jeune, young
jaune, yellow
gris, gray
brun, brown
noir, black
vert, green
grand, big, tall
petit, little
intelligent, intelligent
malade, sick, ill
rond, round
large, wide
court, short
joli, pretty
méchant, mean, naughty
mauvais, bad
bleu, blue
vilain, ugly, naughty
riche, rich
haut, high, tall
faible, weak
autre, other

bas, basse, low
bon, bonne, good
long, longue, long
vieux, vieil, vieille, old
nouveau, nouvel, nouvelle, new
gentil, gentille, nice, kind
heureux, heureuse, happy
blanc, blanche, white
beau, bel, belle, beautiful, fine
la jeune fille, the (young) girl
le jeune homme, the young man
le Français, the Frenchman
la Française, the Frenchwoman
l'Anglais (*m.*), the Englishman
l'Anglaise (*f.*), the Englishwoman
le vieux, the old man
la vieille, the old woman
tout le monde, everybody
l'oncle, the uncle
la tante, the aunt
tout, tous, toute, toutes, all
quel, quels, quelle, quelles, what (a)
le cheval, the horse

cher, chère, beloved (*before noun*); expensive (*after noun*)

une chère femme, a beloved woman
une femme chère, an expensive woman

pauvre, unfortunate; poor

un pauvre homme, an unfortunate man (spiritually)
un homme pauvre, a poor (financially) man

EXERCISE I

1. Les belles pommes rouges sont chères. 2. L'ami pauvre de Jean est joli. 3. Les fenêtres sont grandes; elles sont larges et hautes aussi. 4. Il y a une petite table ronde dans la salle de classe. 5. La salle de classe est grande parce qu'elle est longue, large, et haute. 6. La jolie jeune fille est méchante. 7. Les roses rouges sont chères. 8. Le vieil homme et la vieille

femme sont pauvres. 9. Les longues leçons sont difficiles, mais les étudiants sont intelligents. 10. Le joli petit jardin est derrière la maison blanche. 11. L'oncle et la tante d'un des étudiants sont intelligents et riches. 12. Quelle salle de classe basse nous avons! 13. Tout le monde est intelligent mais paresseux. 14. Tous les étudiants ne sont pas paresseux. 15. Le jeune homme et la jeune fille sont Français. 16. Le vieux et la vieille sont gentils.

DRILL I

Answers are on pages 167–168.

1. The long lessons are difficult. 2. The little round table is red. 3. The good red apples are in the garden behind the yellow house. 4. The book is small but the classroom is large. 5. The paper is white but the pencil is black. 6. The old men and the old women are in the big garden in front of the little green house. 7. Everyone is young. 8. John's uncle and aunt are old and poor. 9. Why don't you give the book to the little old woman? 10. What a man! What a woman! What students! And what a professor!

B. PECULIARITIES IN SPELLING OF CERTAIN VERBS

	commencer, to begin	manger, to eat	mener, to lead	acheter, to buy
je	commence	mange	mène	achète
tu	commences	manges	mènes	achètes
il	commence	mange	mène	achète
elle	commence	mange	mène	achète
nous	commençons	mangeons	menons	achetons
vous	commencez	mangez	menez	achetez
ils	commencent	mangent	mènent	achètent
elles	commencent	mangent	mènent	achètent

	appeler, to call	jeter, to throw	espérer, to hope	célébrer, to celebrate
j'	appelle	jette	espère	célèbre
tu	appelles	jettes	espères	célèbres
il	appelle	jette	espère	célèbre
elle	appelle	jette	espère	célèbre
nous	appelons	jetons	espérons	célébrons
vous	appelez	jetez	espérez	célébrez
ils	appellent	jettent	espèrent	célèbrent
elles	appellent	jettent	espèrent	célèbrent

NOTE: the ç (*cedilla*) in **commençons;**
the insertion of **e** after **g** in **mangeons;**
the grave accents (ˋ) in verbs like **mener** and **acheter;**
the **ll** and **tt** in **jeter** and **appeler;**
the change of accents in **espérer** and **célébrer;**
the **j'** before **appelle** and **espère.**

C. PECULIARITIES when asking a question. Analyze the following sentences very carefully. Find out how they differ from questions we have been using up to now.

1. Does the professor amuse the students?
   Le professeur amuse-t-il les étudiants? (The professor amuses he . . .)

2. Do the students amuse the professor?
   Les étudiants amusent-ils le professeur? (The students amuse they . . .)

3. Why does Mary study French?
   Pourquoi Marie étudie-t-elle le français? (Why Mary studies she . . .)

RULE. When the subject of a question is a noun, begin the sentence with the noun, then the verb, then repeat the subject in the form of the personal pronoun. (Be sure you understand this.)

NOTE: Do not use this rule when using **est-ce que** or **n'est-ce pas.**

> **Est-ce que Jean parle français?**
> **Jean parle français, n'est-ce pas?**

EXERCISE II

1. Jean achète les livres. 2. Robert appelle Marie. 3. La mère appelle-t-elle l'enfant? 4. Pourquoi le professeur amuse-t-il les étudiants? 5. Les étudiants jettent-ils les grammaires par la fenêtre? 6. Jean espère-t-il étudier le français? 7. Nous mangeons le repas au restaurant français. 8. Robert et Jean mènent-ils le cheval gris dans le petit jardin derrière la petite maison blanche? 9. L'enfant jette-t-il le livre à la mère? 10. Nous espérons parler français maintenant.

DRILL II

Before translating the following sentences, say them in English as a Frenchman would. (Example: *Are John and Mary stupid?* = *John and Mary, are they stupid?* = **Jean et Marie sont-ils bêtes?**) Answers are on page 168.

1. Is the teacher intelligent? 2. Are the boys throwing the books at John? 3. Are they leading the horse into the garden? 4. Why aren't the children eating the dinner? 5. Why doesn't Mary call John? 6. Isn't Robert handsome? 7. Is the mother buying the apples for the boys? 8. Why is the father calling the boys? 9. Is the young man nice? 10. Are the young girls studying the lessons at school?

Lesson 5

A. PRESENT INDICATIVE OF SOME IRREGULAR VERBS

aller, *to go*	venir, *to come*	savoir, *to know* (*how*)
vais	viens	sais
vas	viens	sais
va	vient	sait
allons	venons	savons
allez	venez	savez
vont	viennent	savent

Conjugate these verbs in the negative, interrogative, and negative-interrogative.

EXERCISE I

1. Nous allons faire une promenade maintenant. 2. Va-t-il à l'école (pour) apprendre le français? 3. Ils viennent de Paris et ils vont à Chicago. 4. N'allons-nous pas en France? 5. Ne sait-elle pas faire cela? 6. Ne sais-tu pas parler français? 7. Nous venons de l'école et nous allons en ville. 8. Elles ne viennent jamais par ici; elles vont toujours par là. 9. Pourquoi Robert ne sait-il jamais la leçon? 10. Pourquoi? C'est

parce qu'il vient toujours en retard à l'école; il n'étudie jamais; il ne veut jamais écouter le professeur; il regarde toujours les jeunes filles de la classe; il est paresseux, très paresseux; et d'ailleurs, il est un peu bébête (*silly*). Voilà tout! 11. Marie, au contraire, vient toujours de bonne heure; elle veut apprendre; elle écoute toujours; après la classe elle va à la maison (pour) étudier; elle parle toujours français avec le professeur et elle sait déjà parler français. Quelle étudiante! Et quelle femme!

IDIOMS. 1. **venir de** (followed by an infinitive), *to have just*

> **Je viens de finir la leçon.**
> I have just finished the lesson.
>
> **Le professeur vient de manger.**
> The professor has just eaten.
>
> **Nous venons de faire une promenade.**
> We have just taken a walk.

2. **avoir beau** (followed by an infinitive), *in vain*

> **J'ai beau parler, il n'écoute pas.**
> I speak in vain, he doesn't listen.
>
> **Jean a beau étudier, il ne sait jamais rien.**
> John studies in vain, he never knows anything.

EXERCISE II

1. Je viens de Paris. 2. Je viens d'arriver de Paris. 3. J'ai un beau livre. 4. J'ai beau parler, il n'écoute pas. 5. Nous venons de la maison. 6. Nous venons de dîner au restaurant français. 7. Nous faisons une promenade. 8. Nous venons de faire une promenade. 9. Le professeur a beau parler, les étudiants ne veulent pas apprendre. 10. Vous avez beau essayer (*to try*) d'amuser la jeune fille, elle ne veut pas écouter.

DRILL I

Answers are on page 168.

1. We are going to school, but they are going to the house. 2. You know how to do that, don't you? 3. They are coming from Paris, and they are going to Chicago. 4. Don't you know how to speak French? 5. They have just eaten, haven't they?

6. The teacher speaks in vain, they don't listen. 7. Are you going to take a walk with Robert? 8. No, I have just taken a walk with the teacher. 9. Why don't you go to look for John? 10. We have just studied the French lesson, and we are going to eat at the French restaurant.

B. THE INDEFINITE PRONOUN **on**.

1. This indefinite subject pronoun is very commonly used in French. It comes from the Latin homo, *man*, and must always be used with the verb in the **third person singular**, regardless of translation. It may be translated as *one, someone, we, you, they, people,* etc. The student must use his judgment in choosing the proper translation.

2. **On** used with an active verb often replaces an English *passive construction*. (Do you know what a passive construction is in English? How does it differ from an active construction?)

   ACTIVE: They (people) speak French in France.
   On parle français en France.

   PASSIVE: French is spoken in France.
   On parle français en France.

   Any tense of the verb *to be* followed by a past participle forms a passive construction in English. (EXAMPLES: I am praised. I was praised. I shall be praised.)

DRILL II

Use **on** in all of the following sentences. Do not forget to use the verb in the third person singular, regardless of the translation. Answers are on page 168.

MODEL: French is spoken here. (One speaks French here.)
On parle français ici.

Do they speak French in France? (Speaks one French in France?)
Parle-t-on français en France?

1. French is spoken here. 2. Do they speak French in France? 3. Is French spoken in France? 4. Are we going downtown?

5. No, we are going to school. 6. Can we do that? 7. Can that be done? 8. Is English spoken in (à) New York? 9. Can one know why? 10. One never knows why people do that (why one does that).

C. IMPERATIVES (*commands*)

Simple commands in English: (You) Speak! Let us speak!

In French, with very few exceptions, the imperatives are taken from the *present indicative*, but the subject pronoun is omitted. Drop the s in the familiar form of all er verbs:

PRESENT INDICATIVE	IMPERATIVES
tu parles	parle, speak
nous parlons	parlons, let us speak
vous parlez	parlez, speak
	finis, finish
	finissons, let us finish
	finissez, finish
	vends, sell
	vendons, let us sell
	vendez, sell

The imperatives of the following important verbs are irregular:

avoir	être	savoir
aie, have	sois, be	sache, know (how)
ayons, let us have	soyons, let us be	sachons, let us know (how)
ayez, have	soyez, be	sachez, know (how)

EXERCISE III

1. Parlons français. 2. Ne parlons pas français. 3. Sois ici à l'heure. 4. Ne sois pas ici. 5. Sache bien la leçon. 6. Ne sachez pas bien la leçon. 7. Préparez bien les exercices. 8. Faites ceci, ne faites pas cela. 9. Vendez la grammaire. 10. Sachons parler français. 11. Cherche Jean. 12. Appelle Marie. 13. N'achetez pas les fleurs. 14. N'écoutons plus les professeurs. 15. Fumons les cigares, ne fumons pas les cigarettes. 16. Prends le livre. 17. Ayons un bon repas. 18. Ayez le livre demain. 19. Soyons heureux. 20. Ne soyons pas tristes. 21. Soyez ici de bonne heure. 22. Ne mangeons pas les pommes.

23. N'amusez pas le professeur. 24. Ne faites pas attention aux jeunes filles. 25. Soyons toujours heureux et paresseux, ne préparons jamais les leçons, n'étudions plus, ne parlons jamais français, jetons la grammaire par la fenêtre, et allons faire une belle promenade en ville.

DRILL III

Give both the affirmative and negative. When the meaning is *you*, give both the familiar and the formal form. Answers are on pages 168–169.

1. Give. 2. Let us give the flowers to Mary. 3. Let us finish all the lessons. 4. Let us always be on time. 5. Go to the French restaurant and have a good dinner. 6. Look for the children. 7. Always arrive late and never prepare the lessons. 8. Let us choose the dinner. 9. Let us close the doors and the windows. 10. Enter into the classroom. 11. Let us be happy and lazy. 12. Let us know how to study. 13. Be intelligent, don't be stupid. 14. Let us always study, let us always prepare the lessons, and let us never take walks. 15. Be nice and go take a walk downtown.

VOCABULARY

aller, to go
venir, to come
savoir, to know (how)
apprendre (*irreg.*), to learn
les exercices (*m.*), the exercises
en ville, downtown
les fleurs (*f.*), the flowers
en France, in France, to France
ici, here
là, there
lorsque, quand, when
triste, sad
en Amérique, in America
crier, to shout

c'est, it is
par ici, this way
par là, that way
d'ailleurs, besides, moreover
le cheval, the horse
les chevaux, the horses
après, after, afterward
on, one, someone, we, they, *etc.*
très, very
déjà, already
bien, well, quite, many
un peu, a little, a few
aimable, friendly, nice

IDIOMS

venir de, to have just (*when followed by an infinitive*)
avoir beau, in vain (*when followed by an infinitive*)
au contraire, on the contrary, on the other hand

Lesson 6

A. THE PARTITIVE CONSTRUCTION

1. The *general noun* and the *partitive noun*. Study the following sentences very carefully. Be sure you understand the difference between a general noun and a partitive noun. Pay particular attention to *some* or *any* and their use with partitive nouns:

   a. *Books* are useful. ("All" books: *general noun*.)
   b. There are *books* on the table. ("Some" books: *partitive noun*.)
   c. *Horses* are *animals*.
      horses: general or partitive noun?
      animals: general or partitive noun?

   A GENERAL NOUN is a noun that includes the whole of a class of objects.

   A PARTITIVE NOUN is a noun that includes only a part of a class of objects.

2. The adjectives *some* or *any*. The use of these two words in English is very flexible. Generally, they may be omitted.

   I have books   *or*   I have *some* books

3. In French, *some* or *any* must be used before a partitive noun. The few exceptions to this rule are not important for the present.

   ENGLISH: I have books, paper, chalk, and ink.
   FRENCH: I have *some* books, *some* paper, *some* chalk, and *some* ink.

4. In French, *some* or *any* is formed by the contraction of the preposition **de** and the definite articles **le, la, l'**, and **les**.

   Note that in English *some* or *any* are adjectives, while in French they are really prepositional phrases: I have *of the* books, *of the* paper, *of the* chalk, *of the* ink.

Many students whose knowledge of English grammar is limited will translate *I have books* as *J'ai les livres.* (*I have the books.*) It should be, of course: *I have some books. J'ai des livres.*

Analyze the following sentences carefully and settle this problem now:

a. *The* cow is in the field.   *A definite cow*   ("Elsie")
b. *The* cows are in the field.   *Definite cows*   ("Elsie, Fanny, Clarabelle")
c. *A* cow is in the field.   *Indefinite*   (just any cow)
d. Cows are in the field.   *Partitive*   (some cows)
e. Cows give milk.   *General*   (all cows)

In French we use the definite article before a general noun:

Les livres sont utiles. Books are useful.

EXERCISE I

Translate the following sentences, paying particular attention to the partitive adjectives.

1. J'ai *des* pommes et vous avez *du* pain. 2. A-t-il *des* crayons et *des* plumes? 3. Ont-ils *des* cigarettes et *des* cigares? 4. Tu as *de l'*encre, n'est-ce pas? 5. Il y a *des* hommes et *des* enfants aux fenêtres. 6. Voici *du* papier et *de la* craie sur la table. 7. Est-ce qu'ils ont *de l'*argent? 8. Y a-t-il *de l'*encre et *de la* craie ici? 9. Cherchent-ils *du* pain blanc? 10. Achète-t-il *des* fleurs pour les jeunes filles? 11. Le professeur donne-t-il *des* leçons difficiles? 12. Au contraire, il donne *des* leçons très faciles. 13. Les femmes ont *du* pain blanc, *des* fleurs jaunes et *des* pommes rouges, n'est-ce pas? 14. Y a-t-il *des* fenêtres et *des* portes dans la salle de classe? 15. Lorsque les femmes ont *de l'*argent elles achètent *des* chapeaux.

DRILL I

Answers on page 169.

1. I have books. 2. They have pens and pencils. 3. Have you any bread? 4. Are there any books on the table? 5. We are choosing red flowers. 6. There are men and women at the

windows. 7. Do they smoke cigars? 8. Mademoiselle, give paper, books, chalk, and ink to the students, please. 9. Do they have money? 10. Are they buying bread, apples, and flowers for the poor woman?

5. EXCEPTIONS. The partitive adjectives *some* or *any* are expressed by **de** alone (without the definite article) in the following cases:

a. When there is a general negation (**ne ... pas, ne ... plus**, etc.).

J'ai du pain. *But:* Je n'ai pas *de* pain.
J'ai de l'encre. *But:* Je n'ai plus *d'*encre.
J'ai des livres. *But:* Je n'ai jamais *de* livres.

b. When an adjective precedes the noun.

J'ai des pommes rouges. *But:* J'ai *de* belles pommes.
J'ai du papier blanc. *But:* J'ai *de* bon papier.

NOTE: In everyday speech this rule is not always followed. One hears: **du bon pain, de la bonne viande**, etc. Also when an adjective and a noun form a real compound: **des petits pois** (*peas*), **des jeunes gens** (*young men*), **des jeunes filles** (*young girls*), **du bon sens** (*common sense*), **des petits pains** (*rolls*), etc.

EXERCISE II

1. Nous n'avons pas d'encre. 2. Ils n'ont pas de livres. 3. N'étudient-ils pas de longues leçons? 4. Nous ne cherchons pas de papier, mais nous voulons de la craie. 5. Nous ne choisissons pas de bonne encre. 6. Les jeunes hommes ne fument pas de cigarettes. 7. Les jeunes filles ne fument jamais de cigares, elles fument des cigarettes. 8. Ne mangeons-nous pas de bons dîners au restaurant? 9. Ils veulent toujours faire de belles promenades. 10. Pourquoi les jeunes filles ne veulent-elles jamais faire attention à la leçon?

DRILL II

Answers are on page 169.

1. I haven't any paper. 2. John hasn't any ink. 3. Don't they have money? 4. Aren't they in the beautiful automobile in front of the school? 5. The old woman doesn't smoke cigars,

and the old man doesn't smoke cigarettes. 6. Why don't the students like the long difficult lessons? 7. And why do they always want to eat good dinners at good French restaurants? 8. They buy fine (**belles**) automobiles but they no longer buy books. 9. Is there any bread on the table? 10. Do you have money to (in order to) buy books?

B. THE PARTITIVE PRONOUN. Be sure you understand the difference between the partitive *adjective* and the partitive *pronoun*. In English both the adjective and the pronoun are expressed by the same word.

I have some books (*adjective*).
I have some (*pronoun*).

In French the adjective and the pronoun are not the same. The pronoun is **en**. It comes before the verb. If the sentence is negative, it follows **ne**.

J'ai des livres (*adjective*).
J'*en* ai (*pronoun*) and Je n'*en* ai pas.

EXERCISE III

Translate, observing the position of **en** with the idiom **il y a**:

1. Il y en a. 2. Il n'y en a pas. 3. Y en a-t-il? 4. N'y en a-t-il pas?

Note the position of **en** when there are two verbs. Be sure you place it before the verb to which it belongs. (Example: **J'*en* donne. Je vais *en* donner à Jean.**)

1. J'en ai mais elle n'en a pas. 2. En avez-vous? 3. N'en avez-vous pas? 4. Je vais en donner aux enfants. 5. N'allez-vous pas en donner aux étudiants? 6. Elles en ont à la maison, mais elles n'en ont pas à l'école. 7. Pourquoi ne veulent-ils jamais en choisir? 8. Nous allons en fumer, n'est-ce pas? 9. N'en donnons pas à l'enfant. 10. En voilà et en voici, aussi. 11. Il y en a sur la table, n'est-ce pas? 12. N'y en a-t-il pas ici?

DRILL III

Answers are on page 169.

1. I have some. 2. Have you any? 3. No, I haven't any but they have some. 4. They are going to give some to the teacher. 5. Don't you want to give some to the young girls

too? 6. Why doesn't he buy some? 7. He wants to give some to Mary, but he doesn't have any now. 8. There are some on the table. 9. Aren't there any on the table? 10. She no longer has any; he never has.

C. The following ADVERBS OF QUANTITY take **de** when followed by a noun, regardless of the gender and number of the noun. When the noun is not expressed, it must be represented by the pronoun **en**. Analyze carefully the following sentences and be sure you understand what you are doing.

ADVERBS OF QUANTITY

beaucoup, many, much, a great deal, very much
trop, too much, too many (*sometimes* too)
peu, few, little
assez, enough
combien, how much, how many

J'ai beaucoup de livres.	I have many books.
J'*en* ai beaucoup.	I have many (of them).
J'ai peu de livres.	I have few books.
J'*en* ai peu.	I have few (of them).
Il a assez de craie.	He has enough chalk.
Il *en* a assez.	He has enough (of it).
Vous avez trop d'encre.	You have too much ink.
Vous *en* avez trop.	You have too much (of it).
Combien de crayons avez-vous?	How many pencils have you?
Combien *en* avez-vous?	How many (of them) do you have?
Elles ont trois livres.	They have three books.
Elles *en* ont trois.	They have three (of them).

The following are exceptions:

a. **plusieurs,** several

Nous avons *plusieurs* livres.   We have several books.

b. **bien de** (*plus definite article*), many, much

Tu as *bien de* l'encre.	You have much ink.
Ils ont *bien des* chevaux.	They have many horses.

D. The verb **devoir,** *to owe, to be supposed to, ought to, must:*

je dois	nous devons
tu dois	vous devez
il, elle doit	ils, elles doivent

Devoir is a very important verb. Give it special attention! It means not only *to owe*, but is used idiomatically to express *duty, moral obligation,* and *necessity*. The various translations are italicized: we *owe* ten dollars; we *should* work; we *are supposed* (*obliged*) to work; we *ought* to work; we *have* to work; we *must* work.

As a noun, **le devoir** means *the duty, the task, the exercise, the homework*.

EXERCISE IV

Familiarize yourself with the various meanings of **devoir** by giving all possible translations.

1. Je dois six dollars. 2. Nous devons aller en ville. 3. Ne doit-on pas toujours préparer toutes les leçons? 4. Elles doivent faire tous les exercices. 5. Vous devez étudier mais vous êtes trop paresseux. 6. Ils doivent venir maintenant. 7. Ne doit-on pas avoir de l'argent? 8. On doit toujours écouter le professeur. 9. Vous devez toujours faire des promenades. 10. On ne doit jamais aller en ville.

Devoir, when followed by the auxiliary verbs **avoir** or **être**, has only one translation: *must*.

Ce doit être Jean.	It must be John.
Elle doit être malade.	She must be sick.
Vous devez être fatigué.	You must be tired.
Ils doivent être à la maison.	They must be at the house.
Il doit être très bête.	He must be very stupid.
Il doit avoir beaucoup d'argent.	He must have much money.
Vous devez avoir bien des livres.	You must have many books.
Tu dois avoir faim.	You must be hungry.

Lesson 7

A. PERSONAL PRONOUNS, *unstressed forms*. The unstressed forms of the personal pronouns are always used with verbs.

GRAMMAR: LESSON 7 / 59

1. **SUBJECT PRONOUNS:**
   I   we
   you   you
   he (it)   they
   she (it)

2. **OBJECT PRONOUNS:** these are in two categories.

   a. DIRECT OBJECTS:
   me   us
   you   you
   him (it)   them
   her (it)

   b. INDIRECT OBJECTS:
   (to) me   (to) us
   (to) you   (to) you
   (to) him (it)   (to) them
   (to) her (it)

   NOTE: The preposition *to* in English may be expressed or implied:

   > He gives *me* the book
   > *means:*
   > He gives the book *to me*.

ANALYZE: 1. I see *him* (*dir.*). 2. I speak *to him* (*indir.*). 3. I give *them* (*indir.*) *the books* (*dir.*). 4. We give *it* (*dir.*) *to you* (*indir.*). 5. She gives *them* (*dir.*) *to them* (*indir.*). 6. They show *me* (*indir.*) *the letter* (*dir.*). 7. He teaches *him* (*direct* or *indirect?* ... *indirect*, of course!).

Be sure you understand the difference between a direct object and an indirect object. You will have trouble if you do not!

The *direct objects* in French:

    me, me   **nous,** us
    te, you   **vous,** you
    le, him, it   **les,** them
    la, her, it

The *indirect objects* in French:

    me, (to) me   **nous,** (to) us
    te, (to) you   **vous,** (to) you
    lui, (to) him (it)   **leur,** (to) them
    lui, (to) her (it)

NOTE: me, te, nous, vous are both *direct* and *indirect*.
le, la, les are only *direct*.
lui, leur are only *indirect*.

If you have trouble distinguishing between the direct and indirect object pronouns in English, ask yourself the question: "Is it really *him* (direct object) or *to him* (indirect object)?"

EXAMPLE: She kicks him. She gives him a kick.
This means:
She gives a kick *to him*.

3. THE POSITION OF OBJECT PRONOUNS

   a. All unstressed object pronouns precede the verb. (*An exception will be given later.*)

   Je *lui* donne le livre.
   Je ne *lui* donne pas le livre.
   Lui donne-t-il le livre?
   Ne *lui* donne-t-il pas le livre?

   b. When there are two verbs with the same subject in a sentence, be sure to place the object pronoun before the verb to which it belongs:

   Je vais *lui* donner le livre.
   Je ne veux pas *les* faire.

EXERCISE I

In the following sentences, substitute an object pronoun for the italicized nouns. Check answers with Key on page 169.

1. Nous étudions *les leçons*. 2. Ils choisissent *les fleurs*. 3. Nous donnons *la grammaire* à Marie. 4. Ils donnent les pommes *aux enfants*. 5. Ne cherche-t-il pas *le professeur?* 6. Vous allez faire *l'exercice*. 7. Elle parle *à l'homme*. 8. Savent-ils parler *français?* 9. A-t-il *les livres?* 10. N'a-t-il pas *la leçon?* 11. Je vends les fleurs *à la fille*. 12. Nous ne finissons pas *les leçons*. 13. Pourquoi les étudiants amusent-ils *le professeur?* 14. Ne donne-t-on pas les grammaires *aux garçons?* 15. Ils ne préparent jamais *les leçons*. 16. Il ne va pas fermer *la porte*. 17. Nous allons faire *les exercices*. 18. Tu ne vas pas donner le papier *au professeur*. 19. N'avons-nous pas *la craie?* 20. Il regarde *le livre et la plume*.

DRILL I

Translate the following sentences, then rewrite, substituting an object pronoun for the italicized nouns. Answers are on pages 169–170.

1. He gives the books *to Mary*. 2. She does not give *the pencils* to John. 3. We are studying *the French lessons*. 4. They are giving *the flowers* to the women. 5. They are not giving the flowers *to the men*. 6. We do not want to study *French*. 7. Does she know how to speak *French?* 8. She does not know how to do *the lessons*. 9. He never closes *the door*. 10. I am not going to give the books *to Robert*.

4. Object pronouns with **voici** and **voilà**.

Be sure to use *object pronouns* with **voici** and **voilà**, and not subject pronouns, as in English:

NOTE: I am here, **Je suis ici.** *But:* Here I am, **Me voici.**

La voici.	Here she is.
Le voilà.	There he is.
Les voici.	Here they are.
Nous voici.	Here we are.

DRILL II

Answers are on page 170.

1. I am here. 2. Here I am. 3. She is there. 4. There she is. 5. They are here. 6. Here they are. 7. You are there. 8. There you are. 9. We are here. 10. Here we are.

B. THE PRONOMINAL ADVERBS **y** AND **en**. Because these have many meanings, students have difficulties with their use and translation. They are really quite simple, and with a little analysis all your difficulties will disappear. The pronominal adverbs refer to *things*, rarely to persons.

Remember what a preposition is in English, and what is meant by a prepositional phrase.

PREPOSITIONS: on, in, at, under, on top of, with, behind, *etc.*

PREPOSITIONAL PHRASES: on the table, in the box, at the house, *etc.*

Note what happens in English when substitutes are used for these phrases:

>The book is in the box. The book is *there,* or *in it.*
>
>He comes from school. He comes *from there,* or *from it.*

In French, **y** and **en** are substitutes for prepositional phrases:

>**Le livre est dans la boîte. Le livre *y* est.**
>**Il vient de l'école. Il *en* vient.**

RULE: Use **en** when the preposition is **de** or any of its compounds (**du, de la, de l', des**).

>Use **y** for all other prepositions.

In the following sentences notice how **y** and **en** are substituted for the prepositional phrase:

Le livre est *sur la table.*	Le livre *y* est.
Nous sommes *à Paris.*	Nous *y* sommes.
Nous venons *de Paris.*	Nous *en* venons.
Je n'ai pas *de viande.*	Je n'*en* ai pas.
Ne pensez pas *au livre.*	N'*y* pensez pas.
Que pensez-vous *du livre?*	Qu'*en* pensez-vous?
Il répond *aux lettres.*	Il *y* répond.
Il peut entrer *dans la classe.*	Il peut *y* entrer.
Il peut sortir *de la classe.*	Il peut *en* sortir.
Il fait attention *à l'auto.*	Il *y* fait attention.

EXERCISE II

Substitute **y** or **en** for the prepositional phrase, and check your answers with the Key on page 170.

1. Nous venons de la maison. 2. Ils vont à l'école. 3. Il a des fleurs. 4. Elle n'a pas de papier. 5. Nous pensons aux leçons. 6. Que pensez-vous du français? 7. Nous faisons attention à la leçon. 8. N'entrons pas dans l'école. 9. Sont-ils à l'école? 10. N'a-t-il pas d'argent?

DRILL III

Translate the following sentences, then rewrite substituting **y** or **en** for the prepositional phrase. Answers are on page 170.

1. We are going to Paris. 2. We are coming from Paris. 3. You cannot enter (into) the classroom. 4. He cannot come out of the classroom. 5. Isn't he thinking of the lesson? 6. What does he think about the book? 7. Haven't we any chalk? 8. She has paper, hasn't she? 9. We are answering the letter. 10. Can one go to New York?

C. REFLEXIVE VERBS. A reflexive verb is one whose action refers back to the subject, *directly* or *indirectly*.

> The woman washes *herself* (reflexive, direct).
> The woman talks *to herself* (reflexive, indirect).
> BUT: The woman washes *the dishes* (*not* reflexive).

All verbs used reflexively in French *must* have their reflexive pronouns. They cannot be omitted as in English.

> **Elle se lave.** She washes (herself).

1. THE FRENCH REFLEXIVE PRONOUNS, *direct* and *indirect*.

me, myself, to myself	**nous,** ourself, to ourselves
te, yourself, to yourself	**vous,** yourself, to yourself
se, himself, to himself	yourselves, to yourselves
herself, to herself	**se,** themselves, to themselves
itself, to itself	

a. Present indicative of the verb **se laver**, *to wash oneself, to get washed*:

je me lave, I wash myself, *etc.*	**nous nous lavons**
tu te laves	**vous vous lavez**
il, elle se lave	**ils, elles se lavent**

EXERCISE III

1. Nous nous lavons. 2. Ils ne se lavent pas. 3. Se lave-t-il? 4. Ne se lave-t-elle pas? 5. Je me flatte. 6. Nous nous flattons. 7. Vous flattez-vous? 8. Je m'arrête devant la table. 9. Vous arrêtez-vous? 10. Vous vous peignez, n'est-ce pas? 11. Se peigne-t-elle? 12. Elle s'habille. 13. Ne s'habille-t-il pas? 14. Nous nous promenons. 15. Se promène-t-il? 16. Ne se promènent-elles pas? 17. Vous vous parlez. 18. Se parlent-ils aussi? 19. Nous allons nous laver. 20. Ne veut-elle pas se laver?

2. The reflexive pronouns are also used to express *reciprocal actions* (*each other, one another*: They flatter *each other*, they flatter *one another*: **Ils se flattent**).

When necessary to make the meaning clear, the following adjuncts are used:

DIRECT: l'un l'autre   l'une l'autre
          les uns les autres   les unes les autres

INDIRECT: l'un à l'autre   l'une à l'autre
          les uns aux autres   les unes aux autres

Jean et Marie se flattent l'un l'autre (*direct*).
Jean et Marie se parlent l'un à l'autre (*indirect*).

3. In expressions dealing with parts of the body (and sometimes articles of clothing), the *definite article* is used instead of a possessive adjective (*my, your, his, her*, etc.) as in English. This is especially true when reflexive verbs are used. Note carefully the following examples:

Ils se lavent *les* mains.	They wash *their* hands.
Elle se coupe *le* doigt.	She cuts *her* finger.
Je me lave *la* figure.	I wash *my* face.
Il met *les* mains dans *les* poches.	He puts *his* hands in *his* pockets.

4. Present indicative of verb mettre, *to place, to put, to put on*; and se mettre à, *to begin* (*to*) (*to put oneself to*):

je (me) mets	nous (nous) mettons
tu (te) mets	vous (vous) mettez
il, elle (se) met	ils, elles (se) mettent

Je mets les livres sur la table.	I put the books on the table.
Ils se mettent à travailler.	They begin to work.
Elle met ses gants.	She puts on her gloves.
Mettez la boîte devant le miroir.	Put the box in front of the mirror.

EXERCISE IV

1. Elles se peignent. 2. Ne se met-il pas à étudier? 3. Nous nous appelons l'un l'autre. 4. Ne nous lavons-nous pas les mains et la figure? 5. Ils se flattent beaucoup les uns les autres, n'est-ce pas? 6. Ne se parlent-ils pas toujours les uns aux autres? 7. Nous nous donnons la main. 8. Elles ne s'habil-

lent pas. 9. Les enfants ne savent pas s'habiller. 10. Nous nous promenons. 11. Ne vous promenez-vous pas? 12. Ne faites-vous pas une promenade en auto? À cheval?

DRILL IV

Answers are on page 170.

1. Do they get up early? 2. You are combing your hair, aren't you? 3. She is washing her hands and face. 4. What is her name? (*How does she call herself?*) What is his name? 5. Her name is Mary. His name is Robert. 6. We are dressing in front of the mirror. 7. They never talk to each other. 8. Do they flatter each other very much? 9. What is your father's name? 10. You get up late. 11. We get up early. 12. They never get up. 13. I begin to get dressed. 14. The child does not want to comb herself. 15. We cannot stop.

VOCABULARY

(se) couper, to cut (oneself)
(se) flatter, to flatter (oneself)
(se) laver, to wash (oneself)
(se) peigner, to comb (oneself)
(s')habiller, to dress (oneself)
(s')arrêter, to stop
(s')appeler, to call (oneself)
(se) promener, to take a walk
(se) lever, to get up
mettre, to put on, to place
se mettre à, to begin to
se parler, to talk to each other, to talk to oneself

répondre à, to answer
la figure, the face
la main, the hand
les cheveux (*m.*), the hair
la lettre, the letter
la boîte, the box
le miroir, the mirror
les gants (*m.*), the gloves
la viande, the meat
le doigt, the finger
sortir (de), to go out (of)
à cheval, on horseback
tard, late

penser, to think
penser à, to think of (*about*)
penser de, to think of (*opinion*)

Je pense.
Je pense à Marie.
Que pensez-vous de Marie?

se promener, to take a walk
se promener en auto, to take an automobile ride
se promener à cheval, to ride horseback

s'appeler, to be called, named
Comment vous appelez-vous?   What is your name?
Je m'appelle Jean.   My name is John.
Comment le professeur s'appelle-t-il?   What is the professor's name?

Lesson 8

A. Table of UNSTRESSED PERSONAL PRONOUNS

SUBJECT	DIRECT OBJECT	INDIRECT OBJECT	REFLEXIVE	RECIPROCAL
I	me	(to) me	myself, to myself	
je	me	me	me	
you	you	(to) you	yourself, to yourself	
tu	te	te	te	
he	him	(to) him	himself, to himself	
il	le	lui	se	
she	her	(to) her	herself, to herself	
elle	la	lui	se	
it	it	(to) it	itself, to itself	
il, elle	le, la	lui	se	
we	us	(to) us	ourselves, to ourselves	each other, to each other
nous	nous	nous	nous	nous
you	you	(to) you	yourself, to yourself, yourselves, to yourselves	each other, to each other
vous	vous	vous	vous	vous
they	them	(to) them	themselves, to themselves	each other, to each other
ils, elles	les	leur	se	se

1. Let us rearrange the French pronouns to show in what order they are placed in reference to the verb and to

each other. **Y** and **en** are also included to complete the table.

SUBJECT	OBJECT PRONOUNS				
je	me				
tu	te				
il	se	le } lui			
elle	se	la			
nous	nous		} y	en	VERB
vous	vous				
ils	se }	les leur			
elles	se				

Study the above table carefully. The meaning of each pronoun should be clear to you.

EXAMPLES:
   me means me, to me, myself, to myself
   te " you, to you, yourself, to yourself
   se " himself, to himself, herself, to herself, itself, to itself
   le " him, it
   la " her, it
   lui " to him, to her, to it
   nous " us, to us, ourselves, to ourselves, to each other
   vous " you, to you, yourself, to yourself, yourselves, to yourselves, to each other
   se " themselves, to themselves, to each other
   les " them
   leur " to them

NOTE: In the negative, **ne** is placed before the object pronouns, and **pas** is placed after the verb.

Analyze the following model sentences carefully:

Il les lui donne.	He gives them to him (to her, to it).
Il ne les lui donne pas.	He does not give them to him (to her, to it).
Les lui donne-t-il?	Does he give them to him (to her, to it)?
Ne les lui donne-t-il pas?	Doesn't he give them to him (to her, to it)?

NOTE: **Il va les lui donner.** He is going to give them to him (to her, to it).

Ne va-t-il pas les lui donner? Isn't he going to give them to him (to her, to it)?

EXERCISE I

1. Il les leur donne. 2. Il ne les leur donne pas. 3. Les leur donne-t-il? 4. Ne les leur donne-t-il pas? 5. Vous lui en donnez. 6. Vous ne lui en donnez pas. 7. Lui en donnez-vous? 8. Ne lui en donnez-vous pas? 9. Je vous la donne. 10. Je ne vous la donne pas. 11. Est-ce que je vous la donne? 12. Est-ce que je ne vous la donne pas? 13. Elles se les donnent. 14. Elles ne se les donnent pas. 15. Se les donnent-elles? 16. Ne se les donnent-elles pas? 17. Ils les y mettent. 18. Ils ne les y mettent pas. 19. Les y mettent-ils? 20. Ne les y mettent-ils pas? 21. Vous y en mettez. 22. Vous n'y en mettez pas. 23. Y en mettez-vous? 24. N'y en mettez-vous pas? 25. Nous allons lui en parler. 26. Vous n'allez pas lui en parler. 27. Allons-nous lui en parler? 28. Ne vont-ils pas lui en parler? 29. Nous ne les leur donnons pas. 30. Les leur donnons-nous?

DRILL I

Translate the following sentences as written, then rewrite them replacing the italicized words with the correct object pronoun. Answers are on pages 170–171.

1. We give *the book to John*. 2. We do not give *the book to John*. 3. Do we give *the book to John?* 4. Do we not give *the book to John?* 5. They do not study *the lessons at home*. 6. Does he give *Mary any flowers?* 7. She puts *chalk in a box*. 8. We are going *to Paris*, but he is coming *from New York*. 9. They do not give me *money*. 10. You are going to speak *of the lesson to the teacher*, aren't you? 11. Isn't she going to speak *to him about the horse?* 12. Are you going to give *money to Mary's brother?* 13. The students are preparing *the French lessons in the classroom*. 14. Can't he do *the exercises* now? 15. Does she know how to do *the lesson?* 16. Why do the students put *chalk on the table?* 17. John is looking for *Mary*. 18. Is he looking at *the man?* 19. We are putting *papers in the box*. 20. Peter is always late *at school*.

2. THE IMPERATIVE AFFIRMATIVE with unstressed object pronouns.

In all cases except one, the object pronouns *precede* the verb, as in the previous table. They *follow* the verb, however, when used with an imperative affirmative (positive command). When so used, they are connected to the verb and to each other by a hyphen and are placed in the order indicated below:

Donnez	-le -la -les	-me (-moi) -te (-toi) -lui -nous -vous -leur	-y	-en

AFFIRMATIVE	NEGATIVE
Donnez-les-moi.	Ne me les donnez pas.
Donnez-lui-en.	Ne lui en donnez pas.
Donnez-m'en.	Ne m'en donnez pas.
Donnons-les-lui.	Ne les lui donnons pas.

NOTE: When the stress falls on **me** or **te**, they become **moi** or **toi**. .

Donnez-les-moi. *But:* **Donnez-m'en.**

EXERCISE II

1. Donnez-les-leur. 2. Ne les leur donnez pas. 3. Donnons-lui-en. 4. Ne lui en donnons pas. 5. Donne-la-nous. 6. Ne nous la donne pas. 7. Parlons-lui-en. 8. Ne lui en parlons pas. 9. Choisissez-en. 10. N'en choisissez pas. 11. En voici et en voilà aussi. 12. Vends-la-lui. 13. Ne la lui vendez pas. 14. Vendons-leur-en. 15. Ne leur en vendons pas. 16. Cherchons-les. 17. Ne les cherchons pas. 18. Écoutez-les. 19. Entrons-y. 20. N'y entrons pas. 21. Mettez-les-y. 22. Ne les y mettez pas. 23. Mangeons-en. 24. N'en mangeons pas. 25. Ferme-les. 26. Ne les fermez pas. 27. Pensez-y. 28. N'y pensez pas. 29. Répondez-y. 30. N'y répondez pas.

DRILL II

Answers are on page 171.

1. Let us give him some. 2. Do not give him any. 3. Speak to her about (of) it. 4. Let us not speak to him about it. 5. Listen

to the teacher. Listen to him. 6. Let us not listen to him. 7. Sell it to her; do not sell it to them. 8. Choose them now. 9. Do not choose them now. 10. Think of it. 11. Do not think of it. 12. Let us eat some. 13. Close them, please. 14. Do not close them. 15. Go there. 16. Do not go there. 17. Let us study them well. 18. Let us look for them. 19. Put them there. 20. Do not put them there.

Pay particular attention to the imperatives of reflexive verbs, especially when the subject pronoun is the same as the object pronoun. Study the following model sentences and be able to distinguish between the subject and object pronouns:

> Nous nous lavons.
> Nous ne nous lavons pas.
> Nous lavons-nous?
> Ne nous lavons-nous pas?
> Lavons-nous.
> Ne nous lavons pas.

EXERCISE III

Translate the following sentences and check your answers with the Key on page 171.

1. Nous nous amusons. 2. Nous amusons-nous? 3. Ne nous amusons-nous pas? 4. Amusons-nous. 5. Ne nous amusons pas. 6. Levons-nous. 7. Nous levons-nous? 8. Ne nous levons pas. 9. Ne nous levons-nous pas? 10. Promenez-vous. 11. Ne vous promenez-vous pas? 12. Ne vous promenez pas. 13. Vous vous mettez à travailler. 14. Ne vous mettez pas à travailler. 15. Ne vous mettez-vous pas à travailler? 16. Nous nous regardons. 17. Ne nous regardons pas. 18. Ne nous regardons-nous pas? 19. Habille-toi. 20. Ne t'habille pas.

B. STRESSED PERSONAL PRONOUNS. When the personal pronouns fall in a stressed position, the following are used:

moi, I, me   nous, we, us
toi, you   vous, you
lui, he, him   eux, they, them (*m.*)
elle, she, her   elles, they, them (*f.*)

The personal pronouns will fall in a stressed position in the following cases:

1. After prepositions:

    > Il va *avec* lui.
    > Il ne va pas *avec* elle.
    > Les livres sont *pour* eux.
    > La table est *devant* moi.
    > Nous sommes *entre* lui et elle.
    > Ils sont *derrière* nous.
    > Il parle *d'*eux.
    > Vous parlez *de* moi.
    > Je pense *à* lui.
    > Il est *chez* eux.
    > Tout le monde est *chez* moi.
    > Nous allons *chez* nous.

2. In comparisons:

    > Il est *plus* grand *que* lui.
    > Il est *plus* petit *qu'*elle.
    > Nous sommes *plus* riches *qu'*eux.
    > Elle est *aussi* grande *que* lui.
    > Vous êtes *plus* riche *que* moi.
    > Elle est *moins* bête *que* toi.
    > Nous sommes *moins* intelligents *qu'*eux.
    > Vous étudiez *plus que* lui.

3. When used alone (without a verb):

    > Qui est là? Moi.
    > Qui est avec elle? Lui.
    > Qui étudie toujours la leçon? Elle.
    > Qui est bête? Lui! Pas moi!
    > Et qui est intelligent? Moi! Pas eux!

4. In apposition (for emphasis):

    > Moi, je suis ici.
    > Il est là, lui.
    > Eux, ils ne savent rien.
    > Toi, tu ne sais jamais rien.
    > Est-ce que je ne parle pas français, moi?

5. With a double subject or double object:

    > Vous et moi (nous) allons en ville.
    > Lui et elle, ne vont-ils pas avec eux?
    > Je les regarde, lui et elle.
    > Il vous écoute, vous et eux.

6. With **c'est** and **ce sont**. (*Use* **ce sont** *only in the third person plural.*)

C'est moi.	C'est nous.
C'est toi.	C'est vous.
C'est lui.	Ce sont eux.
C'est elle.	Ce sont elles.

C'est moi qui parle.
C'est lui qui étudie toujours.
Ce sont eux qui n'étudient jamais.
C'est toi qui es riche.
Est-ce que ce sont elles qui font cela?

DRILL III

Answers are on page 171.

1. She goes with him. 2. He goes with her. 3. It is I who am speaking. 4. Is she taller than he? 5. We are as rich as they. 6. The table is between him and me. 7. He and I are going to study. 8. We look at them, him and her. 9. He—he doesn't know anything. 10. We—we never study. 11. We are in front of them. 12. She is behind us. 13. It is she, isn't it? 14. It is not they who are doing that. 15. It is we, not they.

C. Present indicative of verb **voir**, *to see:*

je vois	nous voyons
tu vois	vous voyez
il, elle voit	ils, elles voient

D. The impersonal verb **falloir**, *to be necessary, must.*

> NOTE: The subject of an impersonal verb is always *"it."* (*It is raining, it is snowing,* etc.)

Present tense of **falloir: il faut**

Il faut étudier.	One must study. It is necessary to study.
Il ne faut pas étudier.	One must not study.

> NOTE: In English, *it is necessary to study* means one *must study*. However, *it is not necessary to study* does *not* mean *one must not study,* it means *one may* (or *may not*) *study.*

Faut-il étudier?	Must one study? Is it necessary to study?
Ne faut-il pas étudier?	Must one not study? Isn't it necessary to study?

EXERCISE IV

Translate literally first, then in idiomatic English.

1. Il faut étudier. 2. Il faut faire attention. 3. Il ne faut pas être paresseux. 4. Il faut toujours préparer les leçons. 5. Ne faut-il pas manger pour vivre? 6. Ne faut-il pas avoir de l'argent pour bien vivre? 7. Faut-il toujours travailler pour apprendre le français? 8. Il faut toujours se lever de bonne heure.

Falloir can be personalized by using the indirect object pronouns me, te, lui, nous, vous, leur (*to me, to you, to him,* etc.).

Il me faut étudier.	It is necessary for me to study. (I must study.)
Il leur faut de l'argent.	They must have money.
Il nous faut apprendre.	We must learn.
Il lui faut de l'argent.	He must have money.

VOCABULARY

vivre, to live
falloir, must, to be necessary
voir, to see
avec, with
entre, among, between

plus ... que, more ... than
moins ... que, less ... than
aussi ... que, as ... as
là, there
riche, rich

E. The preposition **chez**. Observe the following uses of **chez**:

Je vais chez moi.	I am going home.
Vous allez chez vous.	You are going home.
Ils vont chez eux.	They are going home.
Jean va chez Marie.	John is going to Mary's.
Marie va chez son oncle.	Mary is going to her uncle's.
Vas-tu chez le médecin?	Are you going to the doctor's?
Nous allons chez Macy.	We are going to Macy's.
On est chez soi.	One is at home.
Tout le monde est chez soi.	Everyone is at home.

NOTE: The stressed personal pronoun **soi** is used with indefinite subjects (**on, tout le monde,** etc.).

DRILL IV

Answers are on page 171.

1. He is going home. 2. Are you at home? 3. Is everybody at home? 4. John does not want to go to the doctor's. 5. They are eating at Mary's. 6. Are you going to the grocery? (l'épicier). 7. Aren't they at home? 8. At our house we speak French.

Lesson 9

A. THE POSSESSIVE ADJECTIVES. A possessive adjective is an adjective that shows possession (English: *my book, your book, his book*, etc.).

Study very carefully the following examples. They indicate an important difference in the use of the possessive adjectives in English and in French:

He has *his* book.	Il a *son* livre.
She has *her* book.	Elle a *son* livre.
The child has *its* book.	L'enfant a *son* livre.

Note that in French the possessive adjective **son** agrees in gender and number with the noun **livre**, whereas the possessive adjective in English (*his, her, its*) agrees with the subject. Be sure you understand this difference!

1. List of possessive adjectives:

MASCULINE SINGULAR		FEMININE SINGULAR	
mon livre	my book	*ma* table	my table
ton livre	your book	*ta* table	your table
son livre	his, her, its book	*sa* table	his, her, its table
notre livre	our book	*notre* table	our table
votre livre	your book	*votre* table	your table
leur livre	their book	*leur* table	their table

PLURAL

mes livres, tables	my books, tables
tes livres, tables	your books, tables
ses livres, tables	*his, her, its* books, tables
nos livres, tables	our books, tables
vos livres, tables	your books, tables
leurs livres, tables	their books, tables

Remember that son, sa, ses mean *his, her, its*. Why?

2. The possessive adjective must be repeated before each noun.

ENGLISH: My father, mother, and sister are here.
FRENCH: *Mon* père, *ma* mère, et *ma* sœur sont ici.

a. If a singular feminine noun begins with a vowel or mute h, use **mon, ton, son** instead of ma, ta, sa, for euphony:

mon amie   mon histoire   mon autre table

3. When dealing with parts of the body, the French generally use the *definite article* instead of the possessive adjective:

Il lève la main.	He raises *his* hand.
Il se lave les mains.	He washes *his* hands.
Elle se coupe le doigt.	She cuts *her* finger.

EXERCISE I

1. Voilà mon chapeau. 2. Voici mes crayons et mes plumes. 3. Voici sa maison et voilà son auto. 4. Mon père, ma mère, et ma sœur vont en ville aujourd'hui. 5. Mes cigarettes et mes cigares sont dans la boîte. 6. Viens ici, mon enfant. 7. Nous savons bien nos leçons mais ils ne savent rien (*nothing*). 8. Son père et sa mère sont dans leur jardin derrière leur maison. 9. Vous avez besoin de ma grammaire, n'est-ce pas? 10. Vos sœurs et vos parents où est-ce qu'ils sont maintenant? 11. Tout le monde a sa plume, n'est-ce pas? 12. Voulez-vous mon stylo ou mon crayon? 13. Prépare-t-on toujours sa leçon? 14. Quand allons-nous apprendre nos leçons? 15. Voyons-nous souvent nos amis? 16. Êtes-vous charmé de faire sa connaissance? 17. Oui, je suis charmé de faire sa connaissance. 18. Nous sommes enchantés de faire votre connaissance, mademoiselle. 19. Madame votre mère n'est pas en ville, elle est chez elle. 20. Se lave-t-il les mains et la figure?

DRILL I

Answers are on page 171.

1. Where are my books? 2. Your books and your paper are at home. 3. Miss Dupont is putting on (met) her hat and her gloves. 4. Are you washing your hands and face? 5. His mother and his father are at home today. 6. His father and his mother

are in my automobile in front of their house. 7. My grammar is in my automobile in front of our school. 8. My friends are giving their apples to their children. 9. Don't you have your pencil and her pens? 10. I don't have my pen here, I have it at home.

B. THE POSSESSIVE PRONOUNS. A possessive pronoun replaces a possessive adjective and its noun.

EXAMPLE: my book = mine   mon livre = le mien
your book = yours   ton livre = le tien, *etc.*

1. List of possessive pronouns:

	MASCULINE		FEMININE	
	SINGULAR	PLURAL	SINGULAR	PLURAL
mine	le mien	les miens	la mienne	les miennes
yours	le tien	les tiens	la tienne	les tiennes
his, hers, its	le sien	les siens	la sienne	les siennes
ours	le nôtre	les nôtres	la nôtre	les nôtres
yours	le vôtre	les vôtres	la vôtre	les vôtres
theirs	le leur	les leurs	la leur	les leurs

2. Possessive pronouns, like the possessive adjectives, agree in number and gender with the noun to which they refer, and *not* with the possessor.

   son livre, his book, her book, its book = le sien, his, hers, its

   sa plume, his pen, her pen, its pen = la sienne, his, hers, its

3. Note that le, la, and les of le mien, la mienne, les miens and les miennes, are definite articles. Remember that le and la contract with the prepositions de and à (pp. 29–30).

I need his books and my pencils.
J'ai besoin de ses livres et de mes crayons.

   I need *his* and *mine*.
   J'ai besoin *des siens* et *des miens*. (*In both cases the reference is to "books."*)

He goes from my friends to their friends.
Il va de mes amis à leurs amis.

   He goes from *mine* to *theirs*.
   Il va *des miens aux leurs*. (*In both cases the reference is to "friends."*)

EXERCISE II

1. J'ai le sien (le livre). 2. J'ai la sienne (la plume). 3. Nous avons les siens (les livres). 4. Vous avez les siennes (la plume et la table). 5. A-t-il besoin des vôtres et des miennes? 6. Des vôtres aux nôtres. 7. Aux leurs des miens. 8. Je peux faire les miens. 9. Elle veut préparer les leurs. 10. Nous n'avons pas besoin de la sienne. 11. Je cherche les miens. 12. Je fais les siennes tous les jours. 13. Pourquoi les enfants ne font-ils pas attention aux leurs? 14. Les tiennes ne sont pas ici. 15. Il nous faut faire attention aux vôtres. 16. Ils viennent nous voir avec les siens. 17. Allez étudier les vôtres! 18. De la mienne à la sienne. 19. Je ne parle pas des miens, mais des leurs. 20. Aimes-tu les tiens ou les miens? Et où sont les siens? Je ne les vois pas.

DRILL II

Since the English possessive pronouns do not show the gender and number of the object possessed, the student must make his own choice of gender and number in some of the following sentences. (Answers are on p. 172.)

EXAMPLE: He has his. (*What has he?*)
    Il a le sien (*the book*).   Il a les siens (*the books*).
    Il a la sienne (*the pen*).   Il a les siennes (*the pens*).

1. I have my books and she has hers. 2. Where are your pens and his, Robert? 3. He needs his pencils and she needs mine. 4. From yours to theirs (*houses*). 5. Let us pay attention to ours, not (**pas**) to hers. 6. Buy yours, but do not buy mine. 7. I am not speaking to him of mine, but of his. 8. Are you looking at ours or theirs? 9. Do you want to do yours or mine now? 10. Do you see mine with yours?

   4. To express simple ownership, the *stressed personal pronoun* is used, rather than the possessive pronoun:

The book is mine.	Le livre est à moi.
The pen is hers.	La plume est à elle.

   But to show emphasis or contrast, the *possessive pronoun* is used:

This book is mine, not yours.	Ce livre est le mien, pas le tien.
This book belongs to me.	Ce livre m'appartient.

C. THE DEMONSTRATIVE ADJECTIVES.

In English, the demonstrative adjectives are **this, these, that,** and **those,** used before nouns.

this book
that book = ce livre (*masc. sing.*)

these books
those books = ces livres (*masc. plur.*)

this table
that table = cette table (*fem. sing.*)

these tables
those tables = ces tables (*fem. plur.*)

	this, that		*these, those*
(*masc.*)	ce		
(*fem.*)	cette	ces	(*plur.*)

1. If a masculine singular noun begins with a vowel or mute h, use *cet*, instead of **ce**.

   cet ami   cet homme   cet autre livre

2. Notice that **ce livre** may mean *this book* or *that book*. To make a more precise distinction between the two, add **-ci** or **-là** to the noun, as follows:

   Ce livre-ci est le mien et ce livre-là est le tien.
   This book is mine and that book is yours.

   Ces plumes-ci sont les miennes et ces crayons-là sont les tiens.
   These pens are mine and those pencils are yours.
   (*Do not translate* -ci *and* -là.)

3. Demonstrative adjectives must be repeated before each noun.

   Ces plumes, *ces* crayons, et *ce* papier sont à moi.

EXERCISE III

1. Ce livre-ci est rouge et ce livre-là est bleu. 2. Voulez-vous ces crayons-ci ou cette craie-là? 3. Cet homme donne ces pommes à ces enfants. 4. Mes enfants n'aiment pas ces livres. 5. Cette leçon-ci est facile mais cette leçon-là est très difficile. 6. Avez-vous besoin de cette grammaire? 7. Ces pommes sont chères. 8. Ce chapeau-ci est joli mais ce chapeau-là est laid. 9. Cette maison-ci est blanche mais cette maison-là est grise. 10. Ne regardent-ils pas ces hommes qui travaillent?

DRILL III

In the following sentences, use **-ci** and **-là** for emphasis. Answers are on page 172.

1. This book and that pen. 2. These young men and those young girls. 3. This man and that professor. 4. That woman and this cigar. 5. That paper and this chalk. 6. This grammar and that pen. 7. These books and those exercises. 8. This lesson is easy and that lesson is difficult.

D. THE DEMONSTRATIVE PRONOUNS. A demonstrative pronoun replaces a demonstrative adjective and its noun.

> this book = *this* (*one*) these books = *these*
> that book = *that* (*one*) those books = *those*

> These books and those pens are mine. = *These* and *those* are mine.
> This pen and that pencil are mine. = *This one* and *that one* are mine.

Note that in English the demonstrative adjectives and the demonstrative pronouns are the same. In French we do not use the same words, so keep the distinction between the adjectives and the pronouns clear in your mind.

Compare the demonstrative adjective and its noun with the demonstrative pronoun:

> ce livre   = *celui* (*masc. sing.*)
> ces livres = *ceux* (*masc. plur.*)
> cette plume = *celle* (*fem. sing.*)
> ces plumes = *celles* (*fem. plur.*)

These pronouns **celui, ceux, celle,** and **celles** never stand alone. They require a modifier, such as:

1. **-ci** or **-là**:

> **Je ne veux pas celui-ci.** I do not want this (one).
> **Ils veulent celui-là.**   They want that (one).

2. a relative clause:

> **Il veut celui qui est ici.** He wants the one which is here. (Note that **qui** is the subject of the verb.)

Il veut celles que vous avez. He wants the ones that you have. (Note that **que** is the object of the verb.)

3. a prepositional phrase:

Il veut celui de Marie.	He wants Mary's (the one of Mary).
Je veux ceux de Pierre.	I want Peter's (those of Peter).

In the following sentences observe carefully the various meanings of the demonstrative pronouns:

Celui qui est ici est à moi.	The one which is here is mine.
Celui qui étudie apprend.	He who studies learns.
Ceux qui sont ici sont à moi.	The ones which are here are mine.
Ceux que vous voyez sont paresseux.	Those whom you see are lazy.
Celle que tu aimes est ma sœur.	The one you love is my sister.
Celles qui sont là sont bonnes.	The ones which are there are good.
Il a le livre de Jean et celui de Marie.	He has John's book and Mary's.
J'ai mon crayon, le vôtre, et celui de Robert.	I have my pencil, yours, and Robert's.

EXERCISE IV

Translate literally first; then into idiomatic English. (Example: **ceux de Jean et ceux du professeur** = those of John and those of the professor = John's and the professor's.)

1. Je n'aime pas celui-ci. 2. Elle aime mieux celle-là. 3. Préférez-vous celui-ci ou celui-là? 4. C'est la mienne, ce n'est pas celle de mon père. 5. Cherchez-vous son livre ou celui du professeur? 6. Ceux qui sont ici sont rouges, mais ceux que vous voyez sur la table sont verts. 7. Ces roses-ci sont blanches mais celles-là sont jaunes. 8. Aimez-vous mieux celle de Marie ou celle de Jean? 9. Voilà ceux de l'étudiant et voici ceux du professeur. 10. Préparez celle-ci aujourd'hui et celles-là demain. 11. Ont-ils besoin de ceux-ci ou de ceux de leur père?

12. Donnez-moi celui qui est sur la table et celle qui est dans la boîte. 13. Celle que vous préférez est mon amie aussi. 14. Choisissons ceux-ci et ceux qui sont sous la table. 15. Celles de Robert sont très grandes.

DRILL IV

Answers are on page 172.

1. Do you have yours or John's (*book*)? 2. Do they need this one or that one (*pen*)? 3. He wants the one which is on the table (*paper*). 4. How many of those does he buy (*horses*)? 5. Does she always prepare hers or Robert's (*lessons*)? 6. Those who do not study are lazy. 7. I want two of these and three of those (*boxes*). 8. Here is my hat and there is my friend's. 9. The ones (which) you have are mine; here are the ones (which) you want (*gloves*). 10. The ones who come late are not intelligent.

4. the indefinite demonstrative pronouns **ceci** and **cela**. These do not refer to any noun previously mentioned, and have no gender. In conversation **cela** is often shortened to **ça**.

Ceci est bon.	This is good.
Cela est mauvais.	That is bad.
Faites ceci, pas ça.	Do this, not that.

VOCABULARY

préférer, to prefer
aimer mieux, to like better, prefer
être charmé, to be glad
l'histoire (*f.*), the story, history
aimable, nice, lovable, kind
demain, tomorrow
laid, ugly

les parents (*m.*), the parents, the relatives
puisque, since
où, where
ou, or
que, whom, which
Ma foi, non! No, indeed!

un de mes amis, one of my friends
faire la connaissance de, to make the acquaintance of
avoir besoin de, to have need of, to need
cela m'est égal, it doesn't matter to me
cela t'est égal, cela lui est égal, cela nous est égal, cela vous est égal, cela leur est égal, it doesn't matter to you, to him or to her, to us, *etc.*

Lesson 10

A. THE AUXILIARY VERBS avoir, *to have,* **and être,** *to be.*

It is absolutely necessary to learn these two verbs thoroughly, in all the tenses. If you do, you will have mastered the personal endings of all verbs and you will have no trouble with all the compound tenses which we will study later. If you do not, you will waste hours and get nowhere. To simplify matters, use *will* and *would* for all persons in the future and in the conditional.

avoir

PRESENT	IMPERFECT	FUTURE	CONDITIONAL
I have, I do have, I am having, *etc.*	I had, I was having, I used to have, *etc.*	I will have, *etc.*	I would have, *etc.*
j'ai	av ais	aur ai	aur ais
tu as	av ais	aur as	aur ais
il (elle) a	av ait	aur a	aur ait
nous avons	av ions	aur ons	aur ions
vous avez	av iez	aur ez	aur iez
ils (elles) ont	av aient	aur ont	aur aient

être

PRESENT	IMPERFECT	FUTURE	CONDITIONAL
I am, *etc.*	I was, *etc.*	I will be, *etc.*	I would be, *etc.*
je suis	ét ais	ser ai	ser ais
tu es	ét ais	ser as	ser ais
il (elle) est	ét ait	ser a	ser ait
nous sommes	ét ions	ser ons	ser ions
vous êtes	ét iez	ser ez	ser iez
ils (elles) sont	ét aient	ser ont	ser aient

OBSERVATIONS: If you have studied these two verbs very carefully, you will have noticed that—

1. The endings of the imperfect and the conditional are the same. There are no exceptions. The stem will tell you which is the imperfect and which is the conditional.
2. The stems of the future and the conditional are the same. There are no exceptions.

EXERCISE I

1. J'ai le cahier et le dictionnaire. 2. J'avais un chien. 3. J'aurai le tableau. 4. J'aurais le canif. 5. Elle y était hier. 6. Ils y seront demain. 7. Nous serons chez nous demain si nous n'avons rien à faire. 8. Nous serions à Paris maintenant si nous avions assez d'argent. 9. Seraient-ils chez eux aujourd'hui s'ils n'avaient rien à faire? 10. N'avait-elle pas l'intention de faire cela hier? 11. Auriez-vous besoin de votre dictionnaire si vous étiez à l'école? 12. Combien d'argent auront-ils la semaine prochaine? 13. N'aviez-vous pas beaucoup d'amis français lorsque vous étiez à Paris? 14. Sera-t-il utile de savoir le français quand on sera en France? 15. Vous n'étiez jamais agréable. 16. Y sera-t-il si elle y est? 17. N'aurait-elle pas mal à la tête si elle était avec lui? 18. Avant-hier les élèves étaient à la campagne mais après-demain ils seront à l'école. 19. Elles étaient au parc hier et elles y seront demain. 20. Il était debout mais elle était assise.

DRILL I

CAUTION: Do not change the tenses in the sentences of this exercise: the French and the English patterns are the same. Answers are on page 172.

1. I have books. 2. He will have a dictionary. 3. They have useful pictures. 4. I will be there tomorrow if I have the time. 5. They would be in (à) Paris next month if they had enough money. 6. You will have enough money next week, won't you? 7. The day before yesterday they were in the country. 8. He will not have the books tomorrow, but he will have them next week. 9. She will be there and she will have her books. 10. Were they at home yesterday evening?

B. THE IMPERFECT TENSE of verbs of the first, second, and third conjugations:

donner, *to give*	finir, *to finish*	vendre, *to sell*
je donn ais	finiss ais	vend ais
tu donn ais	finiss ais	vend ais
il (elle) donn ait	finiss ait	vend ait
nous donn ions	finiss ions	vend ions
vous donn iez	finiss iez	vend iez
ils (elles) donn aient	finiss aient	vend aient

The present indicative of verbs, as you know, has three translations:

je donne	I give
	I do give
	I am giving

The imperfect has four translations:

je donnais	I was giving
	I used to give
	I would give
	I gave
je finissais	I was finishing
	I used to finish
	I would finish
	I finished
je vendais	I was selling
	I used to sell
	I would sell
	I sold

NOTE: 1. *Would* is often used in English in the sense of *used to:*

> When I was a student I used to buy many books.
> When I was a student I would buy many books.

2. The imperfect in French is only one of three tenses used to translate the English past tense. It is important to remember that the imperfect always stresses:

  a. what was continuous. I was giving.
  b. what was habitual. I used to give.
  c. what was descriptive. The fields were covered with flowers.

  It never translates a simple past tense such as *Yesterday I fell; Monday I went to school,* etc.

C. 1. The imperfect of irregular verbs. Study the imperfect of the following irregular verbs. Notice that with the exception of **voir** and **faire** they are regular in this tense:

pouvoir	pouv ais	mettre	mett ais
vouloir	voul ais	venir	ven ais
savoir	sav ais	devoir	dev ais
aller	all ais	falloir	fall ait

voir: voyais, voyais, voyait, voyions, voyiez, voyaient
faire: faisais, faisais, faisait, faisions, faisiez, faisaient

2. The verb **devoir** in the imperfect (**devais**) is translated *was to, had to*.

   Je devais y aller hier.   I was to go there yesterday.
   Il devait me payer.   He was to pay me.
   Elles devaient travailler.   They had to work.

3. The verb **falloir** in the imperfect, **il fallait**, is translated *had to, it was necessary*.

   Il fallait le faire. It was necessary to do it. One had to do it.

EXERCISE II

Translate the following. (Pay special attention to **devoir, pouvoir, étudier,** and **falloir**.)

1. Ils finissaient toujours leurs leçons. 2. Elle voyait souvent ses amies. 3. Nous travaillions beaucoup. 4. Nous n'étudiions jamais chez nous. 5. Vous étudiiez beaucoup lorsque vous étiez chez votre oncle. 6. Que faisiez-vous hier? 7. Pourquoi ne pouviez-vous pas faire ceci? 8. N'alliez-vous pas souvent en France quand vous étiez enfant? 9. Vous ne choisissiez jamais rien. 10. Que savaient-ils lorsqu'ils venaient nous voir? 11. Nous nous mettions à travailler de bonne heure lorsque nous étudiions le français. 12. Il devait étudier. 13. Elle devait faire tout cela. 14. Il lui fallait choisir une grammaire. 15. Veniez-vous souvent le voir quand il demeurait ici? 16. Leur fallait-il se lever de bonne heure? 17. Vous fallait-il être utile aussi? 18. Nous nous promenions tous les jours au parc avec notre petit chien noir. 19. Il ne savait jamais parler français mais il voulait toujours le parler. 20. Vous faisiez souvent de belles promenades quand vous étiez à la campagne, n'est-ce pas?

DRILL II

Answers are on page 172.

1. I was studying. 2. He used to study. 3. She studied. 4. We studied our lesson every day, and you studied yours. 5. What

was she doing home? 6. They were finishing their lessons. 7. Where were you going yesterday? 8. Did they know that (que) I was taking a walk in the park? 9. Were they coming to see us? 10. I was able to do this, but she couldn't do that. 11. We often came to see him when he used to live here. 12. They were choosing a good dictionary. 13. She had to study her lessons but he had to go downtown. 14. Was it necessary to do that? Yes, they had to do it.

D. The idiom **il y a,** *there is, there are.* Pay careful attention to this idiom in its various tenses.

il y a	there is, there are	**il y aura**	there will be
il y avait	there was, there were	**il y aurait**	there would be

The *only* pronoun used with **il y a** is the pronoun **en**, as in **il y en a.**

EXERCISE III

1. Il y a assez de livres ici. 2. Y en a-t-il? 3. Il n'y a pas de craie ici. 4. Il n'y en a pas. 5. Y a-t-il beaucoup de papier sur la table? 6. N'y a-t-il pas trop d'encre ici? 7. Y en a-t-il trop? 8. N'y en a-t-il pas plusieurs? 9. Il y avait peu de pain dans la boîte. 10. N'y en avait-il pas trop peu? 11. Il n'y aura pas assez de crayons. 12. Combien d'étudiants y aura-t-il? N'y en aura-t-il pas trop? 13. Il y aurait plusieurs personnes chez nous. 14. Il n'y en aurait pas. 15. N'y en aurait-il pas? 16. Il n'y en aura pas trop. 17. Y en aura-t-il beaucoup? 18. N'y en avait-il pas assez? 19. Combien y en aurait-il? 20. N'y en aurait-il pas trop peu?

DRILL III

Answers are on page 173.

1. There are many. 2. Will there be enough? 3. Why wouldn't there be enough? 4. There would be too many, wouldn't there? 5. There weren't any. 6. There will be few. 7. How many are there? 8. Do you know how many students there will be? 9. Are there enough now? 10. Will he be there if he doesn't have enough?

VOCABULARY

le tableau, the picture
le canif, the penknife
utile, useful
agréable, pleasant
demain, tomorrow
après-demain, the day after tomorrow
hier, yesterday
avant-hier, the day before yesterday
demeurer, to live
le dictionnaire, the dictionary
assis(e), seated
la personne, the person

quand, when
le cahier, the notebook
le chien, la chienne, the dog
la semaine, the week
le mois, the month
ce soir, this evening, tonight
le soir, the evening
hier soir, yesterday evening, last night
le parc, the park
prochain(e), next
dernier, dernière, last
debout, standing
l'élève (m., f.), the pupil

IDIOMS

la semaine prochaine, next week
le mois prochain, next month
la semaine dernière (passée), last week
à la campagne, in the country
tous les jours, every day

Lesson 11

A. THE FUTURE TENSE

1. The stem of the future for the regular verbs of the three conjugations is the *infinitive* (with -re verbs drop final e). To simplify matters use *will* for all persons.

FUTURE (*will*)

donner	finir	vendre
donner *ai*	finir *ai*	vendr *ai*
donner *as*	finir *as*	vendr *as*
donner *a*	finir *a*	vendr *a*
donner *ons*	finir *ons*	vendr *ons*
donner *ez*	finir *ez*	vendr *ez*
donner *ont*	finir *ont*	vendr *ont*

2. In general, the future in French corresponds to the future in English. Study the following sentences, and note an important difference between the two languages:

ENGLISH: I will see him when he arrives. *(present)*
FRENCH: I will see him when he will arrive. *(future)*

ENGLISH: We will go as soon as he is ready. *(present)*
FRENCH: We will go as soon as he will be ready. *(future)*

quand, lorsque   when
aussitôt que, dès que as soon as

RULE: A clause introduced by **quand** or **lorsque**, **aussitôt que** or **dès que** takes the future in French if future time is implied.

Je le verrai quand il viendra.
Je le verrai lorsqu'il viendra.
I *will* see him when he comes.

Je lui parlerai aussitôt qu'il viendra.
Je lui parlerai dès qu'il viendra.
I *will* speak to him as soon as he comes.

3. The future of the irregular verbs. Remember that the endings of the future are the same for all verbs. The stems, however, are irregular. Be sure that you learn the stems of the verbs below, since we will use the same stems for the conditional tense.

avoir	*aur-*	j'aurai, *etc.*	voir	*verr-*	je verrai
être	*ser-*	je serai	pouvoir	*pourr-*	je pourrai
faire	*fer-*	je ferai	aller	*ir-*	j'irai
venir	*viendr-*	je viendrai	devoir	*devr-*	je devrai
savoir	*saur-*	je saurai	falloir	*faudr-*	il faudra
vouloir	*voudr-*	je voudrai			

4. **Devoir** in the future is translated: *will have to*.

Falloir in the future is translated: *it will be necessary; one will have to.*

Il devra me payer.   He will have to pay me.
Il faudra aller.   It will be necessary to go.

EXERCISE I

1. Il me donnera le livre demain. 2. Elle les finira ce soir. 3. Nous la lui vendrons la semaine prochaine. 4. Quand arrivera-t-il de Paris? 5. Ils le feront aussitôt qu'ils seront ici. 6. Dès qu'elle sera ici elle le finira. 7. Lorsque nous aurons le temps nous les étudierons. 8. Nous ne saurons rien si nous ne travaillons pas. 9. Devra-t-il les faire bientôt? 10. Il vous faudra y aller, bien entendu. 11. Pourrez-vous aller en France le mois prochain? 12. Voudra-t-il savoir tout cela? 13. Combien leur faudra-t-il pour acheter ce chapeau? 14. Iront-ils à Paris s'ils ont de l'argent? 15. S'ils peuvent le faire ils le feront. 16. Irez-vous au cinéma ce soir si vous avez le temps? 17. Y aura-t-il beaucoup d'étudiants en classe? 18. N'y en aura-t-il pas beaucoup? 19. Ne les lui vendront-ils pas? 20. Ne feront-ils pas beaucoup de promenades avec eux?

5. Notice the accent in the future tense of **acheter, se lever,** and **se promener**; also the double consonant in **appeler** and **jeter**:

j'achèterai	je me lèverai	je me promènerai
tu achèteras	tu te lèveras	tu te promèneras
il achètera	il se lèvera	il se promènera
nous achèterons	nous nous lèverons	nous nous promènerons
vous achèterez	vous vous lèverez	vous vous promènerez
ils achèteront	ils se lèveront	ils se promèneront

je m'appellerai	je jetterai
tu t'appelleras	tu jetteras
il s'appellera	il jettera
nous nous appellerons	nous jetterons
vous vous appellerez	vous jetterez
ils s'appelleront	ils jetteront

DRILL I

Answers are on page 173.

1. Will you give me the book? 2. Will he do it now? 3. Will she know how to do that? 4. How many boys will there be here tomorrow? 5. I will take a walk with you as soon as you arrive. 6. They will go to school this evening if they have (*present*) the time. 7. I will buy the books and the paper when I have the money. 8. Will she be able to do that? 9. Will he have to do this? 10. Will she pay attention to these? 11. Will he have need of those? 12. Everyone will wish to go to

the movies this evening. 13. It will be necessary to work a great deal. 14. We will have to study. 15. He will not know how to do that, of course.

6. In French, as in English, we may use the present indicative of the verb *to go* (aller) to express an immediate future.

> I am going to Paris next week.
> Je vais à Paris la semaine prochaine.
>
> I will go to Paris next week.
> J'irai à Paris la semaine prochaine.

B. THE CONDITIONAL

The stem of the conditional is the same as the stem of the future. The endings of the conditional are the same as the endings of the imperfect. This applies to all verbs, regular and irregular. Use *would* for all persons.

donner	*finir*	*vendre*
donner ais	finir ais	vendr ais
donner ais	finir ais	vendr ais
donner ait	finir ait	vendr ait
donner ions	finir ions	vendr ions
donner iez	finir iez	vendr iez
donner aient	finir aient	vendr aient

1. Conditional of
   devoir: Je devrais aller.   I ought to go.
   I should go.

   Conditional of
   falloir: Il faudrait aller.   It would be necessary to go.
   One would have to go.

2. CAUTION: Do not confuse the *should* used to express duty or moral obligation with the *should* formerly used in the first person singular and plural of the conditional tense.

   Je devrais aller. I should or ought to go (*duty or moral obligation*).
   J'irais si j'avais le temps. I would (should) go if I had the time (*conditional*).

   Be sure you understand this!

C. The idiomatic verb s'en aller, *to go, to go away*.

Review all the indicative tenses of aller and compare with s'en aller.

PRESENT	IMPERFECT
je m'en vais	je m'en allais
tu t'en vas	tu t'en allais
il s'en va	il s'en allait
nous nous en allons	nous nous en allions
vous vous en allez	vous vous en alliez
ils s'en vont	ils s'en allaient

FUTURE	CONDITIONAL
je m'en irai	je m'en irais
tu t'en iras	tu t'en irais
il s'en ira	il s'en irait
nous nous en irons	nous nous en irions
vous vous en irez	vous vous en iriez
ils s'en iront	ils s'en iraient

IMPERATIVES

va-t-en	allez-vous-en
ne t'en va pas	ne vous en allez pas
allons-nous-en	
ne nous en allons pas	

EXERCISE II

In the following sentences pay special attention to the tenses.

1. Je m'en irai s'il vient. 2. Elle s'en irait si Robert ne venait pas. 3. S'en ira-t-il? 4. S'en iraient-elles? 5. Je donnerais les fleurs à Marie si elle était chez elle. 6. Je les lui donnerais si elle y était. 7. Il nous faudrait travailler si nous étions pauvres. 8. Nous nous lèverions de bonne heure si nous n'étions pas paresseux. 9. Elle étudierait ses leçons si elle était intelligente. 10. Le vieil homme ferait ceci s'il pouvait le faire. 11. Ne dîneriez-vous pas au restaurant français si vous saviez parler français? 12. Combien d'argent nous faudrait-il pour aller en France? 13. Il nous en faudrait beaucoup. 14. Y aurait-il beaucoup d'étudiants dans cette classe si le français était facile? 15. Il y en aurait beaucoup, bien entendu.

DRILL II

Answers are on page 173.

1. He would take a walk with her if she didn't talk too much.
2. Would she go to school if she were not intelligent? 3. Would they eat green apples if they weren't children? 4. If he had money she would go to the French restaurant with him every day. 5. I would do that, of course, if I could do it. 6. Wouldn't you go to school if you wished to learn French? 7. If the teacher were not here wouldn't you go home? 8. We should always study but we prefer to go to the movies. 9. Will there be enough books for all the students this evening? 10. Would there be enough books here if all the boys came?

D. Conditional sentences with si, *if*.

These sentences are very simple in French. We have been using them in the preceding exercises without being aware of it. In sentences of this type we create a *condition* (*if-clause*) in order to get a *result* (*result-clause*).

CONDITION (IF-CLAUSE)	RESULT-CLAUSE
If it rains	we will not go.
If he were rich	he would be happy.

Observe the following sentences closely and compare French with English:

IF-CLAUSE	RESULT-CLAUSE
1. If John is sick this evening	he will not go to school.
2. If John were sick this evening	he would not go to school.
3. If John should be sick this evening	he would not go to school.
4. If John were to be sick this evening	he would not go to school.
1. Si Jean est malade ce soir	il n'ira pas à l'école.
2. Si Jean était malade ce soir	il n'irait pas à l'école.
3. Si Jean était malade ce soir	il n'irait pas à l'école.
4. Si Jean était malade ce soir	il n'irait pas à l'école.

If you have read the above very carefully you will have noticed that in French we use only the *present* or the *imperfect* in the if-clause.

RULE: If we have the *present* in the if-clause use *future* in the result-clause.

If we have the *imperfect* in the if-clause use *conditional* in the result-clause.

    Si elle vient   je la verrai.
    Si elle venait   je la verrais.

NOTE: 1. In your reading you may occasionally find the present instead of the future in the result-clause.

    Si je me lève tard, je n'arrive pas à l'heure.

2. The imperative, of course, is also possible.

    Si vous allez à Paris, achetez-moi un chapeau.

3. These rules do not apply if *si* means *whether*.

    Elle ne sait pas s'il viendra.
    She doesn't know whether he will come.

EXERCISE III

Translate and observe the sequence of tenses: present-future, imperfect-conditional.

1. Il se promènerait au parc s'il était avec Marie. 2. Nous nous donnerions la main si nous étions amis. 3. Je lui donnerai les fleurs si elle vient me voir. 4. Faudra-t-il lui en parler si nous allons en ville? 5. Saurons-nous parler français si nous étudions beaucoup? 6. Pourra-t-il se laver les mains et la figure s'il est malade? 7. Pourrait-il se laver s'il était malade? 8. Il y en aura beaucoup ce soir, n'est-ce pas? 9. Si elle était riche ne serait-elle pas plus aimable?

DRILL III

Answers are on page 173.

1. Will he do that if he is sick? 2. Would he do that if he were sick? 3. If they study they will know their lessons. 4. If they studied they would know their lessons. 5. Would she finish hers if she had the time? 6. Will she finish hers if she has the time? 7. She will go with them tonight if she doesn't

have a headache. 8. She would go with them if she didn't have a headache. 9. I will give him the book if he comes. 10. How many will there be this evening after class?

VOCABULARY

quand, when
lorsque, when
prêt (à), ready (to) (*adj.*)
le cinéma, movies
au cinéma, at (to) the movies
plus, more

aussitôt que, as soon as
dès que, as soon as
bien entendu, of course
s'en aller, to go (away)
vite, quickly
après, after

avoir mal à la tête, to have a headache

NUMBERS

21, vingt et un
22, vingt-deux
23, vingt-trois
24, vingt-quatre
25, vingt-cinq

26, vingt-six
27, vingt-sept
28, vingt-huit
29, vingt-neuf
30, trente

Lesson 12

A. THE PAST DEFINITE

The past definite corresponds to the English simple past.

I spoke (I did speak)   I finished (I did finish), *etc.*

The past definite never stresses what was continuous, habitual, or descriptive, which is the function of the imperfect.

The past definite is a literary tense. It is used in narrative and historical writings, not in conversation or in familiar correspondence such as letters and personal notes. It is "book" French. A knowledge of it is indispensable, how-

ever, if a student is interested in reading accurately and intelligently. The simple past tense used in conversation will be treated later.

donner	*finir*	*vendre*
donn ai, I gave, *etc.*	fin is, I finished, *etc.*	vend is, I sold, *etc.*
donn as	fin is	vend is
donn a	fin it	vend it
donn âmes	fin îmes	vend îmes
donn âtes	fin îtes	vend îtes
donn èrent	fin irent	vend irent

IRREGULAR VERBS

aller	*faire*	*vouloir*
allai, I went, *etc.*	fis, I did, I made, *etc.*	voulus, I wished, I wanted, *etc.*
allas	fis	voulus
alla	fit	voulut
allâmes	fîmes	voulûmes
allâtes	fîtes	voulûtes
allèrent	firent	voulurent

pouvoir	*être*	*avoir*
pus, I was able, I could, *etc.*	fus, I was, *etc.*	eus, I had, *etc.*
pus	fus	eus
put	fut	eut
pûmes	fûmes	eûmes
pûtes	fûtes	eûtes
purent	furent	eurent

voir	*falloir*	*devoir*
vis, I saw, *etc.*	il fallut, it was necessary, one had to	dus, I had to, *etc.*
vis		dus
vit		dut
vîmes		dûmes
vîtes		dûtes
virent		durent

savoir	*mettre*	*dire*
sus, I knew, *etc.*	mis, I put, *etc.*	dis, I told, *etc.*
sus	mis	dis
sut	mit	dit
sûmes	mîmes	dîmes
sûtes	mîtes	dîtes
surent	mirent	dirent

écrire	*lire*	*rire*
écrivis, I wrote, *etc.*	lus, I read, *etc.*	ris, I laughed, *etc.*
écrivis	lus	ris
écrivit	lut	rit
écrivîmes	lûmes	rîmes
écrivîtes	lûtes	rîtes
écrivirent	lurent	rirent

NOTE: 1. All irregular verbs, with very few exceptions, will have one of these sets of endings:

-ai	-is	-us
-as	-is	-us
-a	-it	-ut
-âmes	-îmes	-ûmes
-âtes	-îtes	-ûtes
-èrent	-irent	-urent

Two important exceptions are the verbs **venir** and **tenir**.

venir	*tenir*
vins, I came, *etc.*	tins, I held, *etc.*
vins	tins
vint	tint
vînmes	tînmes
vîntes	tîntes
vinrent	tinrent

2. All verbs, regular and irregular, have a *circumflex accent* in the first and second persons plural.
3. The endings of the second and third conjugations are the same.

EXERCISE I

1. Nous allâmes chez elle mais ils allèrent chez eux. 2. Vous fîtes ceci et nous fîmes cela. 3. Elles voulurent savoir tout cela. 4. Je dus étudier hier. 5. Elle vit son ami dans le parc. 6. Il fallut l'étudier malgré (*in spite of*) nous. 7. Ils vinrent nous voir la semaine dernière. 8. Nous fûmes à l'école et nous fîmes les exercices. 9. Tous les étudiants surent leurs leçons. 10. Il tint le livre. 11. Ils mirent les livres sur la table. 12. Ils durent faire cela. 13. Ils les lui donnèrent à l'école. 14. Vous vendîtes votre maison malgré votre père. 15. Malgré eux elle put le finir. 16. Il y en eut beaucoup. 17. Il fallut aller le voir. 18. Nous vînmes ici tous les jours la semaine dernière. 19.

Nous eûmes beaucoup d'amis. 20. Nous mîmes nos gants.
21. Nous écrivîmes une lettre. 22. Vous lûtes un bon livre.
23. Ils rirent beaucoup hier soir. 24. Je lui écrivis trois lettres.
25. Ils lurent une bonne histoire. 26. Marie rit toujours en classe. 27. Vous écrivîtes à Robert. 28. Nous allâmes à l'école et nous lûmes les exercices. 29. Nous écrivîmes à Jean et ils écrivirent à Marie. 30. Elles mirent leurs gants et s'en allèrent.

DRILL I

Answers are on pages 173–174.

1. I gave. 2. We finished. 3. They said. 4. We did not study. 5. We did not study our lesson. 6. You did not finish yours. 7. They had six books. 8. We were at school. 9. You did that, didn't you? 10. I wished to do this. 11. We went to the movies. 12. They couldn't do the lesson. 13. I finished all my lessons early. 14. He came but she could not come. 15. We went to school. 16. She held the book. 17. We came to school. 18. They came to the class. 19. We prepared all the lessons. 20. You were able to do it. 21. They read the lesson. 22. We ate and laughed a great deal last evening. 23. We never wrote letters to our friends. 24. She read the letter and she laughed. 25. We went to school, we read a story, we wrote a letter, and then (**ensuite**) we ate a good dinner.

B. Learn the present and the imperfect tense of the following irregular verbs:

dire	*écrire*	*lire*	*rire*
PRESENT			
dis	écris	lis	ris
dis	écris	lis	ris
dit	écrit	lit	rit
disons	écrivons	lisons	rions
dites	écrivez	lisez	riez
disent	écrivent	lisent	rient
IMPERFECT			
disais	écrivais	lisais	riais
disais	écrivais	lisais	riais
disait	écrivait	lisait	riait
disions	écrivions	lisions	riions
disiez	écriviez	lisiez	riiez
disaient	écrivaient	lisaient	riaient

Lesson 13

A. THE PRESENT PARTICIPLE

In English the present participle ends in *-ing*: *giving, finishing, selling,* etc.

All present participles in French end in **-ant**.

donner	donnant	giving	tenir	tenant	holding
finir	finissant	finishing	faire	faisant	doing, making
vendre	vendant	selling	vouloir	voulant	wishing
avoir	ayant	having	savoir	sachant	knowing
être	étant	being	venir	venant	coming
aller	allant	going	mettre	mettant	putting, placing
voir	voyant	seeing	dire	disant	saying, telling
pouvoir	pouvant	being able	lire	lisant	reading
écrire	écrivant	writing	rire	riant	laughing

When used as an adjective the present participle must agree as an adjective; otherwise it does not change.

> Ce sont de charmants garçons.
> C'est une jeune fille charmante.
> Ne sachant [pas] que faire, ils allèrent au cinéma.
> Étant malade, il n'alla pas à l'école.

The preposition **en** is followed by the present participle and is translated by *in, on, by, upon, while,* etc.

All other prepositions must be followed by the infinitive. Pay particular attention to this rule, since it is contrary to English usage. Analyze carefully the following sentences and note the difference between the French and the English.

Aimez-vous lire?	Do you like reading?
Il réussit sans le savoir.	He succeeds without knowing it.
Il éclata de rire.	He burst out laughing.
Après avoir dîné.	After eating (having eaten).
Après avoir lavé la table.	After washing (having washed) the table.

NOTE: In French we cannot say *after eating, after washing,* etc. We must say *after having eaten, after having washed,* etc.

EXERCISE I

1. En parlant une langue on l'apprend. 2. En finissant les exercices. 3. En se levant de bonne heure. 4. En faisant une promenade. 5. En se promenant. 6. En se lavant les mains. 7. On s'amuse en mangeant et en parlant français au restaurant français. 8. En vendant beaucoup de livres. 9. Sans savoir cela. 10. En lisant la leçon. 11. En sortant de la maison. 12. On s'amuse en riant (*laughing*). 13. En s'en allant. 14. En choisissant. 15. Étant malade, il n'étudie pas ses leçons. 16. En disant cela. 17. En venant à l'école. 18. En écoutant le professeur. 19. En lisant la lettre. 20. En écrivant au professeur.

DRILL I

Answers are on page 174.

1. In speaking a language. 2. While talking French. 3. In finishing and selling the book. 4. In studying our lessons. 5. In reading books. 6. After having dined (dîné). 7. While dining at the restaurant. 8. In wishing to study. 9. While working. 10. After having read your lessons. 11. In going out of the house. 12. In going to school. 13. Having finished the lessons. 14. While going to school. 15. By holding the grammar. 16. While walking. 17. After having washed (lavé). 18. On looking at that. 19. Without knowing this. 20. By flattering oneself.

B. IDIOMS WITH AVOIR

avoir chaud	to be warm	J'ai chaud.
avoir froid	to be cold	J'ai froid.
avoir faim	to be hungry	J'ai faim.
avoir soif	to be thirsty	J'ai soif.
avoir raison	to be right	Il a raison.
avoir tort	to be wrong	Elle a tort.
avoir honte	to be ashamed	Nous avons honte.
avoir peur	to be afraid	Vous avez peur.
avoir sommeil	to be sleepy	Elles ont sommeil.

EXERCISE II

1. Ils ont chaud mais nous avons froid. 2. N'avaient-elles pas peur? 3. Il aura soif. 4. N'aurait-il pas honte? 5. Elle avait

toujours sommeil en classe. 6. Les enfants ont toujours faim et soif. 7. Les hommes n'auront-ils pas toujours tort? 8. Et les femmes n'auront-elles pas toujours raison? 9. Robert avait toujours sommeil mais il n'avait jamais honte. 10. N'auraient-elles pas honte si elles avaient toujours sommeil?

DRILL II

Answers are on page 174.

1. They are warm but we are cold. 2. He is hungry and she is thirsty. 3. We are right and you are wrong. 4. Aren't they afraid? 5. Aren't we sleepy? 6. Aren't we ashamed? 7. You are afraid but they are not ashamed. 8. Aren't we wrong and aren't they right? 9. Aren't you cold? 10. Isn't she afraid? 11. She is not afraid, but she is sleepy. 12. Aren't we cold? 13. We aren't hungry. 14. Was he warm? 15. Will we be afraid? 16. Wouldn't they be sleepy if they studied too much?

VOCABULARY

éclater, to burst out
réussir, to succeed
rire, to laugh
dire, to say, to tell
lire, to read
écrire, to write

sortir (de), to come out, to leave
sans, without
se trouver, to be, to find oneself
l'appétit (*m.*), appetite
même, same, even
le théâtre, the theater

Lesson 14

A. THE PAST PARTICIPLE

The past participles in English are usually formed by adding *-ed, -t, -en*, etc., to the infinitive form of the verb: *walk, walked; sleep, slept; fall, fallen*, etc.

The student can easily find the past participle of any verb in English by using the simplest of the compound tenses: *I have spoken, I have slept, I have drunk, I have been, I have gone*, etc.

The past participle of the regular verbs in French is simplicity itself.

donn er	*donn é*	given
fin ir	*fin i*	finished
vend re	*vend u*	sold

The past participles of the irregular verbs must be memorized:

avoir	*eu*	had	venir	*venu*	come
être	*été*	been	mettre	*mis*	put
aller	*allé*	gone	voir	*vu*	seen
faire	*fait*	done, made	lire	*lu*	read
savoir	*su*	known (how)	dire	*dit*	said, told
vouloir	*voulu*	wished, wanted	falloir	*fallu*	(must)
rire	*rit*	laughed	écrire	*écrit*	written

pouvoir, to be able   *pu*, been able

B. COMPOUND TENSES

Review all the indicative tenses of avoir and être thoroughly. Both in English and in French, compound tenses are formed with any tense of the auxiliary verbs **avoir**, *to have*, or **être**, *to be*, followed by the past participle.

TO HAVE: I have given   I will have given
          I had given   I would have given

This is a good place to stop and get a general perspective of all the indicative tenses, simple and compound, in the active voice.

SIMPLE TENSES

present	**je donne**	I give, I do give, I am giving
imperfect	**je donnais**	I gave, I used to give, I was giving (I would give)
past definite	**je donnai**	I gave, I did give
future	**je donnerai**	I will give
conditional	**je donnerais**	I would give

COMPOUND TENSES

past indefinite / present perfect	**j'ai donné**	I have given, I did give, I gave
pluperfect / past perfect	**j'avais donné**	I had given
past anterior	**j'eus donné**	I had given
future perfect	**j'aurai donné**	I will have given
conditional perfect	**j'aurais donné**	I would have given

102 / GRAMMAR: LESSON 14

NOTE: 1. In English grammar the past indefinite is called the present perfect and the pluperfect is called the past perfect.

2. *I had given* may be translated by both the pluperfect and the past anterior. The past anterior is rare and is used only after **quand, lorsque, aussitôt que, dès que,** etc.

Having given, having finished, etc., are rendered by **ayant donné, ayant vu,** etc. These are called present perfect participles.

C. The compound tenses of **avoir** and **être** follow the English pattern.

il a eu	he has had	il a été	he has been
il avait eu	he had had	il avait été	he had been
il aura eu	he will have had	il aura été	he will have been
il aurait eu	he would have had	il aurait été	he would have been

EXERCISE I

Translate. Pay attention to the difference between the simple tenses and the compound tenses. Give all possible translations and pay particular attention to the past participle of **pouvoir**—**pu**, *been able*.

1. Il donne. 2. Elle a donné. 3. Nous avions. 4. Nous avions donné. 5. Vous finirez. 6. Vous aurez fini. 7. Ils vendraient. 8. Ils auraient vendu. 9. Nous choisissons. 10. Nous aurons choisi. 11. Ils étudieraient. 12. Ils auraient étudié. 13. Donnent-ils? 14. Ont-ils donné? 15. Que feront-ils? 16. Qu'ont-ils fait? 17. Savez-vous le faire? 18. Avez-vous su? 19. Savait-elle cela? 20. Avait-elle su? 21. Aurions-nous voulu? 22. Il peut. 23. Il a pu. 24. Peuvent-ils? 25. Avaient-ils pu? 26. Pourra-t-il? 27. Aura-t-elle pu? 28. Après avoir fait. 29. Ayant pu faire cela. 30. Ayant choisi. 31. Pour avoir fait cela. 32. Auraient-elles eu? 33. Aurons-nous été? 34. Aviez-vous été? 35. Après avoir eu. 36. Ayant été. 37. Ayant eu.

EXERCISE II

Note the compound tenses used with **si,** *if.*

1. Il lui faudra faire cela s'il va en ville. 2. Il lui faudrait faire cela s'il allait en ville. 3. Si vous y allez vous devrez le voir. 4. Nous aurions fini le livre si nous avions eu assez de temps. 5. Je vous aurais téléphoné si j'avais été à Paris. 6. N'auriez-

vous pas dîné de bonne heure si vous n'aviez pas eu mal à la tête? 7. Ils auraient fait cela s'ils avaient su le faire. 8. Nous aurions acheté la grammaire si nous avions eu de l'argent. 9. Elle aurait été à la campagne si elle avait pu y aller. 10. Combien d'élèves y aurait-il si vous y alliez?

DRILL I

Answers are on page 174.

1. I have been. 2. You have had. 3. She has made. 4. Will he have chosen? 5. You would have known. 6. Would they have studied? 7. Would she have been able? 8. They had finished. 9. You will have finished. 10. Would we have finished? 11. He sells. 12. She will sell. 13. You would sell. 14. She would have sold. 15. Would he have sold? 16. He will have. 17. Will he have made? 18. Wouldn't they have been? 19. After having had. 20. For having been. 21. Would he have sold his grammar if he had had money? 22. She would have eaten early if she had had (the) time. 23. We would have seen John if he had been there. 24. You would have known that if you had paid attention to the teacher. 25. Why wouldn't we have seen Mary if she had been at school yesterday?

D. 1. Verbs conjugated with être. Certain intransitive verbs are conjugated with être, *to be*, in French, instead of avoir, *to have*, as in English. This is peculiar to French and has nothing to do with the passive voice, which we will take up later. Learn this short list of verbs and remember that être used with these verbs is translated *to have*.

naître, to be born	entrer, to enter
mourir, to die	rentrer, to return (to re-enter)
aller, to go	monter, to go up
venir, to come	descendre, to come down
revenir, to come back	sortir, to go out
devenir, to become	partir, to leave
arriver, to arrive	rester, to remain
retourner, to return	tomber, to fall

2. The past participles of these verbs are regular, except: naître, *né* mourir, *mort* venir, *venu* revenir, *revenu*

Je suis allé. I have gone.   Il sera allé. He will have gone.
J'étais allé. I had gone.   Il serait allé. He would have gone.

3. The past participle conjugated with **être** agrees with the subject.

| Il est allé. | Ils sont allés. |
| Elle est allée. | Elles sont allées. |

EXERCISE III

1. Il va. 2. Elle est allée. 3. Nous étions allés. 4. Vous serez allé(s). 5. Je serais allé. 6. Elle vient. 7. Elles sont venues. 8. Étaient-elles venues? 9. Seriez-vous venu? 10. Serions-nous venus? 11. Il est revenu. 12. Est-elle revenue? 13. Étaient-ils revenus? 14. Nous entrons. 15. Vous entrerez. 16. Vous serez entré. 17. Seriez-vous entré? 18. Vous êtes montés. 19. Vous étiez monté. 20. Seriez-vous monté? 21. Seraient-elles montées? 22. Je suis descendu. 23. Suis-je descendu? 24. Sera-t-elle descendue? 25. Il est sorti. 26. Elles étaient sorties. 27. Serez-vous sorti? 28. Seraient-ils sortis? 29. Nous retournons. 30. Nous étions rentrés. 31. Seront-ils rentrés? 32. Il est né. 33. Elle est morte. 34. Étaient-ils morts? 35. Nous sommes tombés. 36. Il sera parti. 37. Seraient-elles tombées?

DRILL II

Answers are on page 174.

1. He has remained. 2. Has he gone out? 3. He had come. 4. They will have come. 5. They would have fallen. 6. Would they have stayed? 7. She would have arrived on time if she had gone out early. 8. They had entered the house. 9. Had they fallen? 10. Would you have come back? 11. Will she have entered? 12. He has descended. 13. He has gone up. 14. Had they stayed at home? 15. Would he have died if he had fallen? 16. We have come back. 17. Has she come back? 18. If he had come, would she have stayed? 19. He was born. 20. He had died.

E. PRESENT INDICATIVE of **sortir (de)**, *to go out;* and **partir**, *to leave.*

| present | sors, sors, sort, sortons, sortez, sortent |
| | pars, pars, part, partons, partez, partent |

imperfect	sortais, *etc.*	partais, *etc.*
future	sortirai, *etc.*	partirai, *etc.*
conditional	sortirais, *etc.*	partirais, *etc.*
past definite	sortis, *etc.*	partis, *etc.*

EXERCISE IV

1. Il part de New-York pour Paris demain. 2. Elle est sortie. 3. Elles sont sorties de la maison à l'heure. 4. Nous sortirons de l'école de bonne heure pour aller dîner. 5. Vous sortiriez vite si vous n'étiez pas malade. 6. Ne partirait-il pas de Paris s'il avait l'argent? 7. Ne serait-elle pas sortie tout de suite (*immediately*) si elle avait pu le faire? 8. Ne seriez-vous pas parti pour la France si vous aviez su le français? 9. Sortez de cette salle de classe tout de suite, s'il vous plaît. 10. Sortez vite d'ici et allez vous promener.

Lesson 15

A. OBJECT PRONOUNS IN COMPOUND TENSES

1. Analyze the following sentences very carefully. Note the position of the object pronouns and of the negative ne ... pas.

   Note that all rules relating to the object pronouns and to the negative apply to the auxiliary verb avoir and *not to the past participle*. Be sure you understand this. It is very important.

J'ai donné	Ai-je donné?
Je n'ai pas donné	N'ai-je pas donné?
Je l'ai donné	Ne l'ai-je pas donné?
Je ne l'ai pas donné	Ne le lui ai-je pas donné?
Je ne le lui ai pas donné	Ne m'en ont-ils pas donné?
Ils ne m'en ont pas donné	Ne le leur avons-nous pas donné?

2. Agreement of the past participle. When conjugated with avoir, the past participle agrees in *gender* and in

number with a *direct object* but only if the direct object *comes before* the past participle.

J'ai vendu les pommes.	*(No agreement. Why?)*
Je les ai vendues.	*(Agreement. Why?)*
Les pommes, que j'ai achetées hier, sont sur la table.	*(Agreement. Why?)*

EXCEPTION: The past participle never agrees with the pronoun en.

J'ai acheté des pommes.   J'en ai acheté.

EXERCISE I

1. J'ai donné les livres aux garçons. 2. Ai-je donné les livres aux garçons? 3. Je les leur ai donnés. 4. Les leur ai-je donnés? 5. Nous avons fini nos leçons à la maison. 6. Avons-nous fini nos leçons à la maison? 7. Les y avons-nous finies? 8. Ne les y avons-nous pas finies? 9. Les avaient-ils étudiées? 10. Ne les aurez-vous pas choisis? 11. Elles les leur auraient donnés si elles les avaient eus. 12. Lui donnerez-vous la grammaire si vous l'avez? 13. Ils ne m'en ont pas donné. 14. Y ira-t-il lorsqu'il aura le temps? 15. Nous ne les avons pas étudiées parce que nous étions occupés. 16. Ils y sont allés. 17. Y seraient-ils restés s'ils avaient eu le temps? 18. Combien en avait-elle vendu? 19. N'en aura-t-elle pas assez? 20. Y en avait-il beaucoup? 21. Il y en aurait beaucoup, n'est-ce pas? 22. N'allons-nous pas leur en donner maintenant? 23. L'auront-ils fait? 24. Je les aurais faits si j'avais su les faire. 25. Ne la finiriez-vous pas si vous saviez la faire? 26 Il leur a fallu choisir. 27. Si vous les aviez eus vous me les auriez donnés, sans doute. 28. Ne les auriez-vous pas achetés si vous aviez été en ville? 29. Pourquoi ne les auraient-ils pas trouvés s'ils les avaient bien cherchés? 30. Nous les lui aurions donnés si nous avions été chez lui. 31. Ne les aurait-elle pas sues si elle les avait étudiées?

DRILL I

Translate the following sentences; then substitute pronouns for the italicized words. Answers are on page 175.

1. I have given *the books to Mary*. 2. She had given *the grammar to her friend*. 3. They will have studied *the lessons*. 4. Would you have chosen *flowers*? 5. Wouldn't you have given

the books to the students if they had not had them? 6. Wouldn't you have known *the story* if you had read it? 7. If I had known how to study *French*, I would have done it. 8. If we had had *money*, we would have bought *the watch*. 9. If she had been *to the movies*, she would have seen him, of course. 10. They have gone *to school*. 11. Haven't you gone *home* yet? 12. If he had left (parti de) *New York* last week, wouldn't he be *in* (à) *Paris* now? 13. Why wouldn't you have done this if you had known how to do it? 14. She never would have known it if you had not talked to her about it. 15. Will you see her if she comes to see you?

B. COMPOUND TENSES OF REFLEXIVE VERBS

1. Up to this lesson we have been using the auxiliary verb **avoir** to form compound tenses, except, of course, with the list of sixteen intransitive verbs which are always conjugated with **être** (p. 103).
2. In French the compound tenses of all verbs, used reflexively, are conjugated with the auxiliary verb *to be* (être). In English we use the auxiliary verb *to have* (avoir). Be sure you note this difference between the two languages.

Elle a lavé la table.	*not reflexive* (avoir)
Elle s'est lavée.	*reflexive* (être)
Elle s'est lavé les mains.	*reflexive* (être)

Past indefinite of se laver, *to wash oneself*:

AFFIRMATIVE

je me suis lavé(e)	nous nous sommes lavé(e)s
tu t'es lavé(e)	vous vous êtes lavé(s)(e)(es)
il s'est lavé	ils se sont lavés
elle s'est lavée	elles se sont lavées

NEGATIVE

je ne me suis pas lavé(e)	nous ne nous sommes pas lavé(e)s
tu ne t'es pas lavé(e)	vous ne vous êtes pas lavé(s)(e)(es)
il ne s'est pas lavé	ils ne se sont pas lavés
elle ne s'est pas lavée	elles ne se sont pas lavées

INTERROGATIVE

me suis-je lavé(e)?	nous sommes-nous lavé(e)s?
t'es-tu lavé(e)?	vous êtes-vous lavé(s)(e)(es)?
s'est-il lavé?	se sont-ils lavés?
s'est-elle lavée?	se sont-elles lavées?

NEGATIVE-INTERROGATIVE

ne me suis-je pas lavé(e)?	ne nous sommes-nous pas lavé(e)s?
ne t'es-tu pas lavé(e)?	ne vous êtes-vous pas lavé(s)(e)(es)?
ne s'est-il pas lavé?	ne se sont-ils pas lavés?
ne s'est-elle pas lavée?	ne se sont-elles pas lavées?

The other compound tenses follow the same pattern:

Imperfect, je m'étais lavé, *etc.*
Past definite, je me fus lavé, *etc.*
Future, je me serai lavé, *etc.*
Conditional, je me serais lavé, *etc.*

3. **Agreement of past participle.** In compound tenses of reflexive verbs, the past participle agrees in gender and number with a direct object provided the direct object comes before the past participle. (*This is the same rule we gave you for the agreement of the past participle when used in compound tenses with* avoir.)

Elle s'est lavée.	(Agreement. Why?)
Elle s'est lavé les mains.	(No agreement. Why?)

EXERCISE II

Translate the following sentences very carefully. Remember that all compound tenses have one translation, with the exception of the past indefinite, which may have three translations in the affirmative and two in the negative and interrogative.

1. Elle s'est lavée. 2. S'est-elle lavée? 3. Elle ne s'est pas lavée. 4. Ne s'est-elle pas lavée? 5. Ils se sont amusés, n'est-ce pas? 6. Ne s'étaient-ils pas amusés? 7. Ne se seraient-elles pas amusées? 8. Nous nous sommes arrêtés. 9. Ne nous étions-nous pas arrêtés? 10. Vous vous serez habillés, n'est-ce pas? 11. Elles se sont couchées. 12. Ne se seraient-elles pas couchées si elles avaient été fatiguées? 13. Nous nous étions dépêchés. 14. Ne nous étions-nous pas dépêchés? 15. Ne se sont-elles pas regardée l'une l'autre? 16. Je me suis promené. 17. Ne vous êtes-vous pas promené? 18. Ne se seraient-ils pas promenés s'ils avaient eu le temps? 19. Ils se seront rencontrés, sans doute. 20. Ne s'étaient-ils pas rencontrés à Paris? 21. Il s'est mis à lire. 22. Nous sommes-nous mis au travail? 23. Ne se sont-elles pas mises à étudier? 24. Vous vous êtes dépêché. 25. Ne vous étiez-vous pas dépêché? 26. Je me suis assis. 27. Elle ne s'est pas assise. 28. Ne s'étaient-ils pas assis? 29. Je

me porte bien. 30. Ne nous sommes-nous pas bien portés? 31. Il s'est endormi dans la classe. 32. Pourquoi s'était-elle endormie dans la classe? 33. Je m'en vais. 34. S'en va-t-il? 35. Elle s'en est allée. 36. S'en étaient-ils allés? 37. Je me fais mal. 38. Je me suis fait mal. 39. S'est-elle fait mal? 40. Vous seriez-vous fait mal si vous aviez fait attention? 41. Vous êtes-vous couché de bonne heure hier soir après avoir fait vos devoirs? 42. Après s'être lavée elle est sortie. 43. Avant de se mettre à travailler elle s'est promenée. 44. Après nous être amusés nous nous sommes promenés. 45. Avant de vous en aller mettez votre chapeau.

DRILL II

Answers are on page 175.

1. I go to bed. 2. I have gone to bed. 3. I used to go to bed. 4. I will go to bed as soon as I finish this. 5. I would go to bed if he were not here. 6. He would have washed before going to school if he had had time. 7. We have hurried. 8. They will have met, without doubt. 9. He has begun to work. 10. He would have begun to work if he had had his book. 11. You hurt yourself. 12. You will hurt yourself. 13. Wouldn't they have hurt themselves if they had fallen on the street? 14. How old are you? 15. How were you yesterday? 16. She has gone away. 17. She is seated. 18. Will you dress if we go out? 19. Wouldn't you have dressed if we had gone out? 20. You have hurt yourself.

VOCABULARY

trouver, to find
se coucher, to go to bed
se trouver, to find oneself, to be
se dépêcher, to hurry
se porter, to be (health)
se rencontrer, to meet
demander, to ask (for)
encore, yet, still, again

l'histoire (f.), story, history
la montre, the watch
le travail, the work
très bien, very well
avant de, before
puis, then
après, after
s'endormir, to fall asleep

IDIOMS

bien entendu, of course (well understood)
être fatigué, to be tired
se faire mal, to hurt oneself
Comment vous portez-vous? How are you?

Lesson 16

A. THE PAST TENSES

1. As you already know, there are three tenses in French which translate the English past tense. These tenses require special attention.

PAST DEFINITE	PAST INDEFINITE	IMPERFECT
je donnai, *etc.*	j'ai donné, *etc.*	je donnais, *etc.*
I gave,	I have given,	I was giving,
I did give	I did give,	I used to give,
	I gave	I would give,
		I gave

   NOTE: *I would give* is sometimes used in English for *I used to give*.

2. *The past definite.* This tense is used to express a single definite event, or a series of definite events, occurring in the past and unrelated to accompanying circumstances or implications. Observe the use of the past definite in the following passage:

   Le pauvre homme regarda autour de lui, traversa la rue, et entra dans le restaurant. Il s'assit à une table, commanda un bon repas et une bouteille de vin rouge, et se cacha la figure en lisant un journal. Lorsque le garçon lui apporta le repas et le vin, il commença à manger de bon appétit. Il finit son repas, but son vin, se leva, laissa un pourboire, alla à la caisse, paya l'addition, et sortit vite du restaurant. Un moment après, la police l'arrêta. On ne sut jamais pourquoi.

   #### TRANSLATION

   The poor man looked around him, crossed the street, and entered the restaurant. He sat down at a table, ordered a good meal and a bottle of red wine, and hid his face by reading a newspaper. When the waiter brought him the meal and the wine, he began to eat with a good appetite. He finished his meal, drank his wine, got up, left a tip, went to the cashier,

paid his check, and went out of the restaurant quickly. A moment later, the police arrested him. No one ever found out why.

> NOTE: Remember that the past definite is confined to literary usage and is rarely used in conversation or in familiar correspondence. It is "book" French.

3. *The past indefinite.* Note that this tense corresponds to the English present perfect. *I have spoken, I have gone,* etc. In addition, however, it is used in French to translate the simple past, *I spoke, I did speak.* When used as a simple past, it is equivalent to the past definite except that it is used in conversation, familiar writings such as letters and notes, etc. It is the conversational simple past. Observe the use of the past indefinite in the following passage:

> Ce matin, je me suis levé de bonne heure. Je me suis lavé les mains et la figure, je me suis habillé, j'ai pris mon petit déjeuner (*I had breakfast*), et je suis sorti. J'ai fait une petite promenade au parc et ensuite (*then*), je suis allé à l'université où j'ai beaucoup étudié toute la journée.

4. *The imperfect.* The imperfect is used when the duration of an action is undetermined—not marked by definite limits. It represents what was continuous, habitual, or repeated. It stresses mental and emotional states of being which are difficult to limit. Thus it is generally used in portraying customs and descriptions; parallel, customary, or repeated actions; physical, emotional, and mental states; provided there is nothing in the sentence to indicate when or whether the action came to an end.

> NOTE: Note the use of the imperfect in the following passage. Compare with the past definite and past indefinite:

> Quand j'étais jeune, je me levais toujours de bonne heure. Je me lavais les mains et la figure, je m'habillais, je prenais mon petit déjeuner, et je sortais. Je faisais une petite promenade au parc, et ensuite, j'allais à l'université où je travaillais toute le journée.

EXERCISE I

1. Il étudiait lorsque son ami est entré. 2. Il étudiait pendant que (*while*) son ami parlait. 3. Nous nous levions tous les jours à six heures. 4. La semaine dernière nous nous sommes levés tous les jours à six heures. 5. Il a quitté son travail quand son ami est arrivé. 6. On ne savait pas pourquoi il faisait cela. 7. Il était jeune mais il avait toujours mal à la tête. 8. Que faisiez-vous hier quand il est venu vous voir? 9. Qu'avez-vous fait hier? 10. Il alla voir son amie hier soir.

EXERCISE II

This is the final review of the past tenses. Give all possible translations.

1. J'ai voulu. 2. Elle voulut. 3. Nous voulions. 4. Vous faisiez. 5. Ils ont fait. 6. Nous fîmes. 7. Il savait. 8. Vous avez su. 9. Vous sûtes. 10. Elles surent. 11. Je fis. 12. Vous fîtes. 13. Nous avons fait. 14. Ils ont eu. 15. Elles eurent. 16. Nous eûmes. 17. Tu pus. 18. J'ai pu faire cela. 19. Tu pouvais faire ceci. 20. Nous fûmes en ville. 21. Vous y fûtes aussi. 22. Elles y ont été. 23. Je tins. 24. Vous tîntes. 25. Elles ont tenu. 26. Vous allâtes. 27. Ils allaient. 28. Nous y sommes allés. 29. Elle vint ici. 30. Ils vinrent aussi. 31. Nous venions souvent. 32. Vous êtes venus. 33. Nous avons pu le faire. 34. Ils purent le faire. 35. Nous avons su le faire. 36. Vous avez eu. 37. Nous sommes restés. 38. Vous alliez en ville. 39. Elles sortirent. 40. Elles sortaient. 41. Il a fallu le faire. 42. Il fallait souvent le voir. 43. Il fallut choisir. 44. Nous nous sommes mis au travail. 45. Nous nous mettions à étudier. 46. Vous vous mîtes à rire. 47. Elle est partie de bonne heure. 48. Elle partait souvent de New-York. 49. Nous partions toujours de Paris. 50. Elle est venue me voir.

DRILL I

Use both past indefinite and past definite when possible. Distinguish both from the imperfect. Answers are on pages 175–176.

1. I have sold the book. 2. She sold the books yesterday. 3. We did sell the books. 4. You were selling the books. 5. They used to sell books. 6. We have finished the lessons. 7. She did finish the lessons. 8. We finished the lessons. 9. They were finishing the lessons. 10. We used to finish the lessons. 11. She

has done this. 12. He did that also. 13. She was doing that; he did this. 14. They used to do that. 15. What were they doing? 16. When John was young, he went to school. 17. He studied his lessons every day. 18. Did she study her lessons every day? 19. I don't know, but she always had a headache when she studied. 20. I thought she was lazy. 21. I have been able to study. 22. You were able to study when you were young. 23. They have had money. 24. They did have money. 25. They used to have money. 26. They had money when they were young. 27. He was walking when he fell. 28. What were you doing? 29. Did you need that grammar to study your lessons when you were in the country? 30. Were they paying attention to the professor when he spoke about the French?

B. CONTINENTS, NATIONS, CITIES

1. *Continents.* The continents are all feminine.

l'Europe, Europe	européen(ne), European
l'Asie, Asia	asiatique, Asiatic
l'Afrique, Africa	africain(e), African
l'Amérique, America	américain(e), American
l'Australie, Australia	australien(ne), Australian

EXERCISE III

1. Il est né en Europe, il est Européen. 2. Elle est née en Europe, elle est Européenne. 3. Nous allons en Afrique mais nous ne sommes pas Africains, nous sommes Américains. 4. Elle vient d'Asie mais elle n'est pas Asiatique. 5. Est-on Français si on est né en France? 6. Les Français sont des Européens, n'est-ce pas? 7. Vous êtes venu d'Europe et maintenant vous êtes en Amérique. 8. Est-elle Américaine ou Australienne?

2. *Nations.* Most nations of Europe, Africa, and Asia are feminine; most nations of the Americas are masculine.

la France, France	le Mexique, Mexico
l'Italie (*f.*), Italy	le Brésil, Brazil
l'Espagne (*f.*), Spain	le Japon, Japan
la Russie, Russia	les États-Unis (*m.*), the United States
l'Angleterre (*f.*), England	
l'Allemagne (*f.*), Germany	BUT
la Suisse, Switzerland	l'Amérique du Sud (*f.*), South America
la Belgique, Belgium	
la Chine, China	l'Amérique du Nord (*f.*), North America
le Canada, Canada	

3. *Nationalities.*

français(e), italien(ne), espagnol(e), russe, anglais(e), allemand(e), canadien(ne), mexicain(e), japonais(e), brésilien(ne), belge, suisse, chinois(e).

C. 1. For continents and feminine countries singular: To express *to* or *in* use en. To express *from* use de.

Je vais en Europe.   Je suis en Europe.   Je viens d'Europe.
Je vais en France.   Je suis en France.   Je viens de France.
Je vais en Italie.   Je suis en Italie.   Je viens d'Italie.

2. For masculine countries singular, use au for *to* or *in;* use du for *from.*

Je vais au Canada.   Je suis au Canada.   Je viens du Canada.
Je vais au Mexique. Je suis au Mexique. Je viens du Mexique.

3. For plural countries, masculine or feminine, use aux for *to* or *in;* use des for *from.*

Je vais aux Indes.   Je suis aux Indes.   Je viens des Indes.
Je vais aux États-Unis. Je suis aux États-Unis. Je viens des États-Unis.

BUT: Je vais dans l'Amérique du Sud (du Nord).
Je suis dans l'Amérique du Sud (du Nord).
Je viens de l'Amérique du Sud (du Nord).

4. For cities, use à for *to* or *in;* use de for *from.*

Washington, Londres, Paris, Bruxelles, Berlin, Madrid, Moscou, Le Havre, La Nouvelle-Orléans, Copenhague.

Je vais à Paris.
Je viens de Paris.

EXERCISE IV

1. Nous venons du Canada et nous allons en France. 2. Il vient d'Angleterre et il va rester aux États-Unis. 3. Elle est Italienne

et vient d'Italie. 4. Vous allez dans l'Amérique du Sud, n'est-ce pas? 5. Ne venez-vous pas de l'Amérique du Nord? 6. Elles vont au Mexique mais elles sont venues du Japon. 7. Je vais en Allemagne maintenant. 8. Mon ami est en Espagne mais il viendra bientôt aux États-Unis. 9. Sommes-nous au Canada ou en Belgique? 10. Préférez-vous voyager en Europe ou en Asie? 11. Il est à Paris. 12. Elle va à Paris. 13. Nous venons de Paris. 14. Vous allez à Moscou. 15. Nous allons au Havre. 16. Elles viennent du Havre. 17. Vous demeurez à La Nouvelle-Orléans. 18. Ne venons-nous pas de La Nouvelle-Orléans? 19. Nous allons à Genève. 20. Mon ami est à Rome.

DRILL II

Answers are on page 176.

1. I am going to England, France, and Italy. 2. We are now in Russia. 3. Is she coming from France or Spain? 4. He is an Englishman but he lives in Italy. 5. Are we going to Europe or Asia? 6. They are coming from Europe and they are going to South America. 7. He came from Canada and he is now in the United States. 8. He has been in London, Paris, Rome, and Madrid. 9. He leaves New York for Paris next week. 10. He is coming from South America, he will remain in the United States for (**pendant**) two weeks, and then (**ensuite**) he will go to Asia.

Lesson 17

A. WEATHER

Expressions for the weather: (a) the word for weather is **temps** (usually omitted); (b) the verb used is **faire**, in the third person singular with **il**, *it*, as the subject. Review the verb **faire** in all its tenses.

| il fait | il faisait | il fit | il fera | il ferait |
| il a fait | il avait fait | il eut fait | il aura fait | il aurait fait |

Quel temps fait-il?	How is the weather?
Il fait beau (temps).	It is nice weather.
Il fait mauvais.	It is bad weather.
Il fait chaud.	It is warm.
Il fait froid.	It is cold.
Il fait du vent.	It is windy.
Il fait du soleil.	It is sunny.
Il fait frais.	It is cool.
Il fait lourd.	It is sultry.
Il fait sec.	It is dry.
Il tombe de la pluie.	It is raining.
Il tombe de la neige.	It is snowing.

It is raining, it is snowing may preferably be expressed by the verbs pleuvoir, *to rain* (past participle plu), and neiger, *to snow* (past participle neigé).

pleuvoir: il pleut, il pleuvait, il plut, il pleuvra, il pleuvrait, il a plu, il avait plu, il eut plu, il aura plu, il aurait plu.

neiger: il neige, il neigeait, il neigea, il neigera, il neigerait, il a neigé, il avait neigé, il eut neigé, il aura neigé, il aurait neigé.

EXERCISE I

1. Fera-t-il beau demain? 2. Ferait-il beau si nous étions à la campagne? 3. Il ferait chaud s'il faisait du soleil, n'est-ce pas? 4. Il a fait très mauvais hier; il a fait du vent, de la pluie, et froid aussi. 5. Il pleut aujourd'hui. 6. Il pleuvait hier lorsque nous sommes venus à l'école. 7. Neigeait-il lorsque vous vous promeniez hier soir? 8. A-t-il neigé hier soir? 9. A-t-il plu hier soir? 10. Il aurait neigé s'il avait fait froid avant-hier. 11. S'il fait beau après-demain nous irons faire une promenade en ville.

DRILL I

Answers are on page 176.

1. The weather is bad. 2. It is cold because it is snowing. 3. It was raining yesterday when we came to school. 4. It is very

warm here. 5. It was windy and cold yesterday. 6. Will it be nice weather tomorrow? 7. Would it be nice if we were to go (went) to the country? 8. It would rain, no doubt. 9. Was the sun shining this morning? 10. No, it was raining.

B. TIME OF DAY. Use **heure** (*hour*) not *time:* il est ———, *it is* ———.

Quelle heure est-il?	What time is it?
Il est une heure.	It is one o'clock.
Il est deux heures.	It is two o'clock.
Il est six heures cinq.	It is five minutes past six.
Il est neuf heures et quart.	It is a quarter past nine.
Il est dix heures et demie.	It is ten-thirty.
Il est onze heures moins dix.	It is ten minutes to eleven.
Il est trois heures moins le (un) quart.	It is a quarter to three.
Il est midi (noon). (*Not twelve.*)	It is noon.
Il est midi et demi.	It is half-past twelve.
Il est minuit (midnight). (*Not twelve.*)	It is midnight.
Il est minuit précis.	It is exactly midnight.
Il est onze heures précises.	It is exactly eleven o'clock.

The word **minute** (*minute*) is usually omitted.

EXERCISE II

1. Il est une heure vingt-cinq. 2. Il est trois heures et quart. 3. Il est minuit moins vingt-deux. 4. Il est midi moins vingt. 5. Il est dix heures du matin. 6. Il est sept heures du soir. 7. Il est cinq heures de l'après-midi. 8. À quelle heure vous couchez-vous? 9. Je me couche à minuit. 10. Il est midi moins le quart.

DRILL II

Answers are on page 176.

1. It is 1:30; 2:30; 5:25. 2. It is noon; midnight. 3. It is twenty minutes to twelve; half-past twelve. 4. It is nine in the morning; in the evening 5. It is 4:30 in the afternoon. 6. What time

is it now? 7. It isn't 8:30 yet. 8. At what time does the class end? 9. It ends at ten o'clock. 10. At what time does she go to bed?

C. DAYS OF THE WEEK. All are masculine, not capitalized.

lundi	Monday	**jeudi**	Thursday
mardi	Tuesday	**vendredi**	Friday
mercredi	Wednesday	**samedi**	Saturday
	dimanche	Sunday	

Observe some differences between the English and the French:

Il est arrivé lundi.	He arrived Monday.
Elle va à l'église dimanche.	She is going to church Sunday.
Elle va à l'église le dimanche.	She goes to church on Sundays.
Vous venez à l'école le lundi, le mercredi, et le vendredi.	You come to school Mondays, Wednesdays, and Fridays.
C'est aujourd'hui lundi.	Today is Monday.
Ce sera demain mardi.	Tomorrow will be Tuesday.
C'était hier dimanche.	Yesterday was Sunday.

(The use of **le** indicates repeated action.)

DRILL III

Answers are on page 176.

1. He went to school Monday. 2. He goes to school Mondays, Wednesdays, and Fridays. 3. The students do not go to school on Saturday and Sunday. 4. We went to church last Sunday (**dimanche dernier**). 5. You were at school last Tuesday, weren't you? 6. Today is Friday and tomorrow will be Saturday. 7. Next Wednesday we are going to France. 8. She is arriving from Paris next Tuesday. 9. A week from today we will be in London. 10. Two weeks from today we will be in Paris.

D. MONTHS OF THE YEAR. All are masculine, not capitalized.

janvier	mai	septembre
février	juin	octobre
mars	juillet	novembre
avril	août	décembre

Note the differences between the English and French in the following expressions:

le premier janvier	the first of January
but: le deux janvier	the second (two) of January
le dix juillet	the tenth (ten) of July
le premier du mois	the first of the month
but: le deux du mois	the second of the month
au mois de juin	in the month of June
le mois passé (dernier)	last month
l'année prochaine	next year
Je suis né en (l'année) mil neuf cent vingt (dix-neuf cent vingt).	I was born in 1920.
Quel âge avez-vous?	How old are you?
J'ai vingt ans.	I am twenty years old.
d'aujourd'hui en huit	a week from today
d'aujourd'hui en quinze	two weeks from today (a fortnight)
il y a deux jours	two days ago

DRILL IV

Answers are on pages 176–177.

1. The first of May. 2. The tenth of October. 3. The fourth of the month. 4. In the month of July. 5. A week ago we were in France. 6. A week from today we will be in Italy. 7. And two weeks from today they will be in the United States. 8. How old are you? 9. How old is your sister? 10. She will be seventeen years old next month. 11. In the year 1920. 12. I arrived last week. 13. He will depart next week. 14. The fourteenth of July, 1789. 15. How many days are there in the month of August?

E. ORDINAL NUMBERS. With the exception of **premier** and **second**, the ordinal numbers are formed by adding **-ième** to the corresponding cardinal numbers; however, drop the **e** whenever a cardinal number ends in **e**; add **u** to **cinq**; and change **f** to **v** in **neuf**. Second, seconde, are sometimes used when speaking of two things only.

premier (première); second (seconde), deuxième; troisième; quatrième; cinquième; sixième; septième; hui-

tième; neuvième; dixième; onzième; douzième; treizième; *etc.*

F. TITLES. With the exception of premier (as in dates) use cardinals to indicate titles of rulers:

Napoléon premier *but:* **Napoléon deux, Henri quatre, Louis quatorze**

G. SEASONS.

le printemps	spring
l'été (*m.*)	summer
l'automne (*m.*)	autumn
l'hiver (*m.*)	winter

en été, in summer; **en automne**, in the fall; **en hiver**, in winter; *but:* **au printemps**, in the spring

EXERCICE III

1. Louis quatorze, roi de France, est né en mil six cent trente-huit. 2. Quelle est la date de votre naissance, mademoiselle? 3. En hiver il fait froid mais il fait frais au printemps. 4. Nous passons les vacances d'été à la campagne. 5. Il neige et il fait froid en hiver, n'est-ce pas? 6. Quelle saison de l'année préférez-vous? 7. Les plus (*most*) belles saisons de l'année sont l'automne et le printemps. 8. Il fait du vent et de la pluie au printemps mais il fait du soleil aussi. 9. Nous sommes allés en France il y a deux ans. 10. Nous avons été en France il y a cinq ans.

DRILL V

Answers are on page 177.

1. Francis (**François**) the First, King of France. 2. Louis the Fourteenth, King of France. 3. What seasons of the year do you prefer? 4. In Canada it is very cold in winter, but cool in summer. 5. Does it rain much in summer? 6. We spend our vacation in the country because it is too warm in the city. 7. You were in Paris last spring, weren't you? 8. I was in France two years ago. 9. How many months are there in a season? 10. You are warm because it is warm; it is always too warm in summer.

VOCABULARY

pleuvoir, to rain
la pluie, the rain
neiger, to snow
la neige, the snow
passer, to spend, to pass
les vacances (*f.*), the vacation
le jour, the day
la semaine, the week
la saison, the season
l'année (*f.*), the year
l'an (*m.*), the year
moins, less
demi, half
dernier (passé), last
la date, the date
la naissance, the birth
il y a, ago
chaud, warm

le matin, the morning
l'après-midi (*m.*), the afternoon
midi, noon
minuit, midnight
l'heure (*f.*), the hour
beau, nice
mauvais, bad
froid, cold
frais, cool
le vent, the wind
le soleil, the sun
le nuage, the cloud
cent, a hundred
mil (mille), a thousand
l'âge (*m.*), the age
minute, minute
vilain, bad, ugly
quinze jours, two weeks

IDIOMS

d'aujourd'hui en huit, a week from today
d'aujourd'hui en quinze, two weeks from today (a fortnight)
à votre montre, by your watch
la semaine passée (dernière), last week
la semaine prochaine, next week
samedi passé (dernier), last Saturday
samedi prochain, next Saturday

NUMBERS

30, trente
31, trente et un
32, trente-deux
40, quarante
41, quarante et un
42, quarante-deux

50, cinquante
51, cinquante et un
52, cinquante-deux
60, soixante
61, soixante et un

62, soixante-deux
70, soixante-dix
71, soixante et onze
72, soixante-douze
80, quatre-vingts

Lesson 18

A. COMPARISONS OF ADJECTIVES AND ADVERBS

1. Study carefully the following table and examples. Pay special attention to the differences between the two languages:

plus ... que	more ... than	Elle est plus grande que lui.
moins ... que	less ... than	Il est moins grand qu'elle.
aussi ... que	as ... as	Il est aussi grand qu'elle.
pas aussi ... que	not so ... as	Il n'est pas aussi grand qu'elle.
pas si ... que	not so ... as	Il n'est pas si grand qu'elle.
autant ... que	as much ... as	Je travaille autant que vous.
autant de ... que	as many ... as	J'ai autant de livres que vous.

2. POSITIVE: Jean est intelligent.

   COMPARATIVE: Jean est plus intelligent que Marie.
   Jean est moins intelligent que Marie.
   Jean est aussi intelligent que Marie.
   Jean n'est pas aussi intelligent que Marie.
   Jean n'est pas si intelligent que Marie.
   Jean a autant de livres que Marie.

3. SUPERLATIVE: Use definite article le, la, les to form superlative.

   Jean est le plus intelligent de tous.
   Marie est la moins intelligente de tous.

   In the superlative, *in* is expressed by de:

   L'homme le plus riche *de* la ville.

   Omit the definite article when a possessive adjective is used:

   | le plus beau livre | mon plus beau livre, my most beautiful book |
   | la meilleure amie | ma meilleure amie, my best friend |

B. Adverbs are compared like adjectives. However, since adverbs do not agree, the definite article in the superlative is always le.

Marie parle mal, Paul parle plus mal que Marie, et Louise parle le plus mal de tous.

C. The following adjectives and adverbs are compared irregularly:

1. *Adjectives:*

mauvais	plus mauvais, pire	le plus mauvais, le pire
bad	worse	(the) worst
petit	plus petit	le plus petit
small	smaller	(the) smallest
bon	meilleur	le meilleur
good	better	(the) best

2. *Adverbs:*

bien	mieux	le mieux	well, better, best
mal	plus mal, pis	le plus mal, le pis	bad, worse, worst
peu	moins	le moins	little, less, least

Do not confuse **meilleur** (*adj.*) with **mieux** (*adv.*).

D. Where no comparison is involved (usually before numerals) use the following:

plus de	more than	Elle avait plus de vingt chapeaux.
moins de	less than	Elle avait moins de quinze dollars.

EXERCISE I

Pay special attention to the adjectives and adverbs.

1. Cette pomme-là est bonne mais celle-ci est meilleure. 2. Vous buvez peu mais elle boit encore moins. 3. Vous parliez mal mais maintenant vous parlez plus mal que jamais. 4. Ma santé est mauvaise mais elle a été pire. 5. Elle travaille bien mais Pierre travaille mieux. 6. Robert est plus grand et plus fort que sa sœur. 7. Nous avons autant de patience qu'eux; nous en avons autant. 8. Mes souffrances sont pires que les vôtres. 9. Il travaille (tant) autant que vous. 10. Elle a au moins dix ans de plus que moi. 11. Elle est plus âgée que moi

de dix ans. 12. Vous êtes le moins âgé de la famille. 13. Ce sont eux qui chantent le mieux. 14. Il est beaucoup plus grand qu'elle. 15. J'ai fait tout mon possible. 16. Cette dame est plus belle, plus aimable, et plus jeune que l'autre. 17. C'est la femme la plus curieuse du monde. 18. Étudiez de moins en moins. 19. Vous veniez plus souvent que lui. 20. Vous ne parlez pas si (aussi) vite que moi. 21. Il a bien parlé et mieux que sa sœur. 22. Jean est le pire de tous les élèves. 23. Il parle français sans difficulté. 24. Il y a moins de papier que de livres sur la table. 25. C'est tout ce qu'il y a de plus beau. 26. Elle étudie de plus en plus.

DRILL I

Answers are on page 177.

1. My uncle is richer than I. 2. Here is a good book but that one is better. 3. Does she know French better than you? 4. We work well but they work better. 5. My sister is the tallest student in the class. 6. She is older than I. 7. He is (**C'est**) the richest man in the world. 8. Robert speaks badly, Mary speaks worse, but, of course, John speaks worst of all. 9. I study little, Paul studies less; Mary studies the least. 10. We are more handsome and more intelligent than they. 11. He studies more and more, but she studies less and less. 12. We are buying more than twenty books. 13. They are buying fewer than ten. 14. He is doing his best. 15. John is my worst student. 16. My best friend is here. 17. My pencils are small; yours are smaller; John's are the smallest. 18. She has more than fifty dollars. 19. The younger sister is the better of the two. 20. Paris is the most beautiful city in the world.

E. NEGATIVES

1. In addition to **ne ... pas**, note the following negatives:

ne ... pas	not	ne ... ni ... ni	neither ... nor
ne ... point	not (*emphatic*)	ne ... aucun(e)	no, no one, any
		ne ... nul(le)	no, no one, any
ne ... jamais	never	ne ... personne	no one, nobody
ne ... que	only	ne ... rien	nothing
ne ... guère	scarcely	ne ... plus rien	nothing more
ne ... pas encore	not yet		

2. Study their use with a single verb:

>Je n'ai pas d'argent.   Je n'ai rien.
>Je n'ai point d'argent. Je n'ai que trois livres.
>Je n'ai jamais d'argent. Je n'ai ni livres ni papier.
>Je n'ai guère d'argent. Je n'ai nul livre.
>Je n'ai aucun livre.   Je ne vois personne.

3. Note the position of these negatives in compound tenses:

>Je n'ai pas écrit.   Je n'ai écrit aucune lettre.
>Je n'ai point écrit.   Je n'ai écrit nulle lettre.
>Je n'ai jamais écrit.   Je n'ai écrit que trois lettres.
>Je n'ai guère écrit.   Je n'ai écrit à personne.
>Je n'ai rien écrit.   Personne ne m'a écrit.
>Je n'ai ni écrit ni lu.   Non, aucun ne m'a écrit.

Observe that aucun, nul, que, personne, in the compound tenses follow the past participle.

4. Aucun(e), nul(le), personne, rien, may be used as adjectives, subjects, or objects:

>Je n'ai écrit aucune lettre (*adjective*).
>Aucun n'est arrivé (*subject*).
>Je n'en vois aucun (*object*).
>Je n'ai écrit à aucun (*object of preposition*).

5. The use of personne and rien:

>Personne n'est arrivé (*subject*).
>Je ne vois personne (*object*).
>Je n'écris à personne (*object of preposition*).
>Rien n'est arrivé (*subject*).
>Je ne vois rien (*object*).

6. When no verb is used, drop ne: Qu'avez-vous là? Rien. Qui est arrivé? Personne.

7. Pay careful attention to ne . . . que, *only*, especially when used with plus, jamais, and guère:

Il ne reste plus que cinq francs.	There are only five francs left.
Elle ne boit jamais que du vin.	She never drinks anything but wine.
Ce mot n'est guère usité que dans les dictionnaires.	This word is scarcely used except in dictionaries.

EXERCISE II

1. Il n'y a plus personne ici. 2. Elles ne disent plus rien. 3. Les élèves n'ont jamais ni livres ni crayons. 4. Le pauvre garçon n'avait que deux francs sur lui. 5. Il n'y a qu'un sou dans la boîte. 6. Ils n'ont pas d'amis. 7. N'ont-ils rien fait hier? 8. Personne n'est arrivé à l'heure. 9. Les personnes que vous cherchez sont parties. 10. Rien n'est arrivé ce matin. 11. Aucun de ses amis n'est venu. 12. Je n'avais aucune intention de faire cela. 13. On ne le voit nulle part. 14. Pas un de ses amis ne lui écrit. 15. Ce n'est pas du tout cela. 16. Personne ne sait ni lire ni écrire. 17. J'ai acheté quelque chose de bon. 18. Je n'ai rien vu de beau. 19. Rien de plus mauvais que ça. 20. Il n'y a rien de plus beau au monde! 21. Il ne dit jamais rien. 22. Elle ne dit rien à personne. 23. Je n'ai aucune envie d'aller au cinéma. 24. Il n'a aucun besoin de votre livre. 25. Le restaurant est plus ou moins bon.

DRILL II

Answers are on page 177.

1. He does not study. 2. He no longer studies. 3. He never studies. 4. She writes. 5. She never writes anything. 6. She has written only two letters. 7. We never write to anyone. 8. No one writes to me. 9. Nobody has come. 10. Nothing came this morning. 11. I do not see anything. 12. I haven't seen anyone. 13. They scarcely wrote. 14. You never have money. 15. We have neither the books nor the paper. 16. Haven't you done anything? 17. What have you there? 18. We haven't written to anyone and no one has written to us. 19. He worked only one week. 20. He never listens to his father.

F. The irregular verb **boire**, *to drink*

PRESENT	IMPERFECT	PAST DEFINITE	FUTURE	CONDITIONAL
bois	buvais	bus	boirai	boirais
bois	buvais	bus	boiras	boirais
boit	buvait	but	boira	boirait
buvons	buvions	bûmes	boirons	boirions
buvez	buviez	bûtes	boirez	boiriez
boivent	buvaient	burent	boiront	boiraient

Present Participle: **buvant**   *Past Participle:* **bu**

VOCABULARY

mal, bad (*adv.*)
pire, bad (*adj.*)
pis, worse (*adv.*)
bien, well, very
peu, little
encore, still, yet, more
le franc, the franc
le sou, the cent
une fois, once
deux fois, twice
la personne, the person
arriver, to happen, to arrive

la santé, (the) health
fort, strong
faible, feeble, weak
la souffrance, the sorrow, the grief
âgé, aged
l'an (*m.*), the year
l'année (*f.*), the year
la famille, the family
curieux, curieuse, curious
le monde, the world
la boîte, the box

IDIOMS

(pas) du tout, not at all
tout le monde, everybody, everyone
au monde, in the world
non plus, either, neither
nulle part, nowhere
au moins, at least
plus ou moins, more or less
de plus en plus, more and more
de moins en moins, less and less
quelque chose de bon (de beau), something good
je n'ai rien vu de beau, I saw nothing beautiful
c'est tout ce qu'il y a de plus beau, the most beautiful thing there is
à la main, in the hand
ne ... jamais rien, never anything
rien n'est arrivé, nothing happened
rien de plus beau au monde, nothing more beautiful in the world
avoir envie de, to feel like, to desire

Lesson 19

A. Every verb has three moods—three ways of expressing an idea or making a statement.

1. *Indicative:* to make positive statements of fact or ask questions.

> He brings me the book.
> What time is it?

2. *Imperative:* to express commands, entreaties, or requests.

> Bring me the book.
> Be sure to come.

3. *Subjunctive.* The subjunctive, in general, is the mood of doubt and supposition; it deals with the uncertain, the contingent; what is desirable or undesirable; what is contrary to fact, or at least questionable. While the subjunctive, in English, has been generally replaced by the indicative, it is still used in formal discourse to give accuracy and subtlety of meaning which the indicative cannot give. More specifically, the subjunctive is still used in English to express a wish, a regret, a condition contrary to fact, a supposition, a statement that is very improbable or doubtful, conditions that may or may not be true to fact, etc.

Note the use of the subjunctive in the following English sentences:

> If I *were* he, I wouldn't do that.
> I insist that you *be* here on time.
> This house looks as if it *were* in ruins.
> We propose that he *be* dropped.
> He wishes that she *were* studious.
> If this plan *fail*, we are lost.
> She talked as though she *were* ill.
> They ordered that he *come* back.
> It is essential that this *be* done.

B. The subjunctive, both in French and in English, has four tenses:

present subjunctive	simple tense
present perfect subjunctive	compound tense (*present subjunctive of* avoir *or* être + *past participle*)
imperfect subjunctive	simple tense
pluperfect subjunctive	compound tense (*imperfect subjunctive of* avoir *or* être + *past participle*)

NOTE: In English grammar the imperfect subjunctive is called the past subjunctive, and the pluperfect subjunctive is called the past perfect subjunctive.

Very few students know the subjunctives of the auxiliary verbs *to be* and *to have*.

TO BE

present subjunctive   be, be, be, be, be, be
imperfect subjunctive   were, were, were, were, were, were

TO HAVE

present subjunctive   have, have, have, have, have, have
imperfect subjunctive   had, had, had, had, had, had

C. To form the present subjunctive of most French verbs, drop the -ent of the third person plural of the present indicative and add: -e, -es, -e, -ions, -iez, -ent:

~~donnent~~	~~finissent~~	~~vendent~~
donn e	finiss e	vend e
donn es	finiss es	vend es
donn e	finiss e	vend e
donn ions	finiss ions	vend ions
donn iez	finiss iez	vend iez
donn ent	finiss ent	vend ent

D. *Irregular present subjunctive:* Note that with the exception of avoir and être, the endings are regular for all verbs. Only the stems are irregular.

```
avoir: aie, aies, ait, ayons, ayez, aient
être: sois, sois, soit, soyons, soyez, soient
aller: aille, ailles, aille, allions, alliez, aillent
pouvoir: puisse, puisses, puisse, puissions, puissiez, puissent
vouloir: veuille, veuilles, veuille, voulions, vouliez, veuillent
faire: fasse, fasses, fasse, fassions, fassiez, fassent
venir: vienne, viennes, vienne, venions, veniez, viennent
tenir: tienne, tiennes, tienne, tenions, teniez, tiennent
savoir: sache, saches, sache, sachions, sachiez, sachent
devoir: doive, doives, doive, devions, deviez, doivent
valoir: vaille, vailles, vaille, valions, valiez, vaillent
falloir:                 faille
```

E. *Use of the subjunctive:* Subjunctive means "subjoined" or "subservient" to a principal idea. Hence, the subjunctive

will be used generally in a clause which is dependent on a principal clause. Thus:

Je suis heureux qu'il vienne.

PRINCIPAL CLAUSE	CONJUNCTION	DEPENDENT CLAUSE
Je suis heureux	**qu(e)**	**il vienne.**
I am happy	that	he is coming, he comes, he does come, he may come, he will come.

Note the various translations of the present subjunctive.

CAUTION: The above does not mean that every time we have a principal clause and a dependent clause connected with **que**, that the subjunctive must be used. The subjunctive must be used, however, if the verb in the principal clause is a verb of:

1. Emotion and verbal expressions of emotion: joy, fear, anger, etc.
2. Verbs and expressions of will: wishes, desires, commands, etc.
3. Verbs and expressions of necessity: it is necessary, must, etc.
4. Verbs and expressions of doubt, denial, uncertainty, etc.

Why is the subjunctive used in the dependent clauses of the following sentences?

> **Je suis heureux que vous veniez.**
> **Je veux qu'il vienne.**
> **Il faut que vous étudiiez.**
> **Il doute qu'elle puisse venir.**
> **Il regrette que vous ne soyez pas ici.**
> **Elle nie qu'il ait raison.**
> **J'exige que vous soyez à l'heure.**
> **Que voulez-vous que je fasse maintenant?**
> **Il faudra que vous donniez l'argent.**
> **Il faudra que je m'en aille.**

EXERCISE I

1. Je désire que vous finissiez la leçon. 2. Elle est très heureuse qu'il veuille le faire. 3. Le maître voudra que nous étudiions la leçon sans doute. 4. Il faudra que nous nous en allions. 5.

Elle préfère que vous lui vendiez tout cela. 6. Nous ne voulons pas qu'ils y aillent. 7. Il ordonne que nous venions tout de suite. 8. Je doute que vous vouliez le vendre. 9. Pourquoi veut-elle que nous nous en allions? 10. Exigez que les portes et les fenêtres soient fermées. 11. Il faut que vous m'entendiez. 12. Nous défendons qu'il s'en aille. 13. Dites-lui qu'il finisse cela avant demain. 14. Il faudra que nous leur écrivions une lettre. 15. Mais pourquoi le professeur ne veut-il pas que nous parlions anglais avec lui?

DRILL I

NOTE: Some English constructions are grammatically impossible in French. Study the following examples carefully before you go on with the drill. (Answers are on pages 177–178.)

I want you to study. = I wish that you study.
What do you want me to do? = What do you wish that I do?

1. She is glad that you are here. 2. He is sorry that she is never here. 3. We doubt that they are coming. 4. They doubt that we will come. 5. What does he want me to do? 6. I must go home now. 7. He must leave with him. 8. The professor will want us to study this lesson. 9. Why does he insist that these doors be closed? 10. Tell them to finish their work immediately. 11. The student will deny that he is always wrong. 12. And the professor is always right, of course. 13. We regret very much that they are both crazy. 14. You must write her that letter tomorrow. 15. The professor insists that we be here on time, of course, but he will deny that he is always late.

F. THE SUBJUNCTIVE WITH IMPERSONAL EXPRESSIONS. After impersonal expressions which imply necessity, doubt, emotion, uncertainty, etc., the subjunctive must be used in the dependent clause.

il est nécessaire	it is necessary
il est possible	it is possible
il se peut	it is possible
c'est dommage	it is a pity
il est heureux	it is fortunate
il vaut mieux	it is better
il est préférable	it is preferable
il est important	it is important
il importe	it is important

The following, however, take the *indicative* unless they are used negatively or interrogatively:

il est probable	it is probable
il est vrai	it is true
il paraît	it appears
il est sûr	it is certain
il est certain	it is certain
il est clair	it is clear

Il est certain qu'il a raison.
Est-il certain qu'il ait raison?
Il n'est pas certain qu'il ait raison.

EXERCISE II

1. Il est nécessaire que vous soyez ici. 2. Il se peut qu'il soit malade. 3. C'est dommage que vous ne parliez pas bien le français. 4. Il vaut mieux que nous restions ici. 5. Il est heureux que vous vous en alliez. 6. Il importe qu'elle étudie le français. 7. Il est probable qu'il a raison. 8. Il n'est pas certain que vous ayez raison. 9. Est-il certain qu'il soit riche? 10. Il se peut que cela soit vrai.

DRILL II

Answers are on page 178.

1. It is clear that he will come. 2. It is possible that we will not be here. 3. It is a pity that he is ill. 4. It is important that he be here. 5. Is it important that he be here? 6. It seems that she is right. 7. It is not certain that he is wrong. 8. It is important that you remain here. 9. It is a pity that you never know your lesson. 10. It is better that we go away. 11. It is certain that he knows nothing about it. 12. He is a "good-for-nothing."

G. 1. SUBJUNCTIVE IN ADJECTIVE CLAUSES. Remember that an adjective is a word that modifies a noun or pronoun. Here we have a clause that is used as an adjective. Study the following examples:

I am looking for a man *who knows how to speak French.*
He has found a Frenchman *who speaks English.*

2. In French, the subjunctive must be used in an adjective clause when a thing sought after has not been found.

>Je cherche un homme qui *sache* parler français.
>*but:* Je connais un homme qui sait parler français.
>
>Je cherche une grammaire qui *soit* facile.
>*but:* J'ai une grammaire qui est facile.
>
>Nous voulons une grammaire qui ne *soit* pas difficile.
>*but:* Nous avons trouvé une grammaire qui n'est pas difficile.

H. Notice the use of the subjunctive in a superlative when an idea is general or uncertain, especially with the words **seul, unique, premier,** and **dernier.**

>C'est le meilleur ami que j'aie.
>Vous êtes le premier qui n'ait pas peur.
>C'est le seul ami que j'aie.

I. SUBJUNCTIVE IN ADVERBIAL CLAUSES. The subjunctive is used in adverbial clauses after the following conjunctions. *Be sure to memorize them all. They are very important.*

avant que, before	**bien que,** although
jusqu'à ce que, until	**quoique,** although
afin que, in order that	**de peur que,** for fear that
pour que, in order that	**pourvu que,** provided that
à moins que, unless	**de sorte que,** so that

NOTE: Occasionally you will find **ne** before a verb in the subjunctive. It is often used after verbs and expressions of fear, such as: **craindre,** *to fear;* **avoir peur,** *to be afraid;* **de peur que, de crainte que,** *for fear that;* **à moins que,** *unless;* and some other conjunctions. Do not translate **ne** in such constructions. This is called the *pleonastic* **ne.**

EXERCISE III

1. Avant que vous vous en alliez. 2. Je vais rester ici jusqu'à ce qu'elle finisse. 3. Afin qu'il puisse faire cela il doit beaucoup étudier. 4. Quoiqu'il aille à l'école il ne sait rien. 5. A moins qu'il (ne) fasse cela il sera puni. 6. Bien qu'il soit intelligent il n'apprend rien. 7. Parlez lentement pour que je puisse vous

comprendre. 8. Il ne fera pas cela de peur qu'il (ne) tombe.
9. Étudiez tous les jours de sorte que vous sachiez bien le français. 10. Il vient à l'école quoiqu'il ait toujours sommeil.

DRILL III

Answers are on page 178.

1. Do this before you go. 2. Although he is intelligent he knows nothing. 3. In order that one may do that one must study. 4. I will remain until he is ready. 5. He cannot go to school unless he studies. 6. Although he is hungry he doesn't eat. 7. I am looking for a man who knows how to speak French. 8. He is the only friend (that) I have. 9. I have a grammar which is very easy. 10. I am looking for a student who knows how to speak French.

J. The subjunctive is used after the negative or interrogative of espérer, *to hope,* croire, *to believe,* and penser, *to think.*

>Espérez-vous qu'il vienne?
>Croyez-vous que ce soit lui?
>Je ne pense pas que ce soit lui.
but: Je crois qu'il est ici.

VOCABULARY

l'un l'autre, both
tous les deux, both
nier, to deny
connaître, to be acquainted
défendre, to forbid
entendre, to hear (to understand)
exiger, to exact, to insist
le maître, master, teacher
espérer, to hope

croire, to believe
valoir, to be worth
c'est un vaurien, he's a "good-for-nothing"
fou (folle), crazy
seul(e), only, alone
douter, to doubt
regretter, to regret, to be sorry

connaître: to know, to be acquainted with

> present: connais, connais, connaît, connaissons, connaissez, connaissent
> imperfect: connaissais, connaissais, connaissait, connaissions, connaissiez, connaissaient
> past definite: connus, connus, connut, connûmes, connûtes, connurent
> future: connaîtrai, connaîtras, connaîtra, connaîtrons, connaîtrez, connaîtront

conditional: connaîtrais, connaîtrais, connaîtrait, connaîtrions, connaîtriez, connaîtraient
present participle: connaissant
past participle: connu

The difference between **connaître** and **savoir**: Basically, **savoir** is knowledge gained by the mind, whereas **connaître** is recognition by the physical senses.

  Je n'en sais rien. I know nothing about it.
  Je connais monsieur Boray. I know (I am acquainted with) Mr. Boray.

Lesson 20

A. THE PRESENT PERFECT SUBJUNCTIVE

1. The present perfect subjunctive is a compound tense. It is formed by the present subjunctive of avoir or être and the past participle.

   que j'aie donné   que je sois allé(e)
   que tu aies donné   que tu sois allé(e)
   qu'il ait donné   qu'il soit allé
   que nous ayons donné   que nous soyons allé(e)s
   que vous ayez donné   que vous soyez allé(e)(s)
   qu'ils aient donné   qu'ils soient allés

2. Translation of the present perfect subjunctive:

   Je suis content qu'il soit venu.
   I am glad that he has come (did come, came, may have come).

3. With impersonal expressions and adverbial clauses the present perfect subjunctive follows the same pattern as the present subjunctive:

   C'est dommage qu'il soit venu.
   Il se peut qu'elle ait été ici.
   Bien qu'il ait été malade, il travaille.
   Quoiqu'elles aient étudié, elles ne savent rien.

EXERCISE I

1. Je suis content qu'elle ne vienne pas. 2. Je suis content qu'elle ne soit pas venue. 3. Il est content qu'elle puisse venir. 4. Il est content qu'elle ait pu venir. 5. Est-il possible qu'il vienne? 6. Est-il possible qu'il soit venu? 7. Nous nions que vous soyez arrivé ce matin. 8. Bien qu'il fasse mauvais nous irons en ville. 9. Bien qu'il soit malade nous sommes allés en ville. 10. Je serais heureux que vous étudiiez vos leçons. 11. Je suis heureux que vous ayez étudié vos leçons. 12. Nous doutons qu'ils puissent le faire. 13. Nous doutons qu'ils aient pu le faire. 14. Le professeur ne veut pas que nous y allions. 15. Le professeur ne sera pas content que nous y soyons allés. 16. Quoiqu'il soit riche il est aimable. 17. Bien qu'il ait été riche il est très pauvre maintenant. 18. Je regrette qu'il n'ait pas fini cela. 19. Elles viendront à moins qu'elles (n')aient perdu notre adresse. 20. Je serai parti avant que vous veniez. 21. Il faudra que nous soyons partis avant dix heures. 22. Nous regrettons beaucoup que Jean ne vous en ait rien dit. 23. Pourvu que le travail soit intéressant j'y serai. 24. Nous sommes enchantés qu'elles aient été vous voir. 25. Il ne peut pas sortir avant que cette lettre soit finie.

DRILL I

Answers are on page 178.

1. Does he think she is coming? 2. Does she think he will come? 3. We do not think they came. 4. You do not believe that they have come, do you? 5. I am very glad that you were able to come. 6. It is possible that the students may study. 7. It is possible that they have studied. 8. He doubts that he has done it. 9. She is sorry that he came early. 10. He is working although he is very ill. 11. He will work although he has been ill. 12. They must go away in order that I may finish this work. 13. It is one of the best stories I have ever read. 14. We are sorry that you didn't buy that hat. 15. It is a pity that you were not able to come. 16. Although we arrived late we had a good time. 17. Stay here until they come. 18. We must leave (**Il faut que nous partions**) before ten o'clock. 19. We are glad they were here. 20. He will be here unless he has lost my address.

B. SEQUENCE OF TENSES. If you have paid careful attention to the tenses used in the principal clauses and in the dependent clauses in the preceding Exercises and Drills, you will have noticed that a "time relation" exists between these tenses. This "time relation" is called "sequence of tenses." Analyze the following very carefully:

1. *Résumé.* Concentrate on the tenses both in French and English:

PRINCIPAL CLAUSE	CONJUNCTION	DEPENDENT CLAUSE
Il est content	que	vous veniez, you come, are coming, do come, will come, may come
Il ne croira pas	que	vous veniez, you come, are coming, do come, will come, may come
Il est content	que	vous soyez venu, you have come, did come, came, may have come

RULE: When you have present or future in the principal clause use (1) present subjunctive or (2) present perfect subjunctive in the dependent clause. Use the present subjunctive if the English tense is future or any form of the present; use the present perfect subjunctive if the English tense is any form of the past.

C. THE IMPERFECT AND PLUPERFECT SUBJUNCTIVE. The imperfect and the pluperfect subjunctives are rarely used in everyday speech or in familiar writing. They are generally replaced by the present subjunctive or the present perfect subjunctive; or the phrase is recast to avoid them. They are common in literary style however, and a knowledge of their forms is indispensable if the student is to read accurately and intelligently.

Review the past definite (*Lesson 12*) before you go on. It will simplify matters.

1. THE IMPERFECT SUBJUNCTIVE. To form the imperfect subjunctive take the first person singular of the past

definite of any verb; drop the final letter, vowel or consonant, and add the following endings:

-sse	-ssions
-sses	-ssiez
-^t	-ssent

(donnai)	(finis)	(vendis)	(dus)
donna sse	fini sse	vendi sse	du sse
donna sses	fini sses	vendi sses	du sses
donnâ t	finî t	vendî t	dû t
donna ssions	fini ssions	vendi ssions	du ssions
donna ssiez	fini ssiez	vendi ssiez	du ssiez
donna ssent	fini ssent	vendi ssent	du ssent

2. Sequence of tenses: If we have a past tense in the principal clause, the dependent clause will have either the imperfect subjunctive or the pluperfect subjunctive.
3. Because of the structural differences between English and French the imperfect subjunctive can be translated in many ways. For example, the verb *to go* in the imperfect subjunctive could mean *might go, go, went, would go, to go,* etc., thus:

Le père voulait que sons fils allât à l'école.
The father wished that his son might go to school.
The father wished that his son go to school.
The father wished that his son would go to school.
The father wanted his son to go to school.

EXERCISE II

Translate. (Observe the tense in the principal clause.)

1. Il fallut qu'elle quittât la classe. 2. Il n'aurait jamais cru que je fusse son ami. 3. Nous voudrions qu'elle nous écrivît plus souvent. 4. Je voulais qu'il le fît. 5. Le professeur désirait que les élèves étudiassent. 6. Une bonne mère désirerait que sa fille fût heureuse. 7. Il faudrait que nous allassions en ville. 8. Elles disaient que vous seriez partis avant qu'ils vinssent. 9. Nous doutions que vous le sussiez. 10. Nous voulions toujours que vous vinssiez nous voir. 11. Quoiqu'il allât à l'université pendant dix ans il ne savait rien. 12. Nous ne permîmes pas qu'il le fît.

4. THE PLUPERFECT SUBJUNCTIVE. This is a compound tense formed by the imperfect subjunctive of **avoir** or **être**, followed by the past participle:

que j'eusse donné	que je fusse allé(e)
que tu eusses donné	que tu fusses allé(e)
qu'il eût donné	qu'il fût allé
que nous eussions donné	que nous fussions allé(e)s
que vous eussiez donné	que vous fussiez allé(e)(s)
qu'ils eussent donné	qu'ils fussent allés

The English translations for the above are: *that I might have given, that I had given, that I would have given,* etc.

EXERCISE III

1. Je ne croyais pas qu'il eût fait cela. 2. Bien qu'il eût préféré rester il fallut qu'il s'en allât. 3. Elle ne pensait pas que sa mère eût vendu sa maison. 4. Nous regrettions que vous fussiez parti. 5. Nous avions douté que cette femme charmante eût fait cela. 6. J'avais peur qu'elles (ne) fussent déjà parties. 7. Nous étions heureux que vous fussiez arrivé. 8. Il nous a dit qu'il irait les voir à moins qu'il (n')eût perdu leur adresse. 9. Les parents étaient heureux que leur enfant l'eût fait. 10. Quoique j'eusse peur qu'il (ne) fût venu je ne m'en allai pas.

RÉSUMÉ: Complete table of sequence of tenses. Compound tenses follow the same pattern as the simple tenses. Give all possible translations:

PRINCIPAL CLAUSE IN THE—	DEPENDENT CLAUSE IN THE—
present future imperative present subjunctive	present subjunctive or present perfect subjunctive
je nie je nierai niez bien que je nie	qu'il vienne *or* qu'il soit venu
imperfect past definite conditional imperfect subjunctive	imperfect subjunctive or pluperfect subjunctive
je niais je niai je nierais bien que je niasse	qu'il vînt *or* qu'il fût venu

5. THE SUBJUNCTIVE AND THE INFINITIVE. The subjunctive is avoided as much as possible, especially in conversation. When the subject of a principal clause and the dependent clause refer to the same person, the subjunctive is replaced by the infinitive construction. Observe the following sentences:

SUBJUNCTIVE CONSTRUCTION	INFINITIVE CONSTRUCTION
Avant qu'elle soit partie elle s'est lavée.	Avant de partir elle s'est lavée.
Elle est partie sans qu'elle me l'ait dit.	Elle est partie sans me le dire.
Il faut que nous partions.	Il nous faut partir.
Il faut qu'on le fasse.	Il faut le faire.
À moins qu'on ne fasse attention on n'apprend pas.	À moins de faire attention on n'apprend pas.

6. Here is a list of the most common conjunctions and their corresponding prepositional forms. Memorize them: they are important.

CONJUNCTIONS		PREPOSITIONS
pour que	in order that	pour
afin que	in order that	afin de
avant que	before	avant de
sans que	without	sans
à moins que	unless	à moins de
de crainte que, *or* de peur que	for fear that, lest	de crainte de, *or* de peur de

7. Subjunctive used as an imperative: *let* (third person singular and plural). Review Imperatives (*Lesson 5*).

Let him come.	Qu'il vienne.
Let them go away.	Qu'ils s'en aillent.
Let him finish.	Qu'il finisse.
Let them finish.	Qu'elles finissent.

EXERCISE IV

1. Allons-nous-en. 2. Allez-vous-en. 3. Qu'il s'en aille. 4. Qu'ils s'en aillent. 5. Faisons cela. 6. Ne faites rien. 7. Qu'il fasse ceci. 8. Qu'ils fassent cela. 9. Soyons ici. 10. Ne soyez pas ici. 11. Qu'il soit chez lui. 12. Qu'ils soient en ville. 13. Venons.

14. Venez. 15. Qu'il vienne. 16. Qu'ils viennent. 17. Ne vendons pas la maison. 18. Vendez le cheval. 19. Qu'il fasse une promenade à cheval. 20. Qu'ils finissent tout cela avant demain. 21. Qu'il travaille toujours. 22. Qu'ils s'en aillent.

DRILL II

Answers are on pages 178–179.

1. Let him finish. 2. Let us go. 3. Let George do it. 4. Let them go away. 5. Let us take a walk. 6. Let her do that now. 7. Let him buy a grammar. 8. Let us never work. 9. Let her eat. 10. Let them give us some. 11. Let them eat cake.

Lesson 21

INTERROGATIVE AND RELATIVE PRONOUNS

Interrogative Adjectives and Pronouns.

> ENGLISH: What (which) book did you give her? (*adjective*)
> Which (one) did you give him? (*pronoun*)
> FRENCH: *Adjectives* (*observe agreement*)
>
> Quel livre lui avez-vous donné?
> Quels livres lui avez-vous donnés?
> Quelle plume désire-t-il?
> Quelles plumes a-t-il cherchées?
>
> *Pronouns: attach the definite articles* **le, la, les,** *to* quel, quelle, quels, quelles
>
> Lequel lui avez-vous donné?
> Lesquels lui avez-vous donnés?
> Laquelle désire-t-il?
> Lesquelles a-t-il cherchées?

Do not confuse the adjectives with the pronouns. Be sure that the pronoun agrees with the noun to which it refers.

Since **le, la, les** are definite articles, they will contract with the prepositions **de** and **à**. (Review *Lesson 1*.)

de: duquel   Duquel a-t-il parlé?
         desquels   Desquels aura-t-il besoin?
         de laquelle   De laquelle avez-vous parlé?
         desquelles   Desquelles auront-ils besoin?

à: auquel   Auquel a-t-il donné les livres?
         auxquels   Auxquels a-t-on parlé?
         à laquelle   À laquelle de ces femmes avez-vous parlé?
         auxquelles   Auxquelles avez-vous donné les fleurs?

2. You remember, of course, that **quel, quels, quelle,** and **quelles** are used in exclamations also: *What a man! What a woman! What students! What a teacher!* Quel homme! Quelle femme! Quels étudiants! Quel professeur!

EXERCISE I

1. Quels livres voulez-vous? 2. Lesquels voulez-vous? 3. Dans quelle boîte faut-il chercher les crayons? 4. Dans laquelle faut-il les chercher? 5. Auxquelles de vos amies avez-vous écrit? 6. Auxquelles? 7. Auquel pensez-vous? 8. Desquelles parlez-vous? 9. De laquelle avez-vous besoin? 10. Quelles histoires il raconte! Les croyez-vous? Jamais de la vie!

DRILL I

Answers are on page 179.

1. What books do you want? 2. Which one do you want? 3. Which of your two friends did you see? 4. To which one did you speak? 5. Which do you need? 6. Which do you prefer? 7. To which of the two sisters have you written? 8. To which one? 9. With which of the young girls did you take a walk? 10. What a class! And what students!

RELATIVE PRONOUNS. These pronouns are somewhat complicated. Be sure you understand their use in English before going to the French. For the sake of clarity we have organized these pronouns into four groups. If the student

will stop and ask himself to which group a pronoun belongs, he will have no difficulty in choosing the right pronoun. The relative pronoun is never omitted in French as it often is in English.

Group I

Simple relatives: *who, whom, which, that*. Analyze the following sentences and tell whether the relative is subject or object:

ENGLISH:

> The man who is here is my friend.
> The man whom you see is my friend.
> The book which is on the table is mine.
> The book that you see there is mine.

FRENCH:

Qui: as a *subject* for persons and things:

> L'homme qui est ici est mon ami.
> Le livre qui est sur la table est à moi.

Que: as an *object* for persons and things:

> L'homme que vous voyez est mon ami.
> Le livre que vous voyez là est à moi.

When there are two antecedents, **lequel, lesquels,** etc., are used to avoid confusion:

> The sister of the boy who is here ...
> La sœur du garçon lequel (laquelle) est ici ...

Pay special attention to the relative pronoun *what* in the following construction and note the difference between the English and the French.

ENGLISH	FRENCH
I know what you want.	I know *that which* you want.
What you know doesn't matter.	*That which* you know doesn't matter.
Nothing of what you say is true.	Nothing of *that which* you say is true.

ce qui, that which (*as a* SUBJECT *for things only*)
ce que, that which (*as an* OBJECT *for things only*)

  Je sais ce qui est arrivé.
  Je sais ce que vous voulez.
  Ce que vous cherchez n'est pas ici.
  Il sait ce que vous avez fait.
  Voici ce qui m'amuse.

Qui and que preceded by **celui, ceux, celle, celles,** are translated: *he who, the one who, that one who, that one which, those who, those which,* etc.

celui qui (*subject*), he who, that one who, that one which, the one that, *etc.*

celui que (*object*), he whom, that one whom, that one which, the one that, *etc.*

  Celui qui ne sait pas la leçon restera ici.
  Ceux qui savent la leçon ont étudié.
  Celle que vous voyez est ma sœur.
  Celles qu'il nous a données sont bonnes.

EXERCISE II

1. Voici une phrase qui n'est pas facile. 2. Voilà un livre que vous trouverez intéressant. 3. Ce que vous pensez n'est pas vrai. 4. Voilà ce que je pense, moi. 5. Montrez-moi la grammaire que vous avez achetée. 6. Dites-lui ce que vous désirez. 7. La dame à laquelle je vous ai présenté hier est folle. 8. Je ne crois rien de ce que vous dites. 9. Je sais ce que je sais, voilà tout! 10. La personne qui me parle. 11. La personne que je vois. 12. J'aime celles qui sont belles. 13. Le professeur que nous venons de rencontrer parle français. 14. Celle qui était ici hier est mon amie. 15. Elle ne sait pas ce que vous voulez dire. 16. Eh bien! Voilà ce qui se passe!

DRILL II

Answers are on page 179.

1. Here are the books which I bought yesterday. 2. Do you like the pen I gave you? 3. That man, who is at the window, is my teacher. 4. Here is the grammar you are looking for. 5. I know what you know, but you don't know what I know. 6. The one you are looking for is not here. 7. Those whom you see now are not my friends. 8. All those who are here are not stupid. 9. He who doesn't know his lesson will remain here. 10. What you say is not true. 11. She knows what amuses you.

12. They will never know what we have done. 13. I am the one who said that. 14. Those who don't eat are ill. 15. I like those I see on the table.

Group II

Interrogatives: *Who? Whom? What? Which?*

Use **qui** for *persons* only, subject or object:

Qui est arrivé?	Who arrived?
Qui avez-vous vu?	Whom did you see?

Use **qu'est-ce qui** (*what*) as a subject for *things* only:

Qu'est-ce qui est tombé?	What fell?
Qu'est-ce qui a fait ce bruit?	What made that noise?
Qu'est-ce qui est arrivé?	What happened?

Use **que** (*what*) as an object for *things* only:

Que voulez-vous maintenant?
Que veut-il faire ce soir?
Que pensez-vous de cela?

Group III

Emphatic forms: These long forms are used for emphasis. Compare them with Group II and pay special attention to **qui** and **que**:

Qui est arrivé? *person, subject*	**Qui est-ce qui est arrivé?** *person, subject*
Qui avez-vous vu? *person, object*	**Qui est-ce que vous avez vu?** *person, object*
(*no short form*) *thing, subject*	**Qu'est-ce qui est arrivé?** *thing, subject*
Que voulez-vous? *thing, object*	**Qu'est-ce que vous voulez?** *thing, object*

EXERCISE III

1. Qui fait ce bruit? 2. Qui est-ce qui fait ce bruit? 3. Qu'est-ce qui fait ce bruit? 4. Qui avez-vous rencontré? 5. Qui est-ce que vous avez rencontré? 6. Qu'avez-vous fait? 7. Qu'est-ce que vous avez fait? 8. Qui cherchez-vous? 9. Qu'est-ce que vous cherchez? 10. Que cherche-t-il? 11. Que vous a-t-il dit? 12. Qu'est-ce qu'il lui a dit? 13. Qu'est-ce que cela prouve? 14. Qui parle? 15. À qui parlez-vous? 16. À qui est-ce que

vous parlez? 17. Que faire? 18. Que doit-on savoir? 19. Que faut-il étudier? 20. Qu'est-ce qu'il faudra chercher?

DRILL III

Give simple and emphatic forms when possible. Answers are on page 179.

1. Who is speaking? 2. What happened? 3. Whom are you looking for? 4. What are you doing? 5. What amuses her? 6. What amuses them? 7. What are you looking for? 8. What did he say to you? 9. Whom did you see at the movies? 10. What do you know? Nothing!

Group IV

Relative pronouns after prepositions: *with whom, in which, of whom, to whom,* etc.

Use qui for *persons*:

> Avec qui vous êtes-vous promené?
> La dame avec qui j'ai fait une promenade.
> La dame avec laquelle (qui) je suis venu.
> À laquelle de ces dames avez-vous parlé?

Use lequel, lesquels, laquelle, and lesquelles for *definite things* when there is an antecedent:

> La maison dans laquelle il demeure est blanche.
> Le restaurant dans lequel il dîne est très petit.
> Les adresses auxquelles il doit m'écrire sont sur la table.

In certain cases où (*where*) may be used:

> la maison où il demeure
> le restaurant où il dîne

Use quoi for *indefinite things* without an antecedent:

> À quoi pensez-vous?
> Je sais à quoi vous pensez.
> Donnez-moi de quoi écrire.
> De quoi parlez-vous?
> Il n'y a pas de quoi.
> De quoi avez-vous besoin?

Note: Use quoi when using *what* alone:

> Quoi! Vous ne savez pas cela!

The relative pronoun **dont** requires special attention. **Dont** is a contraction of **de** and *a relative pronoun*. **De qui, de quoi, duquel, desquels, de laquelle,** and **desquelles** can all be contracted to **dont**. It is translated: *of whom, whose,* and *of which*.

Analyze the following sentences carefully:

> **L'homme dont (de qui, duquel) vous parlez.**
> **Le crayon dont (duquel) vous avez besoin.**

Be very careful when using **dont** with all verbs which require **de**, such as **avoir besoin de, se souvenir de, se plaindre de, s'agir de, faire la connaissance de**.

> **Je sais *ce dont* vous avez besoin.** I know what you need.
> (*I know that of which you have need.*)
> **A-t-il acheté *ce dont* il a besoin?** Has he bought what he needs?
> (*Has he bought that of which he has need?*)
> **Voici *ce dont* il s'agit.** This is what it's all about.
> (*Here is that of which it is a question.*)
> **Va-t-on vous donner *ce dont* vous avez besoin?** Are they going to give you what you need?
> (*Are they going to give you that of which you have need?*)

Never use **dont** at the beginning of a sentence:

> **De quoi avez-vous besoin?** (*not* dont)

EXERCISE IV

1. La pauvre femme pour laquelle nous avons acheté les fleurs. 2. L'école dont nous parlions se trouve à Paris. 3. Voici la maison où (dans laquelle) j'ai passé mon enfance. 4. Voilà l'homme dont nous avons parlé. 5. Savez-vous à quoi je pense? 6. Faites-moi savoir ce dont vous aurez besoin. 7. Voilà ce dont je me plains. 8. Voilà ce dont il s'agit. 9. Le livre dont il parlait est très cher.

DRILL IV

Answers are on page 179.

1. I would like to know what you need. 2. Tell me what you are thinking about. 3. What I need is a good dinner. 4. The

148 / GRAMMAR: LESSON 21

lady to whom I gave your hat is here. 5. I am thinking of what you said. 6. Where is the man whose son came here yesterday? 7. The young man whose acquaintance we just made is very intelligent. 8. Here is the lady in whose house we were last evening. 9. You may have everything you need, my friend. 10. Whose (De qui) son are you?

EXERCISE V

1. Qu'est-ce? 2. Qu'est-ce que c'est? 3. Qu'est-ce que c'est que cela (ça)? 4. Qu'est-ce qu'une grammaire? 5. Qu'est-ce que c'est qu'une grammaire? 6. Vous ne savez pas ce que c'est? 7. Qu'est-ce que cela veut dire? 8. Que veut dire cela?

Notice the following peculiarity:

> Quels sont (qui sont) ces messieurs?
> Quelle est cette dame?
> Quelles sont vos raisons?

VOCABULARY

la boîte, the box
la phrase, the sentence
la personne, the person
vrai, true
le bruit, the noise
le fils, the son
raconter, to relate
rencontrer, to meet
montrer, to show
croire, to believe
voir, to see
écrire, to write
dire, to say
arriver, to arrive, to happen
enseigner, to teach
prouver, to prove

IDIOMS

jamais de la vie, never in my life
se plaindre de, to complain (about)
se passer, to take place, to happen
se passer de, to do without
se souvenir de, to remember
vouloir dire, to mean
Que veut dire cela? What does that mean?
Il n'y a pas de quoi. Don't mention it.
Qu'avez-vous? What is the matter with you? (What have you?)
s'agir de, to be a question of
Il ne s'agit pas de cela. It isn't a question of that.
tout ce qui, all that (*subject*)
tout ce que, all that (*object*)
Donnez-moi de quoi écrire. Give me what I need to write.

Lesson 22

A. NUMBERS

CARDINAL NUMBERS	ORDINAL NUMBERS
0 zéro	
1 un, une	1st premier, première
2 deux	2d deuxième (second, seconde)
3 trois	3d troisième
4 quatre	4th quatrième
5 cinq	5th cinquième
6 six	6th sixième
7 sept	7th septième
8 huit	8th huitième
9 neuf	9th neuvième
10 dix	10th dixième
11 onze	11th onzième
12 douze	12th douzième
13 treize	13th treizième
14 quatorze	14th quatorzième
15 quinze	15th quinzième
16 seize	16th seizième
17 dix-sept	17th dix-septième
18 dix-huit	18th dix-huitième
19 dix-neuf	19th dix-neuvième
20 vingt	20th vingtième
21 vingt et un	21st vingt et unième
22 vingt-deux	22d vingt-deuxième
23 vingt-trois	23d vingt-troisième
30 trente	30th trentième
40 quarante	40th quarantième
50 cinquante	50th cinquantième
60 soixante	60th soixantième
70 soixante-dix	70th soixante-dixième
71 soixante et onze	71st soixante et onzième
72 soixante-douze	72d soixante-douzième
80 quatre-vingts	80th quatre-vingtième
81 quatre-vingt-un	81st quatre-vingt-unième
90 quatre-vingt-dix	90th quatre-vingt-dixième
91 quatre-vingt-onze	91st quatre-vingt-onzième
100 cent	100th centième
101 cent un	101st cent et unième
102 cent deux	102d cent deuxième
200 deux cents	200th deux centième
1,000 mille (mil)	1,000th millième
1,100 mille cent	1,100th mille centième
2,000 deux mille	2,000th deux millième
1,000,000 un million	1,000,000th millionième

1. When talking about two things only, **second, seconde,** is preferable to **deuxième.**

2. Notice the hyphen in all compound numbers except when **et** is used. **Et** appears in 21, 31, 41, 51, 61, 71; is omitted in 81 and elsewhere.

3. **Quatre-vingt(s)** and **cent** do not take **s** when followed by a numeral; they do elsewhere:

   quatre-vingts hommes, *but* **quatre-vingt-sept**
   quatre cents francs, *but* **quatre cent dix francs**

4. **Cent** means one hundred and **mille** means one thousand.
   Mil is used for dates, instead of **mille.**
   A million is **un million (de).**

   one hundred men, **cent hommes**
   one thousand women, **mille femmes**
   1776, **mil sept cent soixante-seize,** or **dix-sept cent soixante-seize**
   a million francs, **un million de francs**

5. The final consonants of 5, 6, 7, 8, 9, 10, 17, 18, 19, are pronounced. They are silent, however, before nouns, except before names of the months; pronounce the **t** of **vingt** in the series 21–29.

6. No linking or elision occurs before **huit** and **onze: le huit janvier; le onze mars; les huit livres.**

EXERCISE I

1. Je suis né le premier janvier mil neuf cent quinze. 2. Le trois mars dix-neuf cent trente-six. 3. Il avait cinq cents dollars le premier du mois, n'est-ce pas? 4. Le général était à la tête de quatre-vingt mille soldats français. 5. La douzième leçon de cette grammaire est très difficile. 6. Elle est arrivée le treize juin mil neuf cent vingt. 7. En dix-neuf cent trente-huit j'ai été en France. 8. Vous trouverez cela à la page quatre-vingt-dix de ce livre. 9. Cela est arrivé le onze novembre mil neuf cent dix-neuf. 10. Nous sommes partis le vingt-cinq juin, mil neuf cent cinquante.

DRILL I

Answers are on pages 179–180.

1. The first of May, 1923. 2. Ten; fifteen; thirty-one; sixty-one; one hundred. 3. Eighty-one; 91; 92; 101; 1,000; 1,000,000. 4.

Five hundred twenty-seven; 600; 220; 450; 1,200. 5. Five thousand books; eighty houses; two hundred students. 6. In the year 1922. 7. The fourth of July, 1776. 8. The tenth of the month. 9. She was born the fourteenth of July, 1916. 10. She died in the year 1900. 11. A million books. 12. Here are two pencils; I have the first, you have the second.

B. ADVERBS

1. Most adverbs are formed by adding **-ment** to the adjective:

> facile, facilement; easy, easily
> poli, poliment; polite, politely
> lente, lentement; slow, slowly
> présente, présentement; present, presently

If the adjective ends in a consonant, change to the feminine and add -ment.

heureux (heureuse)	heureusement, happily
vain (vaine)	vainement, vainly
gracieux (gracieuse)	gracieusement, graciously
doux (douce)	doucement, sweetly

Note also:

absolu	absolument, absolutely
bref	brièvement, briefly
constant	constamment, constantly
décent	décemment, decently
gentil	gentiment, gently
impuni	impunément, with impunity
négligent	négligémment, negligently
prudent	prudemment, prudently

2. Some adjectives are used as adverbs: **bas, bon, cher, ferme, fort, haut, mauvais, vite,** etc.

> Parlez plus haut; ne parlez pas si bas et si vite.
> Speak louder; do not speak so low and so quickly.

> Ces fleurs coûtent cher mais elles sentent bon.
> These flowers are expensive but they smell good.

C. POSITION OF ADVERBS. Adverbs generally follow the verb. In a compound tense they are usually placed between the auxiliary verb and the past participle.

Il parle bien.	Il a bien parlé.
Elle travaille beaucoup.	Elle a beaucoup travaillé.

EXCEPTIONS: Adverbs ending in -ment and the adverbs tôt, tard, hier, demain, là, ici, aujourd'hui, come after the past participle.

> Je me suis levé tard hier; il a parlé poliment.

D. COMPLEMENTARY INFINITIVES. Certain verbs when followed by an infinitive take the preposition de; some take à; others take no preposition. Study the following:

> Je voudrais parler français.
> Elle continue à étudier.
> Dites-lui de venir tout de suite.

NO PREPOSITION	PREPOSITION de	PREPOSITION à
aller, to go	cesser, to stop	apprendre, to learn
croire, to believe	oublier, to forget	continuer, to continue
devoir, should, ought to	tâcher, to try	enseigner, to teach
faire, to do, to make	essayer, to try	réussir, to succeed
vouloir, to wish	empêcher, to prevent	aider, to help

E. Ce and il (ils, elle, elles) as subjects of the verb être.

1. Generally, if the word that follows être is a noun, pronoun, or a superlative, use ce:

> C'est le professeur.
> C'est lui.
> C'est la plus belle.

2. If the word that follows être is an adjective, or a noun used as an adjective, use il, ils, elle, elles.

> Il est professeur.
> Elles sont belles.

But observe:

> C'est vrai.
> C'est facile à faire.
> Il est vrai qu'il parle trop.
> Il est facile de faire cela.

EXERCISE II

Translate and observe usage of **ce** and **il**.

1. C'est lui. 2. C'est mon ami. 3. Ce sont mon oncle et ma tante. 4. C'est un professeur de français. 5. Il est professeur. 6. Ce sont les miens. 7. C'est la plus belle des deux. 8. Elle est belle. 9. C'est une très belle femme. 10. C'est un Espagnol. 11. Il est Français. 12. Il est bien facile de faire cela. 13. C'est facile à faire. 14. Ce sont mes raisons à moi. 15. Il est évident qu'elle ne saura jamais rien. 16. Ce sont eux. 17. C'est dommage. 18. Il est trois heures. 19. Ce n'est rien. 20. Ce sont des paresseux.

F. CAUSATIVE **faire**. The verb **faire** followed by an infinitive means *to cause, have, cause to*, etc. The subject of the sentence makes someone do something. This type of construction is very common and the student should familiarize himself with it.

EXERCISE III

Translate carefully the following sentences.

1. Je fais un chapeau. 2. Je me fais un chapeau. 3. Je me fais faire un chapeau. 4. Le professeur fait étudier les étudiants. 5. Faites-le étudier. 6. Je fis lire ce livre à mon fils. 7. Nous vous le faisons voir. 8. Elle les fera écrire. 9. Elles se sont fait faire de belles robes. 10. J'exige qu'il fasse venir un médecin. 11. Faites entrer ces jeunes filles. 12. Il fait écrire une lettre. 13. Je la leur ferai lire. 14. Il les a fait entrer. 15. Il fait voir au garçon ce qu'il a à la main.

G. THE IDIOMATIC PRESENT INDICATIVE. Study the following two sentences very carefully and observe the difference between the English and the French:

> I have been studying French for two years.
>
> J'étudie le français depuis deux ans. (*I study French since two years.*)
>
> RULE: When an action which began in the past has continued up to the present, the present tense is used in French instead of the present perfect progressive as in English. **Depuis** (*since*) replaces *for*. Sometimes **il y a, voici, voilà**, with **que** are used instead of **depuis**.

QUESTION:
> Depuis quand étudiez-vous le français?
> How long have you been studying French?

ANSWER:
> J'étudie le français depuis deux ans.
> Il y a deux ans que j'étudie le français.
> Voici deux ans que j'étudie le français.
> Voilà deux ans que j'étudie le français.

The translation of the above four sentences is the same:

> I have been studying French for two years.

Compare with:

> J'ai étudié le français pendant deux ans.
> I studied French for two years (*i.e., I am no longer studying French*).

EXERCISE IV

Translate literally first; then into good English.

1. Nous étudions le français depuis trois ans. 2. Depuis quand étudiez-vous le français? 3. Voilà trois ans que j'étudie l'anglais. 4. Il y a six mois qu'elle étudie le français et elle ne sait rien. 5. Êtes-vous à New-York depuis longtemps? 6. Oui, je suis à New-York depuis dix ans. 7. Depuis combien de temps m'attendez-vous? 8. Combien de temps y a-t-il que vous parlez? 9. Voilà une heure qu'elle parle et elle n'a rien dit! 10. Nous avons étudié le latin pendant trois ans. 11. Ils ont été en France il y a dix ans. 12. Voilà dix ans qu'ils sont en France.

H. THE IDIOMATIC IMPERFECT. Here the action was going on in the past when something happened to bring it to a conclusion. Observe the following sentences:

> I had been studying for two hours when he called me (*past perfect progressive*).
> J'étudiais depuis deux heures lorsqu'il m'a appelé (*imperfect with* depuis).

> The watch that I had had for ten years was stolen from me.
> La montre que j'avais depuis dix ans m'a été volée.

EXERCISE V

Translate literally, then into good English.

1. Je le disais depuis longtemps mais il ne voulait pas me croire. 2. Nous étions à Londres depuis dix ans lorsque mon père est venu. 3. Il y avait trois heures que nous attendions. 4. Vous étudiiez le français depuis longtemps avant de le bien parler, n'est-ce pas? 5. Depuis combien de temps étiez-vous à Paris lorsque vous avez été obligé de partir?

VOCABULARY

croire, to believe
envoyer, to send
laisser, to let
cesser, to stop, to cease
oublier, to forget
empêcher, to prevent
prier, to pray, to beg
craindre, to fear
promettre, to promise
tâcher, to try

punir, to punish
enseigner, to teach
réussir, to succeed
aider, to aid, to help
valoir, to be worth
attendre, to wait (for)
voler, to steal
la montre, the watch
le médecin, the doctor
depuis, since

Lesson 23

A. DEVOIR. This verb requires special attention because of its idiomatic meanings. If the meaning is *to owe*, translate all its tenses regularly. In all other cases it implies duty, moral obligation, necessity, conjecture, or expectation. The various meanings are: *must, ought to, should, to be (supposed to), to have to*. Review all the simple tenses of this verb.

present: dois, dois, doit, devons, devez, doivent
imperfect: devais, devais, devait, devions, deviez, devaient
future: devrai, devras, devra, devrons, devrez, devront

156 / GRAMMAR: LESSON 23

conditional: devrais, devrais, devrait, devrions, devriez, devraient
past definite: dus, dus, dut, dûmes, dûtes, durent
past indefinite: ai dû, as dû, a dû, avons dû, avez dû, ont dû
conditional perfect: aurais dû, aurais dû, aurait dû, aurions dû, auriez dû, auraient dû

1. Study very carefully the meanings of the varous tenses.

   a. PRESENT: *should, ought to, am (supposed) to, must.*

On doit toujours travailler.	One should always work.
Je dois y aller demain.	I am (supposed) to go there tomorrow.
Je dois partir à six heures.	I must leave at six o'clock.

   b. IMPERFECT: *was (supposed) to, was (expected) to, had to.*

Nous devions y aller.	We were to go there.
Il devait y dîner.	He was to dine there.
Il devait toujours travailler.	He had to work always.

   c. FUTURE: *will have to.*

Il devra étudier.	He will have to study.
Vous devrez répondre.	You will have to answer.

   d. CONDITIONAL: *should, ought to* (compare with present tense).

Vous devriez me payer.	You ought to pay me.
Elle devrait lire cela.	She should read that.

   e. PAST DEFINITE: *had to.*

Il dut faire cela.	He had to do that.
Nous dûmes sortir.	We had to go out.

   f. PAST INDEFINITE: *had to, must have.*

Il a dû partir tout de suite.	He had to leave immediately.
Il a dû oublier.	He must have forgotten.

g. CONDITIONAL PERFECT: *should have*.

J'aurais dû partir.	I should have (ought to have) left.
Il aurait dû le voir.	He should have seen him.

2. devoir followed by être or avoir: *must be, must have*.

Vous devez être fatigué.	You must be tired.
Il doit avoir faim.	He must be hungry.
Elle doit avoir besoin de cela.	She must need that.
Nous devons y être à dix heures.	We are to be there at ten o'clock.
Il devait être avocat.	He was to have been a lawyer.
Elle devait être furieuse quand elle a dit cela.	She must have been angry when she said that.

EXERCISE I

Translate the following sentences, paying particular attention to the meanings of the past indefinite.

1. Je lui dois dix francs. 2. Elle leur devait vingt francs. 3. Nous leur en devrons cinq. 4. S'il faisait ce travail combien lui devriez-vous? 5. On doit toujours étudier. 6. Elle doit y aller demain. 7. Ce doit être lui. 8. Elles doivent être malades. 9. Nous devrons faire cela. 10. Vous ne devriez pas être si paresseux. 11. J'ai dû vous écrire. 12. J'aurais dû vous écrire. 13. Nous avons dû lui dire de se mettre au travail. 14. Ils doivent sortir ce soir. 15. J'ai dû m'arrêter. 16. Sa visite a dû vous surprendre. 17. Vous avez dû vous tromper. 18. Il a dû le faire. 19. Je devrai me coucher de bonne heure. 20. Nous avons dû aller chez le médecin. 21. Vous auriez dû le croire. 22. Il aurait dû arriver hier. 23. Il y a longtemps que j'aurais dû vous voir. 24. Vous devez avoir froid. 25. Vous avez dû parler. 26. Elle a dû avoir froid. 27. Elle est heureuse qu'il doive lui écrire (*he is to write, will write*). 28. On aurait dû vous punir. 29. Je sais que vous avez dû travailler. 30. Vous avez dû avoir faim. 31. Elle a dû être malade. 32. Il doit venir demain. 33. Elle devait venir hier soir. 34. J'aurais dû lui écrire. 35. Je dus écrire. 36. Est-il vrai que vous deviez lui écrire? 37. Il devra partir après-demain. 38. Nous devrions partir demain. 39. Nous leur devrons beaucoup d'argent. 40. Elles ont dû oublier.

DRILL I

Answers are on page 180.

1. They are to be here today. 2. They were to come yesterday, but they must have been ill. 3. You should have told me that. 4. You are to wait here. 5. They will owe me ten francs. 6. They must have been studying a great deal. 7. I was supposed to be here. 8. They must have forgotten to come. 9. I ought to have said it. 10. He should get up at six. 11. We had to go there. 12. She ought to study more.

EXERCISE II

The verb **falloir**. Note the similarity in meaning to the verb **devoir**. **Falloir** always stresses necessity, whereas **devoir** stresses duty, moral obligation, conjecture, expectation (and only sometimes necessity).

1. Il faut étudier. 2. Il fallait faire cela. 3. Il nous faudra travailler. 4. Il faut que nous travaillions. 5. Il leur faudra écouter. 6. Il faudra qu'ils écoutent. 7. Il nous faudrait répondre. 8. Il a fallu parler. 9. Il avait fallu y aller. 10. Il aurait fallu. 11. Il faudra que je m'en aille. 12. Il nous a fallu étudier hier soir. 13. Il ne faut pas que vous restiez. 14. Il fallut rester. 15. Je regrette qu'il faille faire cela. 16. Je regrettais qu'il fallût faire cela. 17. Il leur faudra faire cela. 18. Ne faudrait-il pas savoir tout cela? 19. Il lui a fallu parler. 20. Il fallait le voir manger (*You should have seen him eat*)!

B. THE PASSIVE VOICE

1. In English the passive voice is formed with the auxiliary verb *to be* plus the past participle. Be sure you understand this.

    ACTIVE: They speak French here.
    The boy sells papers here.
    PASSIVE: French is spoken here.
    Newspapers are sold here.

    The passive voice in French is formed as in English, with the auxiliary verb **être** and the past participle.

    SYNOPSIS OF PASSIVE VOICE

    être puni, to be punished

Simple Tenses

present	**il est puni**	he is punished
imperfect	**il était puni**	he was punished
past definite	**il fut puni**	he was punished
future	**il sera puni**	he will be punished
conditional	**il serait puni**	he would be punished
imperative	**soyez puni**	be punished
present subjunctive	**(que) je sois puni**	(that) I may be punished
imperfect subjunctive	**(que) je fusse puni**	(that) I might be punished
present infinitive	**être puni**	to be punished
present perfect infinitive	**avoir été puni**	to have been punished

Compound Tenses

present perfect	**j'ai été puni**	I have been punished (I was punished)
pluperfect (past perfect)	**j'avais été puni**	I had been punished
past anterior	**j'eus été puni**	I had been punished
future perfect	**j'aurai été puni**	I will have been punished
conditional perfect	**j'aurais été puni**	I would have been punished
present perfect subjunctive	**(que) j'aie été puni**	(that) I may have being punished
pluperfect subjunctive	**(que) j'eusse été puni**	(that) I might have been punished
present participle	**étant puni**	being punished
present perfect participle	**ayant été puni**	having been punished

EXERCISE III

In the following sentences you will notice that *by* is rendered in French by **de** or **par**. When a specific physical action is involved, **par** is used. Use **de** when a mental or emotional relationship is involved:

> Les enfants sont aimés de leurs parents.
> Les enfants sont punis par leurs parents.

1. Les élèves sont punis par le professeur. 2. Elle a été punie. 3. Nous serons punis. 4. Il est urgent que Jean soit puni. 5. La jeune fille a été frappée par le garçon. 6. Ayant été punie

elle s'en est allée. 7. Les enfants sont toujours aimés de leurs parents. 8. La porte a été ouverte par Jean. 9. Elle est accompagnée de sa fille. 10. Après avoir été loué (*praised*), il sortit.

2. The passive voice is used much less in French than in English, especially if the "agent" is not mentioned. Most English passives are made active in French by the use of:

   a. the indefinite pronoun **on,** *one, people, they,* etc.:

On parle français en France.	French is spoken in France. (*One speaks French in France.*)
On vend des journaux ici.	Newspapers are sold here. (*One sells newspapers here.*)
On dit qu'il est riche.	It is said that he is rich. (*One says that he is rich.*)

   b. a reflexive verb:

L'anglais se parle en Angleterre.	English is spoken in England.
Les journaux se vendent ici.	Newspapers are sold here.
Cela se dit maintenant.	That is said now.
Ce mot ne s'emploie pas en français.	This word is not used in French.

EXERCISE IV

Translate into English passive tenses whenever possible:

1. On m'a dit cela hier. 2. On leur a demandé de s'en aller. 3. La porte s'ouvrit et l'homme entra. 4. On vend ces choses-là partout. 5. Ces choses se vendent partout. 6. J'ai été trompé. 7. On m'a trompé. 8. Ces livres se publient à Paris. 9. On publie ces livres à Londres. 10. Voilà ce qui se dit ici. 11. Voici ce qu'on dit partout. 12. On a répondu à mes questions. 13. Que vend-on ici? 14. Le professeur est toujours obéi (*obeyed*). 15. On lui obéit toujours. 16. Elles auraient été punies si elles y étaient restées. 17. On les aurait punies si elles ne s'en étaient pas allées. 18. Comment se dit cela en français? 19. Comment dit-on cela en anglais? 20. Cela ne se dit pas comme ça.

Lesson 24

Learn these additional rules:

1. **Même** used with intensive pronouns means *myself, yourself,* etc. Do not confuse intensive pronouns with reflexive pronouns.

    I wash myself (*reflexive*).

    I, myself, did it, not he (*intensive*).

    a. **Moi-même, toi-même, lui-même, elle-même, nous-mêmes, vous-même(s), eux-mêmes, elles-mêmes.**

Lui-même me l'a dit.	He, himself, told it to me.
Eux-mêmes le feront.	They, themselves, will do it.

    b. **Même** preceding a noun means *same*.

C'est la même chose.	It is the same thing.
Ce sont les mêmes choses.	These are the same things.

    c. **Même** following a noun or pronoun means *very, self, even*.

On peut être heureux même sans argent.	One can be happy even without money.
Il est la bonté même.	He is kindness itself.
Il n'a pas même l'argent pour manger.	He hasn't even the money to eat.

2. **Tel, tels, telle, telles** mean *such, like,* or *such a . . .*

Je ne crois pas de telles histoires.	I don't believe such stories.
Il n'a pas de tels livres.	He hasn't such books.
Un tel me l'a dit.	Such a one told it to me. ("So and so" told it to me.)
Madame une telle a raconté cette histoire.	A Mrs. "So and so" told that story.
Tel père, tel fils.	Like father, like son.

3. **Quelque(s)** means *some, a few*.

> J'irai passer quelques mois au Canada.
> Il a quelques livres à la maison.
> Elle y est restée quelque temps.

4. **Quelque chose (de)** means *something*.

> | | |
> |---|---|
> | J'ai acheté quelque chose de bon. | I bought something good. |
> | Quelque chose me dit qu'il sera ici. | Something tells me he will be here. |
> | Y a-t-il quelque chose de nouveau? | Is there something new? |

5. **Quelqu'un, quelques-uns, quelqu'une, quelques-unes** mean *someone, somebody, some people,* or *any*.

> | | |
> |---|---|
> | Il a lu quelques-unes des lettres. | He read some of the letters. |
> | Quelqu'une de ses amies lui a dit cela. | Some one of her friends told him that. |
> | Il se croit quelqu'un. | He thinks he is somebody. |
> | Elle en a quelques-uns. | She has some of them. |

6. **Chacun(e)** and **chaque** mean *each (one)*.

> | | |
> |---|---|
> | Chacune d'elles viendra. | Each of them will come. |
> | Chacun fera son possible. | Each will do his best. |
> | Chaque chose a sa place. | Each thing has its place. |

7. **Autre chose** means *something else;* **autrui** means *others;* **quiconque** means *whoever*.

> Faisons pour autrui ce que nous voudrions qu'il fît pour nous.
> Let us do for others what we would expect them to do for us.
>
> Quiconque dit cela ne sait pas grand'chose.
> Whoever says that doesn't know very much.

8. *Omission of* **pas**. Pas is often omitted after the verbs **pouvoir, savoir, cesser,** and some idiomatic expressions.

> Elle ne peut venir.
> Je ne sais s'il viendra.

9. *Pleonastic* **ne**. A superfluous **ne** is often used in a dependent clause before a verb in the subjunctive, generally with **craindre, avoir peur, empêcher, éviter, prendre garde** (*to beware*), **à moins que, avant que, plus, moins**.

J'ai peur qu'il ne vienne.	I fear he will come.
À moins qu'il ne soit malade, il viendra.	Unless he is ill he will come.

10. *Numerals.* Note the following to denote an approximate number (*about*).

huit	eight	une huitaine	about eight
dix	ten	une dizaine	about ten
vingt	twenty	une vingtaine	about twenty
cent	a hundred	une centaine	about a hundred

11. Note the masculine and feminine forms of the following nouns. The masculine forms stress a unit of time; the feminine stress the duration of time.

l'an	l'année	le soir	la soirée
le jour	la journée	le matin	la matinée

12. Note the irregular endings of these adjectives and nouns in the masculine and feminine:

bas, basse	low		muet, muette	mute
neuf, neuve	new		gros, grosse	big
pareil, pareille	similar		sot, sotte	silly
naturel, naturelle	natural		fou, folle	mad
ancien, ancienne	ancient		heureux, heureuse	happy
bon, bonne	good		directeur, directrice	director
flatteur, flatteuse	flatterer		acteur, actrice	actor
blanc, blanche	white		aviateur, aviatrice	aviator
public, publique	public		frais, fraîche	fresh
long, longue	long		amical, amicaux	friendly
turc, turque	Turkish		loyal, loyaux	loyal
cher, chère	dear		créateur, créatrice	creator

13. The following verbs take a direct object in French, an indirect object in English.

attendre	to wait for	chercher	to look for
écouter	to listen to	payer	to pay for
regarder	to look at	demander	to ask for

14. When a personal direct object is me, te, se, nous, vous, the indirect object takes a disjunctive pronoun (see Lesson 8).

> Elles nous présentent à eux.
> Il se présente à elle.

IMPORTANT PREPOSITIONS, ADVERBS, AND CONJUNCTIONS

ailleurs, elsewhere
d'ailleurs, besides, moreover
ainsi, thus
autrefois, formerly (in the past)
au lieu de, instead of
attendu que, considering that
au milieu de, in the middle of
à l'insu de, without knowledge of
au-dessus de, above
au-dessous de, below
autour de, around
auparavant, before, first
à côté de, at the side of
cependant, however, yet, still
car, for, because
dedans, inside, in it
dehors, outdoors, outside
dès, since, from, no later than
dorénavant, already, henceforth
davantage, more
environ, about
envers (vers), toward
en sorte que, so that
en dépit de, in spite of
faute de, for want of
hors de, except, outside of
hormis, except

jadis, formerly
loin de, far from
moyennant, by means of
néanmoins, nevertheless
or, now
(en) outre, in addition to
pourtant, yet, however
proche, near
quand même, even though
sauf, except, but
selon, according to
suivant, according to
sinon, if not, or else
tandis que, while, whereas
à travers (de), across
encore que, although
soit que ... soit que, whether ... or
près de, near by
vu que, as, seeing that
tant que, as long as
ainsi que, as well as
au cas que, in case that
à mesure que, in proportion as, whereas, while
de manière que, so that, in order that
d'après, from, according to,

EXERCISE I

Go over these sentences many times until you are familiar with all prepositions, adverbs, and conjunctions, then check your answers with the Key on page 180.

1. Venez avant dix heures. 2. Peut-il en trouver ailleurs? 3. Elle est charmante et, d'ailleurs, elle est intelligente aussi. 4. Je crois que vous avez raison et s'il est ainsi, tant pis (*too*

bad)! 5. D'après ce qu'elle dit, il a connu des jours meilleurs. 6. Il y avait autrefois trois ours. 7. Nous sommes au-dessus de tout cela. 8. Il est au-dessous lui de se plaindre. 9. Le professeur a l'air d'être bête; cependant, il ne l'est pas, car il parle toujours avec une simplicité absolue. 10. Dès qu'ils seront arrivés, dites-leur de venir me voir. 11. Au-dedans et au-dehors, il n'y avait rien de beau. 12. Vous êtes riche mais je le suis davantage. 13. Il y en a environ cent. 14. Il est bien d'être charitable envers les pauvres. 15. Tout est perdu sauf l'honneur. 16. Ils sont tous rentrés, excepté mon frère. 17. Au temps jadis on ne vivait pas si bien. 18. Sauf de rares exceptions. 19. Selon notre professeur nous sommes des sujets brillants. 20. Étudiez toujours, sinon, prenez garde! 21. Jean étudie tandis que Marie s'amuse. 22. Trois heures auparavant il avait été en ville. 23. Au lieu de vous plaindre mettez-vous au travail. 24. En dépit de moi et à mon insu, elle a fait ça. 25. Dorénavant tous les paresseux resteront ici. 26. Néanmoins et malgré tout il était très aimable. 27. Quand même elle me le permettra je ne le ferai pas. 28. Or nous pouvons continuer. 29. Outre cette somme (*sum*), il me doit encore soixante dollars. 30. Ils demeurent tout près.

Key to Drills

LESSON 1

DRILL I. 1. Au père. 2. À la mère. 3. À l'enfant. 4. Aux frères et aux sœurs. 5. Du père à la mère. 6. De la sœur au frère. 7. Du père à la mère. 8. De la porte à la fenêtre. 9. De la salle de classe à la maison. 10. Des maisons aux écoles. 11. Du français à l'anglais. 12. De l'anglais au français. 13. De la leçon de français à la leçon d'anglais. 14. Du professeur de français au professeur d'anglais.

DRILL II. 1. Nous sommes à l'école; nous ne sommes pas à la maison. 2. Ne sont-ils pas dans la salle de classe? 3. Ne sont-ils pas à la fenêtre? 4. La leçon de français est difficile; elle n'est pas facile. 5. Vous n'êtes pas à la maison; vous êtes à l'école. 6. N'est-elle pas à la porte de l'école? 7. Les crayons, les papiers et les plumes ne sont pas sur la table. 8. Les enfants ne sont pas dans la salle de classe. 9. La grammaire et la plume ne sont pas sur la table. 10. N'est-elle pas la sœur de l'étudiant?

DRILL III. 1. Les livres du père. 2. Les enfants de la mère. 3. La grammaire de l'enfant. 4. Les crayons et les plumes de l'étudiant. 5. Le papier du frère. 6. Les livres du professeur de français ne sont pas sur les pupitres des étudiants. 7. Les leçons de français ne sont pas dans la salle de classe du professeur. 8. Les leçons de français du professeur de français sont à la maison de l'étudiant.

LESSON 2

DRILL I. 1. Je finis. 2. Je finis. 3. Je finis. 4. Il vend. 5. Il vend. 6. Il vend. 7. Nous donnons. 8. Nous donnons. 9. Nous donnons. 10. Vous finissez. 11. Elle vend. 12. Elle vend. 13. Ils finissent. 14. Ils finissent. 15. Je vends. 16. Il donne. 17. Tu finis. 18. Tu vends. 19. Tu donnes. 20. Nous vendons. 21. Nous finissons. 22. Ils vendent. 23. Ils donnent. 24. Vous donnez. 25. Vous finissez.

DRILL II. 1. Je cherche le livre de Marie. 2. Ne donne-t-il pas les livres au professeur? 3. Pourquoi amuse-t-il la sœur de Jean? 4. Il regarde toujours Marie et il n'écoute jamais le professeur. 5. Pourquoi arrive-t-il toujours en retard? 6. Il n'est jamais à l'heure parce

qu'il parle toujours aux sœurs de Robert. 7. Voici Jean à la porte, mais voilà Marie à la fenêtre. 8. Et voilà les crayons de Jean sur la table. 9. Nous n'étudions plus. 10. Pourquoi n'est-il pas à l'école? 11. Il n'est pas à l'école parce qu'il travaille. 12. Pourquoi fermons-nous la porte? 13. Nous fermons la porte parce que nous étudions et préparons la leçon. 14. Le professeur est devant la table mais les étudiants sont derrière la table. 15. La table est entre les étudiants et le professeur, n'est-ce pas?

LESSON 3

DRILL I. 1. Nous avons. 2. Ils n'ont pas les livres. 3. N'avez-vous pas les crayons? 4. Et n'a-t-il pas la grammaire de Robert? 5. N'a-t-elle pas le stylo du professeur? 6. N'avez-vous pas le livre de Jean? 7. Nous avons la craie, mais vous n'avez pas le papier. 8. Qui a le journal? 9. Pourquoi n'avez-vous pas ceci et pourquoi n'a-t-elle pas cela? 10. Elle n'a jamais cela et il n'a plus ceci. 11. Nous n'avons jamais la grammaire parce que nous étudions à la maison; nous n'étudions jamais à l'école. 12. Nous regardons l'homme et la femme qui ont une automobile.

DRILL II. 1. Voilà maintenant Jean et Marie à la fenêtre. 2. Voilà la grammaire et la plume. 3. Il y a quatre livres sous la table. 4. Il y a une table entre Jean et Marie. 5. Y a-t-il un étudiant à la porte? 6. N'y a-t-il pas six étudiants et un professeur dans la salle de classe? 7. Voici le professeur. 8. Voici l'homme et la femme. 9. Et n'y a-t-il pas un enfant dans l'automobile? 10. Et n'y a-t-il pas une femme avec l'enfant?

DRILL III. 1. Je peux étudier dans la salle de classe. 2. Fait-elle une promenade avec Jean? 3. Voulez-vous parler français dans la classe de français? 4. Nous pouvons faire ceci parce que c'est facile mais nous ne pouvons pas faire cela parce que c'est difficile. 5. Pourquoi veulent-ils faire une promenade avec Marie? 6. Pourquoi ne veulent-ils pas faire attention au professeur? 7. Vous ne faites pas ceci parce que vous ne voulez pas travailler; vous êtes paresseux, n'est-ce pas? 8. Il ne veut jamais travailler; il veut toujours faire une promenade avec Marie. 9. Voulons-nous écouter les étudiants? 10. Pourquoi veut-il donner la grammaire à l'enfant? 11. Est-ce que je veux parler français maintenant? 12. Je ne peux pas parler français avec le professeur, mais je peux parler français avec les étudiants.

LESSON 4

DRILL I. 1. Les longues leçons sont difficiles. 2. La petite table ronde est rouge. 3. Les bonnes pommes rouges sont dans le jardin derrière la maison jaune. 4. Le livre est petit mais la salle de classe est grande. 5. Le papier est blanc mais le crayon est noir. 6. Les

vieux hommes et les vieilles femmes sont dans le grand jardin devant la petite maison verte. 7. Tout le monde est jeune. 8. L'oncle et la tante de Jean sont vieux et pauvres. 9. Pourquoi ne donnez-vous pas le livre à la petite vieille femme? 10. Quel homme! Quelle femme! Quels étudiants! Et quel professeur!

DRILL II. 1. Le professeur est-il intelligent? 2. Les garçons jettent-ils les livres à Jean? 3. Mènent-ils le cheval dans le jardin? 4. Pourquoi les enfants ne dînent-ils pas? 5. Pourquoi Marie n'appelle-t-elle pas Jean? 6. Robert n'est-il pas beau? 7. La mère achète-t-elle les pommes pour les garçons? 8. Pourquoi le père appelle-t-il les garçons? 9. Le jeune homme est-il gentil? 10. Les jeunes filles étudient-elles les leçons à l'école?

LESSON 5

DRILL I. 1. Nous allons à l'école mais ils vont à la maison. 2. Vous savez faire cela, n'est-ce pas? 3. Ils viennent de Paris et ils vont à Chicago. 4. Ne savez-vous pas parler français? 5. Ils viennent de manger, n'est-ce pas? 6. Le professeur a beau parler, ils ne l'écoutent pas. 7. Allez-vous faire une promenade avec Robert? 8. Non, je viens de faire une promenade avec le professeur. 9. Pourquoi n'allez-vous pas chercher Jean? 10. Nous venons d'étudier la leçon de français et nous allons manger au restaurant français.

DRILL II. 1. On parle français ici. 2. Parle-t-on français en France? 3. Parle-t-on français en France? 4. Va-t-on en ville? 5. Non, on va à l'école. 6. Peut-on faire cela? 7. Peut-on faire cela? 8. Parle-t-on anglais à New-York? 9. Peut-on savoir pourquoi? 10. On ne sait jamais pourquoi on fait cela.

DRILL III. 1. Donnez (donne). Ne donnez (donne) pas. 2. Donnons les fleurs à Marie. Ne donnons pas les fleurs à Marie. 3. Finissons toutes les leçons. Ne finissons pas toutes les leçons. 4. Soyons toujours à l'heure. Ne soyons pas toujours à l'heure. 5. Allez (va) au restaurant français et ayez (aie) un bon dîner. N'allez pas (ne va pas) au restaurant français et n'ayez pas (n'aie pas) un bon dîner. 6. Cherchez (cherche) les enfants. Ne cherchez pas (ne cherche pas) les enfants. 7. Arrivez (arrive) toujours en retard et ne préparez (prépare) jamais les leçons. N'arrivez pas (n'arrive pas) toujours en retard et ne préparez (ne prépare) jamais les leçons. 8. Choisissons le dîner. Ne choisissons pas le dîner. 9. Fermons les portes et les fenêtres. Ne fermons pas les portes et les fenêtres. 10. Entrez (entre) dans la salle de classe. N'entrez pas (n'entre pas) dans la salle de classe. 11. Soyons heureux et paresseux. Ne soyons pas heureux et paresseux. 12. Sachons étudier. Ne sachons pas étudier. 13. Soyez (sois) intelligent; ne soyez pas (ne sois pas) stupide. Ne soyez pas (ne sois pas) intelligent. 14. Étudions toujours, préparons toujours les leçons, et ne faisons jamais de promenades. N'étudions pas toujours, ne préparons jamais les leçons, et ne faisons jamais de

promenades. 15. Soyez (sois) aimable et faites (fais) une promenade en ville. Ne soyez (ne sois) pas aimable et ne faites (ne fais) pas une promenade en ville.

LESSON 6

DRILL I. 1. J'ai des livres. 2. Ils ont des plumes et des crayons. 3. Avez-vous du pain? 4. Y a-t-il des livres sur la table? 5. Nous choisissons des fleurs rouges. 6. Il y a des hommes et des femmes aux fenêtres. 7. Fument-ils des cigares? 8. S'il vous plaît, mademoiselle, donnez du papier, des livres, de la craie et de l'encre aux étudiants. 9. Ont-ils de l'argent? 10. Achètent-ils du pain, des pommes et des fleurs pour la femme pauvre?

DRILL II. 1. Je n'ai pas de papier. 2. Jean n'a pas d'encre. 3. N'ont-ils pas d'argent? 4. Ne sont-ils pas dans la belle automobile devant l'école? 5. La vieille femme ne fume pas de cigares et le vieil homme ne fume pas de cigarettes. 6. Pourquoi les étudiants n'aiment-ils pas les longues leçons difficiles? 7. Et pourquoi veulent-ils toujours manger de bons repas à de bons restaurants français? 8. Ils achètent de belles automobiles mais ils n'achètent plus de livres. 9. Y a-t-il du pain sur la table? 10. Avez-vous de l'argent pour acheter des livres?

DRILL III. 1. J'en ai. 2. En avez-vous? 3. Non, je n'en ai pas mais ils en ont. 4. Ils vont en donner au professeur. 5. Ne voulez-vous pas en donner aussi aux jeunes filles? 6. Pourquoi n'en achète-t-il pas? 7. Il veut en donner à Marie mais il n'en a pas maintenant. 8. Il y en a sur la table. 9. N'y en a-t-il pas sur la table? 10. Elle n'en a plus; il n'en a jamais.

LESSON 7

EXERCISE I. 1. Nous les étudions. 2. Ils les choisissent. 3. Nous la donnons à Marie. 4. Ils leur donnent les pommes. 5. Ne cherche-t-il pas? 6. Vous allez le faire. 7. Elle lui parle. 8. Savent-ils le parler? 9. Les a-t-il? 10. Ne l'a-t-il pas? 11. Je lui vends les fleurs. 12. Nous ne les finissons pas. 13. Pourquoi les étudiants l'amusent-ils? 14. Ne leur donne-t-on pas les grammaires? 15. Ils ne les préparent jamais. 16. Il ne va pas la fermer. 17. Nous allons les faire. 18. Tu ne vas pas lui donner le papier. 19. Ne l'avons-nous pas? 20. Il les regarde.

DRILL I. 1. Il donne les livres à Marie. Il lui donne les livres. 2. Elle ne donne pas les crayons à Jean. Elle ne les lui donne pas. 3. Nous étudions les leçons de français. Nous les étudions. 4. Ils donnent les fleurs aux femmes. Ils les donnent aux femmes. 5. Ils ne donnent pas les fleurs aux hommes. Ils ne leur donnent pas les fleurs. 6. Nous ne voulons pas étudier le français. Nous ne voulons pas l'étudier. 7. Sait-elle parler français? Sait-elle le parler? 8. Elle

ne sait pas préparer les leçons. Elle ne sait pas les préparer. 9. Il ne ferme jamais la porte. Il ne la ferme jamais. 10. Je ne vais pas donner les livres à Robert. Je ne vais pas lui donner les livres.

DRILL II. 1. Je suis ici. 2. Me voici. 3. Elle est là. 4. La voilà. 5. Ils sont ici. 6. Les voici. 7. Vous êtes là. 8. Vous voilà. 9. Nous sommes ici. 10. Nous voici.

EXERCISE II. 1. Nous en venons. 2. Ils y sont. 3. Il en a. 4. Elle n'en a pas. 5. Nous y pensons. 6. Qu'en pensez-vous? 7. Nous y faisons attention. 8. N'y entrons pas. 9. Y sont-ils? 10. N'en a-t-il pas?

DRILL III. 1. Nous allons à Paris. Nous y allons. 2. Nous venons de Paris. Nous en venons. 3. Vous ne pouvez pas entrer dans la salle de classe. Vous ne pouvez pas y entrer. 4. Il ne peut pas sortir de la salle de classe. Il ne peut pas en sortir. 5. Ne pense-t-il pas à la leçon? N'y pense-t-il pas? 6. Que pense-t-il du livre? Qu'en pense-t-il? 7. N'avons-nous pas de craie? N'en avons-nous pas? 8. Elle a du papier, n'est-ce pas? Elle en a, n'est-ce pas? 9. Nous répondons à la lettre. Nous y répondons. 10. Peut-on aller à New-York? Peut-on y aller?

DRILL IV. 1. Se lèvent-ils de bonne heure? 2. Vous vous peignez, n'est-ce pas? 3. Elle se lave les mains et la figure. 4. Comment s'appelle-t-elle? Comment s'appelle-t-il? 5. Elle s'appelle Marie. Il s'appelle Robert. 6. Nous nous habillons devant la glace. 7. Ils ne se parlent jamais l'un à l'autre. 8. Se flattent-ils beaucoup l'un l'autre? 9. Comment s'appelle votre père? 10. Vous vous levez tard. 11. Nous nous levons de bonne heure. 12. Ils ne se lèvent jamais. 13. Je commence à m'habiller. 14. L'enfant ne veut pas se peigner. 15. Nous ne pouvons pas nous arrêter.

LESSON 8

DRILL I. 1. Nous donnons le livre à Jean. Nous le lui donnons. 2. Nous ne donnons pas le livre à Jean. Nous ne le lui donnons pas. 3. Donnons-nous le livre à Jean? Le lui donnons-nous? 4. Ne donnons-nous pas le livre à Jean? Ne le lui donnons-nous pas? 5. Ils n'étudient pas les leçons à la maison. Ils ne les y étudient pas. 6. Donne-t-il des fleurs à Marie? Lui en donne-t-il? 7. Elle met de la craie dans une boîte. Elle y en met. 8. Nous allons à Paris mais il vient de New-York. Nous y allons mais il en vient. 9. Ils ne me donnent pas d'argent. Ils ne m'en donnent pas. 10. Vous allez parler au professeur de la leçon, n'est-ce pas? Vous allez lui en parler, n'est-ce pas? 11. Ne va-t-elle pas lui parler du cheval? Ne va-t-elle pas lui en parler? 12. Allez-vous donner de l'argent au frère de Marie? Allez-vous lui en donner? 13. Les étudiants préparent les leçons de français dans la salle de classe. Les étudiants les y préparent. 14. Ne peut-il pas faire les exercices maintenant? Ne peut-il pas les faire maintenant? 15. Sait-elle préparer les leçons? Sait-elle

les préparer? 16. Pourquoi les étudiants mettent-ils de la craie sur la table? Pourquoi les étudiants y en mettent-ils? 17. Jean cherche Marie. Jean la cherche. 18. Regarde-t-il l'homme? Le regarde-t-il? 19. Nous mettons des papiers dans la boîte. Nous y en mettons. 20. Pierre est toujours en retard à l'école. Pierre y est toujours en retard.

DRILL II. 1. Donnons-lui-en. 2. Ne lui en donnez pas. 3. Parlez-lui-en. 4. Ne lui en parlons pas. 5. Écoutez le professeur; écoutez-le. 6. Ne l'écoutons pas. 7. Vendez-le-lui, ne le leur vendez pas. 8. Choisissez-les maintenant. 9. Ne les choisissez pas maintenant. 10. Pensez-y. 11. N'y pensez pas. 12. Mangeons-en. 13. Fermez-les s'il vous plaît. 14. Ne les fermez pas. 15. Allez-y. 16. N'y allez pas. 17. Étudions-les bien. 18. Cherchons-les. 19. Mettez-les-y. 20. Ne les y mettez pas.

EXERCISE III. 1. We amuse ourselves. 2. Do we amuse ourselves? 3. Do we not amuse ourselves? 4. Let us amuse ourselves. 5. Let us not amuse ourselves. 6. Let us get up. 7. Do we get up? 8. Let us not get up. 9. Do we not get up? 10. Take a walk. 11. Are you not taking a walk? 12. Do not take a walk. 13. You began to work. 14. Do not begin to work. 15. Do you not begin to work? 16. We look at ourselves *or* we look at each other. 17. Let us not look at ourselves *or* let us not look at each other. 18. Do we not look at ourselves *or* do we not look at each other? 19. Get dressed. 20. Do not get dressed.

DRILL III. 1. Elle va avec lui. 2. Il va avec elle. 3. C'est moi qui parle. 4. Est-elle plus grande que lui? 5. Nous sommes aussi riches qu'eux. 6. La table est entre lui et moi. 7. Lui et moi, (nous) allons étudier. 8. Nous les regardons lui et elle. 9. Lui, il ne sait rien. 10. Nous n'étudions jamais. 11. Nous sommes devant eux. 12. Elle est derrière nous. 13. C'est elle, n'est-ce pas? 14. Ce ne sont pas eux qui font cela. 15. C'est nous, pas eux.

DRILL IV. 1. Il va chez lui. 2. Êtes-vous chez vous? 3. Tout le monde est-il chez soi (à la maison)? 4. Jean ne veut pas aller chez le docteur. 5. Ils mangent chez Marie. 6. Allez-vous chez l'épicier? 7. Ne sont-ils pas chez eux? 8. Chez nous, nous parlons français.

LESSON 9

DRILL I. 1. Où sont mes livres? 2. Vos livres et votre papier sont à la maison. 3. Mademoiselle Dupont met son chapeau et ses gants. 4. Vous lavez-vous les mains et la figure? 5. Sa mère et son père sont chez eux aujourd'hui. 6. Son père et sa mère sont dans mon automobile devant leur maison. 7. Ma grammaire est dans mon automobile devant notre école. 8. Mes amis donnent leurs pommes à leurs enfants. 9. N'avez-vous pas votre crayon et ses plumes? 10. Je n'ai pas ma plume ici; je l'ai chez moi (à la maison).

DRILL II. 1. J'ai mes livres et elle a les siens. 2. Où sont vos plumes et les siennes, Robert? 3. Il a besoin de ses crayons et elle a besoin des miens. 4. Des vôtres aux leurs. 5. Faisons attention aux nôtres (au nôtre, à la nôtre), pas aux siennes (au sien, aux siens, à la sienne). 6. Achetez le vôtre (la vôtre, les vôtres), mais n'achetez pas le mien (les miens, la mienne, les miennes). 7. Je ne lui parle pas du mien (des miens, de la mienne, des miennes), mais du sien (des siens, de la sienne, des siennes). 8. Regardez-vous les nôtres (le nôtre, la nôtre) ou les leurs (le leur, la leur). 9. Voulez-vous faire le vôtre (la vôtre, les vôtres) ou le mien (les miens, la mienne, les miennes). 10. Voyez-vous le mien (les miens, la mienne, les miennes) avec le vôtre (la vôtre, les vôtres).

DRILL III. 1. Ce livre-ci et cette plume-là. 2. Ces jeunes gens-ci et ces jeunes filles-là. 3. Cet homme-ci et ce professeur-là. 4. Cette femme-ci et ce cigare-là. 5. Ce papier-là et cette craie-ci. 6. Cette grammaire-ci et cette plume-là. 7. Ces livres-ci et ces exercices-là. 8. Cette leçon-ci est facile et cette leçon-là est difficile.

DRILL IV. 1. Avez-vous le vôtre ou celui de Jean? (livre). 2. Ont-ils besoin de celle-ci ou de celle-là? (plume). 3. Il veut celui qui est sur la table (journal). 4. Combien de ceux-là achète-t-il? (chevaux). 5. Prépare-t-elle toujours les siennes ou celles de Robert? (leçons). 6. Ceux qui n'étudient pas sont paresseux. 7. Je veux deux de celles-ci et trois de celles-là (boîtes). 8. Voici mon chapeau et voilà celui de mon ami. 9. Ceux que vous avez sont à moi; voici ceux que vous voulez (gants). 10. Ceux qui arrivent en retard ne sont pas intelligents.

LESSON 10

DRILL I. 1. J'ai des livres. 2. Il aura un dictionnaire. 3. Ils ont des tableaux utiles. 4. J'y serai demain si j'ai le temps. 5. Ils seraient à Paris le mois prochain s'ils avaient assez d'argent. 6. Vous aurez assez d'argent la semaine prochaine, n'est-ce pas? 7. Avant-hier, ils étaient à la campagne. 8. Il n'aura pas les livres demain, mais il les aura la semaine prochaine. 9. Elle y sera et elle aura ses livres. 10. Étaient-ils chez eux hier soir?

DRILL II. 1. J'étudiais. 2. Il étudiait. 3. Elle étudiait. 4. Nous étudiions notre leçon tous les jours et vous étudiiez la vôtre (les vôtres). 5. Que faisait-elle à la maison (chez elle)? 6. Ils finissaient leurs leçons. 7. Où alliez-vous hier? 8. Savaient-ils que je faisais une promenade dans le parc? Savaient-ils que je me promenais dans le parc? 9. Venaient-ils nous voir? 10. Je pouvais faire ceci mais elle ne pouvait pas faire cela. 11. Nous venions le voir souvent quand il demeurait ici. 12. Ils choisissaient un bon dictionnaire. 13. Elle devait étudier ses leçons mais il devait aller en ville. 14 Fallait-il faire cela? Oui, ils devaient le faire (il leur fallait le faire).

DRILL III. 1. Il y en a beaucoup. 2. Y en aura-t-il assez? 3. Pourquoi n'y en aurait-il pas assez? 4. Il y en aurait trop, n'est-ce pas? 5. Il n'y en avait pas. 6. Il y en aura peu. 7. Combien y en a-t-il? 8. Savez-vous combien d'étudiants il y aura? 9. Y en a-t-il assez maintenant? 10. Sera-t-il là s'il n'en a pas assez? Y sera-t-il s'il n'en a pas assez?

LESSON 11

DRILL I. 1. Me donnerez-vous le livre? (Voulez-vous me donner le livre?) 2. Le fera-t-il maintenant? 3. Saura-t-elle faire cela? 4. Combien de garçons y aura-t-il ici demain? 5. Je ferai une promenade avec vous, aussitôt que vous arriverez. 6. Ils iront à l'école ce soir s'ils ont le temps. 7. J'achèterai les livres et le papier quand j'aurai l'argent. 8. Pourra-t-elle faire cela? 9. Devra-t-il faire ceci? 10. Fera-t-elle attention à ceux-ci? 11. Aura-t-il besoin de ceux-là? 12. Tout le monde voudra aller au cinéma ce soir. 13. Il faudra beaucoup travailler. 14. Nous devrons étudier. 15. Il ne saura pas faire cela, bien entendu.

DRILL II. 1. Il ferait une promenade avec elle, si elle ne parlait pas trop. 2. Irait-elle à l'école si elle n'était pas intelligente? 3. Mangeraient-ils des pommes vertes s'ils n'étaient pas enfants? 4. S'il avait de l'argent elle irait tous les jours au restaurant français avec lui. 5. Je ferais cela naturellement si je pouvais. 6. N'iriez-vous pas à l'école si vous vouliez apprendre le français? 7. Si le professeur n'était pas ici n'iriez-vous pas à la maison? 8. Nous devrions toujours étudier mais nous préférons aller au cinéma. 9. Y aura-t-il assez de livres pour tous les étudiants ce soir? 10. Y aurait-il assez de livres ici, si tous les garçons venaient?

DRILL III. 1. Fera-t-il cela s'il est malade? 2. Ferait-il cela s'il était malade? 3. S'ils étudient ils sauront leurs leçons. 4. S'ils étudiaient ils sauraient leurs leçons. 5. Finirait-elle les siennes si elle avait le temps? 6. Finira-t-elle les siennes si elle a le temps? 7. Elle ira avec eux ce soir si elle n'a pas mal à la tête. 8. Elle irait avec eux si elle n'avait pas mal à la tête. 9. Je lui donnerai le livre s'il vient. 10. Combien y en aura-t-il ce soir après la classe?

LESSON 12

DRILL I. 1. Je donnai. 2. Nous finîmes. 3. Ils dirent. 4. Nous n'étudiâmes pas. 5. Nous n'étudiâmes pas notre leçon. 6. Vous ne finîtes pas la vôtre. 7. Ils eurent six livres. 8. Nous fûmes à l'école. 9. Vous fîtes cela, n'est-ce pas? 10. Je désirai faire ceci. 11. Nous allâmes au cinéma. 12. Ils ne purent pas préparer la leçon. 13. Je finis toutes mes leçons de bonne heure. 14. Il vint mais elle ne put pas venir. 15. Nous allâmes à l'école. 16. Elle tint le livre. 17. Nous vînmes à l'école. 18. Ils vinrent en classe. 19. Nous préparâmes

toutes les leçons. 20. Vous pûtes le faire. 21. Ils lurent la leçon. 22. Nous mangeâmes et rîmes beaucoup hier soir. 23. Nous n'écrivîmes jamais de lettres à nos amis. 24. Elle lut la lettre et rit. 25. Nous allâmes à l'école, nous lûmes une histoire, nous écrivîmes une lettre et ensuite nous mangeâmes un bon dîner.

LESSON 13

DRILL I. 1. En parlant une langue. 2. En parlant français. 3. En finissant et en vendant le livre. 4. En étudiant nos leçons. 5. En lisant des livres. 6. Après avoir dîné. 7. En dînant au restaurant. 8. En désirant étudier. 9. En travaillant. 10. Après avoir lu vos leçons. 11. En sortant de la maison. 12. En allant à l'école. 13. Ayant fini les leçons. 14. En allant à l'école. 15. En tenant la grammaire. 16. En marchant. 17. Après avoir lavé. 18. En regardant cela. 19. Sans savoir ceci. 20. En se flattant.

DRILL II. 1. Ils ont chaud mais nous avons froid. 2. Il a faim et elle a soif. 3. Nous avons raison et vous avez tort. 4. N'ont-ils pas peur? 5. N'avons-nous pas sommeil? 6. N'avons-nous pas honte? 7. Vous avez peur mais ils n'ont pas honte. 8. N'avons-nous pas tort et n'ont-ils pas raison? 9. N'avez-vous pas froid? 10. N'a-t-elle pas peur? 11. Elle n'a pas peur, mais elle a sommeil. 12. N'avons-nous pas froid? 13. Nous n'avons pas faim. 14. Avait-il chaud? 15. Aurons-nous peur? 16. N'auraient-ils pas sommeil s'ils étudiaient trop?

LESSON 14

DRILL I. 1. J'ai été. 2. Vous avez eu. 3. Elle a fait. 4. Aura-t-il choisi? 5. Vous auriez su. 6. Auraient-ils étudié? 7. Aurait-elle pu? 8. Ils avaient fini. 9. Vous aurez fini. 10. Aurions-nous fini? 11. Il vend. 12. Elle vendra. 13. Vous vendriez. 14. Elle aurait vendu. 15. Aurait-il vendu? 16. Il aura. 17. Aura-t-il fait? 18. N'auraient-ils pas été? 19. Après avoir eu. 20. Pour avoir été. 21. Aurait-il vendu sa grammaire s'il avait eu de l'argent? 22. Elle aurait mangé de bonne heure si elle avait eu le temps. 23. Nous aurions vu Jean s'il avait été là. 24. Vous auriez su cela si vous aviez fait attention au professeur. 25. Pourquoi n'aurions-nous pas vu Marie si elle avait été à l'école hier?

DRILL II. 1. Il est resté. 2. Est-il sorti? 3. Il était venu. 4. Ils seront venus. 5. Ils seraient tombés. 6. Seraient-ils restés? 7. Elle serait arrivée à l'heure si elle était sortie de bonne heure. 8. Ils étaient entrés dans la maison. 9. Étaient-ils tombés? 10. Seriez-vous revenus? 11. Sera-t-elle entrée? 12. Il est descendu. 13. Il est monté. 14. Étaient-ils restés à la maison? 15. Serait-il mort s'il était tombé? 16. Nous sommes revenus. 17. Est-elle revenue? 18. S'il était venu serait-elle restée? 19. Il est né. 20. Il était mort.

LESSON 15

DRILL I. 1. J'ai donné les livres à Marie. Je les lui ai donnés. 2. Elle avait donné la grammaire à son amie. Elle la lui avait donnée. 3. Ils auront étudié les leçons. Ils les auront étudiées. 4. Auriez-vous choisi des fleurs? En auriez-vous choisi? 5. N'auriez-vous pas donné les livres aux étudiants s'ils ne les avaient pas eus? Ne les leur auriez-vous pas donnés s'ils ne les avaient pas eus? 6. N'auriez-vous pas su l'histoire si vous l'aviez lue? Ne l'auriez-vous pas sue si vous l'aviez lue? 7. Si j'avais su étudier le français je l'aurais fait. Si j'avais su l'étudier je l'aurais fait. 8. Si nous avions eu de l'argent nous aurions acheté la montre. Si nous en avions eu nous l'aurions achetée. 9. Bien entendu, si elle avait été au cinéma elle l'aurait vu. Bien entendu, si elle y avait été elle l'aurait vu. 10. Ils sont allés à l'école. Ils y sont allés. 11. N'êtes-vous pas encore allés à la maison? N'y êtes-vous pas encore allés? 12. S'il était parti de New-York la semaine dernière ne serait-il pas maintenant à Paris? S'il en était parti la semaine dernière n'y serait-il pas maintenant? 13. Pourquoi n'auriez-vous pas fait ceci si vous aviez su le faire? 14. Elle ne l'aurait jamais su si vous ne lui en aviez pas parlé. 15. La verrez-vous si elle vient vous voir?

DRILL II. 1. Je me couche. Je vais me coucher. 2. Je me suis couché. Je suis allé me coucher. 3. Je me couchais. J'allais me coucher. 4. Je me coucherai (j'irai me coucher) aussitôt que je finirai ceci (j'aurai fini ceci). 5. Je me coucherais (j'irais me coucher) s'il n'était pas là. 6. Il se serait lavé avant d'aller à l'école s'il avait eu le temps. 7. Nous nous sommes dépêchés. 8. Ils se seront rencontrés sans doute. 9. Il s'est mis à travailler. 10. Il se serait mis à travailler s'il avait eu son livre. 11. Vous vous faites mal. 12. Vous vous ferez mal. 13. Ne se seraient-ils pas fait mal s'ils étaient tombés dans la rue? 14. Quel âge avez-vous? 15. Comment vous portiez-vous hier? 16. Elle est partie (elle s'en est allée). 17. Elle est assise. 18. Vous habillerez-vous si nous sortons? 19. Ne vous seriez-vous pas habillé si nous étions sortis? 20. Vous vous êtes fait mal.

LESSON 16

DRILL I. 1. J'ai vendu le livre. Je vendis le livre. 2. Elle a vendu les livres hier. Elle vendit les livres hier. 3. Nous avons vendu les livres. Nous vendîmes les livres. 4. Vous vendiez les livres. 5. Ils vendaient des livres. 6. Nous avons fini les leçons. 7. Elle a fini les leçons. Elle finit les leçons. 8. Nous avons fini les leçons. Nous finîmes les leçons. 9. Ils finissaient les leçons. 10. Nous finissions les leçons. 11. Elle a fait ceci. Elle fit ceci. 12. Il a fait cela aussi. Il fit cela aussi. 13. Elle faisait cela; il a fait ceci. 14. Ils faisaient cela. 15. Que faisaient-ils? 16. Quand Jean était jeune, il allait à l'école. 17. Il étudiait ses leçons tous les jours. 18. Étudiait-elle ses leçons tous les jours? 19. Je ne sais pas mais elle avait toujours mal à la

tête quand elle étudiait. 20. Je pensais qu'elle était paresseuse. 21. J'ai pu étudier. Je pus étudier. 22. Vous pouviez étudier quand vous étiez jeune. 23. Ils ont eu de l'argent. 24. Ils ont eu de l'argent. Ils eurent de l'argent. 25. Ils avaient de l'argent. 26. Ils avaient de l'argent quand ils étaient jeunes. 27. Il marchait (se promenait) quand il tomba. Il marchait (se promenait) quand il tomba. 28. Que faisiez-vous? 29. Aviez-vous besoin (avez-vous eu besoin) de cette grammaire pour étudier vos leçons quand vous étiez à la campagne? 30. Faisaient-ils attention au professeur quand il parlait des Français?

DRILL II. 1. Je vais en Angleterre, en France et en Italie. 2. Nous sommes maintenant en Russie. 3. Vient-elle de France ou d'Espagne? 4. C'est un (il est) Anglais mais il demeure en Italie. 5. Allons-nous en Europe ou en Asie? 6. Ils viennent d'Europe et ils vont dans l'Amérique du Sud. 7. Il est venu du Canada et il est maintenant aux États-Unis. 8. Il a été à Londres, à Paris, à Rome et à Madrid. 9. Il quitte (part de) New-York pour aller à Paris la semaine prochaine. 10. Il vient de l'Amérique du Sud, il restera aux États-Unis pendant deux semaines, et ensuite il ira en Asie.

LESSON 17

DRILL I. 1. Il fait mauvais. 2. Il fait froid parce qu'il neige. 3. Il pleuvait hier lorsque nous sommes venus à l'école. 4. Il fait très chaud ici. 5. Il faisait du vent et il faisait froid hier. 6. Fera-t-il beau demain? 7. Ferait-il beau si nous allions à la campagne? 8. Il pleuvrait sans doute. 9. Le soleil brillait-il ce matin? 10. Non, il pleuvait.

DRILL II. 1. Il est une heure et demie; deux heures et demie; cinq heures vingt-cinq. 2. Il est midi; minuit. 3. Il est midi moins vingt; midi et demi. 4. Il est neuf heures du matin; du soir. 5. Il est quatre heures et demie de l'après-midi. 6. Quelle heure est-il maintenant? 7. Il n'est pas encore huit heures et demie. 8. A quelle heure la classe finit-elle? A quelle heure finit la classe? 9. Elle finit à dix heures. 10. A quelle heure se couche-t-elle?

DRILL III. 1. Il est allé à l'école lundi. 2. Il va à l'école le lundi, le mercredi et le vendredi. 3. Les étudiants ne vont pas à l'école le samedi et le dimanche. 4. Nous sommes allés à l'église dimanche dernier. 5. Vous étiez à l'école mardi dernier, n'est-ce pas? 6. C'est aujourd'hui vendredi et demain ce sera samedi. 7. Mercredi prochain nous irons en France. 8. Elle arrive de Paris mardi prochain. 9. D'aujourd'hui en huit nous serons à Londres. 10. D'aujourd'hui en quinze nous serons à Paris.

DRILL IV. 1. Le premier mai. 2. Le dix octobre. 3. Le quatre du mois. 4. Au mois de juillet. 5. Il y a une semaine nous étions en France. 6. D'aujourd'hui en huit nous serons en Italie. 7. Et

d'aujourd'hui en quinze ils seront aux États-Unis. 8. Quel âge avez-vous? 9. Quel âge a votre sœur? 10. Elle aura dix-sept ans le mois prochain. 11. En mil neuf cent vingt. 12. Je suis arrivé la semaine dernière. 13. Il partira la semaine prochaine. 14. Le quatorze juillet, dix sept cent quatre-vingt-neuf (mil sept cent quatre-vingt-neuf). 15. Combien de jours y a-t-il au mois d'août? Combien de jours a le mois d'août?

DRILL V. 1. François premier roi de France. 2. Louis quatorze roi de France. 3. Quelle saison de l'année préférez-vous? 4. Au Canada il fait très froid en hiver mais il y fait frais en été. 5. Pleut-il beaucoup en été? 6. Nous passons les vacances à la campagne parce qu'il fait trop chaud en ville. 7. Vous étiez à Paris au printemps dernier, n'est-ce pas? 8. J'étais en France il y a deux ans. 9. Combien de mois y a-t-il dans une saison? 10. Vous avez chaud parce qu'il fait chaud; il fait toujours trop chaud en été.

LESSON 18

DRILL I. 1. Mon oncle est plus riche que moi. 2. Voici un bon livre mais celui-là est meilleur. 3. Sait-elle le français mieux que vous? 4. Nous travaillons bien mais ils travaillent mieux. 5. Ma sœur est la plus grande étudiante de la classe. 6. Elle est plus âgée que moi. 7. C'est l'homme le plus riche du monde. 8. Robert parle mal; Marie parle plus mal; mais bien entendu, Jean parle le plus mal de tous. 9. J'étudie peu; Paul étudie moins; Marie étudie le moins. 10. Nous sommes plus beaux et plus intelligents qu'eux. 11. Il étudie de plus en plus mais elle étudie de moins en moins. 12. Nous achetons plus de vingt livres. 13. Ils en achètent moins de dix. 14. Il fait de son mieux. 15. Jean est mon plus mauvais étudiant. 16. Mon meilleur ami (ma meilleure amie) est ici. 17. Mes crayons sont petits; les vôtres sont plus petits; ceux de Jean sont les plus petits. 18. Elle a plus de cinquante dollars. 19. La plus jeune sœur est la meilleure des deux. 20. Paris est la plus belle ville du monde.

DRILL II. 1. Il n'étudie pas. 2. Il n'étudie plus. 3. Il n'étudie jamais. 4. Elle écrit. 5. Elle n'écrit jamais rien. 6. Elle n'a écrit que deux lettres. 7. Nous n'écrivons jamais à personne. 8. Personne ne m'écrit. 9. Personne n'est venu. 10. Rien n'est arrivé ce matin. 11. Je ne vois rien. 12. Je n'ai vu personne. 13. Ils n'ont guère écrit. 14. Vous n'avez jamais d'argent. 15. Nous n'avons ni les livres ni le papier. 16. N'avez-vous rien fait? 17. Qu'avez-vous là? 18. Nous n'avons écrit à personne et personne ne nous a écrit. 19. Il n'a travaillé qu'une semaine. 20. Il n'écoute jamais son père.

LESSON 19

DRILL I. 1. Elle est contente que vous soyez ici. 2. Il regrette qu'elle ne soit jamais ici. 3. Nous doutons qu'ils viennent. 4. Ils

doutent que nous venions. 5. Que veut-il que je fasse? 6. Il faut que je rentre à la maison maintenant. 7. Il faut qu'il s'en aille avec lui. 8. Le professeur voudra que nous étudiions cette leçon. 9. Pourquoi exige-t-il que ces portes soient fermées? 10. Dites-leur qu'ils finissent leur travail immédiatement (tout de suite). 11. L'étudiant niera qu'il ait toujours tort. 12. Et le professeur a toujours raison, bien entendu. 13. Nous regrettons beaucoup qu'ils soient fous tous les deux. 14. Il faut que vous lui écriviez cette lettre demain. 15. Le professeur exige que nous soyons ici à l'heure, mais bien entendu, il niera qu'il soit toujours en retard.

DRILL II. 1. Il est clair qu'il viendra. 2. Il est possible que nous ne soyons pas ici. 3. C'est dommage qu'il soit malade. 4. Il est important qu'il soit là. Il importe qu'il soit là. 5. Est-il important qu'il soit là? Importe-t-il qu'il soit là? 6. Il paraît qu'elle a raison. Il semble qu'elle ait raison. 7. Il n'est pas certain qu'il ait tort. 8. Il est important que vous restiez ici. Il importe que vous restiez ici. 9. C'est dommage que vous ne sachiez jamais votre leçon. 10. Il vaut mieux que nous nous en allions. 11. Il est certain qu'il n'en sait rien. 12. C'est un vaurien.

DRILL III. 1. Faites ceci avant que vous vous en alliez. 2. Quoiqu'il (bien qu'il) soit intelligent il ne sait rien. 3. Afin qu'on puisse faire cela on doit étudier. 4. Je resterai jusqu'à ce qu'il soit prêt. 5. Il ne peut pas aller à l'école à moins qu'il étudie. 6. Bien qu'il ait faim il ne mange pas. 7. Je cherche un homme qui sache parler français. 8. C'est le seul ami que j'aie. 9. J'ai une grammaire qui est très facile. 10. Je cherche un étudiant qui sache parler français.

LESSON 20

DRILL I. 1. Pense-t-il qu'elle vienne? 2. Pense-t-elle qu'il vienne? 3. Nous ne pensons pas qu'ils soient venus. 4. Vous ne croyez pas qu'ils soient venus, n'est-ce pas? 5. Je suis très content que vous ayez pu venir. 6. Il est possible que les étudiants étudient. 7. Il est possible qu'ils aient étudié. 8. Il doute qu'il l'ait fait. 9. Elle regrette qu'il soit venu de bonne heure. 10. Il travaille bien qu'il soit très malade. 11. Il travaillera bien qu'il ait été malade. 12. Il faut qu'ils partent (s'en aillent) afin que je finisse ce travail. 13. C'est une des meilleures histoires que j'aie lues. 14. Nous regrettons que vous n'ayez pas acheté ce chapeau. 15. C'est dommage que vous n'ayez pu venir. 16. Quoique nous soyons arrivés en retard nous nous sommes bien amusés. 17. Restez ici jusqu'à ce qu'ils viennent. 18. Il faut que nous partions avant dix heures. 19. Nous sommes heureux qu'ils aient été ici. 20. Il sera ici (là) à moins qu'il n'ait perdu mon adresse.

DRILL II. 1. Qu'il finisse. 2. Partons (allons-nous en). 3. Que Georges le fasse. 4. Qu'ils s'en aillent. 5. Faisons une promenade (promenons-nous). 6. Qu'elle fasse cela maintenant. 7. Qu'il achète

une grammaire. 8. Ne travaillons jamais. 9. Qu'elle mange. 10. Qu'ils nous en donnent. 11. Qu'ils mangent du gâteau.

LESSON 21

DRILL I. Quels livres voulez-vous? 2. Lequel voulez-vous? 3. Lequel de vos deux amis avez-vous vu? 4. Auquel des deux avez-vous parlé? A laquelle avez-vous parlé? 5. Duquel (desquels, de laquelle, desquelles) avez-vous besoin? 6. Lequel (lesquels, laquelle, lesquelles) préférez-vous? 7. A laquelle des deux sœurs avez-vous écrit? 8. A laquelle? 9. Avec laquelle des jeunes filles avez-vous fait une promenade? (vous êtes-vous promené?) 10. Quelle classe! Et quels étudiants!

DRILL II. 1. Voici les livres que j'ai achetés hier. 2. Aimez-vous la plume que je vous ai donnée? 3. Cet homme qui est à la fenêtre, est mon maître. 4. Voici la grammaire que vous cherchez. 5. Je sais ce que vous savez, mais vous ne savez pas ce que je sais. 6. Celui que vous cherchez n'est pas ici. 7. Ceux que vous voyez maintenant ne sont pas mes amis. 8. Tous ceux qui sont ici ne sont pas stupides. 9. Celui qui ne sait pas sa leçon restera ici. 10. Ce que vous dites n'est pas vrai. 11. Elle sait ce qui vous amuse. 12. Ils ne sauront jamais ce que nous avons fait. 13. Je suis celui qui a dit cela. 14. Ceux qui ne mangent pas sont malades. 15. J'aime ceux que je vois sur la table.

DRILL III. 1. Qui parle? Qui est-ce qui parle? 2. Qu'est-ce qui est arrivé? 3. Qui cherchez-vous? Qui est-ce que vous cherchez? 4. Que faites-vous? Qu'est-ce que vous faites? 5. Qu'est-ce qui l'amuse? 6. Qui est-ce qui les amuse? 7. Que cherchez-vous? Qu'est-ce que vous cherchez? 8. Que vous a-t-il dit? Qu'est-ce qu'il vous a dit? 9. Qui avez-vous vu au cinéma? Qui est-ce que vous avez vu au cinéma? 10. Que savez-vous? Rien! Qu'est-ce que vous savez? Rien!

DRILL IV. 1. Je voudrais savoir ce dont vous avez besoin. 2. Dites-moi à quoi vous pensez. 3. Ce dont j'ai besoin c'est d'un bon dîner. 4. La dame à laquelle j'ai donné votre chapeau est ici. 5. Je pense à ce que vous avez dit. 6. Où est l'homme dont le fils est venu ici hier? 7. Le jeune homme dont nous venons de faire la connaissance est très intelligent. 8. Voici la dame dans la maison de laquelle (chez qui) nous étions hier soir. 9. Vous pouvez avoir tout ce dont vous avez besoin, mon ami. 10. De qui êtes-vous le fils?

LESSON 22

DRILL I. 1. Le premier mai mil neuf cent vingt-trois. 2. Dix; quinze; trente et un; soixante et un; cent. 3. Quatre-vingt-un; quatre-vingt-onze; quatre-vingt-douze; cent un; mille (mil); un million. 4. Cinq cent vingt-sept; six cents; deux cent vingt; quatre

cent cinquante; mille deux cents. 5. Cinq mille livres; quatre-vingts maisons; deux cents étudiants. 6. En l'an mil neuf cent vingt-deux. 7. Le quatre juillet mil sept cent soixante-seize (dix-sept cent soixante-seize). 8. Le dix du mois. 9. Elle est née le quatorze juillet mil neuf cent seize. 10. Elle est morte en mil neuf cents. 11. Un million de livres. 12. Voici deux crayons: j'ai le premier, vous avez le second.

LESSON 23

DRILL I. 1. Ils doivent être ici aujourd'hui. 2. Ils devaient venir hier, mais ils ont dû être malades. 3. Vous auriez dû me dire cela. 4. Vous devez attendre ici. 5. Ils me devront dix francs. 6. Ils ont dû beaucoup étudier. 7. Je devais être ici. 8. Ils ont dû oublier de venir. 9. J'aurais dû le dire. 10. Il devrait se lever à six heures. 11. Nous devions y aller. 12. Elle devrait étudier plus (davantage.)

LESSON 24

EXERCISE I. 1. Come before ten o'clock. 2. Can he find some elsewhere? 3. She is charming, and besides, she is intelligent. 4. I belive that you are right and if that is the case, it's too bad! 5. According to what she says, he has known better days. 6. Once upon a time there were three bears. 7. We are above all that. 8. It is beneath him to complain. 9. The professor seems stupid. However, he is not (it) because he speaks with absolute simplicity. 10. As soon as they arrive (will have arrived), tell them to come to see me. 11. Inside and outside there was nothing beautiful. 12. You are rich but I am richer (it more). 13. There are about one hundred. 14. It is well to be charitable to the poor. 15. Everything is lost except honor. 16. They have all returned except my brother. 17. In former times one did not live so well. 18. Except on rare occasions. 19. According to our professor we are brilliant students. 20. Study always; if not, beware! 21. John studies while Mary has a good time. 22. Three hours before, he was downtown. 23. Instead of complaining, get to work. 24. In spite of me and without my knowledge, she did that. 25. From now on all those who are lazy will remain here. 26. Nevertheless, and in spite of everything, he was very kind. 27. Even if she were to permit it to me, I would not do it. 28. Now we can continue. 29. Besides that sum, he still owes me sixty dollars. 30. They live close by.

CONVERSATION

SUGGESTIONS TO THE READER

The conversations are designed to give the student practice in grammatical patterns and vocabulary usage. They are an excellent device for achieving oral fluency as well as flexibility in translation. Whether or not the student is interested in conversation, he is urged to analyze the structure of the spoken patterns of each sentence.

Each exercise in conversation is closely correlated with the corresponding grammar lesson.

LESSON 1

1. Sommes-nous à l'école maintenant?
   Are we at school now?
   Non, monsieur. Nous ne sommes pas à l'école maintenant, nous sommes à la maison.
   No, sir, we are not at school now, we are at the house (at home).
2. Est-ce qu'elle est à l'école?
   Is she at school?
   Oui, madame, elle est à l'école.
   Yes, madam; she is at school.
   Non, mademoiselle, elle n'est pas à l'école; elle est au restaurant français.
   No, miss, she is not at school; she is at the French restaurant.
3. Ils sont au théâtre, n'est-ce pas?
   They are at the theater, aren't they?
   Non, mademoiselle, ils ne sont pas au théâtre; ils sont à l'opéra.
   No, miss, they are not at the theater; they are at the opera.
4. Êtes-vous Français?
   Are you French?
   Non, monsieur, je ne suis pas Français; je suis Américain.
   No, sir, I am not French; I am American.
5. Le professeur de français est Français, n'est-ce pas?
   The professor of French is French, isn't he?
   Oui, monsieur, le professeur de français est Français.
   Yes, sir, the professor of French is French.

Non, monsieur, le professeur de français n'est pas Français; il est Russe.	No, sir, the professor of French is not French; he is Russian.
6. La leçon de français est facile, n'est-ce pas?	The French lesson is easy, isn't it?
Non, madame, la leçon de français n'est pas facile; elle est difficile.	No, madam, the French lesson is not easy; it is difficult.
7. Les étudiants de la classe de français sont dans la salle de classe, n'est-ce pas?	Aren't the students of the French class in the classroom?
Non, monsieur, les étudiants de la classe de français ne sont pas dans la salle de classe; ils sont dans le corridor.	No, sir, the students of the French class are not in the classroom; they are in the corridor.
8. Est-ce que vous êtes bête, Robert?	Are you stupid, Robert?
Qui moi! Au contraire, monsieur le professeur; vous et moi, nous sommes très intelligents. Les autres étudiants sont bêtes, n'est-ce pas?	Who, me! On the contrary, sir, you and I are very intelligent. The other students are stupid, aren't they?

LESSON 2

1. Le professeur parle français, n'est-ce pas?	The professor speaks French, doesn't he?
Oui, le professeur parle français; il est Français.	Yes, the professor speaks French; he is French.
2. Ne parlons-nous pas français maintenant?	Don't we speak French now?
Non, nous ne parlons pas français, nous parlons chinois; mais nous espérons bientôt parler français.	No, we do not speak French, we speak Chinese; but we hope to speak French soon.
3. Est-ce que les étudiants étudient le grec dans cette classe?	Do the students study Greek in this class?
Non, nous étudions le français dans cette classe.	No, we study French in this class.
4. Vous choisissez toujours une leçon facile, n'est-ce pas?	Do you always choose an easy lesson?
Au contraire, nous choisissons toujours les leçons difficiles. Nous sommes très intelligents, monsieur le professeur!	On the contrary, we always choose (the) difficult lessons. We are very intelligent, sir!

5. Marie, est-ce que le professeur est sous la table ou derrière la table?

    Le professeur est sous la table ... pardon, monsieur! vous êtes derrière la table.

    Mary, is the professor under the table or behind the table?

    The professor is under the table ... pardon me, sir; you are behind the table.

6. Georges, est-ce que vous étudiez les sciences à l'école?

    Oui, monsieur, j'étudie la chimie, la physique, les mathématiques, et la psychologie.

    George, are you studying science at school?

    Yes, sir, I am studying chemistry, physics, mathematics, and psychology.

7. Est-ce que vous étudiez les sciences aussi, Jean?

    Non, monsieur, j'étudie les langues; le grec, le latin, l'allemand, le russe, et l'italien.

    Are you studying science also, John?

    No, sir, I am studying languages; Greek, Latin, German, Russian, and Italian.

8. Pourquoi n'arrivez-vous jamais à l'heure, Paul?

    Pardon, monsieur, je n'arrive jamais en retard; j'arrive toujours de bonne heure et j'écoute toujours le maître.

    Why do you never arrive on time, Paul?

    Pardon me, sir, I never arrive late; I always arrive early and I always listen to the teacher.

9. Jean est derrière la table et Marie est devant la table; où est la table, Pierre?

    La table est entre Jean et Marie, bien entendu.

    John is behind the table; Mary is in front of the table; where is the table, Peter?

    The table is between John and Mary, of course (well understood).

10. Pourquoi ne ferment-ils jamais les portes?

    Ils ne ferment jamais les portes parce qu'ils sont très paresseux.

    Why don't they ever close the doors?

    They never close the doors because they are very lazy.

11. Robert, pourquoi cherchez-vous toujours "la plume de ma tante"?

    Je cherche toujours la plume de ma tante parce que c'est quelque chose de particulier!

    Robert, why are you always looking for "the pen of my aunt"?

    I am always looking for the pen of my aunt because it's something special!

LESSON 3

1. Pourquoi veut-elle étudier le français?

    Why does she wish to study French?

Elle veut étudier le français parce qu'elle veut aller à Paris.

She wishes to study French because she wants to go to Paris.

2. Est-ce que Jean et Marie parlent toujours français lorsqu'ils font une promenade au parc?

Do John and Mary always speak French when they take a walk in the park?

Non, ils ne parlent jamais français quand ils font une promenade au parc; ils parlent toujours Esperanto.

No, they never speak French when they take a walk in the park; they always speak Esperanto.

3. Pourquoi ne veulent-ils pas faire ceci et pourquoi ne peuvent-elles pas faire cela?

Why don't they want to do this and why can't they do that?

Ils ne veulent pas faire ceci parce qu'ils sont paresseux; elle ne peut pas faire cela parce que c'est difficile.

They don't want to do this because they are lazy; she can't do that because it is difficult.

4. Que voulez-vous faire aujourd'hui?

What do you want to do today?

Je veux faire mes devoirs maintenant et ensuite je veux un bon dîner au restaurant français.

I want to do my homework now, and then I want a good dinner at the French restaurant.

5. Pourquoi n'ont-ils pas la grammaire?

Why don't they have the grammar?

Ils n'ont pas la grammaire parce qu'ils ne veulent pas faire les devoirs.

They don't have the grammar because they don't want to do the homework.

6. N'a-t-elle pas les cigares de Paul et n'a-t-il pas les cigarettes de Marie?

Hasn't she Paul's cigars and hasn't he Mary's cigarettes?

Non, elle n'a pas les cigares de Paul et il n'a jamais les cigarettes de Marie.

No, she doesn't have Paul's cigars and he never has Mary's cigarettes.

7. Combien d'étudiants y a-t-il dans cette classe?

How many students are there in this class?

Il y a dix étudiants ici aujourd'hui.

There are ten students here today.

8. N'y a-t-il pas un enfant dans cette automobile? Et n'y a-t-il pas une femme avec l'enfant?

Isn't there a child in that automobile? And isn't there a woman with the child?

Oui, il y a une femme avec un enfant dans cette automobile.

Yes, there is a woman with a child in that automobile.

9. Pourquoi n'avons-nous pas d'automobile?

Why don't we have an auto?

Nous n'avons pas d'automobile parce que nous sommes pauvres.
/ We don't have an auto because we are poor.

10. Combien de livres y a-t-il sur le pupitre du professeur?
/ How many books are there on the professor's desk?

Il y a huit livres sur le pupitre du professeur.
/ There are eight books on the professor's desk.

LESSON 4

1. L'oncle et la tante de Jean sont-ils riches?
/ Are John's uncle and aunt rich?

Non, ils ne sont pas riches; ils sont très pauvres.
/ No, they are not rich; they are very poor.

2. Le jeune homme et la jeune fille ne sont-ils pas français?
/ The young man and the young girl are French, aren't they?

Non, ils ne sont pas français; ils sont anglais.
/ No, they are not French; they are English.

3. Le vieil homme et la vieille femme sont intelligents, n'est-ce pas?
/ Aren't the old man and the old woman intelligent?

Non, le vieil homme et la vieille femme ne sont pas intelligents; ils sont bêtes.
/ No, the old man and the old woman are not intelligent; they are stupid.

4. Les bonnes pommes rouges sont très chères, n'est-ce pas?
/ The good red apples are very expensive, aren't they?

Oui, elles sont très, très chères.
/ Yes, they are very, very expensive.

5. Pourquoi la salle de classe est-elle grande?
/ Why is the classroom big?

La salle de classe est grande parce qu'elle est longue, large, et haute.
/ The classroom is big because it is long, wide, and high.

6. Est-ce que tout le monde est mauvais?
/ Is everybody bad?

Non, tout le monde n'est pas mauvais; tout le monde est gentil.
/ No, everybody is not bad; everybody is nice.

7. Est-ce qu'il y a une petite table ronde dans la salle à manger?
/ Is there a little round table in the dining room?

Non, la petite table ronde n'est pas dans la salle à manger; elle est dans la cuisine.
/ No, the little round table is not in the dining room; it is in the kitchen.

8. Est-ce que tous les petits enfants sont méchants?
/ Are all little children naughty?

186 / CONVERSATION

Non, tous les petits enfants ne sont pas méchants; il y en a qui sont très gentils.	No, all little children are not naughty; there are some who are very nice.
9. Mangeons-nous toujours de bons dîners aux restaurants français?	Do we always eat (some) good dinners at French restaurants?
Non, pas toujours, mais presque toujours.	Not always, but almost always.
10. Marie et Robert achètent-ils des pommes, des poires, et des bonbons pour les enfants?	Are Mary and Robert buying (some) apples, (some) pears, and (some) candy for the children?
Oui, ils achètent des pommes, des poires, et des bonbons pour les enfants.	Yes, they are buying (some) apples, (some) pears, and (some) candy for the children.

LESSON 5

1. Parle-t-on espagnol en France?	Is Spanish spoken in France?
Non, on ne parle pas espagnol en France; on parle français en France.	No, Spanish is not spoken in France; French is spoken in France.
2. Que parle-t-on à New-York?	What do they speak in New York?
Je ne sais pas; je crois qu'on parle anglais.	I don't know; I believe they speak English.
3. Savez-vous parler français maintenant?	Do you know how to speak French now?
Pas beaucoup; je sais parler français un tout petit peu.	Not much; I speak French just a little bit.
4. Viennent-ils de dîner dans un restaurant français?	Have they just dined in a French restaurant?
Non, ils ne viennent pas de dîner dans un restaurant français; ils viennent de dîner dans un restaurant chinois.	No, they have not just dined in a French restaurant; they have just dined in a Chinese restaurant.
5. Vous venez d'arriver de Paris, n'est-ce pas?	Have you just arrived from Paris?
Non, je viens d'arriver de Londres.	No, I just arrived from London.
6. Où iront-ils après avoir visité Chicago?	Where will they go after having visited Chicago?
Après avoir visité Chicago ils iront visiter la Nouvelle-Orléans.	After having visited Chicago, they will visit New Orleans.

7. Parle-t-on français en Allemagne? — Is French spoken in Germany?
   Non, en Allemagne on parle allemand. — No, in Germany they speak German.
8. Elle vient de faire une promenade avec le professeur, n'est-ce pas? — She has just taken a walk with the professor, hasn't she?
   Oui, elle vient de faire une promenade avec le professeur. — Yes, she has just taken a walk with the professor.
9. Pourquoi Robert ne sait-il jamais la leçon? — Why doesn't Robert ever know the lesson?
   Il ne sait jamais la leçon parce qu'il n'écoute plus le professeur; il regarde toujours Marie et d'ailleurs, il est paresseux. — He never knows the lesson because he no longer listens to the professor; he always looks at Mary and, besides, he is lazy.
10. Peut-on bien travailler lorsqu'on a mal à la tête? — Can one work well if one has a headache?
    Non, on ne peut jamais bien travailler lorsqu'on a mal à la tête. — No, one can never work well when one has a headache.

LESSON 6

1. Y a-t-il des livres sur la table? — Are there some books on the table?
   Oui, il y a des livres sur la table. — Yes, there are some books on the table.
   Non, il n'y a pas de livres sur la table. — No, there aren't any books on the table.
2. Y a-t-il beaucoup de livres sur la table? — Are there many books on the table?
   Oui, il y en a beaucoup. — Yes, there are many (of them).
   Non, il n'y en a pas beaucoup; il y en a peu. — No, there aren't many (of them); there are few (of them).
3. Les femmes ne fument-elles pas de bons cigares? — Don't women smoke (any) good cigars?
   En Amérique il y a très peu de femmes qui fument des cigares; mais en Europe, il y en a beaucoup qui fument des cigares. — In America there are very few women who smoke (any) cigars; but in Europe there are many who smoke (some) cigars.
4. Combien de papier Robert et Jean ont-ils? — How much paper do Robert and John have?
   Jean en a beaucoup mais Robert n'en a pas assez. — John has a great deal (of it), but Robert does not have enough (of it).

5. Est-ce que les Américains mangent trop de bonbons?
   Do Americans eat too much candy?
   Oui, ils en mangent trop.
   Yes, they eat too much (of it).
   Non, ils n'en mangent pas assez.
   No, they do not eat enough (of it).
6. Doit-on toujours travailler pour bien vivre?
   Must one always work in order to live well?
   Oui, on doit toujours travailler pour bien vivre.
   Yes, one must always work in order to live well.
7. Doit-on étudier tous les jours pour bien apprendre le français?
   Must one study every day (all the days) in order to learn French well?
   Oui, on doit étudier et parler tous les jours pour bien apprendre le français.
   Yes, one must study and speak every day in order to learn French well.
8. Vous devez être très fatigué après avoir étudié pendant six heures, n'est-ce pas?
   You must be very tired after having studied for (during) six hours, aren't you?
   Non, je ne suis pas fatigué du tout parce que je n'ai jamais étudié pendant six heures; je ne suis pas fou!
   No, I am not tired at all, because I have never studied for six hours; I am not crazy!
9. Ils doivent être à la maison maintenant, n'est-ce pas?
   They must be at home now, mustn't they?
   Oui, ils doivent être à la maison maintenant puisqu'il se fait tard.
   Yes, they must be at home now, since it is getting late.
10. Mais est-ce qu'il n'y en a pas ici?
    But aren't there any here?
    Mais oui, il y en a!
    Of course (but yes) there are some!

LESSON 7

1. Donne-t-il le livre à Jean?
   Is he giving the book to John?
   Oui, il le donne à Jean.
   Yes, he is giving it to John.
   Non, il ne le donne pas à Jean.
   No, he is not giving it to John.
2. Lui donne-t-il le livre?
   Is he giving the book to him?
   Oui, il lui donne le livre.
   Yes, he is giving the book to him.
   Non, il ne lui donne pas le livre.
   No, he isn't giving him the book.
3. Savez-vous parler français?
   Do you know how to speak French?
   Oui, je sais le parler.
   Yes, I know how to speak it.
   Non, je ne sais pas le parler.
   No, I don't know how to speak it.

4. Donnons-nous les livres aux garçons? — Do we give the books to the boys?
   Oui, nous les donnons aux garçons. — Yes, we give them to the boys.
   Non, nous ne les donnons pas aux garçons. — No, we do not give them to the boys.
5. Leur donnons-nous les livres? — Do we give the books to them?
   Oui, nous leur donnons les livres. — Yes, we give the books to them.
   Non, nous ne leur donnons pas les livres. — No, we do not give them the books.
6. Allons-nous à Paris l'été prochain? — Are we going to Paris next summer?
   Oui, nous y allons l'été prochain. — Yes, we are going there next summer.
   Non, nous n'y allons pas l'été prochain. — No, we are not going there next summer.
7. Ne viennent-ils pas de France? — Don't they come from France?
   Oui, ils en viennent. — Yes, they come from there.
   Non, ils n'en viennent pas. — No, they don't come from there.
8. N'a-t-elle pas beaucoup d'argent? — Hasn't she a great deal of money?
   Oui, elle en a beaucoup. — Yes, she has a great deal (of it).
   Non, elle en a peu. — No, she has little (of it).
9. Ne pense-t-il pas toujours à l'argent? — Does he always think about (the) money?
   Oui, il y pense toujours. — Yes, he always thinks about it.
   Non, il n'y pense jamais. — No, he never thinks about it.
10. Que pensons-nous de la cuisine française? Qu'en pensons-nous? — What do we think of French cuisine? What do we think of it?
    Nous pensons que la cuisine française est excellente. — We think (that) French cuisine is excellent.
11. Est-ce que vous répondez aux lettres? — Do you answer (the) letters?
    Oui, nous y répondons toujours. — Yes, we always answer them.
    Non, nous n'y répondons jamais. — No, we never answer them.
12. Vous lavez-vous les mains et la figure? — Do you wash your (the) hands and face?
    Oui, nous nous lavons toujours les mains et la figure. — Yes, we always wash our (the) hands and face.
    Non, nous ne nous lavons jamais les mains et la figure. — No, we never wash our (the) hands and face.

LESSON 8

1. Est-ce que je donne le livre à Jean?
   Am I giving the book to John?
   Oui, je le donne à Jean.
   Yes, I am giving it to John.
   Non, je ne le donne pas à Jean.
   No, I am not giving it to John.
   Oui, je lui donne le livre.
   Yes, I give him the book.
   Non, je ne lui donne pas le livre.
   No, I do not give him the book.
   Oui, je le lui donne.
   Yes, I give it to him.
   Non, je ne le lui donne pas.
   No, I do not give it to him.
2. Nous parlons des livres à Robert, n'est-ce pas?
   We are speaking of the books to Robert, aren't we?
   Oui, nous lui parlons des livres.
   Yes, we are speaking of the books to him.
   Non, nous ne lui parlons pas des livres.
   No, we aren't speaking of the books to him.
   Oui, nous en parlons à Robert.
   Yes, we are speaking of them to Robert.
   Non, nous n'en parlons pas à Robert.
   No, we aren't speaking of them to Robert.
   Oui, nous lui en parlons.
   Yes, we are speaking of them to him.
   Non, nous ne lui en parlons pas.
   No, we aren't speaking of them to him.
3. Pense-t-elle toujours à la salle à manger?
   Is she always thinking about the dining room?
   Oui, elle y pense toujours.
   Yes, she is always thinking about it.
   Non, elle n'y pense jamais.
   No, she never thinks about it.
4. Est-ce que Pierre met de l'argent dans la banque?
   Does Peter put (some) money in the bank?
   Oui, Pierre y en met.
   Yes, Peter puts some in.
   Non, Pierre n'y en met pas.
   No, Peter does not put any in.
5. Nous nous flattons beaucoup, l'un l'autre, n'est-ce pas?
   Do we flatter each other very much?
   Oui, nous nous flattons beaucoup.
   Yes, we flatter each other very much.
   Non, nous ne nous flattons pas assez.
   No, we do not flatter each other enough.
6. Est-elle plus grande que lui?
   Is she taller than he?
   Oui, elle est beaucoup plus grande que lui.
   Yes, she is much taller than he.
   Non, elle est moins grande que lui.
   No, she is less tall than he.

7. Est-ce que nous sommes entre lui et elle?

Oui, nous sommes entre lui et elle.

Non, nous ne sommes pas entre lui et elle; nous sommes derrière eux.

Are we between him and her?

Yes, we are between him and her.

No, we are not between him and her; we are behind them.

8. Est-ce que ce sont eux qui font tant de bruit?

Oui, ce sont eux qui font tant de bruit.

Non, ce ne sont pas eux; c'est nous.

Is it they who are making so much noise?

Yes, it is they who are making so much noise.

No, it is not they; it is we.

9. Faut-il toujours être raisonnable pour bien vivre?

Oui, il faut toujours être raisonnable pour bien vivre.

Non, il ne faut pas être toujours raisonnable pour bien vivre; il faut être toqué de temps en temps.

Must one always be reasonable to live well?

Yes, one must always be reasonable to live well.

No, one must not always be reasonable to live well; one must be a "nut" from time to time.

10. Va-t-il toujours en Italie avec eux?

Oui, il va toujours en Italie avec eux.

Non, il ne va jamais avec eux; il va toujours avec moi.

Does he always go to Italy with them?

Yes, he always goes to Italy with them.

No, he never goes with them; he always goes with me.

LESSON 9

1. Votre chapeau est-il sur le lit ou sur le sofa? Et où est le mien?

Le vôtre est sur le sofa; le mien est sur le lit.

Is your hat on the bed or on the sofa? And where is mine?

Yours is on the sofa; mine is on the bed.

2. Où sont les cravates de Pierre et de Robert?

Celles de Robert sont dans la boîte; celles de Pierre sont sur le fauteuil.

Where are Peter and Robert's neckties?

Robert's are in the box; Peter's are on the armchair.

3. Ont-ils besoin des livres du maître ou de ceux de l'avocat?

Ils ont besoin de ceux de l'avocat.

Do they need the teacher's books or the lawyer's?

They need the lawyer's.

4. Est-ce que tout le monde a son chapeau?

Does everyone have his hat?

Oui, tout le monde a son chapeau.	Yes, everyone has his hat.
5. Est-ce que les leurs sont meilleurs que les siens?	Are theirs better than his (hers)?
Oui, les leurs sont meilleurs que les siens.	Yes, theirs are better than his (hers).
Non, les leurs ne sont pas meilleurs que les siens.	No, theirs are not better than his (hers).
6. Êtes-vous charmé de faire sa connaissance?	Are you happy to make his (her) acquaintance?
Oui, je suis charmé de faire sa connaissance.	Yes, I am happy to make his (her) acquaintance.
7. Son père et sa mère sont-ils dans leur jardin derrière leur petite maison?	Are his (her) father and his (her) mother in their garden behind their little house?
Oui, son père et sa mère sont dans leur jardin derrière leur petite maison.	Yes, his (her) father and his (her) mother are in their garden behind their little house.
8. Ces pommes-ci sont rouges, et celles-là sont vertes, n'est-ce pas?	These apples are red and those are green, aren't they?
Oui, celles-ci sont rouges et celles-là sont vertes.	Yes, these are red and those are green.
9. Est-ce que cette valise est à lui?	Is this valise his?
Oui, cette valise est à lui.	Yes, that valise is his.
10. Préfèrent-ils ceux-ci à ceux-là?	Do they prefer these to those?
Oui, ils préfèrent ceux-ci à ceux-là.	Yes, they prefer these to those.

LESSON 10

1. Y a-t-il beaucoup d'enfants au parc?	Are there many children in the park?
Oui, il y en a beaucoup.	Yes, there are many (of them).
2. Y avait-il assez de pain pour tous les enfants?	Was there enough bread for all the children?
Oui, il y en avait assez.	Yes, there was enough (of it).
3. Y aura-t-il trop de monde chez nous demain soir?	Will there be too many people at our home tomorrow evening?
Non, il n'y en aura pas trop.	No, there will not be too many (of them).
4. Y aurait-il peu de monde si nous n'y allions pas?	Would there be few people if we didn't go there?

Non, il n'y en aurait pas peu si nous n'y allions pas.	No, there would not be few (of them) if we didn't go there.
5. Étaient-ils au théâtre hier soir?	Were they at the theater last night?
Oui, ils y étaient.	Yes, they were (there).
6. Serez-vous au concert demain soir?	Will you be at the concert tomorrow evening?
Non, je n'y serai pas.	No, I won't be there.
7. Aviez-vous assez d'argent lorsque vous étiez à Paris?	Did you have enough money when you were in Paris?
Non, on n'en à jamais assez quand on est à Paris.	No, one never has enough money when one is in Paris.
8. Aurions-nous mal à la tête si nous travaillions trop?	Would we have a headache if we worked too much?
Oui, nous aurions mal à la tête si nous travaillions trop.	Yes, we would have a headache if we worked too much.
9. N'alliez-vous pas souvent en Italie lorsque vous étiez enfant?	Didn't you often go to Italy when you were a child?
Oui, j'allais souvent en Italie quand j'étais enfant.	Yes, I often went to Italy when I was a child.
10. Se levait-elle de bonne heure lorsqu'elle était à la campagne?	Did she get up early when she was in the country?
Oui, elle se levait à sept heures du matin lorsqu'elle était à la campagne.	Yes, she got up at seven o'clock in the morning when she was in the country.

LESSON 11

1. Est-ce que vous le verrez aussitôt qu'il viendra?	Will you see him as soon as he comes?
Oui, je le verrai aussitôt qu'il viendra.	Yes, I will see him as soon as he comes.
2. Est-ce que nous la verrons lorsqu'elle viendra à Paris?	Will we see her when she comes to Paris?
Oui, nous la verrons lorsqu'elle viendra à Paris.	Yes, we will see her when she comes to Paris.
3. Irons-nous au concert ce soir si nous avons le temps?	Will we go to the concert tonight, if we have (the) time?
Oui, nous irons au concert ce soir si nous avons le temps.	Yes, we will go to the concert tonight if we have (the) time.
4. Irions-nous au concert ce soir si nous avions le temps?	Would we go to the concert tonight if we had (the) time?

Oui, nous irions au concert ce soir si nous avions le temps.	Yes, we would go to the concert tonight if we had (the) time.
5. Achètera-t-elle ce chapeau affreux si elle a assez d'argent?	Will she buy that hideous hat if she has enough money?
Oui, elle achètera ce chapeau affreux même si elle n'a pas assez d'argent.	Yes, she will buy that hideous hat even if she does not have enough money.
6. Achèterait-elle ce chapeau affreux si elle avait assez d'argent?	Would she buy that hideous hat if she had enough money?
Oui, elle achèterait ce chapeau affreux même si elle n'avait pas assez d'argent.	Yes, she would buy that hideous hat even if she did not have enough money.
7. S'il peut faire ce travail le fera-t-il?	If he can do this work will he do it?
Oui, s'il peut faire ce travail il le fera.	Yes, if he can do this work he will do it.
8. S'il pouvait faire ce travail le ferait-il?	If he were able to do this work would he do it?
Non, s'il pouvait le faire il ne le ferait pas.	No, if he were able to do it, he would not do it.
9. Feront-elles une bonne promenade demain si elles ne sont pas trop fatiguées?	Will they take a good walk tomorrow if they are not too tired?
Oui, elles feront une bonne promenade si elles ne sont pas trop fatiguées.	Yes, they will take a good walk if they are not too tired.
10. Feraient-elles une bonne promenade si elles n'étaient pas trop fatiguées?	Would they take a good walk if they were not too tired?
Oui, elles feraient une bonne promenade si elles n'étaient pas trop fatiguées.	Yes, they would take a good walk if they were not too tired.

LESSON 12

Lesson twelve in the grammar deals with the past definite—the literary tense, which is rarely used in conversation.

LESSON 13

1. L'appétit vient en mangeant, n'est-ce pas?	Appetite comes in eating, doesn't it?
Oui, l'appétit vient en mangeant.	Yes, the appetite comes in eating.
2. Est-ce qu'elle est tombée en sortant de la maison?	Did she fall while coming out of the house?

Oui, elle est tombée en sortant de la maison.

Yes, she fell while coming out of the house.

3. Est-ce qu'on s'amuse beaucoup en mangeant et en buvant dans un bon restaurant français?

Does one have a good time eating and drinking in a good French restaurant?

Oui, on s'amuse beaucoup en mangeant et en buvant dans un bon restaurant français.

Yes, one has a good time eating and drinking in a good French restaurant.

4. Quand vous étiez enfants vous aviez toujours faim et soif, n'est-ce pas?

Weren't you always hungry and thirsty when you were children?

Oui, quand nous étions enfants, nous avions toujours faim et soif.

Yes, when we were children we were always hungry and thirsty.

5. Est-ce que les femmes timides ont toujours peur de parler français?

Aren't timid women always afraid to speak French?

Oui, les femmes timides ont toujours peur de parler français.

Yes, timid women are always afraid to speak French.

6. Est-ce que le professeur a toujours raison?

The professor is always right, isn't he?

Non, le professeur n'a jamais raison; il a toujours tort.

No, the professor is never right; he is always wrong.

7. Et les étudiants, n'ont-ils pas toujours tort?

And aren't the students always wrong?

Non, les étudiants ont toujours raison.

No, the students are always right.

8. Auriez-vous peur de parler français maintenant?

Would you be afraid to speak French now?

Mais non, monsieur; je n'aurais jamais peur de parler français.

Of course not, sir, I would never be afraid to speak French.

9. A-t-elle honte lorsqu'elle ne sait pas la leçon?

Is she ashamed when she doesn't know the lesson?

Non, elle n'a jamais honte lorsqu'elle ne sait pas la leçon.

No, she is never ashamed when she doesn't know the lesson.

10. Une femme charmante a toujours raison, n'est-ce pas, Pierre?

A charming woman is always right, isn't she, Peter?

Mais oui, monsieur le professeur; en France, une femme charmante a toujours raison, même si elle a toujours tort!

Of course, sir; in France a charming woman is always right, even if she is always wrong!

LESSON 14

1. J'ai donné le livre à Jean, n'est-ce pas?

Oui, j'ai donné le livre à Jean.

   I gave (have given) the book to John, didn't I?

Yes, I gave (have given) the book to John.

2. Étudierait-il sa leçon s'il n'était pas paresseux?

Oui, il étudierait sa leçon s'il n'était pas paresseux.

   Would he study his lesson if he were not lazy?

Yes, he would study his lesson if he were not lazy.

3. Aurait-il étudié sa leçon s'il n'avait pas été paresseux?

Oui, il aurait étudié sa leçon s'il n'avait pas été paresseux.

   Would he have studied his lesson if he had not been lazy?

Yes, he would have studied his lesson if he had not been lazy.

4. Ne finirions-nous pas le livre si nous avions assez de temps?

Oui, nous finirions le livre si nous avions assez de temps.

   Wouldn't we finish the book if we had enough time?

Yes, we would finish the book if we had enough time.

5. N'aurions-nous pas fini le livre si nous avions eu assez de temps?

Oui, nous aurions fini le livre si nous avions eu assez de temps.

   Wouldn't we have finished the book if we had had enough time?

Yes, we would have finished the book if we had had enough time.

6. Ferait-il cela s'il savait le faire?

Oui, il ferait cela s'il savait le faire.

   Would he do that if he knew how to do it?

Yes, he would do that if he knew how to do it.

7. Aurait-il fait cela s'il avait eu assez de temps?

Oui, il aurait fait cela s'il avait eu assez de temps.

   Would he have done that if he had had enough time?

Yes, he would have done that if he had had enough time.

8. Est-ce qu'elle vous téléphonerait si elle était en Angleterre?

Oui, elle nous téléphonerait si elle était en Angleterre.

   Would she telephone you if she were in England?

Yes, she would telephone us if she were in England.

9. Est-ce qu'elle vous aurait téléphoné si elle avait été en Angleterre?

Oui, elle nous aurait téléphoné si elle avait été en Angleterre.

   Would she have telephoned you if she had been in England?

Yes, she would have telephoned us if she had been in England.

10. Ne serions-nous pas sortis de bonne heure si nous avions pu le faire?
   Wouldn't we have gone out early if we had been able to do it?
   Oui, nous serions sortis de bonne heure si nous avions pu le faire.
   Yes, we would have gone out early if we had been able to do it.

LESSON 15

1. Se sont-elles couchées de bonne heure?
   Did they go to bed early?
   Oui, elle se sont couchées de bonne heure.
   Yes, they went to bed early.
2. Se seraient-elles couchées de bonne heure si elles n'avaient pas été fatiguées?
   Would they have gone to bed early if they had not been tired?
   Non, elles ne se seraient pas couchées de bonne heure si elles n'avaient pas été fatiguées.
   No, they would not have gone to bed early if they had not been tired.
3. Est-ce que vous vous faites mal quand vous tombez?
   Don't you hurt yourself when you fall?
   Oui, je me fais toujours mal quand je tombe.
   Yes, I always hurt myself when I fall.
4. Ne serions-nous pas fait mal si nous n'avions pas fait attention?
   Wouldn't we have hurt ourselves if we hadn't paid attention?
   Oui, nous nous serions fait mal si nous n'avions pas fait attention.
   Yes, we would have hurt ourselves if we hadn't paid attention.
5. Ne se sont-ils pas promenés hier soir sur le boulevard Raspail?
   Didn't they take a walk on the Boulevard Raspail yesterday evening?
   Oui, ils se sont promenés hier soir sur le boulevard Raspail.
   Yes, they took a walk on the Boulevard Raspail yesterday evening.
6. Se seraient-ils promenés hier soir s'il avait fait mauvais temps?
   Would they have taken a walk last night if the weather had been bad?
   Non, ils ne se seraient pas promenés hier soir s'il avait fait mauvais temps.
   No, they would not have taken a walk last night if the weather had been bad.
7. Vous vous mettez à travailler à six heures du matin, n'est-ce pas?
   You begin to work at six o'clock in the morning, don't you?
   Oui, je me mets à travailler à six heures du matin.
   Yes, I begin to work at six o'clock in the morning.

8. Nous serions-nous mis à travailler si nous n'avions pas été pauvres?

Would we have begun to work if we had not been poor?

Non, nous ne nous serions pas mis à travailler si nous n'avions pas été pauvres.

No, we would not have begun to work if we had not been poor.

9. Les enfants se sont-ils lavé les mains et la figure?

Have the children washed their hands and face?

Non, les enfants ne se sont pas lavé les mains et la figure.

No, the children have not washed their hands and face.

10. Comment vous portiez-vous hier? Et comment vous portez-vous aujourd'hui?

How were you yesterday? And how are you today?

Je me portais bien hier, et je me porte bien aujourd'hui, merci.

I was well yesterday, and I am well today, thank you.

LESSON 16

1. Étudiait-il lorsque son ami est arrivé?

Was he studying when his friend arrived?

Oui, il étudiait lorsque son ami est arrivé.

Yes, he was studying when his friend arrived.

2. A-t-elle quitté son travail aussitôt que sa cousine est venue la voir?

Did she stop working as soon as her cousin came to see her?

Non, elle n'a pas quitté son travail lorsque sa cousine est venue la voir; elle a continué à travailler.

No, she didn't stop working when her cousin came to see her; she continued working.

3. Que faisaient-ils pendant que Louise jouait du piano?

What were they doing while Louise played the piano?

Pendant que Louise jouait du piano, ils chantaient des chansons populaires.

While Louise played the piano they sang popular songs.

4. La semaine dernière nous nous sommes levés tous les jours à six heures du matin, n'est-ce pas?

Last week we got up every day at six o'clock, didn't we?

Non, nous ne nous sommes pas levés à six heures; nous nous sommes levés à midi.

No, we did not get up at six o'clock; we got up at noon.

5. Sont-elles Françaises ou Italiennes?

Are they French or Italian?

Elles ne sont ni Françaises ni Italiennes; elles sont Canadiennes.

They are neither French nor Italian; they are Canadian.

6. Parle-t-on suédois ou irlandais à New-York?
   On ne sait jamais ce qu'on parle à New-York. On y parle toutes les langues sauf l'anglais.
7. Et que parle-t-on dans l'Amérique du Sud?
   On parle espagnol et portugais dans l'Amérique du Sud.
8. Viennent-ils de France ou d'Allemagne?
   Ils ne viennent ni de France ni d'Allemagne; ils sont Écossais mais ils viennent du Canada.
9. Avez-vous jamais visité l'Europe?
   Non, je n'ai jamais visité l'Europe mais j'ai souvent visité l'Asie et l'Afrique.
10. Sommes-nous à Madrid ou à Moscou?
    Nous ne sommes ni à Madrid ni à Moscou; nous sommes à New-York.

6. Is Swedish or Irish spoken in New York?
   One never knows what is spoken in New York. They speak all languages there except English.
7. And what do they speak in South America?
   They speak Spanish and Portuguese in South America.
8. Do they come from France or Germany?
   They come neither from France nor from Germany; they are Scotsmen but they come from Canada.
9. Have you ever visited Europe?
   No, I have never visited Europe but I have often visited Asia and Africa.
10. Are we in Madrid or Moscow?
    We are neither in Madrid nor Moscow; we are in New York.

LESSON 17

1. Quel temps fait-il aujourd'hui?
   Il fait très mauvais aujourd'hui; il neige, il fait du vent, et il fait très froid.
2. A-t-il fait froid hier aussi?
   Au contraire, il a fait très beau; il a fait du soleil mais il a fait frais.
3. Est-ce que vous avez chaud?
   Oui, j'ai chaud parce qu'il fait très chaud.
4. Quelle heure est-il à votre montre?
   Il est dix heures moins le quart, mais ma montre retarde de cinq minutes.
5. Quelle est la date de votre naissance, madame?

1. How is the weather today?
   It is very bad today; it is snowing, it is windy, and it is very cold.
2. Was it cold yesterday too?
   On the contrary, it was very nice; it was sunny but it was cool.
3. Are you warm?
   Yes, I am warm because it is very warm.
4. What time is it by your watch?
   It is a quarter of ten, but my watch is five minutes slow.
5. When were you born, madam?

Je suis née en mil neuf cent douze, monsieur.	I was born in 1912, sir.
6. Et quel âge avez-vous maintenant?	And how old are you now?
Je n'ai que seize ans, monsieur!	I am only sixteen, sir!
7. Avez-vous été en France il y a trois ans?	Were you in France three years ago?
Non, je n'ai jamais été en France; j'espère y aller l'année prochaine.	No, I have never been in France; I hope to go there next year.
8. Est-ce qu'ils se promènent quand il pleut?	Do they take walks when it rains?
Non, ils ne se promènent pas quand il tombe de la pluie.	No, they do not take walks when it rains.
9. Est-ce que nous allons au ballet le lundi, le mercredi, et le samedi?	Do we go to the ballet on Monday, Wednesday, and Saturday?
Non, nous allons au ballet seulement le mardi et le jeudi.	No, we go to the ballet only on Tuesday and Thursday.
10. Est-ce que vous allez visiter la France, l'Espagne, et l'Italie l'été prochain?	Are you going to visit France, Spain, and Italy next summer?
Non, nous n'allons pas en France, en Espagne, et en Italie l'été prochain; nous allons au Portugal et au Danemark.	No, we are not going to France, Spain, and Italy next summer; we are going to Portugal and Denmark.

LESSON 18

1. Est-ce que Marie est plus grande que Paul?	Is Mary taller than Paul?
Non, Marie n'est pas plus grande que Paul; elle est aussi grande que lui.	No, Mary is not taller than Paul; she is as tall as he.
2. Louise est-elle plus petite que Robert?	Is Louise shorter than Robert?
Oui, elle est beaucoup plus petite que Robert.	Yes, she is much shorter than Robert.
3. Paul, a-t-il autant d'argent que le professeur?	Has Paul as much money as the professor?
Non, Paul a beaucoup plus d'argent que le professeur; Paul est très riche et le professeur est pauvre.	No, Paul has much more money than the professor; Paul is very rich and the professor is poor.

4. Marie, est-ce que les femmes sont aussi intelligentes que les hommes?

   Non, monsieur, les femmes sont beaucoup plus intelligentes que les hommes.

5. Écoutez bien, Pierre, s'il vous plaît. Marie parle mal; Louise parle plus mal que Marie; Robert parle le plus mal de tous. Est-ce que vous parlez aussi bien que Robert?

   Ah, monsieur le professeur! C'est vrai que je parlais mal mais maintenant vous savez bien que je parle aussi bien que le professeur!

6. Les femmes sont-elles aussi curieuses que les hommes?

   Non. On dit que les femmes sont beaucoup plus curieuses que les hommes.

7. Est-ce que vous recevez autant de lettres que votre ami?

   Non, mon ami reçoit beaucoup de lettres tous les jours, mais moi, je n'écris à personne et personne ne m'écrit.

8. Est-ce que Marie parle aussi vite que Paul?

   Non, Marie ne parle pas aussi vite que Paul; elle parle très lentement.

9. Combien de livres a-t-il lus le mois dernier?

   Il n'a rien lu le mois dernier; il n'a jamais lu un livre de sa vie et il va de soi qu'il n'en lira jamais.

10. Combien de lettres a-t-elle écrites à ses parents cette semaine?

    Elle n'a écrit que deux lettres à ses parents cette semaine.

Mary, are women as intelligent as men?

No, sir, women are much more intelligent than men.

Listen carefully, Peter, please. Mary speaks badly; Louise speaks worse than Marie; Robert speaks worst of all. Do you speak as well as Robert?

Ah, sir! It is true that I used to speak badly but you know very well that now I speak as well as the professor!

Are women as curious as men?

No. It is said that women are much more curious than men.

Do you receive as many letters as your friend?

No, my friend receives many letters every day; but I never write to anyone and no one writes to me.

Does Marie speak as quickly as Paul?

No, Marie does not speak as quickly as Paul; she speaks very slowly.

How many books did he read last month?

He read nothing last month; he has never read a book in his life and it goes without saying that he will never read any.

How many letters has she written to her parents this week?

She has written only two letters to her parents this week.

LESSON 19

1. Est-elle heureuse qu'il veuille le faire?

   Oui, elle est très heureuse qu'il veuille le faire.

   Is she happy that he wants to do it?

   Yes, she is very happy that he wants to do it.

2. Pourquoi veut-elle que nous nous en allions?

   Je ne sais pas pourquoi elle veut que nous nous en allions, mais j'ai remarqué qu'elle a beaucoup bu.

   Why does she want us to go away?

   I don't know why she wants us to go away but I noticed that she has drunk a great deal.

3. Il faudra que nous leur écrivions de temps en temps, n'est-ce pas?

   Oui, il faudra que nous leur écrivions de temps en temps.

   We must write to them from time to time, mustn't we?

   Yes, we must write to them from time to time.

4. Est-il certain que vous ayez raison?

   Oui, il est certain que j'ai raison.

   Is it certain that you are right?

   Yes, it is certain that I am right.

5. Que veut-il que je fasse maintenant?

   Il veut que vous alliez au restaurant avec lui ce soir.

   What does he want me to do now?

   He wants you to go to the restaurant with him this evening.

6. Est-il probable qu'il soit fou?

   Oui, il est très probable qu'il est fou.

   Is it probable that he is crazy?

   Yes, it is very probable that he is crazy.

7. Il vaut mieux qu'ils s'en aillent, n'est-ce pas?

   Oui, il vaut mieux qu'ils s'en aillent.

   It is better for them to go away, isn't it?

   Yes, it is better for them to go away.

8. Est-ce que nous cherchons une femme qui ne parle pas trop?

   Oui, nous cherchons une femme qui ne parle pas trop, mais il n'y en a pas beaucoup.

   Are we looking for a woman who doesn't talk too much?

   Yes, we are looking for a woman who doesn't talk too much, but there aren't many.

9. Cherchons-nous une grammaire qui ne soit pas difficile?

   Oui, nous cherchons une grammaire qui ne soit pas difficile.

   Are we looking for a grammar which is not difficult?

   Yes, we are looking for a grammar which is not difficult.

10. Le professeur préfère-t-il que nous étudiions le chinois?
Non, il préfère que nous étudiions le japonais.

Does the professor prefer that we study Chinese?
No, he prefers us to study Japanese.

LESSON 20

1. Est-ce qu'elle est contente que Jean ne soit pas venu?
Oui, elle est vraiment contente que Jean ne soit pas venu.

Is she happy that John didn't come?
Yes, she is really happy that John did not come.

2. Est-il possible qu'ils soient partis?
Oui, il est possible qu'ils soient partis.

Is it possible that they have left?
Yes, it is possible that they have left.

3. Bien qu'il fasse mauvais nous allons nous promener, n'est-ce pas?
Oui, bien qu'il fasse mauvais nous allons nous promener.

Although it is bad weather we are going for a walk, aren't we?
Yes, although it is bad weather we are going for a walk.

4. Afin que nous puissions faire cela, nous devons beaucoup étudier, n'est-ce pas?
Oui, afin que nous puissions faire cela, nous devons beaucoup étudier.

In order that we may be able to do that, we should study a great deal, shouldn't we?
Yes, in order that we may be able to do that, we should study a great deal.

5. Insistera-t-il que vous vous en alliez tout de suite?
Oui, il insiste toujours que nous nous en allions tout de suite.

Will he insist that you go away immediately?
Yes, he always insists that we go away immediately.

6. Est-ce qu'elle regrette beaucoup que Louis ne vous en ait rien dit?
Oui, elle regrette beaucoup que Louis ne nous en ait rien dit.

Is she very sorry that Louis didn't say anything to you about it?
Yes, she is very sorry that Louis didn't say anything to us about it.

7. Bien que nous ayons été malades, nous travaillons bien, n'est-ce pas?
Oui, bien que nous ayons été malades nous travaillons bien.

Although we have been sick, we work well, don't we?
Yes, although we have been sick we work well.

8. Seront-ils heureux que nous ayons été en France?
Oui, ils seront heureux que nous ayons été en France.

Will they be happy that we have been in France?
Yes, they will be happy that we have been in France.

9. Est-ce que le père sera content que nous y soyons allés?

Will the father be happy that we went there?

Oui, le père sera content que nous y soyons allés.

Yes, the father will be happy that we went there.

10. Est-il heureux qu'elle ait pu venir?

Is he happy that she was able to come?

Oui, il est heureux qu'elle ait pu venir.

Yes, he is happy that she was able to come.

LESSON 21

1. Qui fait ce bruit?
Qui est-ce qui fait ce bruit?

Who is making that noise?

Ce sont les enfants qui font ce bruit.

(It is) The children (who) are making that noise.

2. Qui avez-vous rencontré?
Qui est-ce que vous avez rencontré?

Whom did you meet?

Nous avons rencontré la grand'mère de notre cousine.

We met our cousin's grandmother.

3. Qu'est-ce que vous cherchez?

What are you looking for?

Je cherche l'argent de mon grand-père.

I am looking for my grandfather's money.

4. Qu'est-ce qui l'amuse?

What is amusing her?

Ce sont les chiens de mon neveu qui l'amusent.

(It is) My nephew's dogs (that) are amusing her.

5. Avec qui vous êtes-vous promené hier soir?

With whom did you take a walk last night?

Je me suis promené avec ma nièce hier soir.

I took a walk with my niece last night.

6. À laquelle de ces deux dames avez-vous parlé?

To which of those two ladies did you speak?

J'ai parlé à la plus jeune, bien entendu.

I spoke to the younger one, of course.

7. Qu'est-ce que c'est?
Ce n'est rien.

What is it?
(It is) Nothing.

8. Qu'est-ce qui est arrivé?
Rien n'est arrivé.

What happened?
Nothing happened.

9. Qu'est-ce que c'est que cela (ça)?
Ce n'est rien.

What is that?
Nothing.

10. À quoi pensez-vous?
Je ne pense à rien.

What are you thinking about?
I am not thinking about anything.

11. De quoi vous plaignez-vous?

What are you complaining about?

Je me plains de tout.	I am complaining about everything.
12. Que veut dire tout cela?	What does that all mean?
Qu'est-ce que veut dire tout cela?	
Cela ne veut rien dire—rien du tout.	That means nothing—nothing at all.
13. Va-t-il me donner ce dont j'ai besoin?	Is he going to give me what I need?
Oui, il va vous donner ce dont vous avez besoin.	Yes, he is going to give you what you need.
14. À qui pensez-vous?	Whom are you thinking about?
Je pense à Jean.	I am thinking about John.

LESSON 22

1. Il est très facile de faire cela, n'est-ce pas?	It is very easy to do that, isn't it?
Oui, il est très facile de faire cela.	Yes, it is very easy to do that.
2. C'est vrai qu'elle parle à tout propos, n'est-ce pas?	It's true that she speaks at the drop of a hat, isn't it?
Oui, ce n'est que trop vrai!	Yes, it is only too true!
3. Est-ce que ce sont les enfants qui font tant de bruit?	Is it the children who are making so much noise?
Non, ce ne sont pas eux; ce sont leurs mères.	No, it is not they; it is their mothers.
4. C'est une jeune fille charmante, n'est-ce pas?	She is a very charming young girl, isn't she?
Oui, elle est très charmante.	Yes, she is very charming.
5. Il est évident que Louis ne saura jamais rien, n'est-ce pas?	It is evident that Louis will never know anything, isn't it?
Oui, il est évident qu'il ne saura jamais rien.	Yes, it is evident that he will never know anything.
6. Est-ce que le professeur fait étudier les étudiants?	Does the professor make the students study?
Oui, il les fait étudier.	Yes, he makes them study.
7. Elles se font faire de belles robes, n'est-ce pas?	They are having some beautiful dresses made, aren't they?
Oui, elles se font faire de belles robes.	Yes, they are having some beautiful dresses made.
8. Est-ce qu'il les a fait entrer?	Did he have them come in?
Non, il ne les a pas fait entrer.	No, he didn't have them come in.
9. Pourquoi insistez-vous que je fasse venir un médecin?	Why do you insist that I send for a doctor?

J'insiste parce que je suis malade; j'ai mal à la gorge.	I insist because I am ill; I have a sore throat.
10. Depuis quand étudiez-vous le français?	How long have you been studying French?
J'étudie le français depuis dix ans et je le parle bien.	I have been studying French for ten years and I speak it well.
11. Êtes-vous à New-York depuis longtemps?	Have you been in New York for long?
Oui, j'y suis depuis trente ans.	Yes, I have been here thirty years.
12. Depuis combien de temps étiez-vous à Paris lorsque vous avez été obligé de le quitter?	How long had you been in Paris before you were compelled to leave (it)?
J'étais à Paris depuis dix ans lorsque j'ai été obligé de le quitter.	I was in Paris for ten years before I was compelled to leave (it).

LESSON 23

1. Combien d'argent est-ce que je vous dois?	How much money do I owe you?
Vous me devez vingt dollars.	You owe me twenty dollars.
2. Est-ce que nous devons bientôt aller en France?	Must we go to France soon?
Oui, nous devons bientôt aller en France.	Yes, we must go to France soon.
3. Que doit-on faire pour apprendre le français?	What should one do to learn French?
On doit l'étudier et le parler tous les jours.	One should study it and speak it every day.
4. Robert devrait écrire à sa sœur mais il est trop paresseux, n'est-ce pas?	Robert should write to his sister but he is too lazy, isn't he?
Oui, il devrait lui écrire mais il est très paresseux.	Yes, he should write to her but he is very lazy.
5. Vous avez dû avoir faim et soif après tant de travail, n'est-ce pas?	You must have been very hungry and thirsty after so much work, weren't you?
Oui, j'avais une faim de loup!	Yes, I was as hungry as a wolf!
6. Ne faut-il pas s'amuser un peu de temps en temps?	Mustn't one have a good time now and then (from time to time)?
Oui, il faut s'amuser un peu de temps en temps.	Yes, one must have a good time now and then (from time to time).

7. Combien de temps nous faudrait-il pour apprendre tout cela?
   How long would it take us to learn all that?

   Il nous faudrait au moins dix ans pour apprendre tout cela.
   It would take us at least ten years to learn all that.

8. Est-ce qu'on publie ces beaux livres à Londres?
   Are these beautiful books published in London?

   Non, ces beaux livres se publient à Paris.
   No, these beautiful books are published in Paris.

9. Ces journaux se vendent partout, n'est-ce pas?
   These newspapers are sold everywhere, aren't they?

   Oui, on vend ces journaux partout.
   Yes, these newspapers are sold everywhere.

10. Est-ce qu'on a répondu à toutes vos questions?
    Have your questions all been answered?

    Oui, on a répondu à toutes mes questions.
    Yes, my questions have all been answered.

11. Comment dit-on en français: "French is spoken here"?
    How do you say in French: "French is spoken here"?

    En français on dit: "On parle français ici."
    You say in French: "On parle français ici."

12. Sera-t-il puni s'il ne travaille pas?
    Will he be punished if he does not work?

    Oui, il sera puni s'il ne travaille pas.
    Yes, he will be punished if he does not work.

LESSON 24

Lesson twenty-four in the grammar, a miscellany of rules, doesn't have a corresponding conversation section.

READING SELECTIONS

SUGGESTIONS TO THE READER

The following reading selections in dual-versions are for the most part adaptations and translations of stories chosen from various sources. They were chosen and rewritten for those who are interested in the study of French and for those who enjoy reading *per se*. For anyone who speaks English, French is one of the easiest languages to learn to read. Since English has many thousands of words that are basically French in origin, the student will have already acquired a rather large vocabulary which he can put to use with relative ease.

The selections in this book have not been written in "baby" French. They have been simplified, to be sure, but the essential structure of "adult" French has been retained. They may appear somewhat difficult at first sight to the beginning student, but with a little work and application he will find the task comparatively easy.

The student who has never studied French should concentrate on and master the first three or four lessons of the Grammar *before he begins to read these selections*. The approach to the grammar should be analytical and methodical. American students have a tendency to bypass grammatical study, but in this case a special effort should be made to master the simple rules of grammar both in English and in French. The student should then read the English text carefully. After that, he should learn the vocabulary given for the selection he is to read. Finally, he should read the French version with great care using the English translation as little as possible. Dual-versions, used only when essential, can be most helpful, not only in checking the student's accuracy but also as an effective means of curbing one's imagination and intuition—which if permitted free rein can lead to wild guessing. If after following the above suggestions the student finds a selection too difficult, he should put it aside until he has covered more lessons in the Grammar.

The vocabularies, arranged by selection number, are on pages 302–311.

The first selection in this reader, "An American Student at the University of Paris," is an exercise in the use of cognates. It was written to show how words similar in both languages can simplify and speed up the reading process.

The last selection, "La Parure," the famous story of Guy de Maupassant, is given exactly as he wrote it and without the aid of a special vocabulary. If after having finished the gram-

mar the student can read it without too much difficulty, he has done well.

And now, good luck to you—or as a Frenchman would say, *"Bonne chance!"*

1
UN ÉTUDIANT AMÉRICAIN
À L'UNIVERSITÉ DE PARIS

Robert est étudiant à l'Université de Paris. Il est laborieux, sérieux et intelligent, et il désire apprendre la langue française parfaitement. Il veut apprendre à lire, à écrire, à comprendre, et à parler français comme un Parisien—chose infiniment difficile! Il est évident que pour accomplir ceci, il est absolument nécessaire de travailler continuellement et sérieusement tous les jours; il est nécessaire d'étudier et d'étudier laborieusement; il faut toujours préparer toutes les tâches imposées par les professeurs; puisque les professeurs ne parlent jamais anglais et qu'ils parlent toujours français, il faut faire constamment attention pour absorber une langue harmonieuse mais une langue qui est aussi extrêmement délicate et variable. Il faut faire toujours attention aux règles d'une grammaire logique mais compliquée, et aux nombreuses exceptions; il faut consacrer des heures aux terminaisons caractéristiques des conjugaisons et aux terminaisons des verbes réguliers et irréguliers; il faut observer toujours l'orthographe variable des adjectifs, l'emploi des prépositions après les verbes; l'emploi du présent, de l'imparfait, et surtout du subjonctif, etc. Mais la question importante pour les Américains, c'est toujours la prononciation qui est extrêmement difficile et assez irrégulière. Il y a un autre problème sérieux pour les étudiants américains. Ils ont, malheureusement, une connaissance très imparfaite et superficielle de la grammaire anglaise—un sujet très négligé dans les écoles américaines—et c'est un désastre pour les étudiants, sérieux qui désirent bien apprendre une langue étrangère, surtout le français.

Mais retournons à Robert. Il est très laborieux; il étudie, il lit, il écrit; il prépare les leçons et il cherche toutes les occasions de parler français. Dans les rues, sur les boulevards, dans les cafés, au théâtre, à l'opéra, il écoute les femmes, les hommes, les acteurs, les chanteurs, et il parle français même aux chiens et aux chats qu'il rencontre dans les rues. Quand il fait une promenade dans le parc, il écoute attentivement les enfants. Si les enfants parlent, il parle; s'ils crient, il crie; s'ils chantent, il chante; s'ils dansent, il danse; s'ils gesticulent, il gesticule; et si les enfants pleurent, il pleure aussi—en français, naturellement!

Il n'est pas encore Parisien! Mais attendez, attendez, mes amis, attendez! Rome n'a pas été bâtie en un jour!

1
AN AMERICAN STUDENT AT THE UNIVERSITY OF PARIS

Robert is a student at the University of Paris. He is industrious, serious, and intelligent, and he desires to learn the French language perfectly. He wishes to learn to read, to write, to understand and to speak French like a Parisian—something infinitely difficult. It is evident that in order to accomplish this it is absolutely necessary to work continuously and seriously every day. It is necessary to study and to study hard; one must prepare all the tasks imposed by the professors; since the professors never speak English but speak always in French, one must pay attention constantly in order to absorb a harmonious language and a language which is extremely delicate and variable also; one must always pay attention to the rules of a grammar which is logical but complicated, and to the numerous exceptions. One must devote hours to the characteristic endings of the conjugations and to the endings of the regular and irregular verbs; one must always observe the variable spelling of the adjectives; the use of the prepositions after the verbs; the use of the present, of the imperfect, and, especially, of the subjunctive, etc. But the great question for Americans is always the pronunciation, which is extremely difficult and quite irregular. There is another serious problem for the American student. He has an imperfect and superficial knowledge of English grammar—a subject which is badly neglected in the American schools—and it is a disaster for the serious student who wishes to learn a foreign language as well, especially French!

But let us return to Robert. He is industrious; he studies, he reads, he writes; he always prepares the lessons and he seeks every occasion to speak French. In the streets, on the boulevards, in the cafés, at the theaters, at the opera, he listens to the women, to the men, to the actors, to the singers; and he speaks French even to the dogs and to the cats that he meets on the streets. When he takes a walk in the park, he listens attentively to the children. If the children speak, he speaks; if they shout, he shouts; if they sing, he sings; if they dance, he dances; if they gesticulate, he gesticulates; and if the children weep, he weeps also—in French, naturally!

He isn't a Parisian yet. But wait, my friends, wait! Rome wasn't built in a day!

2
LE MAÎTRE ET LE PÈRE

Le père. On dit, monsieur, que vous enseignez le français.
Le maître. Oui, monsieur, Étranger dans ce pays, forcé de travailler, j'enseigne le français. C'est une nécessité cruelle!
Le père. Le petit Georges, mon fils, est dans votre classe. Travaille-t-il bien? Fait-il bien les devoirs que vous donnez? Apprend-il rapidement? Lit-il? Traduit-il bien? Parle-t-il correctement? Prononce-t-il bien?

Le maître. Sept questions! Oui, monsieur, le petit est dans la classe. Il ne fait pas bien les devoirs que je donne. Il apprend mais il n'apprend pas rapidement; il parle, mais il parle un jargon incompréhensible! Il lit et il traduit, mais il lit et traduit horriblement mal; il prononce, mais il prononce avec l'accent élégant d'un Hottentot. Quand il parle, les autres élèves n'écoutent pas; ils crient, ils chantent, ils gesticulent, mais ils n'écoutent pas.
Le père. Mais c'est incompréhensible! Mons fils est un génie! Il travaille toujours, il lit et traduit constamment, il parle toujours français; même quand on parle anglais, il répond en français. Il dit qu'il prononce le français comme un Parisien! Si mon fils, monsieur, qui travaille toujours, qui lit et traduit, qui étudie tout le temps, qui est un exemple pour les autres élèves . . . si mon fils, monsieur, ne parle pas bien le français, ce n'est pas sa faute, c'est la faute du maître! C'est vous qui . . .
Le maître. La faute, monsieur, c'est que le petit Georges, ce cher fils, est un imbécile sans esprit et sans mémoire. Il est stupide! Stupide! Stupide!
Le père. Très bien, monsieur, très bien! Je mettrai mon cher fils dans une autre école.
Le maître. Mais, oui, monsieur, mais oui! Mettez-le à l'école pour les faibles l'esprit!
Le père. Vieux pédagogue! Monstre! (*Il sort.*)
Le maître. (*Seul.*) Ouf! Vieux bourgeois! Si le petit Georges est un imbécile, moi, j'en sais la cause. C'est héréditaire!

2

THE TEACHER AND THE FATHER

Father. They say, sir, that you teach French.
Teacher. Yes, sir, I teach French. A stranger in this country, forced to work, I teach French. It is a cruel necessity!
Father. Little George, my son, is in your class. Does he work well? Does he do the homework well which you give him? Does he learn rapidly? Does he read well? Does he translate well? Does he speak correctly? Does he pronounce well?
Teacher. Seven questions! Yes, sir, little George is in my class. He does not do the homework well that I give. He learns but he does not learn rapidly; he speaks, but he speaks an incomprehensible jargon! He reads and translates but he reads and translates horribly; he pronounces, but he pronounces with the elegant accent of a Hottentot. When he speaks, the other pupils do not listen; they shout; they sing; they gesticulate; but they do not listen.
Father. But this is incomprehensible! My son is a genius! He always works, he reads, he translates constantly, he always speaks French; even when one speaks English, he answers in French. He says that he pronounces French like a Parisian! If my son, sir, who always works, who reads and translates, who studies all the time, who is an example to the other pupils, if my son, sir, does not speak French well, it isn't his fault—it is the fault of the teacher, it is you who . . . .
Teacher. The fault, sir, is that this little George, this dear son of yours, is an imbecile without brains and without memory! He is stupid! Stupid! Stupid!
Father. Very well, sir, very well! I shall put my dear son in another school.
Teacher. Fine, sir! Fine! Put him in a school for the feeble-minded!
Father. You old pedagogue! Monster! (*He goes out.*)
Teacher. (*Alone.*) Ouf! The old bourgeois! If little George is an imbecile, *I* know the cause! It's hereditary!

3
LE PRÉSENT DES ROIS MAGES

Un dollar et quatre-vingt-sept sous! Della compte une fois de plus—un dollar et quatre-vingt-sept sous. Et soixante sous en piécettes, économisées une à une pendant si longtemps.

Della s'allonge sur son sofa et pleure. C'est demain Noël et c'est tout l'argent qu'elle possède pour acheter un cadeau à son mari! Que peut-elle faire quand son Jim gagne vingt dollars par semaine et que huit dollars de cette somme doivent payer le loyer de ces misérable appartement!

Della se lève, se sèche les yeux et par la fenêtre elle regarde la neige qui couvre les rues. Oui, c'est demain Noël et elle a seulement un dollar et quatre-vingt-sept sous pour acheter un cadeau pour son Jim.

Soudain une idée lui vient et elle va se poster en face de son miroir. Des larmes coulent le long de ses joues et elle tremble d'émotion. Il y a dans la vie de ce jeune couple deux choses qu'ils chérissent avec fierté. L'une est la montre d'or de Jim qui a appartenu à son père et à son grand-père, et l'autre est la magnifique chevelure de Della. Elle est debout maintenant devant son miroir et elle dénoue ses cheveux. Ils lui tombent jusqu'aux genoux comme une cascade d'eau brune. Elle hésite mais pas longtemps. Elle s'habille, sort dans la rue en courant et ne s'arrête que devant une enseigne: *Madame Sophonie: Pour la Chevelure: Ornements de toutes sortes*. Elle entre.

—Voulez-vous acheter mes cheveux? s'écrie-t-elle avec anxiété.

—J'achète les cheveux, répond la femme. Enlevez votre chapeau et voyons ce que vous avez là. Vingt dollars, dit-elle.

—Donnez-les-moi vite, répond Della sans hésitation.

Les deux heures suivantes se passent à courir de magasin en magasin, essayant de trouver quelque chose qui soit digne de son Jim. Elle trouve une chaîne de platine, simple, élégante . . . exactement ce qu'elle veut. Le prix est vingt dollars! Elle retourne à son humble appartement fatiguée mais heureuse. Elle arrange ses cheveux en boucles courtes qui la font ressembler à un jeune garçon. Elle s'assied et commence à se demander sérieusement ce que Jim va penser d'elle. Mais que pouvait-elle faire avec un dollar et quatre-vingt-sept sous!

—Je vous en prie, mon Dieu, faites qu'il me trouve encore jolie.

3

THE GIFT OF THE MAGI

One dollar and eighty-seven cents! Della counts it again—one dollar and eighty-seven cents. And sixty cents are in pennies saved one by one over a period of time.

Della lies on her sofa and weeps. Tomorrow is Christmas and this is all she has to buy her husband a gift. What can she do when her Jim earns twenty dollars a week and eight dollars of that is for the rent for that miserable apartment!

Della gets up, dries her eyes and looks out of the window at the snow which covers the streets. Yes, tomorrow is Christmas and she has only one dollar and eighty-seven cents to buy a gift for Jim.

Suddenly an idea strikes her, and she goes and stands in front of her mirror. Tears stream down her cheeks and she trembles with excitement. There are two things in this young couple's lives which they cherish with pride. One is Jim's gold watch, which had been his father's and grandfather's; the other is Della's beautiful hair. She now stands before the mirror and lets her hair down. It falls to her knees like a cascade of brown water. She hesitates, but not for long. She dresses, runs out in the street and stops only before a sign: *Madame Sophonie. Hair Goods of All Kinds.* She enters.

"Will you buy my hair?" she cries anxiously.

"I buy hair," replies the woman. "Take off your hat and let's see what you have. . . . Twenty dollars," she says.

"Give it to me quick," answers Della without hesitation.

The next two hours she spends running from shop to shop, trying to find something worthy of her Jim. She finds it at last! A platinum chain, simple, elegant—just what she wants. The price is twenty dollars. She returns to her humble apartment tired yet happy. She arranges her hair into tiny curls, which makes her look like a young boy. She sits down and begins to think seriously. What will Jim think of her? But what could she do with one dollar and eighty-seven cents!

"Please God, make him think that I am still pretty."

À sept heures le café est prêt et les côtelettes dans la casserole. Elle entend Jim monter l'escalier et son cœur bat vite. La porte s'ouvre et Jim fait un pas à l'intérieur, fermant la porte derrière lui. Ses yeux tombent sur Della et il reste planté là avec une étrange expression sur son jeune et beau visage.

—Jim, mon chéri, ne me regarde pas comme ça! J'ai vendu mes cheveux pour t'acheter un cadeau de Noël. Mes cheveux poussent vite, Jim! Souhaite-moi un joyeux Noël et soyons heureux. Tu n'aimes pas mes cheveux? C'est encore moi! Et j'ai un si beau cadeau pour toi.

—Bien sûr que je t'aime toujours, Della. Qu'est-ce qui te fait croire que je t'aime moins parce que tes cheveux sont coupés? Mais ouvre ce paquet et tu comprendras.

Della ouvre la boîte et ce qu'elle a sous les yeux la laisse muette. Elle regarde Jim et ses yeux s'emplissent de larmes de joie. Il y a là de magnifiques peignes! . . . une garniture qu'elle avait vue et désirée mais sans jamais imaginer qu'elle puisse la posséder. Et maintenant elle est à elle! . . . maintenant que ses tresses ont disparu!

—Mes cheveux poussent vite, mon chéri! Mes cheveux poussent vite, répète-t-elle sans arrêt, tremblante de joie. Et elle frémit encore plus lorsqu'elle donne à Jim le petit paquet qu'elle a pour lui. Elle l'ouvre et tient la belle chaîne dans sa main pour qu'il l'admire.

—N'est-elle pas belle, Jim? Donne-moi la montre. Je veux voir comment elles iront ensemble.

Jim sourit tristement et prend Della dans ses bras.

—Rangeons nos présents et mettons-les de côté pour quelque temps. J'ai vendu la montre pour t'acheter les peignes. Et maintenant chérie, sers-nous à dîner!

—*D'après* O. Henry

4

LE CURÉ DE CUCUGNAN

L'Abbé Martin est le curé de Cucugnan. Il aime ses Cucugnanais comme un père aime ses enfants. Cucugnan serait le paradis sur terre si les Cucugnanais n'avaient pas perdu leur foi en Dieu. Et il prie Dieu pour un miracle. Enfin Dieu l'entend et un dimanche matin, monsieur Martin monte en chaire.

—Mes enfants, dit-il, l'autre nuit je me trouve, moi, misérable pécheur à la porte du paradis. Je frappe et le grand Saint-Pierre ouvre la porte.

At seven o'clock the coffee is ready and the chops are in the pan. She hears Jim coming up the steps and her heart beats rapidly. The door opens and Jim steps inside, closing the door behind him. His eyes fall on Della, and he remains standing with a strange expression on his young and handsome face.

"Jim, dear, don't look at me like that! I sold my hair to buy you a Christmas gift. My hair grows fast, Jim! Say Merry Christmas to me and let us be happy. Don't you love me with short hair? It is still me! And I have such a beautiful gift for you!"

"Of course I still love you, Della. What makes you think I love you less because your hair is cut? But open that package and you will understand."

Della opens the box and remains speechless at what she sees. She looks at Jim and her eyes fill with tears of joy. There lies a set of beautiful combs—a set she had seen at a shop window—expensive combs she had admired and desired but which she never dreamed she would possess. And now they are hers!—now that her tresses are gone!

"My hair grows fast, dear! My hair grows fast," she keeps saying, thrilled with joy. And she quivers even more when she gives Jim the little package she has for him. She opens it and holds the platinum chain in her hand for him to see.

"Isn't it beautiful, Jim? Give me your watch. I want to see how it looks on it!"

Jim smiles sadly and takes Della in his arms.

"Let us put our gifts away, dear, and put them aside for a while. I sold the watch to buy the combs for you. And now, darling, do serve dinner."

—*Adapted from* O. Henry

4

THE CURÉ OF CUCUGNAN

L'Abbé Martin is the curé of Cucugnan. He loves his Cucugnanais as a father loves his children. Cucugnan would be heaven on earth if his beloved Cucugnanais had not lost their faith in God. And he prays to God for a miracle. God finally answers his prayers, and one Sunday morning, Monsieur Martin mounts the pulpit.

"My children, last night I found myself . . . I . . . a miserable sinner . . . at the gates of heaven. I knock and the great Saint Peter opens the door.

—Ah! Entrez, mon brave monsieur Martin, entrez. Qu'y a-t-il pour votre service?

—Beau Saint-Pierre, vous qui tenez le grand livre et les clés du paradis . . . pouvez-vous me dire . . . si je ne suis pas trop curieux . . . pouvez-vous me dire combien de Cucugnanais vous avez en paradis?

—Certainement! Pourquoi pas. Voyons . . . voyons. Il ouvre le grand livre et il cherche . . . il cherche. —Ah, nous voici Cucugnan! Je regrette, monsieur Martin, mais la page est toute blanche. Pas une âme de Cucugnan ici!

—Comment! Mon Dieu! Pas une seule âme de Cucugnan ici? Ce n'est pas possible!

—Regardez la page vous-même si vous pensez que je plaisante.

—Miséricorde! Je ne peux le croire. Ce n'est pas possible. Où sont-ils donc?

—C'est déplorable, je le sais, mais après tout ce n'est pas votre faute. Ils sont tous au purgatoire, sans doute.

—Grand Saint-Pierre . . . aidez-moi s'il vous plaît . . . je veux les voir . . . les consoler.

—Vous voulez les voir? Le sentier qui mène au purgatoire est dangereux. Mais voici! Mettez ces sandales. Regardez en bas! Il y a une porte d'argent à droite. Frappez et un bon ange vous ouvrira. Bonne chance, monsieur Martin, et au revoir!

Je marche, je marche. Le sentier est plein de ronces et des serpents sifflent et me suivent. Finalement j'arrive à la porte d'argent et je frappe.

—Qui frappe? dit une voix dolente.

—C'est moi . . . le curé de Cucugnan.

—Le curé de Cucugnan? Oh, monsieur Martin, n'est-ce-pas? Entrez donc!

J'entre. Un bel ange écrit dans un livre beaucoup plus grand que le livre de Saint-Pierre.

—Eh bien, mon brave monsieur Martin, que faites-vous ici et que désirez-vous?

—Bel ange de Dieu, je veux savoir . . . si je ne suis pas trop curieux . . . je veux savoir combien de mes Cucugnanais bien-aimés il y a au purgatoire. Il ouvre son grand livre et il cherche . . . il cherche . . . Cucugnan . . . Cucugnan . . . Ah, nous voici! La page est toute blanche, monsieur Martin. Il n'y a personne de Cucugnan ici.

—Jésus! Marie! Joseph! Personne le Cucugnan au purgatoire! Comment! Est-il possible? Où . . . où sont-ils, donc?

"'Ah. Come in, my good Monsieur Martin, come in. What can I do for you?'

"'Good Saint Peter, you who keep the Great Book and the keys to Paradise, can you tell me . . . if I am not too curious . . . can you tell me how many Cucugnanais you have in heaven?'

"'Certainly, why not? Let us see . . . let us see.' He opens the Great Book and looks and looks. 'Ah, here we are! Cucugnan! I am sorry, Monsieur Martin, but the page is perfectly blank. Not a single soul here from Cucugnan!'

"'What! Great Heavens! Not a single soul from Cucugnan! It is not possible!'

"'Well! Look at the page yourself if you think I am joking!'

"'*Miséricorde!* I cannot believe it! It isn't possible! Where are they then?'

"'It's deplorable, I know, but after all, it isn't your fault. They are all in purgatory, without doubt.'

"'Great Saint Peter . . . please help me . . . I want to see them . . . I want to console them. . . .'

"'You want to see them? The path that leads to purgatory is dangerous! But here! Put on these sandals. Look down below! There is a silver door on the right! Knock and a good angel will let you enter. Good luck, Monsieur Martin, and *au revoir!*'

"I walk and keep on walking. The path is full of briars, and serpents hiss and follow me. Finally, I arrive at the silver door and I knock.

"'Who is knocking?' says a mournful voice.

"'It is I . . . the Curé of Cucugnan.'

"'The Curé of Cucugnan? Oh! Monsieur Martin, isn't it? Do come in.'

"I enter. A beautiful angel is writing in a book much bigger than the book of Saint Peter.

"'Well, my good friend Monsieur Martin, what are you doing here and what do you wish?'

"'Angel of God, I wish to know . . . if I am not too curious . . . I wish to know how many of my beloved Cucugnanais there are in purgatory.' He opens his big book and searches, and searches. . . . 'Cucugnan . . . Cucugnan . . . Ah! Here we are. The page is perfectly blank, Monsieur Martin. There is no one from Cucugnan here.'

"'*Jésus! Marie! Joseph!* No one from Cucugnan in purgatory! How is it possible? Where . . . where are they, then?'

—Ils sont en paradis, sans doute, répond-il, où diantre voulez-vous qu'ils soient?

—Mais je viens du paradis!

—Eh bien, s'ils ne sont pas en paradis et s'ils ne sont pas au purgatoire . . . ils sont en enfer!

—Aïe! Aïe! Sainte Vierge! Est-ce possible? Ah pauvre de moi! Comment puis-je aller au paradis si mes Cucugnanais ne sont pas là? Mais c'est incroyable!

—Écoutez, mon pauvre monsieur Martin. Puisque vous voulez être sûr . . . allez voir . . . prenez ce sentier là-bas . . . Vous trouverez un portail énorme, à gauche. Bonne chance et au revoir! Et le bel ange ferme la porte.

C'était un long sentier . . . très long . . . et très dangereux, mais enfin, à gauche, je vois un four énorme. Oh! Mes enfants! Quel spectacle! Pas de grand livre ici! On entre en foule comme vous entrez dans les cabarets le dimanche! Je sens encore la chair rôtie. Je ne peux pas respirer quand je pense à cet air puant et embrasé. J'entends encore l'horrible clameur, les hurlements, les gémissements, les jurements!

—Eh bien! Entres-tu ou n'entres-tu pas? dit un diable cornu armé d'une grande fourche.

—Moi! Je n'entre pas! Je suis ami de Dieu.

—Tu es ami de Dieu? Alors que viens-tu faire ici?

—Je viens . . . je viens demander . . . humblement . . . si vous n'avez personne de Cucugnan ici?

—Tu plaisantes, n'est-ce pas? Comme si tu ne savais pas que tout Cucugnan est ici! Regarde, vilain corbeau . . . regarde comme nous les arrangeons ici, tes fameux Cucugnanais!

Et au milieu d'un tourbillon de flammes, je vois vos pères, vos mères, vos frères, vos sœurs . . . Jacques, Pierre, Toni, et mille autres!

Horrifié, blême de peur, l'auditoire gémit et pleure.

—Vous voyez, mes enfants, continue l'Abbé, quand le blé est mûr, il faut le couper; quand le vin est tiré, il faut le boire; quand il y a du linge sale, il faut le laver . . . et bien le laver! Je veux . . . je persiste à vouloir vous sauver l'âme de l'abîme où vous êtes en train de rouler tête la première.

Et le linge sale est lavé et bien lavé! Depuis ce jour mémorable, le parfum de la vertu se respire à dix lieues à l'entour. Et le bon monsieur Martin a rêvé l'autre nuit, que lui et son troupeau gravissait lentement le sentier qui monte vers la cité de Dieu.

—*D'après* Alphonse Daudet

" 'They are in heaven, undoubtedly! Where the deuce do you wish them to be?'

" 'But I have just come from heaven!'

" 'If they are not in heaven and if they are not in purgatory . . . then they are in . . . hell!'

" 'Blessed Virgin! Aïe! Aïe! How is it possible? Ah! poor me! How can I go to heaven if my Cucugnanais are not there? But it's incredible!'

" 'Listen, my poor Monsieur Martin. Since you wish to be sure . . . go and see . . . take this path . . . down below . . . you will find an enormous portal on the left. Good luck and good-by.' And the good angel closes the door.

"It was a long and dangerous road but finally, on the left, I see an enormous oven! Oh! my children! No big book here! They enter in droves the same way you enter the cabarets on Sunday! I still smell the roast flesh! I still cannot breathe when I think of that smelly, rotten, stifling air! I still hear the horrible cries, the groans, the yelling, the curses!

" 'Well, are you coming in or aren't you?' said a horned devil with a pitchfork.

" 'I am not coming in! I am a friend of God!'

" 'You are a friend of God? Then what are you doing here?'

" 'I come . . . I come to ask humbly . . . if you have anyone from Cucugnan here?'

" 'You are joking, aren't you? As if you didn't know that all Cucugnan is here! Look, you ugly crow, look how we fix your famous Cucugnanais here!'

"And in a whirlwind of flame I see your fathers, your mothers, your brothers, your sisters . . . Jacques, Pierre, Toni, and a thousand others!"

Horrified, white with fear, the congregation groans and weeps.

"You see, my children," continues the Abbé, "when the grain is ripe, it must be cut; when the wine is drawn, it must be drunk; when there is dirty linen to be washed, it must be washed . . . and washed well! I wish . . . I insist on saving your souls from the abyss into which you are sliding head first!"

And the dirty linen was washed, and washed well! Since that memorable day the fragrance of virtue can be smelled for ten leagues around Cucugnan. And the good Monsieur Martin dreamed the other night that he and his flock were slowly ascending the path to the city of God!

—*Adapted from* Alphonse Daudet

5

L'ÉPICIER

Il y a en ce monde beaucoup d'hommes qui ont des richesses, beaucoup d'hommes qui sont pauvres, beaucoup d'hommes qui sont artistes et d'autres qui sont savants. Mais en ces jours-ci il y a peu de saints. Parmi toutes mes connaissances, il y a seulement un homme que je considère un saint. C'est un épicier.

Ce bonhomme vend du pain, mais du bon pain; du lait, mais du bon lait; de la viande, mais de la bonne viande; du fromage, du beurre, des pommes de terre, de la crème, mais tout de première qualité. Il y a beaucoup d'épiciers qui vendent, très cher, des marchandises de mauvaise qualité. Après deux ou trois ans ils sont riches et ils sont aussi respectés que les avocats riches. Tout le monde a beaucoup de respect pour les avocats riches. Après avoir plaidé tant de causes injustes; après avoir causé la condamnation de tant d'innocents, ils sont heureux dans ce monde mais ils seront probablement moins heureux dans l'autre monde. Les avocats ne sont pas des saints. Mais mon épicier, lui, est un saint et c'est un homme très heureux. Il n'a pas d'éducation, mais il a du savoir-vivre, beaucoup de savoir-vivre. Il en donne des preuves tous les jours.

Un jour, l'année dernière, on lui a intenté un procès. C'était pour une note qu'il avait déjà payée. Mais il avait perdu les preuves de son payement. L'avocat qui plaide contre lui interroge le bonhomme longuement. Son idée est d'intimider le pauvre homme et de lui faire dire des choses contradictoires. L'avocat interroge l'épicier minutieusement, obstinément.

—Votre métier, mon ami?

—Je suis épicier, monsieur, à votre service.

—Vous êtes épicier . . . et . . . vous payez vos dettes?

—Oui, monsieur, je paye mes dettes.

—Vous vendez des légumes, du fromage, des pommes de terre?

—Oui, monsieur, et du sucre, du lait, de la crème, à votre service, monsieur.

—Du bon sucre, mon ami? Du lait pur?

—Je ne peux pas le nier, monsieur. Tous mes clients en sont témoins, monsieur.

—Vous avez beaucoup de clients, je suppose?

—Oui, monsieur, assez de clients pour gagner mon pain.

5

THE GROCER

There are in this world many men who have wealth, many men who are poor, many men who are artists, and others who are savants. But in these days there are few saints. Among all my acquaintances, there is only one man whom I consider a saint. He is a grocer.

This simple man sells bread, but good bread; milk, but good milk; meat, but good meat; cheese, butter, potatoes, cream, but all of fine quality. There are many grocers who sell, at a very high price, merchandise of poor quality. After two or three years they are rich and they are as respected as rich lawyers. Everybody has a great deal of respect for rich lawyers. After having pleaded so many unjust cases, after having caused the condemnation of so many innocent people, they are happy in this world but they will probably be less happy in the next. Lawyers are not saints. But my grocer is a saint and he is a very happy man. He has no education, but he has *savoir-vivre*, very much of it. He gives proof of that every day.

One day last year they sued him. It was for a note which he had already paid. But he had lost the proof of his payment. The lawyer who pleads against him cross-examines the simple man at great length. His idea is to intimidate the poor man and make him say contradictory things. The lawyer interrogates the grocer obstinately and in great detail.

"Your trade, my friend?"
"I am a grocer, sir, at your service."
"You are a grocer . . . and . . . you pay your debts?"
"Yes, sir, I pay all my debts."
"You sell vegetables, cheese, potatoes?"

"Yes, and sugar, milk, cream . . . at your service, sir."

"Good sugar, my friend? Pure milk?"
"I cannot deny it, sir. All my clients are witnesses to that."

"You have many customers, I suppose?"
"Enough customers to earn my bread, sir."

—Des clients distingués, des professeurs, des banquiers, des savants, des curés?

—Oui, monsieur, et des avocats aussi.

—Et ils vous paient tous?

—Les professeurs, les banquiers, les curés, paient toujours.

—Et les avocats, mon ami, les avocats?

—Ils ne paient jamais leurs vieilles dettes. C'est un principe de droit, je pense, n'est-ce pas?

—Et les nouvelles dettes, mon ami?

—Ils les laissent vieillir.

—Vous répondez très bien, mon ami, très bien. On dirait que vous avez de l'éducation, du savoir-vivre . . .

—Vous êtes aimable, monsieur, très aimable; si je n'avais pas juré de dire la vérité, j'en dirais autant de vous!

6
L'ÉPICIER AU MUSÉE

Même en ce temps-ci, même à cette époque-ci, où la haute culture se répand dans toutes les classes sociales, où presque tout le monde voyage—ceux qui sont riches et ceux qui sont pauvres—il y a beaucoup d'hommes qui ignorent les grandes merveilles de l'antiquité, les grands trésors d'art et de sciences, qui sont la gloire du monde moderne.

Mais laissons ces petits détails-là et racontons l'histoire de monsieur Le Dollar. Cet excellent homme est épicier, un de ceux qui cinquante ans durant, se trouvent tous les jours dans la même boutique ponctuellement à sept heures du matin. Mais monsieur Le Dollar est riche maintenant et chose rare, il n'est pas victime de l'habitude. Il a beaucoup de clients qui voyagent et qui lui parlent souvent de leurs voyages et des merveilles qu'on voit en Europe. Lui, aussi, désire voir ces merveilles, ces trésors, ces galeries magnifiques, ces beaux musées. Ferme dans cette résolution, monsieur Le Dollar abandonne donc, un beau jour, le sucre et les pommes de terre et il va en Europe.

Comme tous ceux qui voyagent pour la première fois, il est touriste de cette fameuse agence ————. Il obéit aveuglément à toutes les recommandations des guides. Si les guides recommandent d'aller voir tel buste, telle statue, telle peinture, tel portrait, telle galerie, tel musée, il va voir immédiatement ce buste, cette statue, cette peinture, ce portrait, cette galerie, ce musée. Si le guide dit que cette statue est un chef-d'œuvre,

"Distinguished customers? Professors, bankers, scientists, priests?"

"Yes, sir, and lawyers too."

"And they all pay you?"

"The professors, the bankers, the priests always pay."

"And the lawyers, my friend, the lawyers?"

"They never pay their old debts, sir. It's a principle of law, I think, isn't it?"

"And their new debts, my friend?"

"They let them get old."

"You answer very well, my friend, very well. One would say that you have an education . . . *savoir-vivre*."

"You are very kind, sir, very kind. If I hadn't sworn to tell the truth, I would say as much about you!"

6

THE GROCER AT THE MUSEUM

Even in these days, even at this epoch when classic culture is spreading in all the social classes, when almost everybody travels—those who are rich and those who are poor—there are many men who ignore the great marvels of antiquity, the great treasures of art and of science which are the glory of the modern world.

But let us leave these little details and let us relate the story of Mr. Le Dollar. This excellent man is a grocer, one of those who for fifty years is found in the same store every day punctually at seven o'clock in the morning. But Mr. Le Dollar is rich now and, rare thing, he is not the victim of habit. He has many customers who travel and who speak to him often about their trips and the marvels that one can see in Europe. He also desires to see these marvels, these treasures, those magnificent galleries, those beautiful museums. Firm in this resolution, Monsieur Le Dollar one fine day abandons his sugar and his potatoes and goes to Europe.

As all those who travel for the first time, he is a tourist of that famous ———— Travel Agency. He obeys blindly all the recommendations in the guidebooks. If the guidebook recommends that he go to see such a bust, such a statue, such a painting, such a portrait, such a gallery, such a museum, he goes immediately to see that bust, that statue, that painting, that portrait, that gallery, that museum. If the guidebook says that this statue is a masterpiece, he cries "Ah! What a mar-

il s'écrie: —Ah! Le merveilleux trésor que cette statue! Si le guide prononce que l'architecture de telle galerie est très belle, il s'écrie qu'il trouve cette galerie même plus belle que celle de Puddleton Junction. Ce pauvre homme amuse énormément tous ceux qui causent avec lui. Mais laissons, encore une fois, tous ces détails-là. Cette histoire se rapporte surtout à la visite de monsieur Le Dollar au fameux musée ———.

Le bonhomme admire sans distinction tout ce qu'il y a dans une grande salle du musée et pose mille questions au pauvre gardien. —Qu'est-ce que c'est que ceci? Qu'est-ce que c'est que cela? Ce buste-ci, cette peinture-là, ce portrait-ci, cette toile-là? Est-ce que ce sont tous des chefs-d'œuvre? Et cette statue-là, qui se trouve près de la porte, que représente-t-elle?

—Celle-là, monsieur, c'est la fameuse statue d'Apollon, exécutée en terra cotta, répond le gardien.

—Oh! Le pauvre homme! Terra Cotta! Où se trouve donc cette ville? C'est en Italie, n'est-ce pas?

—Oui, monsieur, c'est en Italie. (*À part.*) Il est très amusant cet Américain-là!

—Et cette canne-là, ce parapluie-ci, à quel grand homme étaient-ils? (*La canne et le parapluie, en question, étaient ceux du gardien.*) Le gardien répond malicieusement:

—À Charlemagne, monsieur, à Charlemagne.

Le pauvre épicier les regarde pendant dix minutes.

—Et ces deux crânes-là, monsieur?

—Ce sont les crânes de Napoléon Premier, répond le gardien.

—Mais il y en a deux—un gros et un petit!

—Parfaitement, monsieur. Le petit est celui de Napoléon quand il était enfant; le gros est celui de Napoléon Empereur.

—Ah! dit l'épicier, ça c'est la chose la plus merveilleuse de l'Europe! Ce que c'est que de voyager!

7

LA CRÉATION DE LA FEMME

Il y a beaucoup de légendes intéressantes concernant la création de l'être mystérieux et inexplicable que nous appelons "la Femme." Ces légendes nous viennent de tous les pays et de toutes les civilisations. Les chrétiens croient que la femme fut créée de la côte d'Adam. Mais il y a d'autres religions qui ne sont pas d'accord avec cette explication. Les philosophes ont, eux aussi, beaucoup à dire à ce sujet. Aristote dit que la

velous treasure this statue is!" If the guide says that the architecture of such a gallery is very beautiful, he says that he finds it even more beautiful than that of Puddleton Junction. This poor man amuses immensely all those who chat with him. But let us again leave all these details. This story is concerned above all with the visit of Mr. Le Dollar to the famous museum of ———.

The good-natured man admires without discrimination all there is in one large room of the museum and asks the poor guard a thousand questions. "What is this? What is that? This bust? That painting? This portrait? That canvas? Are they all masterpieces? And that statue which stands near the door, what does it represent?"

"That, sir, is the famous statue of Apollo, executed in terra cotta," answers the guard.

"Oh! The poor man! Where is the city of Terra Cotta? In Italy, isn't it?"

"Yes, in Italy. (*Aside*) He is very amusing, this American!"

"And that cane and that umbrella, to what great man did they belong?" (*The cane and the umbrella in question belong to the guard.*) But the guard answers mischievously:

"To Charlemagne, sir, to Charlemagne."

The poor grocer looks at them for ten minutes.

"And those two skulls, monsieur?"

"Those are the skulls of Napoleon the First," answers the guard.

"But there are two of them, a large one and a little one!"

"Exactly, sir, the little one is that of Napoleon when he was a boy—the big one when he was Emperor."

"Ah!" said the grocer. "This is the most marvelous thing in Europe! What it is to travel!"

7

THE CREATION OF WOMAN

There are many interesting legends about the creation of the mysterious and inexplicable creature that we call Woman. These legends come to us from all nations and from all civilizations. The Christians believe that Woman was created from Adam's rib, but there are other religions which are not in accord with this explanation. Philosophers also have a great deal to say about this subject. Aristotle says that Woman is *un*

femme est "un homme manqué." Un autre nous dit que Dieu créa la femme après une semaine de travail gigantesque et qu'il se trouva trop épuisé pour créer le chef-d'œuvre qu'il désirait. Un autre accepte la théorie de la Bible mais dit qu'un ange interrompit Dieu au cours de sa création, et qu'ainsi la pauvre côte abandonnée à la chaleur du soleil devint toute sèche—et c'est la raison pour laquelle les femmes bavardent tellement. Un autre dit que Dieu ne pouvait pas créer et mettre partout des anges, aussi créa-t-il la femme.

L'une des plus belles légendes sur la femme nous vient d'un pays lointain. Dans cette légende, on dit que Dieu créa le monde à partir du chaos. Il créa alors les montagnes et les vallées, les océans, les rivières et les lacs et ensuite tous les animaux—le lion, le tigre, l'éléphant, les oiseaux et le reste du règne animal. Enfin, il créa son chef-d'œuvre, l'Homme.

Voilà maintenant Adam (appelons-le ainsi) qui erre çà et là. Il regarde les animaux et les oiseaux et il se sent seul. Il arrive près d'un étang à l'eau claire et il y voit une ombre—sa propre image—et il plonge pour l'attraper mais l'image lui échappe. Dans plus de douze étangs il voit la même image et plus de douze fois il plonge pour l'attraper et plus de douze fois l'image lui échappe. Il s'assied à l'ombre d'un arbre et bientôt appelle Dieu à son aide. Dieu entend sa prière et redescend sur terre. Adam dit à Dieu qu'il se sentait seul et qu'il a besoin de quelque chose, sans savoir exactement de quoi.

Le Père Éternel sourit un peu ironiquement peut-être. . . .
—Viens, dit-il, mène-moi aux étangs où tu as as vu les ombres. Et Dieu prend chaque ombre dans ses mains et lorsqu'il les a toutes, il souffle sur elles et une femme magnifique, Eve, se dresse soudain devant eux. Mais Eve semble incertaine, un peu perdue et affolée. Peu après, cependant, ses lèvres commencent à remuer et elle prononce ses premiers mots: —Je suis! Je ne suis pas! Et le Tout Puissant sourit à nouveau et dit: —Telle est la loi. Quand vous êtes avec l'homme, vous existez. Sans l'homme, vous n'existez pas.

Adam est heureux, mais on dit que lorsque Dieu disparut il y avait un sourire sardonique sur son beau visage.

homme manqué.* Another tells us that God created Woman after a week of tremendous labor and that he was too exhausted to create the masterpiece he wished. Another accepts the story of the Bible but says that an angel interrupted God during the creation, and the poor rib, left in the hot sun, became dry—and that is the reason women rattle so much. Still another says that God couldn't create angels to be everywhere, so he created Woman.

One of the most beautiful legends about Woman comes to us from a distant land. In this legend it is said that God created the world from chaos. He then created the mountains and the valleys, the oceans, the rivers and the lakes, and then all the animals—the lion, the tiger, the elephant, the birds, and the rest of the animal kingdom. And finally, he created his masterpiece—Man.

Then Adam (let us call him that) wanders about here and there. He looks at the animals and the birds, and he is lonesome. He comes to a pool of clear water and he sees a shadow—his own image—and he plunges into the water to possess it but the image escapes him. In more than a dozen pools he sees the same image, and more than a dozen times he plunges in to possess it, and more than a dozen times the image escapes him. He sits down in the shadow of a tree and soon he calls upon God to help him. God answers his prayer and returns to the earth. Adam tells God that he is lonesome and feels the need of something—he knows not what.

The Heavenly Father smiles, a little ironically perhaps. "Come," He says, "take me to the pools where you saw the images." And God takes each image in His hands and when He has them all, He blows upon them His breath of life, and a beautiful woman, Eve, suddenly stands in their presence. But Eve seems lost, uncertain, and bewildered. Soon, however, her lips begin to move and she utters her first words: "I am! I am not!" And the Almighty smiles again and says: "That is the law. When you are with man, you are; without man, you are not."

Adam is happy, but it is said that when God disappeared there was a sardonic smile on His face.

* *A near-miss.*

8
ANCIENNE ÉLOQUENCE

Voici un version d'un document sans prix, dont l'original, si l'on en croit Jack Lait, se trouve dans les archives de l'Association Historique d'Arizona. C'est le rapport d'une sentence prononcée par un juge en 1874 contre un voleur de chevaux qui avait été jugé par un jury.

—José Gabriel María Ferdinández, un jury de vos pairs vous a impartialement jugé en cette cour durant le mois d'août de l'An de Grâce 1874.

—Le mois d'août est une belle époque puisqu'il prend place au milieu de l'été quand la nature entière s'affaire aux travaux que lui impose la continuité de son existence. Les arbres fruitiers sont chargés de fruits, le grain mûrit dans les champs, les collines commencent à prendre la couleur de l'or, les oiseaux chantent tandis qu'ils veillent sur leurs petits. Les hommes quittent la chaleur de la cité pour jouir de l'air pur des montagnes ou de la fraîche brise marine. L'été est véritablement une belle saison.

—Ensuite, José Gabriel María Ferdinández, vient l'automne. C'est alors que la nature récolte le lourd fruit de son labeur. Les blés mûrs sont moissonnés, les fruits savoureux sont cueillis dans les vergers, et les feuilles des arbres se répandent en une symphonie de couleurs. S'habillant d'ornements resplendissants mais sobres, la nature commence à se préparer pour le long repos qu'elle a justement gagné. Les oiseaux et leurs chants s'en vont vers de plus chauds climates et sur l'herbe, au matin, brille la rosée d'argent. José Gabriel María Ferdinández, l'automne est réellement une saison magnifique!

—Puis, José Gabriel María Ferdinández, vient l'hiver qui est aussi, malgré son austérité, une belle saison. Maintenant la nature entière se repose; les collines, les montagnes, les vallées sont couvertes de neige tandis que la Providence toute puissante travaille mystérieusement à rassembler son énergie. C'est la saison où nous nous asseyons près de la cheminée et rendons grâce à Dieu pour le bonheur d'être en vie.

—Vous, José Gabriel María Ferdinández, vous pouvez bien penser que l'hiver est vraiment une saison admirable.

—Enfin vient le printemps! Ah José Gabriel María Ferdinández, entre toutes, le printemps est vraiment la reine, la plus belle des saisons! La nature entière s'éveille de son sommeil et c'est à nouveau le jaillissement et la joie de la vie. Les

8

"YE ANCIENT ELOQUENCE"

Here is a version of a priceless document, the original of which, according to the late Jack Lait, is in the archives of the Arizona Historical Association. It is the report of a sentence pronounced by a judge in 1874 on a horse-thief who had been convicted by a jury.

"José Gabriel María Ferdinández, a jury of your peers has tried you fairly in this Court during the month of August, in the year of our Lord 1874.

"The month of August is a beautiful period, coming as it does, in the middle of summer when all nature is busy with the labors imposed upon her to continue her existence. The fruit trees are laden with fruit, the grain is ripening in the fields, the hills are beginning to turn the color of gold, the birds sing while caring for their young. People leave the heat of the city to enjoy the cool air of the mountains or the refreshing breezes of the sea. Summer is truly a beautiful season.

"Then, José Gabriel María Ferdinández, comes autumn. It is then that nature reaps the rich rewards of her labors. The ripened grain is harvested, the savory fruits of the orchards are gathered, and the leaves of the trees turn into a symphony of colors. Clothing herself with brilliant but sober garments, Nature begins her preparation for the long rest which she has justly earned. The birds with their songs leave for warmer climates, and the grass sparkles with a silvery dew in the morning. José Gabriel María Ferdinández, autumn is really a most bountiful and beautiful season.

"Then, José Gabriel María Ferdinández, comes winter, and this also, although austere, is a beautiful season. All nature now lies at rest. The hills, the mountains, the valleys are covered with white snow while Almighty Providence labors mysteriously to replenish its energy. It is also the season when we sit before the hearth and give thanks to God for the joy of living.

"You, José Gabriel María Ferdinández, may well ponder that winter is indeed a lovely season.

"And then comes spring! Ah, José Gabriel María Ferdinández, of them all, spring is really the queen . . . the most beautiful of all the seasons! All nature awakens from its restful sleep, everything springs again to joyous life. The trees

arbres bourgeonnent, les oiseaux chantent, les fleurs s'épanouissent et l'air est rempli de parfum. La nature entière est heureuse de la jeunesse d'une nouvelle année et elle renaît à l'amour de la vie. Nous sommes tous jeunes à nouveau et nos cœurs sont en fête. Qu'il est merveilleux de se sentir en vie et de participer au miracle du printemps! Oui, le printemps est bien la plus belle de toutes les saisons.

—Mais vous . . . José Gabriel María Ferdinández, vous, brigand à l'âme noire et sale, misérable voleur de chevaux, fils de chienne, vous ne verrez rien de tout cela! Car la sentence ci-devant prononcée est que vous serez pendu le dernier jour du mois prochain, le 30 septembre de l'An de Grâce 1874!

9

UNE QUERELLE DE DIMANCHE

Georges, *le mari*
Marie, *la femme*

Georges.—C'est aujourd'hui dimanche. C'est mon jour à moi. Silence complet chez nous. Ma femme à la messe, les six petits garçons chez leur oncle, et moi ici, tout seul avec mon journal. C'est délicieux! Mais qu'est-ce que c'est! Est-ce que je n'entends pas ma femme? Oui, c'est elle! Je pensais qu'elle était à l'église, le vieux dragon! (*À elle.*) Ma chérie, tu te fais belle pour aller au sermon?

Marie. —Certainement, et toi?

Georges.—(*À part.*) Pauvre femme, elle ne pense pas à son âge! (*À elle.*) Moi, je me plonge dans mon journal. (*À part.*) Voilà qu'elle fait la grimace!

Marie. —Toujours ce journal! Mais, Georges, c'est aujourd'hui dimanche, et qui plus est, c'est le Carême. Je veux aller à l'église, moi!

Georges.—Je ne te dis pas le contraire.

Marie. —Mais y aller toujours seule, cela ne fait pas mon affaire.

Georges.—Je te dis que je ne désire pas y aller, moi. Libre à toi d'y aller, puisque tu le désires tellement. Moi, je compte rester ici, avec mon journal. Voilà!

Marie. —Oh! Les hommes! La religion n'est plus rien pour eux aujourd'hui, rien du tout.

bud, the birds sing, the flowers bloom, and the air is filled with fragrance. All nature is happy in the youth of another year, and the love of living is reborn. We are all young again and our hearts rejoice! How wonderful it is to be alive in the miracle of spring! Yes, spring is truly the most beautiful season of all!

"But you . . . José Gabriel María Ferdinández . . . you dirty, blackhearted scoundrel, horse-thieving son of a female dog! . . . you will see nothing of it! . . . for you are hereby sentenced to be hanged on the last day of next month . . . the 30th day of September, in the year of our Lord, 1874."

9

A SUNDAY QUARREL

George, *the husband*
Mary, *the wife*

George. Today is Sunday. It's my day. Complete silence at home. My wife is at church, the six little ones are at their uncle's, and here I am, all alone with my newspaper. It's delightful! But what's that! Don't I hear my wife? Yes, it is she! And I thought she was in church, the old battle-ax! (*To her.*) My dear, are you making yourself beautiful to go to church?

Mary. Certainly, and you?
George. (*Aside.*) Poor woman, she doesn't think of her age! (*To her.*) I am busy with my newspaper. (*Aside.*) What a face she is making!
Mary. Always that newspaper! Today is Sunday, George, and besides it's Lent. I want to go to church.

George. I am not saying you shouldn't.
Mary. But to go always alone. I don't like it one bit.

George. I tell you that I don't want to go. You are free to go since you want to. I intend to stay here with my newspaper, that's all.
Mary. These men! Today, religion no longer means anything to them . . . nothing at all.

Georges.—Et les femmes donc! La religion n'est rien pour elles non plus. Ce n'est pas pour la religion que tu désires tant aller à l'église, toi. C'est pour faire admirer ton chapeau. Tu n'es pas sans un peu d'hypocrisie.

Marie. —Et toi, tu es une brute, un monstre!

Georges.—Voilà bien ta logique à toi! Je refuse d'aller avec toi à l'église, donc je suis une brute, un monstre. Eh bien! Ces gens qui passent tous leurs dimanches à l'église comme toi, je les trouve, eux . . .

Marie. —Hypocrites, sans doute?

Georges.—Ou sots! Et ce prédicateur qui te semble, à toi, si éloquent, moi, je le trouve insupportable. Il n'est pas orthodoxe; c'est un hérétique, un libéral tout plein d'idées modernes et dangereuses. Vous autres femmes, vous ne parlez que de lui, vous ne louez que lui; c'est pour vous le premier prédicateur du monde. Mais je pense autrement, moi. Ces beaux sermons, ce beau style, ces grands effets oratoires, ce grand talent, qu'est-ce? . . . des phrases! des phrases! des phrases!

Marie. —Voilà une belle oraison funèbre! Tu ne penses pas à ce que tu dis. Ce n'est pas ton opinion sincère, ce que tu dis là?

Georges.—Ah! Tu désires mon opinion sincère sur lui? Eh bien! J'étais avec toi au sermon un dimanche. Un vieux bouc se trouvait attaché auprès de l'église. Ton prédicateur parlait, discutait, criait. Il parlait justement de l'hypocrisie. Il s'écriait: "Vous entendez tout ce que je dis, et cependant, vous semblez indifférents! Est-ce que vous pensez que je ne parle pas sincèrement? Ou que pensez-vous de moi?" Les femmes, elles, trouvaient cela sublime, mais le pauvre bouc et moi, nous perdîmes complètement patience. Moi, je n'osais pas interrompre naturellement, mais le bouc l'osa bien, lui. Il s'avança jusqu'à la porte de l'église, pointa ses moustaches vers le prédicateur, fixa sur lui un regard plein d'impertinence et juste après la phrase "Que pensez-vous donc de moi?" il cria bien fort: "Bah!". . . Eh bien! Voilà, en un mot, mon opinion à moi sur ce grand homme, tout ce que je dis de lui, moi aussi, c'est: Bah!

George. And how about women? Religion no longer means anything to them either. You go to church not because of your religion but to show off your new hat! Are you sure you are not a little hypocritical in this matter?

Mary. You are a brute! A monster!

George. What kind of logic is this now! I refuse to go to church and therefore I am a brute, a monster! Well! These people who spend all their Sundays at church, as you do, I find them ...

Mary. Hypocrites, no doubt.

George. Or silly! And this minister whom you think is so eloquent, I find him unbearable. He is not orthodox; he is a heretic, a "liberal" stuffed with modern and dangerous ideas. This minister is all you women talk about these days; he is the only one you praise; he is, for all of you, the finest preacher in the world. I think otherwise! Those beautiful sermons, that fine style, those great oratorical flights—that great talent! What are they? Words! Words! Words!

Mary. That's a nice funeral oration! You don't believe what you say. What you are saying is not your sincere opinion.

George. Ah! You want my sincere opinion about him? Well! I was with you at church one Sunday; an old billy goat was tied near the church door. Your preacher spoke, discussed, shouted. Incidentally, he was talking on hypocrisy. He kept shouting, "You listen to what I am saying and still you seem indifferent. Don't you think that I am speaking sincerely? Well! What do you think of me?" The women found that sublime; but the poor billy goat and I lost our patience completely. I didn't dare interrupt, naturally, but the billy goat did. He walked up to the door of the church, turned his whiskers toward the preacher, fixed upon him a gaze full of impertinence and just after the phrase "What do you think of me?" he cried very loud, "Bah!" Well, that, in one word, is my opinion about this great man. All I have to say about him is, Bah!

Marie. —Toujours ces éternelles plaisanteries! Je te répète. Refuses-tu d'aller au sermon avec moi?
Georges.—Pas du tout, j'y consens, mais à une condition. . .
Marie. —Qui est?
Georges.—D'y aller avec ton vieux chapeau.
Marie. —Cela, non. Jamais! Jamais!

10

LE LIÈVRE ET LE HÉRISSON

C'est un beau matin d'été. Le soleil brille et l'air est frais et embaumé. C'est dimanche et tout le monde est heureux. Le hérisson est assis en face de son humble chaumière et lui, aussi, est rempli de joie. Tandis qu'il regarde les gens se rendant à l'église, il chantonne une vieille chanson, comme le font les hérissons lorsqu'ils sont heureux.

Il lui vient soudain l'idée de faire une promenade pour voir si les navets se décident à pousser. Il entre dans sa maison bien propre, embrasse sa gentille femme et s'en va à travers les champs. En route il rencontre le lièvre. Le hérisson salue le lièvre avec courtoisie, comme le font tous les hérissons bien élevés quand ils rencontrent un voisin ami. Le lièvre, qui est très orgueilleux et se considère un personnage important, ne répond pas au bonjour amical du hérisson mais dit assez grossièrement:

—Qu'est-ce que tu fais ici de si bonne heure, le matin?
—Je fais un tour comme vous le voyez. L'air du matin est si frais, si embaumé et les prés sont beaux, répond le hérisson.

—Tu fais un tour, réplique le lièvre, en riant. Tu as besoin d'une autre paire de jambes pour cela, mon pauvre ami.
—Je suppose que vous croyez vos jambes meilleures que les miennes, répond le hérisson.
—Il me semble que oui.

La gentille petite bête est chagrinée par l'insolence de son voisin. —Peut-être que si nous faisions une course, je gagnerais, dit-il.
—Ah! Ah! Ah! Toi! Gagner une course avec ces horribles jambes courtes! Quelle plaisanterie! Combien veux-tu parier?
—Un louis d'or et une bouteille de brandy, répond le hérisson.
—Bon. Parfait. Allons-y, dit le lièvre.
—On n'est pas pressé, répond le hérisson. Je n'ai pas encore

Mary. Always these eternal jokes of yours! I repeat ... do you refuse to go to church with me?
George. Not at all. I will go ... but on one condition.
Mary. Which is ...
George. You will wear your old hat.
Mary. I will not! Never! Never! Never!

10

THE HARE AND THE HEDGEHOG

It is a beautiful summer morning. The sun is shining, and the air is cool and balmy. It is Sunday and everybody is happy. A hedgehog is sitting in front of his humble cottage and he too is filled with joy. As he watches the people going to church, he hums an old song as hedgehogs do when they are happy.

It suddenly occurs to him to take a walk to see how the turnips are coming along. He enters his tidy home, kisses his good wife, and goes out across the fields. On the way he meets the hare. The hedgehog greets the hare with courtesy as all well-mannered hedgehogs do when they meet a friendly neighbor. The hare, who is very proud and who considers himself a person of importance, does not answer the friendly greeting of the hedgehog, but says somewhat rudely:

"What are you doing here so early in the morning?"

"I am taking a stroll, as you see. The morning air is so cool and balmy and the fields are beautiful," answers the hedgehog.

"You are taking a stroll?" replies the hare, laughing. "You need a new pair of legs for that, my good friend."

"I suppose you think your legs are better than mine," replies the hedgehog.

"I should say so," answers the hare.

The gentle creature is hurt by the insolence of his neighbor. "Perhaps if we run a race, I could win it," he says.

"Ha! Ha! Ha! You win a race with those ugly short legs? What a joke! How much do you want to bet?"

"A gold louis and a bottle of brandy," replies the hedgehog.

"Good! Very good! Let's go!" answers the rabbit.

"There is no hurry," replies the hedgehog, "I have not had

pris mon petit déjeuner et ma femme et mes enfants m'attendent. Je serai de retour dans un instant.

En revenant vers son humble chaumière le hérisson médite. —Le lièvre se prend pour quelqu'un. Il faut lui donner une leçon.

Il entre chez lui et appelle sa gentille femme.

—Habille-toi vite, ma chère femme, tu vas m'aider. J'ai parié un louis d'or et une bouteille de brandy avec le lièvre que je le battrais à la course.

—Dieu du ciel, s'écrie-t-elle. Tu as perdu la tête?

—Silence, ma bonne femme, silence, dit-il. Vous, femmes, ne connaissez rien à ces affaires. Habille-toi et viens avec moi.

Lorsqu'ils arrivent près du champ le hérisson s'arrête et dit: —Écoute bien, maintenant. Tu vois ce champ avec ces sillons? Le lièvre va courir dans un des sillons et moi dans l'autre. Tu vas t'aplatir à cette extrémité du sillon et je m'aplatirai à l'autre bout. Quand le lièvre sera presque arrivé au bout de son sillon tu te dresses et tu cries: "J'y suis!" Puisque nous sommes identiques, il ne verra pas la différence.

Ensuite, il va à l'autre bout du champ où l'attend le lièvre. Chacun gagne son sillon et le lièvre compte. —Un, deux, trois, et il fend l'air à une vitesse vertigineuse. Quand il est presque au bout du sillon, la gentille femme se dresse et crie, "J'y suis!" Le lièvre est stupéfait.

—C'est étrange, se dit-il. Je dois courir plus vite. Recommençons, dit-il.

—Pourquoi pas? dit la gentille femme. Elle fait un ou deux pas en courant puis s'aplatit tranquillement dans son sillon. Le lièvre court plus vite encore que la première fois.

Ses oreilles ressemblent aux ailes d'un oiseau qui vole à travers l'espace. Avant d'arriver à l'autre bout, monsieur Hérisson se dresse et crie, "J'y suis!" Le lièvre est plus surpris que jamais. Il n'y comprend rien.

—Recommençons, dit-il.

—Pourquoi pas? dit le hérisson. Je peux courir toute la journée.

Et ainsi, ils firent 73 (soixante-treize) courses. Et 73 fois le lièvre se retrouve toujours en arrière de quelques pas— pauvre lièvre! Ses jambes sont longues, mais son esprit est lent, bien lent en vérité. À la soixante-quatorzième course le lièvre tombe au milieu du champ et meurt peu après. Le hérisson empoche le louis d'or, attrape la bouteille de brandy, et bras dessus bras dessous avec sa bonne femme, il rentre à

my breakfast yet, and my wife and children are waiting. I will be back shortly."

On the way back to his humble cottage, the hedgehog muses: "The hare thinks he is somebody. I must teach him a lesson."

He enters his home and calls his good wife.

"Dress quickly, my dear. You are going to help me. I bet the rabbit a gold louis and a bottle of brandy that I would win a race with him."

"Good heavens!" she cries, "have you lost your head?"

"Silence, my good woman, silence. You women know nothing about these matters. Dress, and come with me."

When they arrive near the field the hedgehog stops and says, "Listen carefully, now. Do you see that field with furrows? The rabbit will run in one furrow and I in another. You will lie down at this end of the furrow and I will lie at the other end. When the rabbit is near the end of his furrow, you stand up and shout 'Here I am!' Since we look alike he will not know the difference."

Then he goes to the other end of the field where the rabbit is waiting for him. Each gets into his own furrow and the rabbit counts, "One, two, three!" and flies through the air at great speed. When he is almost at the other end of the furrow, the good woman stands up and shouts, "Here I am!" The rabbit is stunned!

"This is strange," he says to himself, "I must run faster. Let's run again," he says.

"Why not?" answers the good woman. She runs a step or two, then lies quietly in her furrow. The rabbit runs with much greater speed than before.

His ears resemble the wings of a bird as he flies through the air. Before he reaches the other end, Mr. Hedgehog stands up and shouts, "Here I am!" The rabbit is more amazed than ever. He cannot understand it.

"Let's run again!" he says.

"Why not?" answers the hedgehog, "I can run all day."

And so they run seventy-three races. And seventy-three times the rabbit finds himself always one or two steps behind. Poor rabbit! His legs are long but his mind is slow . . . slow indeed! At the seventy-fourth race the rabbit falls in the middle of the field and soon dies. The hedgehog pockets the gold louis, picks up the bottle of brandy, and arm in arm, he

la maison, où ils vivent encore à moins qu'ils ne soient morts de vieillesse.

La morale de cette histoire est double. En premier lieu, ne vous moquez jamais de personne, même si ce n'est qu'un hérisson. En deuxième lieu, si vous devez vous marier, soyez sûr d'épouser quelqu'un qui vous ressemble. Et bien sûr, si vous êtes hérisson, je vous conseille d'épouser une hérissonne.

11

LA CHEMISE DE L'HOMME HEUREUX

Je vais te raconter une histoire qui te plaira, Manolo, j'en suis sûr.

Tu es riche et noble et Dieu t'a doué d'une grande intelligence et de nombreux talents. Mais, crois-moi, Manolo, tous ces dons ne rendent pas la vie belle ou heureuse. Seul ton cœur peut te donner le bonheur, pourvu que tu le préserves tel qu'il est maintenant, bon et généreux.

Un poète qui était aussi philosophe a dit:

—J'ai en moi la fontaine du bonheur. . . . Je l'ai toujours eue, mais je ne l'ai jamais su.

Apprends bien cette leçon, Manolo, et apprends-la maintenant, afin que les désillusions de la vie, avec leur part de larmes et d'angoisse, n'aient pas à t'enseigner la profonde vérité que démontre cette histoire: *Un cœur qui ne désire, ni ne craint . . . voilà le secret du bonheur.*

Il régnait une fois, dans l'heureuse Arabie, un roi du nom de Bertold Premier. On l'appelait "le gros" car c'était le monarque le plus corpulent de l'époque. Il passait la plupart de son temps sur un somptueux sofa, fumant, mangeant, et écoutant des chansons que chantaient ses esclaves dans une langue étrange et exotique.

Un jour Bertold le gros tomba malade frappé d'une étrange maladie; car, crois-moi, Manolo, l'indolence est la cause de nombreuse afflictions. Les meilleurs médecins du monde furent appelés pour guérir Sa Majesté.

Un médecin allemand déclara que le monarque mourrait sûrement à moins qu'il ne prît tous les sept ans trois gouttes d'une potion très forte. Cette maladie était chose courante dans son pays et était due à un excès d'indolence. Cela s'appelait *Langeweile* en allemand.

Doctor Hall d'Oxford soutenait que la maladie était très connue en Angleterre et était causée par les brouillards épais de la Tamise. Là-bas on appelait cela *spleen*. Ses victimes se

and his good wife return home, where they are still living, unless they have died of old age.

The moral of this story is twofold. In the first place, never make fun of anyone, even if he is only a hedgehog. In the second place, if you must marry, be sure to marry someone like yourself. And, of course, if you are a hedgehog, I advise you to marry a hedgehog.

11

THE SHIRT OF THE HAPPY MAN

I am going to tell you a story, Manolo, which you will like, I am sure.

You are rich and noble and God has endowed you with an excellent mind and many talents. But, believe me, Manolo, all these gifts do not make life good or happy. Only your heart can bring you happiness, provided you preserve it, as it is now, good and generous.

A poet, who was also a philosopher, has said:

"I have within me the fountain of happiness; I have had it always, but never knew it."

Learn this lesson well, Manolo, and learn it now so that the disillusionments of life, with their share of tears and anguish, will not have to teach you the profound truth which this story teaches: *"A heart which neither desires nor fears is the only thing which possesses happiness."*

Once upon a time, there reigned in Happy Arabia a king by the name of Bertold I. He was called the Fat because he was the most corpulent monarch of his time. He spent most of his time lying on a sumptuous sofa, smoking, eating, and listening to songs, sung by his slaves in a strange and exotic language.

One day Bertold the Fat fell ill with a strange disease, because, believe me, Manolo, indolence is the cause of many strange afflictions. The best doctors in the world were called to cure His Majesty.

A German doctor declared that the monarch would surely die unless he took three drops of a very strong medicine every seven years. The disease was common in his country and was caused by extreme indolence. It was called *Langeweile* in German.

Doctor Hall, from Oxford, maintained that the illness was well known in England and that it was caused by the heavy fogs of the Thames. There, they called it *spleen*. Its victims

guérissaient elles-mêmes très aisément en se brûlant la cervelle avec un bon pistolet.

Un spécialiste parisien établit que cette affliction prédominait plutôt en France où on l'appelait *ennui*. Les Français la guérissaient sans trop de difficulté, par la musique, la danse et toutes sortes de distractions.

Un docteur espagnol très célèbre dit que Sa Majesté pourrait aisément être guérie si, au lieu de se reposer nuit et jour sur un somptueux sofa, on l'attelait à une lourde charrue douze heures par jour et si Elle était fouettée avec une bonne cravache au lieu d'être éventée avec des plumes.

Toutes ces ordonnances furent mises à l'essai, à l'exception de l'anglaise que Sa Majesté trouvait trop radicale et de l'espagnol qui, pensait-il, était trop cruelle. Mais tout cela en vain, car de jour en jour, l'état du roi empirait et avant peu il fut au seuil de la mort. Alors, richesse et pouvoir furent offerts à quiconque, homme ou femme, pourrait guérir le monarque mais personne ne se présenta au palais avec la potion désirée. Tout espoir semblait perdu, et un à un, tous les nobles et grands du Royaume désertèrent la Cour de Bertold I et commencèrent à fréquenter les salons du futur Bertold II.

Un jour un petit homme, monté sur un vieil âne, apparut devant les portes du Palais Royal. C'était un médecin juif, à ce qu'il disait, et il était venu guérir le roi. Tous les nobles et grands de la Cour sortirent du palais pour l'accueillir. De loin leurs têtes chauves faisaient penser à un immense panorama de melons blancs. En grande cérémonie l'Israélite fut amené à la chambre du Roi. Ce dernier était allongé sur son somptueux sofa, la bouche ouverte, respirant avec difficulté, et le bruit de ses râles faisait trembler le lustre qui pendait au plafond. Sur son énorme ventre reposait son chat favori.

L'Israélite examina le patient lentement et avec un soin extrême. Il prit ensuite un instrument long et aiguisé, fit au-dessus du roi des signes mystérieux et perça de l'instrument la tête du malade. Aucun mouvement, aucun signe de vie.

—Sa Majesté a la tête vide, murmura le docteur. Puis, de son instrument pointu, il perça le cœur de son patient. Aucun signe de vie.

—Le cœur de Sa Majesté est un cœur de liège, dit le docteur. L'Israélite finalement perça de son instrument l'estomac du monarque malade. Immédiatement, de la bouche du roi, sortit un cri énorme et perçant qui effraya la cour

cured themselves very easily by blowing their brains out with a good pistol.

A Parisian specialist stated that the affliction was rather prevalent in France where it was called *ennui*. The French cured it without too much difficulty with music, dancing, and distractions in general.

A very famous Spanish doctor said that His Majesty could easily be cured, if instead of lying on a sumptuous sofa day and night, he were hitched to a heavy plow for twelve hours daily and whipped with a good lash, instead of being fanned with feathers.

All these prescriptions were tried, with the exception of the English, which His Majesty thought was too radical, and the Spanish, which he thought too cruel. But all was in vain. Day by day, the king got worse and it wasn't long before he stood on the threshold of death. Then wealth and power were offered to any man or woman who could cure the monarch, but no one appeared at the palace with the desired medicine. All hope seemed lost, and one by one, all the nobles and grandees of the realm deserted the Court of Bertold I and began to frequent the chambers of the future Bertold II.

One day a little man astride an old donkey appeared before the gates of the king's palace. He was a Jewish doctor, he said, and he had come to cure the king. All the nobles and the grandees of the Court came out of the palace to greet him. From a distance their bald heads resembled an immense panorama of white melons. With great ceremony the Israelite was taken to the chamber of the king. The king was lying on his sumptuous sofa, his mouth open, breathing with difficulty, and the noise of his death-rattle shook the chandelier that hung from the ceiling. And on his enormous belly there lay his favorite cat.

The Israelite examined the patient slowly, with infinite care. He then took a long sharp instrument, made mysterious signs over the king, and stuck the instrument in the head of the sick man. There was no movement, no sign of life.

"His Majesty has an empty head," muttered the doctor. Then the doctor stuck his sharp instrument in the heart of his patient. There was no sign of life.

"The heart of His Majesty is made of cork," said the doctor. The Israelite finally stuck the instrument into the stomach of the sick monarch. Immediately, from the mouth of the king, there came a loud, shrill cry that frightened all the courtiers;

entière y compris le chat dont la queue fendit l'air et qui sauta par la fenêtre. Seul le docteur garda son sang-froid.

—Sa Majesté a beaucoup travaillé avec son estomac, déclara le docteur.

—Le sagesse parle par votre bouche, dit le premier ministre.

Le docteur consulta alors un gros livre, dans lequel se trouvaient, peints de vives couleurs, tous les signes du Zodiaque. Il traça dans le livre quelques symboles mystérieux et finalement déclara:

—Sa Majesté va sûrement mourir si avant que la lune ne soit pleine Elle n'a pas mis la chemise d'un homme heureux. C'était un remède bien simple, pensaient-ils tous, et les courtisans désertèrent les salons du futur Bertold II et revinrent à la Cour de Bertold I. Le Roi, lui, se sentit beaucoup mieux et la gazette officielle put annoncer que Sa Majesté avait dîné de trois poulets, d'une petite dinde, et de quelques autres fins morceaux.

Le soir même le premier ministre convoqua le Conseil d'État pour discuter la question de la chemise. Devrait-elle être une simple chemise ou une chemise fantaisie? Devrait-elle être propre ou sale? Et quelle sorte de chemise? La discussion était très animée et quelques nobles en seraient venus aux coups si un vénérable sénateur ne s'était levé pour poser une question sérieuse. Qui parmi eux, demanda-t-il, était l'homme heureux qui allait procurer la chemise desirée? Tous restèrent silencieux et alors, un à un, tous sortirent de la salle. Aucun ne croyait sa chemise capable de produire la guérison miraculeuse.

Le premier ministre proclama un ordre demandant à tous les hommes heureux de la capitale de se présenter au palais du roi. Personne ne vint. Le même ordre fut proclamé à travers le pays entier. En vain! Personne ne se croyait heureux dans cette contrée qui portait le nom "d'Heureuse Arabie." Et pendant ce temps la lune continuait à grossir et à grossir encore comme si elle souhaitait briller de toute sa splendeur à l'agonie du Roi.

Le premier ministre, désespéré, car il perdrait tout pouvoir si le roi venait à mourir, entreprit lui-même un voyage à travers le pays entier à la recherche de la chemise d'un homme heureux. Il voyagea par monts et par vaux, par plaines et deserts, par villes et hameaux. Tout en vain!

Un jour, mort de fatigue il s'assit à l'ombre d'un palmier pour se reposer. Une tempête de sable le força à chercher

and the cat, his tail in the air, flew out of the window. Only the doctor remained calm.

"His Majesty has worked very hard with his stomach," declared the doctor.

"Wisdom speaks through your mouth," said the Prime Minister.

The doctor then consulted a big book in which were painted in vivid colors all the signs of the zodiac. He traced some mysterious symbols in it and finally declared:

"His Majesty will surely die, if before the moon is full, he does not wear the shirt of a happy man." This was a simple remedy, they all thought, and the courtiers deserted the salons of the future Bertold II and returned to the Court of Bertold I. The king himself felt much better and the official gazette could report that His Majesty had had for dinner three chickens, a small turkey, and a few more such choice tidbits.

That same evening the Prime Minister convened the Council of State to discuss the problem of the shirt. Should it be a plain or a fancy shirt? Should it be clean or dirty . . . and what style? The discussion was very animated and some of the nobles would have come to blows, if a venerable senator had not risen to ask a very serious question. Who among them, he asked, was the happy man to proffer the desired shirt? All remained silent and then, one by one, they all left the chamber. Not one believed his shirt capable of producing the miraculous cure.

Then the Prime Minister issued an order requesting all the happy men of the capital to present themselves at the palace of the king. No one came. The same order was issued throughout the nation. All in vain! No one believed himself happy in that land that bore the name of Happy Arabia! In the meantime the moon kept growing bigger and bigger as if it wished to gaze in all its splendor at the agony of the king.

Desperate because he would lose his power if the king were to die, the Prime Minister himself traveled throughout the land seeking to find the shirt of a happy man. He traveled over mountains and valleys, plains and deserts, through towns and hamlets . . . but all in vain!

One day, tired and weary, he sat down in the shade of a palm tree to rest. A sandstorm forced him to seek shelter in

refuge dans une grotte où il trouva un hermite qui lui donna des dattes et de l'eau.

—Que faites-vous dans la solitude de ce désert? demanda le vieil homme.

—Je cherche un homme heureux et je ne l'ai pas trouvé, répondit le premier ministre.

—Allah est grand! dit l'hermite. Je suis heureux.

—Vous, s'exclama le premier ministre stupéfait, vous êtes heureux! Mais comment pouvez-vous être heureux dans cette grotte?

—Parce que je ne désire pas d'autre grotte et je n'ai pas peur de perdre celle-ci, répliqua l'hermite.

—Mais en quoi consiste votre bonheur? demanda le premier ministre qui n'avait pas compris la profondeur de la réponse du vieil homme.

—La source de mon bonheur est en moi-même et Allah est grand, répondit-il.

Fou de joie le premier ministre jeta une bourse pleine de pièces d'or aux pieds de l'hermite et lui réclama sa chemise.

Le vieil homme sourit et entr'ouvrit sa vieille cape usée. O cruelle surprise! O déception!

L'homme heureux n'avait pas de chemise!

—*D'après* P. Louis Coloma

12

LA CHÈVRE DE MONSIEUR SEGUIN

"Tu ne changeras donc jamais, mon pauvre Gringoire. On t'offre un poste de journaliste pour un bon journal parisien et tu as l'aplomb de le refuser! Regarde-toi bien, pauvre malheureux! Regarde tes vêtements râpés jusqu'à la corde, tes chaussures usées, et ce visage pâle, affamé, qui est le tien. Voilà où t'a mené ton amour de la poésie! Voilà ta récompense pour dix années au service de la muse d'Apollon. Tu n'as pas honte, Gringoire? Fais-toi journaliste, imbécile . . . fais-toi journaliste! Tu gagneras un bon salaire; tu pourras avoir de délicieux dîners dans tes restaurants favoris; tu porteras les meilleurs vêtements et tu seras partout respecté et bien accueilli.

Je vois. Tu ne veux pas? Tu as décidé de vivre, comme tu as vécu, jusqu'à ton dernier jour, n'est-ce pas? Bon, alors écoute l'histoire de la chèvre de monsieur Seguin et vois ce qui arrive aux gens comme toi."

a cave, where he found a hermit who gave him dates and water.

"What are you doing in the solitude of this desert?" asked the old man.

"I am looking for a happy man whom I haven't found," answered the Prime Minister.

"Allah is great," said the hermit. "I am happy."

"You," exclaimed the Prime Minister, astonished. "You are happy! But how can you be happy in this cave?"

"Because I desire no other cave and do not fear the loss of this one," replied the hermit.

"But where do you find your happiness?" asked the Prime Minister, who had not understood the profound answer of the old man.

"The source of my happiness is within me, and Allah is great," he answered.

Mad with joy the Prime Minister threw a bag filled with gold coins at the feet of the hermit, and asked him for his shirt.

The old man smiled and opened his worn-out cassock. What a cruel surprise! What a disappointment!

The happy man had no shirt!

—*Adapted from* P. Luis Coloma

12

THE GOAT OF MONSIEUR SEGUIN

You will never change, will you, my poor Gringoire? You are offered a position as a journalist by a good Paris newspaper and you have the effrontery to refuse it! Take a good look at yourself, you miserable fellow . . . take a good look at your threadbare clothes, your worn-out shoes, and that pale, hungry face of yours! That's what your love for poetry has done to you! . . . That is your reward for ten years' service to the muse of Apollo! Aren't you ashamed of yourself, Gringoire? Become a journalist, you imbecile . . . become a journalist! You will earn a good salary, you can have exquisite dinners at your favorite restaurants, you will wear the finest clothes, and you will be respected and welcomed everywhere.

I see! You don't want to? You are determined to live as you have been living, to the end of your days, aren't you? Well then, listen to the story of Monsieur Seguin's goat and see what happens to people like you.

Monsieur Seguin n'avait jamais eu de bonheur avec ses chèvres. Il les perdait toutes de la même manière. Un beau matin elles brisaient leur chaîne, prenaient le chemin de la montagne et là le loup les mangeait. Ni l'affection de leur maître ni la peur du loup ne pouvaient les retenir. Elles étaient d'une race indépendante, semble-t-il, et voulaient être libres, à tout prix.

Le bon monsieur Seguin qui ne comprenait pas la nature de ses animaux était consterné.

—J'en ai eu assez, disait-il. Je n'en aurai jamais d'autres. Mais néanmoins, il en eut une. Après en avoir perdu six de la même manière il en acheta une septième. Mais cette fois il la prit très jeune afin qu'elle s'habituât à vivre dans ses prés.

Ah Gringoire! Tu aurais dû voir l'adorable chèvre! Tu serais tombé amoureux de ses bons yeux tendres, de sa jolie petite barbiche, de ses cornes rayées et de sa robe de fourrure blanche qui aurait pu habiller une reine. Elle était si docile, si joueuse, si affectueuse. Une vraie petite princesse, Gringoire!

Monsieur Seguin la mit dans son meilleur pré, l'attacha à une longue corde, et fit tout pour qu'elle soit bien. . . .

Blanquette, car c'était son nom, avait l'air heureuse et monsieur Seguin était ravi. —Enfin, disait-il, j'ai une chèvre qui est heureuse de rester avec moi.

Mais monsieur Seguin se trompait. Blanquette commença à jeter des regards vers la montagne qui n'était pas trop loin et elle ne cessait de réfléchir. Comme ça doit être joli là-haut! Quelle joie ce doit être de gambader et de danser sans cette corde autour du cou! C'est bien bon pour les ânes de brouter dans les prés. . . . Mais les chèvres! Jamais! Et la pauvre Blanquette était très malheureuse. Cela t'aurait fendu le cœur, Gringoire, de la voir tirer sur la corde et d'entendre son misérable bêlement . . . maa . . . maa . . . maa. . . . Finalement elle ne put plus y tenir.

Un matin, tandis que monsieur Seguin venait s'asseoir près d'elle, elle tourna vers lui sa jolie tête et lui dit tristement: —Monsieur Seguin, je suis très malheureuse ici. Je vous en prie, laissez-moi aller dans la montagne.

—Seigneur Dieu, cria-t-il, toi aussi! Toi aussi tu veux me quitter, Blanquette!

—Oui, monsieur Seguin, répondit-elle.

—Tu n'as pas assez d'herbe ici?

—Ce n'est pas ça, monsieur Seguin. Il y en a amplement.

Monsieur Seguin had never had any luck with his goats. He would lose them all in the same manner. One fine morning they would break their shackles, make their way to the mountains, and a wolf would eat them. Neither the affection of their master nor the fear of the wolf could restrain them. They were an independent breed, it seems, and wished to be free, whatever the cost.

The good Monsieur Seguin, who did not understand the nature of his animals, was dismayed.

"I have had enough," he said, "I will never keep another." But he did, nevertheless. After having lost six of them in the same manner, he bought a seventh. But this time he bought a very young one so that she would get accustomed to living in his meadows.

Ah! Gringoire! You should have seen that darling goat! You would have loved her soft, gentle eyes, her pretty little beard, her striped horns, and a coat of white hair fit for a queen. She was so docile, so playful, so affectionate . . . a lovely princess, Gringoire!

Monsieur Seguin kept her in his best meadow, gave her plenty of rope, and did everything to make her comfortable.

Blanquette—for that was her name—seemed happy, and Monsieur Seguin was delighted. "At last," he said, "I have a goat that is happy to remain with me."

But Monsieur Seguin was mistaken. Blanquette began to cast glances at the mountains, which were not too far away, and she kept thinking: How nice it must be up there! What a pleasure it must be to skip and dance without this rope around my neck! It is all very well for asses to graze in the meadows . . . but goats! . . . Never! And poor Blanquette was very unhappy. Your heart would have ached, Gringoire, if you had seen her pull at her rope and had heard her pitiful cry, maa . . . maa . . . maa! Finally, she could bear it no longer.

One morning when Monsieur Seguin came to sit beside her, she turned her pretty head, and said to him, sadly, "Monsieur Seguin, I am very unhappy here. Please let me go up in the mountains."

"Good heavens," he cried, "you too! You wish to leave me also, Blanquette?"

"Yes, Monsieur Seguin," she replied.

"Don't you have enough grass here?"

"It isn't that, Monsieur Seguin, there is plenty of grass."

—Est-ce que la corde est trop courte? En veux-tu une plus longue?

—Non, monsieur Seguin, cela n'a rien à voir avec la corde.

—Alors qu'est-ce qui ne va pas? Qu'est-ce que tu veux?

—Je veux aller dans la montagne, c'est tout.

—Tu sais qu'il y a un gros loup là-haut. Que feras-tu quand il viendra?

—Je le combattrai avec mes cornes.

—Tu penses comme elles lui feront peur tes cornes! Je t'ai raconté l'histoire de Renaude qui s'est sauvée l'année dernière. Elle était forte, entêtée et méchante comme un bélier. Elle se battit avec le loup toute la nuit mais quand le matin vint le loup la mangea.

—Pauvre Renaude, soupira Blanquette, mais ça ne fait rien. Je veux aller dans la montagne.

—Dieu du Ciel, s'écria monsieur Seguin, rempli de colère. Voilà une autre chèvre que le loup va manger! Par Saint-Pierre, il ne l'aura pas. Je vais te sauver malgré toi. Je vais t'enfermer dans l'étable et tu y resteras.

Il mit Blanquette dans l'étable et ferma la porte avec soin. Mais dans sa colère il oublia de fermer la fenêtre et à peine avait il tourné le dos que la ravissante créature était déjà en route pour la montagne.

Tu ris, n'est-ce pas, Gringoire? Tu te moques du bon monsieur Seguin. Mais attends. Nous allons voir si tu riras toujours.

Quand Blanquette arriva dans la montagne ce fut une fête générale—les arbres, les fleurs, les torrents—tout lui fit fête! Elle fut reçue comme une princesse. Elle dansa, sauta, gambada partout à la fois. On aurait dit qu'il y avait dix chèvres dansant parmi les rochers. De temps en temps elle regardait la vallée en bas et quand elle vit les prés de monsieur Seguin elle rit jusqu'à ce que les larmes lui vinssent aux yeux. Pauvre Blanquette! Perchée si haut parmi les rochers elle se croyait au sommet du monde.

Une fois dans l'après-midi, tandis qu'elle s'arrêtait près d'un ruisseau pour y boire elle rencontra un chamois jeune et beau qui lui plut beaucoup et—mais ceci entre nous, Gringoire—tous deux se promenèrent pendant une heure ou deux et si tu veux savoir ce qu'ils se dirent, va le demander aux ruisseaux babillards qui coulent sous la mousse verte.

Soudain le soir tomba, la montagne devint violette, les vallées commencèrent à disparaître derrière le brouillard épais

"Is the rope too short? Do you want a longer one?"

"No, Monsieur Seguin, the rope has nothing to do with it."
"What is the matter, then? What do you want?"
"I want to go up in the mountains, that's all."
"You know there is a big wolf up there. What will you do when he comes?"
"I will fight him with my horns."
"A lot he would care about your horns. I told you the story of Renaude, who ran away last year. She was strong, stubborn, and as spiteful as a ram. She fought the wolf all night but when morning came, the wolf ate her."

"Poor Renaude," sighed Blanquette, "but it doesn't matter, I want to go up in the mountains."

"Great heavens," cried Monsieur Seguin with anger, "here is another goat the wolf is going to devour! By heavens, he will not! I am going to save you in spite of yourself! I am locking you up in the stable and you will stay there!"

He put Blanquette in the stable and locked the door with care. But in his anger, he forgot to close the window, and he had scarcely turned his back when the lovely creature was out and on her way to the mountains.

You are laughing, aren't you, Gringoire? You are laughing at the good Monsieur Seguin! . . . But wait . . . we shall see if you will laugh presently.

When Blanquette reached the mountains there was a general rejoicing. The trees, the flowers, the streams . . . everything welcomed her. She was received as a princess. She danced, she jumped, she hopped everywhere! One would have said there were ten goats dancing among the rocks. Occasionally she would look down in the valley, and when she saw the meadows of Monsieur Seguin, she laughed until tears came to her eyes. Poor Blanquette! Perched so high among the rocks, she thought she was sitting on the top of the world!

Once, in the afternoon, as she stopped at a brook to drink, she met a handsome young chamois who captured her fancy, and—but this is between us, Gringoire!—the two strolled together for an hour or two and if you want to know what they said to each other, go and ask the babbling brooks that flow under the green moss.

Suddenly evening fell, the mountains turned violet, the valleys began to disappear in the heavy mist of the cool eve-

du soir. Elle entendit les clochettes d'un troupeau qui rentrait et son âme s'attrista. Elle frissonna! Et alors dans le silence du jour qui mourait, elle entendit un son étrange . . . un hurlement sourd et prolongé. Hou! Hou! Et au même instant lui parvint le son d'un cor qui montait de la vallée.

C'était monsieur Seguin qui faisait un dernier effort pour la rappeler. "Reviens, reviens," disait le cor. Elle hésita un moment. Elle sentit une grande envie de retourner. Mais non, elle ne pouvait pas.

Les appels du cor moururent dans le lointain et rien ne troubla plus le silence des montagnes.

Blanquette était perdue. Elle ne savait que faire. Elle entendit alors un froissement de feuilles derrière elle. Elle se retourna rapidement et vit deux yeux brillants et deux oreilles courtes. Énorme, immobile, assis sur son derrière, le loup la regardait, en ricanant.

Il n'était pas pressé. Il la savourait d'avance. Et il riait.
—Ha, ha, ha, un autre régal des prairies de monsieur Seguin.

Blanquette se rendit compte qu'elle était perdue et pendant un instant elle pensa qu'elle ferait mieux de mourir immédiatement. Mais l'histoire de Renaude lui donna du courage. Elle décida de lutter. Elle n'avait aucun espoir de tuer le loup . . . les chèvres ne tuent pas les loups. Mais elle voulait lutter aussi longtemps que Renaude.

Le monstre alors fit un bond en avant et les jolies petites cornes de Blanquette commencèrent la danse. Ah la brave petite chèvre! Qu'elle était belle en combattant! Je ne mens pas Gringoire. Plus de dix fois elle força le loup à reculer pour reprendre son souffle. De temps en temps Blanquette regardait les étoiles dans la nuit claire en se demandant si elle pourrait durer jusqu'à l'aube. Sa jolie robe était tachée de sang mais elle continuait à combattre. Finalement une à une les étoiles s'éteignirent, une pâle lumière apparut sur la crête des montagnes. Elle entendit le chant d'un coq dans la vallée et elle comprit que c'était l'aube.

—Enfin! s'écria-t-elle et elle se coucha pour mourir. Alors le loup se jeta sur elle et la mangea.

Adieu, Gringoire. L'histoire que tu as entendue n'est pas un conte de mon invention. Si jamais tu viens en Provence, nos paysans te parleront souvent en leur patois de *la cabro de moussu Seguin, que se battegue toute la neui eme lou loup, e*

ning. Blanquette heard the bells of a flock returning and her soul grew sad. She shuddered! ... And then, in the silence of the dying day, she heard a strange sound, a deep, prolonged howl. ... Hoo! Hoo! At the same time she heard the distant sound of a horn, rising from the valley below.

It was Monsieur Seguin, who was making a final effort to call her back. "Come back! Come back!" said the horn. For a moment she hesitated ... she felt an impulse to return ... But no! She couldn't!

The sound of the horn died away in the distance and nothing disturbed the silence of the mountains.

Blanquette was lost. She didn't know what to do. And then she heard the rustling of leaves behind her. She turned quickly and she saw two shining eyes ... two short ears! Big, motionless, seated on his haunches, the wolf looked at her, grinning!

He was in no hurry ... he was savoring her in advance! And he laughed! "Ha, ha! Another treat from the meadows of Monsieur Seguin."

Blanquette realized that she was lost, and for a moment thought it would be better to die at once. But the story of Renaude gave her courage. She decided to fight. She had no hope of killing the wolf ... goats just don't kill wolves ... but she did want to fight as long as Renaude.

Then the monster bounced forward and the pretty little horns of Blanquette began to dance. Ah! The brave little goat! How nobly she fought! I am not lying, Gringoire! More than ten times she forced the wolf back to catch his breath! From time to time Blanquette would look at the stars of that clear night and wonder if she could hold out until dawn. Her pretty coat was spotted with blood but she kept on fighting. Finally, the stars began to disappear one by one, and a pale light appeared over the crest of the mountains. She heard the crowing of a cock in the valley below, and she knew that it was dawn!

"At last," she cried, and lay down to die. Then the wolf fell upon her and ate her!

Adieu, Gringoire: the story you have heard is not a tale of my invention. If ever you visit Provence, our peasants will often tell you, in their own patois, the story of *la cabro de moussu Seguin, que se battegue toute la neui eme lou loup, e*

piei lou matin lou loup la mange. Tu m'entends bien, Gringoire, quand vint le matin le loup la mangea.

—*D'après* Alphonse Daudet

13

ÉMÉLIE, LE TRÉSOR PERDU

Une des plus intéressantes histoires de trésor perdu n'a rien à voir avec de l'or ou des bijoux, c'est l'histoire d'un violon.

Imaginons un instant que nous vivons en Italie au dix-septième siècle dans la ville de Crémone où se faisaient les violons les plus célèbres de l'histoire de la musique.

Un certain matin, de bonne heure, un jeune garçon fait un tour à travers les belles collines de la campagne environnante, jouissant de l'air clair et léger du soleil levant.

Tandis qu'il marche et flâne il s'arrête soudain et écoute. Son oreille sensible et sa nature musicale sont charmées par une mélodie pure et douce chantée par la voix magnifique d'une jeune fille.

Il la voit, non loin de là, et lorsqu'elle a terminé sa chanson il court à elle et la supplie de continuer. Mais elle est timide et embarrassée et, bien qu'elle soit aimable, elle dit qu'elle ne peut pas continuer à chanter. Elle lui raconte, cependant, qu'elle est très heureuse car elle doit bientôt entrer au couvent et qu'elle a chanté ce matin pour exprimer sa joie de cet événement. Son nom de religieuse sera sœur Émélie.

L'instant de bonheur fut bientôt passé mais le petit garçon italien n'oublia jamais le charme de cette rencontre, pas plus qu'il ne put oublier la douce gentillesse de la jeune fille ni l'exquise pureté de sa voix merveilleuse. C'était un moment inoubliable. Un rêve où tout n'était que paix et beauté.

Le jeune homme arriva à l'âge d'homme; son nom et sa réputation s'étaient répandus à travers le monde entier. Mais Antonio Stradivarius n'avait jamais oublié ni Émélie, ni la pure mélodie de sa voix.

Pendant douze années il travailla pour créer un instrument digne d'elle, un instrument avec une âme, si l'on peut dire qu'un objet inanimé ait une âme. Et sur cet instrument, la plus parfaite création qu'ait jamais produit son génie, il grava une simple inscription: ÉMÉLIE, *Antonio Stradivarius, Crémone, 1732.*

piei lou matin lou loup la mange. The goat of Monsieur Seguin, who fought all night against the wolf, and when morning came, the wolf ate her. You understand me, Gringoire, when morning came, he ate her!

—*Adapted from* Alphonse Daudet

13

EMELIE, THE LOST TREASURE

One of the most interesting stories of a lost treasure has nothing to do with gold or jewels but is the story of a violin.

Let us imagine for a moment that we are living in the Italy of the seventeenth century, in the town of Cremona, where the most famous violins in musical history were made.

Early one morning a young boy is strolling over the beautiful hills of the surrounding country, enjoying the clear light air of a rising sun.

As he walks along at leisure he suddenly stops and listens. His sensitive ear and musical nature are charmed by a pure and sweet melody sung by the beautiful voice of a young girl.

He sees her not far away, and when she stops singing, he rushes to her and begs her to continue. But she is timid and embarrassed, and although she is friendly, she says she cannot continue to sing. She tells him, however, that she is very happy because she is soon to enter a convent and that she sang that morning to express her joy for the event. Her religious name would be Sister Emelie.

The happy moment was soon over but the little Italian boy never forgot the charm of that meeting, nor could he ever forget the sweet gentleness of the young girl nor the exquisite purity of her marvelous voice. It was an unforgettable moment . . . a dream when all was only peace and loveliness.

The young lad grew into manhood; his name and fame had spread throughout the whole world. But Antonio Stradivarius had never forgotten Emelie nor the refreshing melody of her voice.

For twelve years he labored to create an instrument worthy of her—an instrument with a soul—if an inanimate object can be said to have a soul. And in that instrument, the most perfect creation of his genius, he wrote a simple inscription: EMELIE, *Antonio Stradivarius, Cremona, 1732.*

Antonio plaça son violon bien-aimé entre les mains de l'incomparable Martinelli et pendant de nombreuses années le grand maître et Émélie bouleversèrent le monde musical européen de leur musique divine. Mais un jour le destin frappa le grand violoniste et Émélie tomba aux mains d'un riche Philistin qui l'acheta comme cadeau d'anniversaire pour un fils indolent et peu musicien. Mais Émélie ne souffrit pas longtemps. Une bande de gitanes s'empara du palais du riche Mazzini et Émélie devint une vagabonde gitane. À travers les Balkans, la Russie, l'Espagne et d'autres pays, Émélie allait à l'aventure chantant les tristes mais belles complaintes de Roumanie. Pendant trente années les centres musicaux d'Europe n'entendirent plus la voix divine de cet instrument magnifique. Mais Émélie cependant n'avait pas été oubliée. Un jour, dans les rues de Vienne, apparut une bande de gitanes dansant et chantant aux accents harmonieux d'un violon. Soudain, dans une rue étroite, un homme apparut à une fenêtre et cria:

—Qui ose rivaliser avec la musique de Paganini? À qui appartient ce violon?

Et une jeune fille réplique: —Il est à nous, Maestro.

—Apportez-le-moi immédiatement, répondit le grand maître.

—Nous ne pouvons pas, Maestro, la loi nous interdit d'entrer.

—Peu importe la loi, reprit Paganini. Avec un instrument comme celui-là vous pourriez entrer par les portes du Paradis.

Le maître examina l'instrument d'une main tremblante.

—L'exécution est superbe, murmura-t-il. Puis il regarda à l'intérieur et des larmes lui vinrent aux yeux.

—C'est Émélie! s'écria-t-il, Émélie, dans ma chambre, dans mes mains! Quel qu'en soit le prix, il est à moi! À moi!

—Mais il est à nous, Maestro, répondit la jeune danseuse. Il a été heureux avec nous. Il chante quand nous chantons, il danse quand nous dansons, et quand nous sommes tristes, il pleure. Il est des nôtres, Maestro. Nous ne pouvons pas nous en séparer.

Paganini cala l'instrument sous son menton et habilement fit courir l'archet sur les cordes. Et Émélie se mit à vivre. Elle chanta, dansa, vibra, vécut un moment d'ivresse exquise et les yeux de la jeune danseuse se mouillèrent.

—Elle n'a pas de prix. Elle est divine, dit le maître. Dites votre prix! Dites votre prix!

La jeune gitane se pencha au dessus du balcon et parla à ses compagnons dans une langue étrange. . . .

Antonio placed this beloved violin into the hands of the incomparable Martinelli, and for many years this great master and Emelie thrilled the musical world of Europe with their heavenly music. But one day destiny struck the great violinist, and Emelie fell into the hands of a wealthy Philistine who bought it as a birthday gift for an indolent and unmusical son. But Emelie did not suffer for long; a band of gypsies broke into the palace of the wealthy Mazzini and Emelie became a roving gypsy. Throughout the Balkans, Russia, Spain, and other countries, Emelie roamed, singing the sad but beautiful songs of Romany. For thirty years the musical centers of Europe no longer heard the divine voice of that magnificent instrument. But Emelie had not been forgotten, however. One day in the streets of Vienna, there appeared a band of gypsies, dancing and singing to the beautiful strains of a violin. Suddenly, in a narrow street, a man appeared at a window and shouted:

"Who dares to rival the music of Paganini? Who owns that violin?"

A young girl replied, "It belongs to us, Maestro."

"Bring it to me immediately," answered the great master.

"We cannot, Maestro, the law forbids us to enter."

"Never mind the law," answered Paganini, "with an instrument such as that you could enter the gates of heaven."

The master examined the instrument with trembling hands.

"The workmanship is superb," he muttered. Then he looked inside and tears came to his eyes.

"It is Emelie!" he cried, "Emelie! In my room! In my hands! Whatever the price, it is mine! Mine!"

"But it belongs to us, Maestro," answered the young dancer. "It has been happy with us, it sings when we sing, it dances when we dance, and when we are sad, it cries. It is one of us, Maestro, we cannot part with it."

Paganini placed the instrument under his chin, ran the bow deftly over the strings, and Emelie came to life. She sang, she danced, she trilled, she lived a moment of exquisite rapture! And the eyes of the young dancer became moist.

"It is priceless . . . it is divine," said the master. "Name the price! Name the price!"

The young gypsy leaned over the balcony and spoke to her group in a strange language.

—Le prix, Maestro, le prix c'est que vous jouiiez maintenant pour nous, un de nos chants bien-aimés.

—Vous aurez votre chant de Roumanie et, qui plus est, vous aurez l'amitié éternelle du grand Paganini. J'en fais le vœu devant la Sainte Vierge.

Et ainsi Paganini et Émélie atteignirent la gloire éternelle. Et tous deux devinrent les idoles des rois et des mendiants. Et quand le maître vieillit, Émélie garda la fraîche jeunesse des collines qui l'avaient créée. Et comme le vin qui prend du velouté avec l'âge elle apprit à déverser les flots de sa voix où l'or se mêle à l'innocente pureté. Un soir, au Conservatoire Impérial de Vienne, à deux pas de l'endroit où il avait entendu pour la première fois le son divin d'Émélie, parmi les applaudissements et les gens qui se dressaient en une immense ovation, le maître leva la main pour réclamer le silence.

—Mes amis, dit-il avec une profonde émotion, il est dur de dire adieu . . . mais l'heure sonne pour chaque homme . . . et pour moi, c'est ce soir. Vous qui avez aimé ma musique pendant tant d'années, vous n'avez pas oublié que mes mains ont tenu, ont joué avec le plus merveilleux, le plus magnifique de tous les violons. Je pars mais Émélie doit continuer à vivre. Sa voix d'or sera, doit être entendue du monde aussi longtemps qu'il y portera des hommes. Donc, il n'est que juste que je donne Émélie à celui qui, je pense, la rendra la plus heureuse. C'est pourquoi, moi, Nicolò Paganini, donne mon bien le plus précieux à monsieur Adolph Heller, maître de concert de l'Opéra Impérial de Vienne. Puisse-t-il, dans les années à venir apporter joie et bonheur non seulement à vous tous mais aussi à notre divine Émélie.

Pendant trois générations Émélie fut la fierté et le bien de la famille Heller. Elle fut transmise de père en fils puisque, tour à tour, chacun devint maître de concert du Conservatoire Impérial de Musique. Ce furent des jours de bonheur et d'exaltation pour Émélie.

Et ensuite vint la tragédie de la guerre et ce fut une catastrophe pour Émélie. L'orchestre symphonique de Vienne fut transféré à Munich et en 1945, l'armée américaine approcha rapidement du voisinage de cette ville. Quand la chute de la cité fut imminente, les musiciens s'enfuirent, laissant derrière eux leurs instruments. Eux aussi furent "libérés" par les collectionneurs de souvenirs de l'armée américaine. On n'a plus entendu Émélie. On ne l'a plus vue. Qu'est-il arrivé au divin instrument? Est-il dans les mains d'un amoureux de la musique qui connaît son origine inestimable et qui a peur de

"The price, Maestro, the price is . . . that you play one of our beloved songs for us . . . now."

"You shall have your song of Romany and more," he answered. "You shall have the eternal love of the great Paganini. I vow this before the Blessed Virgin."

And so Paganini and Emelie achieved eternal fame, and both became the idols of kings and beggars. And when the master grew old, Emelie retained the youthful freshness of the hills which had created her, and like wine that grows mellow with age, she learned to blend her golden fragrance with her innocent purity. One evening at the Imperial Conservatory of Vienna—a stone's throw from where he had first heard the divine voice of Emelie—amidst the applause of a standing ovation, the master raised his hand for silence.

"My friends," he said with deep emotion, "it is hard to say good-by, but the time comes to every man . . . and for me, it is tonight. You, who have loved my music for so many years, have not forgotten that my hands have played and have held the most magnificent, the most wonderful of all violins. I depart, but Emelie must live on. Her golden voice will be—must be—heard by the world for as long as people live upon it. It is only right, then, that I give Emelie to the one who, I think, will give her the greatest happiness. Therefore, I, Nicolò Paganini, give my most priceless possession to Herr Adolph Heller, concertmaster of the Imperial Austrian Opera. May he, in years to come, bring joy and happiness, not only to all of you, but also to our divine Emelie."

For three generations Emelie was the proud possession of the Heller family. She was handed down from father to son as each in turn became concertmaster of the Imperial Conservatory. Those were happy, exciting days for Emelie.

And then came the tragedy of war—and tragedy to Emelie. The Vienna Philharmonic Orchestra was transferred to Munich, and in 1945 the American army moved rapidly on that city. When the fall of the city was imminent the musicians fled, leaving their instruments behind. These too, were "liberated" by the souvenir hunters of the American army. Emelie has not been seen or heard of since. What has happened to the divine instrument? Is she in the hands of a music lover who knows her priceless origin and who fears to lose her? Or is she lingering, waiting to be rescued from the hands of a

le perdre? Ou bien languit-il attendant d'être délivré des mains d'un barbare ignorant du joyau précieux qu'il possède?

Si quelqu'un parmi vous, lecteurs, sait où l'on peut le trouver, qu'il le fasse savoir au monde afin que nous puissions une fois de plus, entendre la voix d'or, la voix divine d'Émélie.

—*D'après* Ken Krippene

14

LES DEUX GLOIRES

Un jour le célèbre peintre Rubens visitait en compagnie de ses disciples, l'humble église d'un couvent. Il ne trouve rien à admirer dans ce pauvre couvent mais comme il s'en allait il remarqua dans un des coins sombres d'une chapelle un certain tableau. Il poussa un cri d'étonnement.

—Qu'avez-vous trouvé, maître? demandèrent ses disciples.
—Regardez, répondit Rubens.

Le tableau représentait la mort d'un moine. C'était un très beau jeune homme, une main reposait sur une tête de mort et l'autre sur son cœur. Inclus dans ce tableau il y avait un autre tableau, accroché au mur, montrant une belle jeune femme allongée dans un cercueil. Les deux tableaux s'expliquaient et se complétaient l'un l'autre. Une malheureuse histoire d'amour, la mort d'un espoir, expliquaient, sans aucun doute, le mystère de ce tableau. La couleur, la composition, tout révélait un génie de tout premier ordre.

—Qui peut bien avoir peint cela? demanda un des disciples.
—Si nous devons le juger par le mérite de cette toile ce pourrait être Murillo, Velásquez, ou quelque autre grand peintre. Mais ce n'est l'œuvre d'aucun d'eux. Je crois que cet artiste inconnu qui est peut-être mort, n'a jamais appartenu à une école pas plus qu'il n'a peint d'autre tableau que celui-ci. C'est une œuvre de pure inspiration, un incident personnel, un fragment de vie, un reflet de l'âme de l'artiste. Mais . . . attendez un instant . . . quelle idée! Vous voulez savoir qui peignit cette toile? Eh bien, c'est l'homme que vous voyez mort allongé sur le plancher!

—Mais, comment un mort pourrait-il peindre sa propre mort?
—Un homme peut imaginer sa propre mort et la peindre; d'autant plus qu'embrasser vraiment la foi de quelque ordre religieux, c'est renoncer à ce monde et par conséquent mourir.
—C'est vrai, répondit un disciple, mais comment expliquer la jeune femme?

"barbarian" who is ignorant of the priceless gem he possesses?

If any of you, my readers, know where she may be found, let the world know so that once more we may hear the divine golden voice of Emelie.

—*Adapted from* Ken Krippene

14

THE TWO GLORIES

One day the celebrated painter Rubens, accompanied by his disciples, visited the humble church of a convent. He found nothing to admire in that poor convent, but as he was leaving, he noticed a painting in a dark corner of a chapel. He uttered a cry of amazement.

"What have you found, Master?" his disciples asked.

"Look," answered Rubens.

The painting depicted the death of a monk. He was a very handsome young man, with one hand on a skull and the other on his heart. Within that painting there was another painting hanging on the wall depicting a beautiful young woman lying in a coffin. The two pictures explained and complemented each other. An unfortunate love affair, a dead hope, explained, without doubt, the mystery of that picture. The color, the composition, all revealed a genius of the first order.

"Who could have painted this?" asked a disciple.

"If we are to judge it on its merit, it could be Murillo, Velásquez, or some other great painter, but it was not painted by any of these. I believe that this unknown artist, who may be dead, never belonged to a school nor has he painted any other picture. This is a work of pure inspiration, a personal incident, a fragment of life, a reflection of the soul of the artist. But . . . wait a minute . . . what an idea! You want to know who painted that picture? Well, it is the dead man you see lying on the floor!"

"But how could a dead man paint his own death?"

"A man can imagine his own death and paint it. And besides, to profess real faith in some religious orders is to renounce the world and hence to die."

"That is true," answered a disciple. "But how about the young woman?"

—Je crois que la femme représente la vie même de ce jeune homme qui est sur le plancher. Quand elle mourut, il mourut aux joies de ce monde.

—Donc, vous pensez que le peintre est peut-être en vie?

—Oui, il se peut qu'il soit vivant et puisque bien des années ont passé ce doit être un bon gros frère maintenant. Mais il faut que nous le cherchions et que nous découvrions s'il a peint d'autres œuvres.

Il s'approcha d'un vieux moine qui était en prière et lui demanda:

—Seriez-vous assez aimable pour dire au Prieur que j'aimerais lui parler au nom du Roi?

Le moine se leva avec difficulté et humblement répondit:

—Que désirez-vous? Le Prieur c'est moi.

—Excusez-moi, mon père, mais pourriez-vous me dire le nom de l'artiste qui peignit ce tableau?

—Je suis désolé mais j'ai oublié son nom.

—Comment! Vous le saviez et vous l'avez oublié?

—Oui, mon fils, je l'ai complètement oublié.

Le Prieur se remit à genoux et ne fit plus attention à eux.

—Je viens au nom du Roi! dit Rubens avec fierté.

—Que voulez-vous de plus, mon fils?

—Je veux acheter ce tableau.

—Ce tableau n'est pas à vendre.

—Alors, dites-moi où je peux trouver l'artiste. Sa Majesté, le Roi, veut le saluer et je veux lui faire part de mon affection et de mon admiration, répondit Rubens.

—Tout cela est impossible, le peintre n'est plus de ce monde.

Il est mort! répondit Rubens avec désespoir. Son nom a été oublié!—un nom qui devrait être immortel! Un nom plus célèbre que le mien! Oui, plus célèbre que le mien! . . . car mon père, je suis Pedro Pablo Rubens!

En entendant ce nom le Prieur se leva, rempli de surprise et de vénération.

—Ah! Alors vous me connaissez! Mon âme se réjouit! Vous me vendrez ce tableau, n'est-ce pas?

—C'est impossible, mon fils.

—Mais alors dites-moi, y a-t-il d'autres œuvres de ce peintre? Pouvez-vous me dire son nom? Quand est-il mort?

—Vous m'avez mal compris. J'ai dit qu'il n'était plus de ce monde. Cela ne veut pas dire qu'il est réellement mort.

"I believe the young woman in the picture was the very life of that young man on the floor. When she died, he died for this world."

"So you think the painter may be alive?"

"Yes, he may still be alive, and since many years have passed, he may be a jolly, fat friar now. But we must seek him out and we must find out if he has painted more works."

He approached an old monk, who was praying in the chapel, and asked him:

"Would you be kind enough to tell the prior that I wish to speak to him in the name of the King."

The monk stood up with difficulty and answered humbly:

"What do you wish? I am the prior."

"Pardon me, Father, but could you tell me the name of the artist who painted that picture?"

"I am sorry, but I have forgotten his name."

"What! You knew it and you have forgotten it?"

"Yes, my son, I have forgotten it completely."

The prior got back on his knees and paid no further attention.

"I come in the name of the King," cried Rubens with pride.

"What more do you wish, my son?"

"I want to buy that painting."

"That painting is not for sale."

"Then tell me where I can find the artist! His Majesty, the King, wants to greet him, and I wish to show him my affection and admiration," answered Rubens.

"All that is impossible. The painter is no longer of this world."

"He is dead!" replied Rubens with despair. "His name has been forgotten—a name which should be immortal! A name greater than mine! Yes, greater than mine! Because, Father, I am Pedro Pablo Rubens!"

At the mention of this name, the prior stood up, filled with surprise and veneration.

"Ah! You know me, then! My soul rejoices! You will sell me that painting, won't you?"

"That is impossible, my son."

"But tell me, then, has he painted other works? Can you tell me his name? When did he die?"

"You misunderstood me. I said that he was no longer of this world. That doesn't mean he is actually dead."

—Ah! Il est en vie! Il est en vie! s'exclamèrent les disciples. Il faut que nous le trouvions!

—Pourquoi? Pourquoi? répondit le Prieur. Ce malheureux homme a renoncé au monde il y a bien des années. Il n'a rien de commun avec les hommes . . . rien! Je vous supplie de le laisser vivre en paix.

—Jamais! s'écria Rubens. Quand Dieu crée un grand génie son talent ne doit pas être gâché. Il doit accomplir sa mission sublime pour apporter aux âmes des hommes le bonheur. Dites-moi où il est! Ah! Quelle gloire que celle qui l'attend!

—Et s'il refuse? S'il ne veut pas de cette gloire?

—Je lui ferai ordonner par le Pape de revenir au monde.

—Le Pape! répondit le Prieur avec épouvante.

—Oui, le Pape, s'exclama Rubens avec fierté.

—Je ne vous dirai jamais le nom de ce peintre, même s'il m'arrivait de me le rappeler, ni celui du couvent où il a cherché refuge.

—Le Roi et le Pape vous feront révéler son nom, mon père. Je leur demanderai de le faire.

—Ce serait un procédé bien déplaisant, Señor Rubens. Prenez ce tableau si vous voulez, mais laissez l'artiste en paix. Je vous le demande au nom de Dieu. Oui, j'ai connu cet homme que vous appelez un grand artiste. Je l'ai aimé, moi, cet aveugle, ce malheureux mortel! Il approche maintenant du bonheur suprême. La gloire! Connaissez-vous une gloire plus grande que celle à laquelle il aspire? De quel droit voulez-vous rallumer la flamme des pompeuses vanités de ce monde, quand son cœur est maintenant rempli de la flamme inextinguible de l'amour divin? Croyez-vous que cet homme avant de renoncer à la richesse, à la fortune, à l'amour, au pouvoir, à la jeunesse, et à toutes les futilités humaines—croyez-vous que cet homme n'ait pas lutté avec lui-même? Ne pouvez-vous pas imaginer toutes les désillusions et l'amertume que les mensonges humains ont apportées à son âme? Et vous voulez le faire retourner à la lutte maintenant qu'il en a triomphé?

—Mais c'est renoncer à l'immortalité!

—Non, mon fils, c'est aspirer à l'immortalité.

—Mais de quel droit vous interposez-vous entre ce grand homme et le monde? Laissez-le parler et décider.

—Je fais ceci au titre de frère aîné, de père, de maître, parce que je suis tout cela pour lui et je le fais au nom de Dieu. Et sans ajouter un mot le Prieur se couvrit la tête et se retira.

"Ah! He lives! He lives!" exclaimed the disciples. "We must find him!"

"Why? Why?" answered the prior. "This unhappy man renounced the world many years ago. He has nothing in common with men . . . nothing! I beg you to let him live in peace!"

"Never!" cried Rubens with excitement. "When God creates a great genius, his talent must not be wasted. He must accomplish his sublime mission to bring happiness to the soul of men. Tell me where he is! Ah! What glory awaits him!"

"And if he refuses? If he does not seek this glory?"

"I shall have the Pope order him to return to the world."

"The Pope!" answered the prior with dismay.

"Yes, the Pope," replied Rubens with pride.

"I would never tell you the name of that painter even if I were to remember it. Nor will I tell you the name of the convent where he has sought refuge."

"The King and the Pope will make you reveal his name, Father. I shall ask them to do so."

"That would be most unkind, Señor Rubens. Take the painting, if you wish, but leave the artist in peace. I am requesting this in the name of God. Yes, I have known this man, whom you call a great genius. I have loved him whom I call an unhappy blind mortal. He is now approaching supreme happiness. . . . Glory! Do you know a greater glory than the one he aspires to? With what right do you wish to rekindle the pompous vanity of this world, when his heart is now filled with the inextinguishable flame of divine love? Do you believe that this man, before leaving the world, before renouncing wealth, fame, power, youth, love, and all the vanities of man—that this man did not have a struggle with his own heart? Can't you imagine all the disillusionments and bitterness that human lies brought to his soul? And you now wish to return him to that struggle that he has triumphed over?"

"But this is renouncing immortality."

"No, my son, that is aspiring to immortality."

"But what right have you to come between this great man and the world? Let him speak and decide."

"I am doing it with the right of an older brother, of a father, of a teacher, because I am all these things to him, and I am doing it in the name of God." And without another word the prior covered his head and withdrew.

—Partons, dit Rubens tristement.

—Maître, s'écrie un de ses disciples, ne trouvez-vous pas qu'il y ait une forte ressemblance entre le Prieur et le jeune homme du tableau?

—Oui, murmura Rubens, je crois que c'est lui! Mais sa gloire est plus grande que la mienne! Laissons-le mourir en paix!

Trois jours plus tard Rubens retourna seul à l'humble église tourmenté du désir de contempler, une fois encore, ce merveilleux tableau et peut-être d'avoir une autre conversation avec le Prieur. Mais le tableau n'était plus là. Cependant, il vit au milieu de l'église un cercueil entouré de frères qui priaient et chantaient. Il s'approcha du cercueil, le cœur plein de frayeur. C'était le Prieur qui était mort.

—Quel peintre immortel ce fut, dit le grand Rubens, quand sa surprise et son chagrin lui permirent de parler. Maintenant il ressemble plus que jamais à son grand tableau!

—*D'après* D. Pedro A. de Alarcon

15

LES ÉTOILES: RÊVERIE D'UN BERGER

Du temps où j'étais berger dans les montagnes du Lubéron je restais des semaines entières sans voir une âme. Je vivais seul avec mon chien Labri et mon troupeau. Aussi étais-je très heureux quand venait le moment de recevoir mes provisions pour la prochaine quinzaine et que j'entendais les clochettes du mulet de notre ferme qui gravissait la pente escarpée de la montagne. Je me faisais raconter par le garçon de ferme toutes les nouvelles et les cancans de la vallée. Mais ce qui m'intéressait par-dessus tout était d'avoir des nouvelles de Stéphanette, la fille de mon maître, la plus jolie fille à dix lieues à la ronde. Et si quelqu'un venait à me demander pourquoi je m'intéressais à la fille de mon maître . . . moi, pauvre berger, je répondrais que j'avais vingt ans et que cette Stéphanette était ce que j'avais vu de plus beau dans ma vie.

Un certain dimanche les provisions n'arrivèrent pas à l'heure habituelle. Je pensais que c'était peut-être à cause de la grand'messe. Puis, vers midi un gros orage éclata et je pensais que la pluie avait rendu les sentiers étroits bien difficiles. C'est seulement vers trois heures que j'entendis les grelots et bientôt la mule apparut . . . et devinez qui la montait! . . . c'était . . . notre jeune demoiselle . . . notre Stéphanette en personne!

"Let us go," said Rubens sadly.

"Master," exclaimed one of the disciples, "don't you believe there is a strong resemblance between the prior and the young man in the painting?"

"Yes," muttered Rubens, "I believe it is he! But his glory is greater than mine! Let him die in peace."

Three days later Rubens returned to that humble church all alone, anxious once more to contemplate that marvelous painting and perhaps have another chat with the prior. The painting was no longer there; but he saw in the center of the church a coffin surrounded by a group of friars praying and singing. He approached the coffin with a fearful heart. It was the prior who had died!

"What an immortal painter he was!" said the great Rubens when his surprise and grief permitted him to speak. "Now he resembles more than ever his great painting!"

—*Adapted from* D. Pedro A. de Alarcon

15

THE STARS: REVERIES OF A SHEPHERD

At the time when I was a shepherd in the mountains of Lubéron, entire weeks went by without my seeing a soul. I lived alone with my dog Labri and my flock. When the time came to receive my provisions for the next fortnight and I heard the bells of our farm mule coming up the steep slope of the mountains, I was very happy. I had the farm boy tell me all the news and the gossip of the valley below. But what interested me above all was to get news of Stephanette, my master's daughter, the most beautiful young lady for many leagues around. And if anyone should ask me why I, a poor shepherd, should be interested in my master's daughter, I would answer that I was twenty years of age and that this Stephanette was the most beautiful thing I had ever seen in my life.

One Sunday the provisions did not arrive at the usual time. I thought it might be due to the High Mass. Toward noon there was a very heavy storm, and I thought the rain had left the very narrow paths in bad condition. It was not until three o'clock that I heard the bells of the mule coming up the slope. Soon the mule appeared . . . and guess who was riding it? It was . . . our young lady . . . our young Stephanette in person!

L'air de la montagne et la fraîcheur de l'orage avaient rosé ses joues. Dieu qu'elle était belle! Mes yeux ne pouvaient se lasser de la regarder. En fallait-il plus pour tourner la tête à un jeune homme?

Après avoir tiré les provisions de ses paniers, elle se mit à regarder tout autour d'elle. Elle entra dans le parc, voulut voir le coin où je dormais et tout l'amusait.

—Ainsi, c'est ici que tu vis mon pauvre berger? Comme ce doit être ennuyeux de vivre toujours seul. Qu'est-ce que tu fais? À quoi penses-tu? J'avais envie de répondre: "À vous, maîtresse" ... et je n'aurais pas menti. Mais j'étais si éperdu que je ne pouvais trouver une parole.

—Et ta bonne amie, est-ce qu'elle vient te voir quelquefois? ... Comment monte-t-elle? Ou bien est-ce cette fée Esterelle ... celle qui bondit de pic en pic par les claires nuits d'été? Et tandis qu'elle parlait elle avait elle-même tout l'air d'une fée et semblait être le fantôme d'un beau rêve.

—Adieu, berger.
—Adieu, maîtresse.

Et la voilà partie! Comme elle disparaissait dans le sentier en pente, il me semblait que les cailloux, roulant sous les sabots de la mule me tombaient un à un sur le cœur. Je les entendis longtemps ... longtemps ... et jusqu'à la fin du jour je restais assis comme dans un brouillard, n'osant bouger, de peur de perdre la beauté de cette vision.

Quand vint le crépuscule et après que les dernières lueurs du coucher du soleil eurent projeté les ombres profondes sur la crête des montagnes, j'entendis un cri ... c'était Stéphanette! Elle n'était plus rieuse comme auparavent, elle tremblait maintenant de frayeur et de froid. En essayant de traverser la Sorgue qu'avait grossi la pluie de l'orage, elle avait failli se noyer. À cette heure de la nuit il ne fallait plus songer à retourner à la ferme. Je fis de mon mieux pour la rassurer.

—En juillet les nuits sont courtes, maîtresse; ce n'est qu'un mauvais moment.

J'allumai un grand feu pour sécher ses pieds et sa robe et je lui apportai du lait et du fromage. Mais la pauvre petite ne pouvait rien avaler, et de voir les larmes couler le long de ses joues, j'avais envie de pleurer, moi aussi. Quand il fit nuit j'étendis une peau de mouton sur le sol dans le parc et je lui souhaitai une bonne nuit. Je m'assis devant la porte et je rêvai. Dieu m'est témoin que malgré le feu d'amour qui me brûlait le sang, aucune mauvaise pensée ne me vint. Rien qu'une grande fierté de songer que dans ce parc, près du

The mountain air and the refreshing coolness of the storm had added a touch of bloom to her cheeks . . . and what a beautiful creature she was! I couldn't take my eyes off her. Wasn't this enough to turn a young man's head?

After emptying her baskets of provisions, she began to look around her. She entered the fold; she wished to see the corner where I slept—everything amused her.

"So, this is where you live, my poor shepherd? How dull it must be to live always alone! What do you do and what do you think about?" My heart wanted to say, "I think about you, mistress" . . . and I wouldn't have lied. But I was so bewildered that I could not utter a word.

"And your sweetheart, does she come sometimes to see you? How does she travel? Or is it the fairy Esterelle, she who flits from mountaintop to mountaintop in clear summer nights?" And, as she spoke, she herself had all the appearance of a fairy and seemed to be the specter of a beautiful dream.

"Good-by, shepherd," she said.

"Good-by, mistress," I answered.

And she was gone! As she disappeared down the steep slope of the mountain, the pebbles that rolled under the heels of the mule fell one by one on my heart! I heard them for a long time . . . a long time . . . and until the end of the day, I sat in a daze, not daring to stir, for fear of losing the beauty of that vision.

When twilight approached and the final glow of a summer sunset had cast its deep shadows on the mountaintops, I heard a cry . . . it was Stephanette! She was not laughing as before; she was trembling now with fear and cold. In trying to cross the Sorgue, which had become swollen by the rainstorm, she had almost drowned. At this hour of the night, there could be no thought of returning to the farm. I did my best to reassure her.

"In July the nights are short, mistress . . . it's only a bad moment."

I built a big fire to dry her feet and dress, and brought her milk and cheese. But the poor girl, however, could not touch anything, and seeing her tears streaming down her cheeks, I too felt like weeping. Night had fallen, and stretching a new sheepskin on the floor of the fold, I bade her good night. I sat in front of the door and dreamed. God is my witness, that in spite of the fire of love that stirred within me, no evil thoughts came to me . . . nothing but a great feeling of pride in the thought that in this sheepfold, near the curious flock

troupeau curieux qui la regardait dormir, la fille du maître ... comme une brebis plus précieuse que toutes les autres ... reposait confiée à ma garde. Jamais les cieux n'avaient paru plus profonds, les étoiles plus brillantes.

Soudain la grille du parc s'ouvrit et Stéphanette apparut. Elle ne pouvait pas dormir. Elle préférait s'asseoir près du feu. Je lui jetai ma peau de bique sur les épaules, j'activai le feu et nous restâmes assis l'un près de l'autre sans parler.

Si vous avez jamais passé une nuit sous les étoiles vous savez que tandis que nous dormons, un monde mystérieux s'éveille dans la solitude et le silence de la nuit. Le murmure des sources et des ruisseaux est plus clair, les esprits de la montagne vont et viennent gentiment en toute liberté et des bruits imperceptibles flottent dans l'air comme si l'on pouvait entendre pousser l'herbe et les feuilles. Quand on n'a pas l'habitude de cela, c'est presque effrayant.

Une fois, tandis que nous étions assis un cri mélancolique s'éleva de l'étang qui luisait plus bas et au même moment une belle étoile filante glissa par-dessus nos têtes dans la même direction, comme si cette plainte mélancolique que nous venions d'entendre portait une lumière avec elle.

—Qu'est-ce que c'est? me demanda Stéphanette à voix basse.

—Une âme qui entre en paradis, maîtresse, et je fis le signe de la croix.

—Est-il vrai alors que vous bergers êtes tous sorciers?

—Pas du tout, maîtresse. Mais ici, dans ces montagnes nous vivons plus près des étoiles et nous savons ce qui se passe là-haut mieux que les gens des plaines. Elle continuait à regarder là-haut, la tête appuyée sur une main et avec la peau de mouton sur les épaules, elle avait vraiment l'air d'une petite bergère céleste.

—Qu'il y a d'étoiles! Que c'est beau! Jamais je n'en ai vu autant! Sais-tu leurs noms, berger?

—Bien sûr, maîtresse. Regardez ... juste au-dessus de nous, voilà la Voie Lactée. Plus loin c'est le Char des Âmes (*la Grande Ourse*). Les trois étoiles qui vont devant sont ses coursiers et la petite étoile derrière est le charretier. Voyez-vous tout autour cette pluie d'étoiles qui tombent? Ce sont les âmes à qui le bon Dieu refuse le Paradis. Un peu plus bas voilà le Râteau ou les Trois Rois (*Orion*). Ce sont les étoiles qui, à nous bergers, servent à connaître l'heure. Rien qu'en les regardant, je sais qu'il est maintenant minuit passé. Mais la plus belle de toutes les étoiles, maîtresse, c'est l'étoile du berger (*Vénus*) qui nous éclaire à l'aube et à nou-

which was watching her sleep, the daughter of my master . . . like a lamb more precious than all the others . . . was sleeping, entrusted to my care! Never had the heavens looked more profound, the stars more brilliant!

Suddenly, the gate of the fold opened and Stephanette appeared. She could not sleep. She preferred to sit by the fire. I threw my goatskin over her shoulders, stirred the fire, and we sat there next to each other without speaking.

If you have ever spent the night beneath the stars, you know that while men are sleeping, a mysterious world awakens in the solitude and silence of the night. The streams and rivulets murmur more clearly, the spirits of the mountains move with a gentler freedom, and imperceptible sounds float in the air, as if one could hear the leaves and the grass growing. If one is not accustomed to it, it is almost alarming.

Once, while we were sitting there, a long, melancholy cry rose from the pond below, and at the same instant, a beautiful falling star glided above our heads in the same direction, as if that melancholy plaint which we had just heard bore a light with it.

"What is that?" asked Stephanette, in a whisper.

"A soul entering paradise, mistress," and I made the sign of the cross.

"Is it true, then, that you shepherds are sorcerers?"

"Not at all, mistress. But here in these mountains we live closer to the stars, and we know what goes on up there better than the people of the plains." She kept her gaze upward, her head in her hand, and with her sheepskin over her shoulders, she seemed, indeed, a little celestial shepherdess.

"How many stars there are! How beautiful! I have never seen so many! . . . do you know their names, shepherd?"

"Of course, mistress . . . look . . . just above us is the Milky Way. Farther on there is the Chariot of Souls (*The Great Bear*), the three stars in front are its steeds and that little star behind them is the Charioteer. Do you see that cluster of stars falling all around it? Those are the souls which God does not want in heaven! Over there, farther down, is the Rake, or the Three Kings (*Orion*). Those are the stars that we shepherds use to tell time. Merely by looking at them I know that it is now past midnight. But the most beautiful of all the stars, mistress, is the Shepherd's Star (*Venus*) which gives us light at dawn and again in the evening when we

veau le soir quand nous rentrons des pâturages. Nous l'appelons Maguelonne, la belle Maguelonne qui court après Pierre de Provence (*Saturne*) et se marie avec lui tous les sept ans.

—Comment! berger, il y a donc des mariages d'étoiles?
—Mais oui, maîtresse.

Et comme j'essayais de lui expliquer ce que c'était que ces mariages, je sentis quelque chose de frais et de parfumé peser légèrement sur mon épaule. C'était sa tête lourde de sommeil qui s'appuyait contre moi dans un froissement de dentelles et de cheveux ondés. Elle resta ainsi jusqu'au moment où les étoiles pâlirent, effacés par le jour qui se levait. Et tandis qu'elle dormait je ne cessais de la regarder, un peu troublé au fond de mon être mais saintement protégé par cette belle nuit claire qui ne m'a jamais donné que de nobles pensées. Autour de nous les étoiles continuaient leur marche silencieuse, dociles comme un troupeau de moutons, et par moments, je pensais qu'une de ces étoiles, la plus fine, la plus brillante, ayant perdu sa route, était descendue se poser sur mon épaule pour y dormir.

—*D'après* Alphonse Daudet

16

TOINE

Toine était connu de tous des lieues à la ronde. C'était l'homme le plus gros de la région et sa renommée de "clown" s'était étendue bien au-delà des campagnes avoisinantes. Son "petit château" comme il l'appelait était ridiculement petit et les étrangers se demandaient comment il avait jamais pu y entrer. Ce qu'il avait c'était une manière de parler et de gesticuler, bien à lui, qui aurait fait rire une tombe. Il roulait des yeux pour exprimer ce qu'il ne disait pas avec sa bouche et des paroles, et il frottait son énorme ventre avec tant d'entrain et un tel accès de gaieté que même les plus sérieux ne pouvaient s'empêcher de rire. Il était vraiment en plaine forme après quelques verres et il s'était habilement débrouillé pour établir une tradition qui voulait que tous ses clients l'invitent à boire avec eux . . . à leurs propres frais évidemment! Il buvait tout ce qu'on lui offrait avec une innocente étincelle dans les yeux, due, sans aucun doute, au plaisir d'avoir des verres gratuits tout en amassant une confortable fortune.

return from the pasture. We call her Maguelonne, the beautiful Maguelonne, who runs after Pierre of Provence (*Saturn*) and marries him every seven years."

"What! Shepherd, are there marriages among the stars?"
"Of course there are, mistress."
And as I tried to explain to her what these marriages were like, I felt something cool and fragrant press lightly on my shoulder. It was her head, heavy with sleep, which rested against me with a rustle of lace and wavy hair. She remained thus, without stirring, until the stars grew pale, dimmed by the rising day. And as she slept I kept looking at her, somewhat disturbed in the depth of my heart, but sacredly protected by that clear and beautiful night that has never given me anything but noble thoughts. Around us the stars continued their silent march, as docile as a flock of sheep; and at times I thought that one of those stars, the finest, the most brilliant, having lost its way, had come down to rest upon my shoulder to sleep.

—*Adapted from* Alphonse Daudet

16

TOINE

Everyone for leagues around knew Toine. He was the fattest man in the district and his renown as a clown had spread far beyond the neighboring provinces. His little castle, as he called it, was ridiculously small, and strangers wondered how he ever entered it. He had a way about him—a way of talking and gesticulating that could make a tombstone laugh. He would roll his eyes to express what he didn't say by word of mouth, and he would strike his enormous belly with such gusto and lively gaiety that even the most serious laughed in spite of themselves. He was at his best after having had a few drinks, and he had cleverly contrived to establish a tradition that required all his customers to invite him to a drink with them—at their expense, of course! He drank everything offered him with an innocent sparkle in his eyes, due, no doubt, to the double pleasure of enjoying free drinks and, at the same time, amassing a tidy fortune.

—Pourquoi ne buvez-vous pas la mer, Père Toine? lui demandaient ses amis en plaisantant.

—Pour deux bonnes raisons, répondait-il. D'abord c'est trop salée et ensuite le volume imposant de mon abdomen ne me permettrait pas de me baisser jusqu'à cette tasse-là.

Cependant, ce qui amusait ses amis et plus encore les étrangers, c'était de l'écouter se disputer avec sa femme, la mère Toine. Elle aussi était bien connue dans la région mais certainement pas pour son sens de l'humeur . . . loin de là! Elle était réputée pour les poulets succulents élevés par ses soins, et les poules de la mère Toine étaient presqu'une institution parmi tous les événements de la vie sociale de la région.

Le père Toine et la mère Toine étaient mariés depuis trente ans et pendant trente ans il ne s'était pas écoulé un jour sans une dispute. Le père Toine prenait les querelles presque en plaisantant et sans récriminer. Il n'en était pas de même avec la mère Toine. Elle se mettait en fureur, et débordait pleine d'amertume et de rancœur.

La mère Toine était une grande paysanne maigre avec de longues jambes squelettiques et sur ses épaules osseuses elle arborait une tête qui ressemblait à celle d'une chouette en colère. Elle était née de mauvaise humeur et elle était restée une bonne femme revêche sans la moindre trace de légèreté. Elle en voulait au monde entier mais elle avait envers son mari une acrimonie particulière. Elle ne pourrait jamais lui pardonner sa nature joviale, sa gaieté, son apparence de bonne santé, et elle avait une répulsion personnelle pour sa massive corpulence. C'était un vaurien qui pouvait gagner de l'argent sans effort, un glouton qui mangeait et buvait comme dix hommes normaux.

—Attends un peu! criait-elle. Attends un peu seulement! Je ne te donne pas longtemps pour éclater comme un sac de grain trop bourré. Et Toine relevait les manches, découvrait ses gros muscles de chair et avec un bon rire, répondait:

—Regarde ça, ma poulette maigre, regarde-moi ça. Pourquoi ne pas élever tes poulets sur le modèle et la taille de ceux-ci?

Et les clients gagnés par son rire contagieux se tordaient avec lui.

Et voilà la catastrophe qui arriva!

Le père Toine eut une attaque et resta paralysé. Quatre voisins portèrent le colosse au lit dans une chambre derrière la cloison du bar, de façon qu'il puisse entendre ce qui se

"Why don't you drink the ocean, Père Toine?" his friends would ask him in jest.

"For two very good reasons," he would answer. "In the first place, it is too salty, and in the second place, my imposing abdomen would not permit me to stoop down to that cup."

What amused his friends and strangers most, however, was to listen to him quarreling with his wife, Mère Toine. She, too, was well known in the surrounding country but not for her sense of humor—far from it! She was known for the succulent chickens she raised, and the hens of Mère Toine were almost an institution in all the social events of the district.

Père Toine and Mère Toine had been married for thirty years, and for thirty years not a day had gone by without a squabble. Père Toine took these quarrels in stride—almost jokingly and without recrimination. Not so with Mère Toine! She became furious, bitter, and full of resentment.

Mère Toine was a tall skinny peasant with long skinny legs, and on her spare shoulders she carried a head that resembled an angry owl. She had been born in a bad mood and she had remained a cantankerous female without the least trace of levity. She had a grudge against the world, but she had a special bitterness toward her husband. She could never forgive him for his jovial nature, his gaiety, his apparent good health; and she had a personal aversion to his ponderous corpulence. He was a good-for-nothing who could make money without effort, a glutton who ate and drank like ten ordinary men.

"Just wait!" she would scream, "Just wait! It won't be long before you will burst like an overstuffed bag of grain." Then Toine would roll up his sleeves, bare his large muscles of flesh, and with a hearty laugh would answer:

"Here, my skinny hen, here is something for you to look at. Why not raise your chickens to the size of these?"

And the customers, moved by his infectious laughter, would roar with him.

And then it happened!

Père Toine had an attack and became paralyzed. Four neighbors put the colossus to bed in a room behind the partition of the bar, so that he could hear what was going on in

passait dans le café. Son esprit était resté clair mais le seul mouvement physique possible pour lui était de se retourner sur le côté.

Il restait gai, néanmoins, mais sa gaieté était plus éteinte. Il était plus timide, plus humble et bientôt se developpa en lui une crainte enfantine de sa femme. Ses amis venaient chaque jour lui tenir compagnie et il était encore capable de faire rire le Diable lui-même. Mais quand la mère Toine les entendait rire trop elle se précipitait dans sa chambre en proie à de furieuses rages.

—Regardez-le! criait-elle. Regardez-le! Maintenant il faut le nourrir et le laver comme un porc! Les amis de Toine avaient encore plaisir à l'écouter et l'un d'eux fit même un effort particulier pour faire monter sa colère. Un jour cet ami prit un air sérieux et lui dit:

—Allons, mère Toine, savez-vous ce que je ferais si j'étais vous?

Elle lui jeta un regard soupçonneux et écouta.

—Il est aussi chaud qu'un four, votre homme. Je lui ferais couver les œufs.

Elle fut saisie pensant qu'il se moquait d'elle.

—La prochaine fois que vous mettez une poule à couver vous pouvez mettre cinq œufs sous chaque bras de Toine et ensuite donner les poussins à la poule pour qu'elle les élève avec les siens. Ça vous en ferait des poulets!

—Est-ce possible? bégaya-t-elle.

—Pourquoi pas? répondit-il, un éclair de malice dans les yeux. S'ils peuvent éclorer dans une boîte chaude pourquoi pas dans un lit chaud?

Elle était frappée par la logique de l'homme et elle sortit de la pièce en réfléchissant. Quelques jours plus tard elle pénétra dans la chambre du malade avec un tablier plein d'œufs.

—Je viens de mettre la poule jaune à couver dix œufs. En voilà dix pour toi. Tâche de ne pas les casser, dit-elle. Toine était consterné.

—Qu'est-ce qui te prend? cria-t-il.

—Je veux que tu couves ces œufs, répéta-t-elle.

Il commença par rire, puis, comme elle insistait, il se mit en colère; il résista et refusa fermement.

—Très bien! Pas de mangeaille pour toi jusqu'à ce que tu fasses ce que je te dis. Et elle le quitta. Quand midi sonna il appela:

—Eh, la mère, où est ma soupe?

—Pas de soupe pour toi, fainéant, cria-t-elle de la cuisine.

the café. His mind had remained clear but the only physical movement possible to him was to turn over on his side.

He remained cheerful, nevertheless, but his gaiety was somewhat subdued. He was more timid, more humble, and he soon developed a childish fear of his wife. His friends came in daily to keep him company and he could still make the devil himself laugh. But when Mère Toine heard them laugh too much, she would rush into his bedroom in a rage.

"Look at him!" she would shout, "look at him! Now we have to feed him and wash him like a pig!" Toine's friends still found pleasure listening to her and one of them even made a special effort to arouse her anger. One day, this friend put on a serious face, and said to her:

"Look, Mère Toine, do you know what I would do if I were you?"

She eyed him suspiciously and listened.

"He is as warm as an oven, this man of yours. I would have him hatch eggs."

She was startled, thinking he was making fun of her.

"The next time you set a hen you can put five eggs under each of Toine's arms, and then give his chicks to the hen to raise with her own. That would give you a lot of chickens!"

"Is this possible?" she stammered.

"Why not?" he answered with a twinkle in his eyes. "If eggs can hatch in a warm box why not in a warm bed?"

She was struck by the logic of the man and she walked out of the room thinking. A few days later she entered the sick room with an apron full of eggs.

"I have just set the yellow hen on a nest of ten eggs," she said. "Here are ten for you. See that you don't break them."

Toine was dismayed!

"What are you up to?" he shouted.

"I want you to hatch these eggs," she repeated.

He laughed at first. Then as she insisted, he became angry. He resisted; he refused stubbornly.

"All right! No food for you until you do as I tell you." And she left him. When noon struck, he called.

"Eh, Mère, where is my soup?"

"No soup for you, you loafer," she yelled from the kitchen.

Il croyait encore qu'elle plaisantait et il attendit. Puis il implora, supplia, se mit à jurer, et bourra le mur de coups de poing. Tout en vain! Il dut céder finalement. Dix œufs lui furent placés sous les bras. Et il eut sa soupe. Quand ses amis vinrent il avait l'air gêné, affolé, plus humble encore que d'habitude. Il ne cessait de regarder le plafond, et ne semblait pas faire attention à leur conversation. Ils entendirent le maire et son député entrer dans le café. Toine s'intéressa. Il avait toujours été intéressé par ce que le maire avait à dire et il n'avait rien perdu de cet intérêt-là. Il ne pouvait pas bien entendre à travers la cloison et il fit tout un effort pour rapprocher ses oreilles du mur. Sans penser il se tourna sur le côté et cinq de ses œufs se transformèrent en omelette. Il émit un juron et la mère Toine, devinant ce qui était arrivé, se précipita dans la pièce. Elle s'arrêta en face du lit pendant un instant sans bouger, trop furieuse pour pouvoir parler. Puis elle releva les couvertures et fixa d'un œil furibond le plat d'œufs brouillés à demi-caché sous le flanc gauche de son mari. Puis ne se maîtrisant plus et tremblante de rage, elle se mit à le battre à coups de poing. Les amis de Toine se tordaient de rire tandis qu'il essayait de parer les coups avec beaucoup de prudence craignant un autre désastre du côté droit.

Toine fut finalement vaincu. Il abandonna tout mouvement qui risquait d'entraîner une catastrophe. La menace d'être privé de nourriture s'il cassait un seul œuf planait sur sa tête aussi restait-il allongé dans son lit, les yeux au plafond, les bras légèrement soulevés se consacrant entièrement à la tâche que sa femme lui avait assignée. Il chuchotait même de peur que sa forte voix ne compromît le succès de sa mission. Une étrange émotion s'empara de lui et il commença à s'inquiéter de la poule jaune, demandant si on la nourrissait bien et où elle en était. Et la mère Toine courait du mari à la poule, de la poule au mari, entièrement préoccupée de ses futures naissances.

La nouvelle de cette étrange expérience se répandit. Les gens de partout vinrent au café, curieux de savoir ce qui arriverait. Les meilleurs amis de Toine, mi-sérieux, mi-moqueurs, posaient des questions.

—Les choses ne vont pas mal, répondait Toine, mais il y a des moments où je me sens bizarre.

Puis, un beau matin, la mère Toine se précipita dans la chambre pleine d'agitation.

He still thought she was joking and waited. Then he begged, entreated, cursed, and pounded the wall with his fist. All in vain! Finally, he had to yield. Ten eggs were placed under his arms, and he got his soup. When his friends came he was embarrassed, distracted, more humble than usual. He kept staring at the ceiling and he did not seem to pay attention to their conversation. They heard the mayor and his deputy come into the café. Toine became interested. He had always been interested in what the mayor had to say and he had not lost interest. He could not hear very well through the partition and made a special effort to put his ear close to the wall. Without thinking, he turned over, and five of his eggs turned into an omelet! He uttered a curse, and Mère Toine, guessing what had happened, rushed into the room. She stood in front of the bed for a moment, motionless, too angry to speak. Then she threw the covers back and glared at the scrambled eggs half hidden on the left side of her husand. Then she lost control, and quivering with rage began to beat him with her fists. Toine's friends roared with joy while he tried to ward off the blows carefully, fearing another disaster on his right side.

Toine was finally conquered. He gave up every movement that would risk disaster. He was threatened with starvation if he broke a single egg and so he lay on his bed, his eyes fixed on the ceiling, his arms slightly raised, giving his all to the task which his wife had assigned to him. He spoke in whispers for fear that his loud voice might endanger his mission. A strange emotion began to possess him and he began to be concerned about the yellow hen, asking whether she was well fed and how she was coming along. And Mère Toine would rush from her husband to the hen, from the hen to her husband, preoccupied completely with the thought of her unborn creatures.

The news of this strange experiment spread. People from everywhere came to the café, curious to know what would happen. Toine's closest friends asked him questions half seriously and half in jest.

"Things are not bad," Toine answered, "but there are times when I feel peculiar."

Then one fine morning Mère Toine, filled with excitement, rushed into the room.

—La poule jaune a sept poussins, s'écria-t-elle. Trois étaient mauvais.

Le cœur de Toine se mit à battre plus vite. Combien en aurait-il? Il se posait cette question continuellement avec l'anxiété d'une femme qui attend un enfant.

Ils attendirent tout patiemment, excepté la mère Toine qui était torturée par la peur d'un échec. Les amis venaient chaque jour maintenant, sachant que le moment de l'heureux événement était proche. Et bientôt toute la ville en parla. On chuchotait de porte en porte. Réussirait-il? Oui? Non?

Vers quatre heures, le jour après que la poule eût accompli sa tâche, Toine tomba profondément endormi. Il fut soudain réveillé par un chatouillement sous son bras droit. Avec de grandes précautions de sa main gauche il tâta et retira une petite créature couverte de duvet jaune. Cela bougeait dans sa main. Son émotion était telle qu'il se mit à crier et il fit tomber le petit animal qui se mit à grimper sur sa large poitrine. Tous se précipitèrent dans la chambre l'entourant comme s'il avait accompli un miracle. La mère Toine apporta la petite bête à la poule jaune que l'on entendait appeler ses petits.

Personne ne disait plus un mot maintenant. Tous attendaient retenant leurs souffles. Toine transpirait d'agitation et d'espoir. Et soudain il s'écria:

—Il y en a un autre sous mon bras droit. La mère Toine se baissa et ramena un autre animal avec l'adresse d'une sage-femme expérimentée. La foule, émue par ce spectacle, voulut voir. Le poussin passa de mains en mains et chacun le contempla comme s'il était un étrange phénomène. Vingt longues minutes s'écoulèrent sans qu'il ne se passe rien. Puis quatre autres brisèrent leur coquille et sortirent! Un murmure général s'éleva dans l'assemblée . . . et Toine souriait . . . épanoui devant son succès. Il éprouva une étrange émotion mêlée d'un certain orgueil à cette singulière paternité. Certainement on n'avait jamais rien vu de pareil. Et éclatant de joie il s'exclama:

—Ça en fait six! Mon Dieu! Six!

La foule l'acclama. La chambre était maintenant bondée. Le café était plein et un grand nombre de gens étaient rassemblés dehors, attendant avec impatience.

—Combien y en a-t-il maintenant? Combien y en a-t-il maintenant? demandèrent-ils sans cesse. Pendant ce temps la poule jaune déployait largement ses ailes pour abriter sa couvée grandissante.

"The yellow hen has seven chicks," she cried. "Three were bad."

Toine's heart began to beat faster. "How many would *he* have?" He kept asking himself this question with the anxiety of a woman expecting a child.

They all waited patiently, except Mère Toine who was tortured by the fear of failure. His friends came every day knowing that the time for the blessed event was approaching. And soon the whole town began to talk. They whispered from door to door. . . . Would he? . . . Wouldn't he?

Around four o'clock, the day after the hen had accomplished her task, Toine fell into a sound sleep. He was awakened suddenly by a tickling sensation under his right arm. He reached carefully with his left arm and seized a little creature covered with yellow down. It moved in his hand! His emotion was such that he began to shout, and he dropped the little chick which went creeping on his broad chest. Everyone rushed in, surrounding him as if he had performed a miracle. Mère Toine took the creature to the yellow hen which could be heard calling her young.

None spoke now . . . all waited in suspense! Toine was perspiring with excitement and expectation! And suddenly he cried:

"There is another one under my left arm!" Mère Toine reached down and brought forth another chick with the skill of an experienced midwife. The crowd, moved by this spectacle, wished to see it. The chick passed from hand to hand, and everyone gazed at it as if it were a strange phenomenon. Twenty long minutes went by and nothing happened. Then four more chicks broke their shells and came out! There was a general murmur among the crowd . . . and Toine smiled . . . beaming at his success! He felt a strange emotion mixed with a certain pride at this unusual paternity. Certainly no one had ever seen anything like this! And overjoyed, he exclaimed:

"That makes six, by Jove, six!"

The crowd cheered. The bedroom was now crowded, the café was full, and many others stood outside, waiting in suspense.

"How many are there now? How many are there now?" they kept asking. In the meantime, the yellow hen was spreading her wings wide to cover her growing brood.

—En voilà un autre! cria Toine subitement, sur un ton presque extatique. Il s'était trompé . . . il y en avait trois autres! Ah! quel triomphe! Les yeux de Toine étaient maintenant humides et un sourire maternel fendait son visage jovial.

Le dernier craqua sa coquille à sept heures du soir. Dix œufs! . . . Dix poussins! . . . Le triomphe de Toine était total. Débordant de joie, libéré de sa tâche, fier et triomphant, il posa un baiser sur la petite tête de son frêle enfant, qu'il écrasa presque de ses lèvres. Il souhaitait le garder dans son lit, au moins jusqu'au matin, tant il était rempli de l'amour d'une mère pour la minuscule créature à qui il avait donné la vie. Humblement il demanda permission à la mère Toine. Et pour la première fois depuis bien et bien des années, elle acquiesça et sourit.

Et Toine était heureux.

—*D'après* Guy de Maupassant

17

LA PARURE

C'était une de ces jolies et charmantes filles, nées, comme par une erreur du destin, dans une famille d'employés. Elle n'avait pas de dot, pas d'espérances, aucun moyen d'être connue, comprise, aimée, épousée par un homme riche et distingué; et elle se laissa marier avec un petit commis du ministère de l'Instruction publique.

Elle fut simple, ne pouvant être parée; mais malheureuse comme une déclassée; car les femmes n'ont point de caste ni de race, leur beauté, leur grâce et leur charme leur servent de naissance et de famille. Leur finesse native, leur instinct d'élégance, leur souplesse d'esprit sont leur seule hiérarchie, et font des filles du peuple les égales des plus grandes dames.

Elle souffrait sans cesse, se sentant née pour toutes les délicatesses et tous les luxes. Elle souffrait de la pauvreté de son logement, de la misère des murs, de l'usure des sièges, de la laideur des étoffes. Toutes ces choses, dont une autre femme de sa caste ne se serait même pas aperçue, la torturaient et l'indignaient. La vue de la petite Bretonne qui faisait son humble ménage éveillait en elle des regrets désolés et des rêves éperdus. Elle songeait aux antichambres muettes, capi-

"Here is another!" suddenly shouted Toine, almost in ecstasy. He was mistaken—there were three more! Ah! what a triumph! Toine's eyes were now moist and a maternal smile came over his jovial face.

The last chick broke its shell at seven o'clock that evening. Ten eggs! ... ten chicks! ... Toine's triumph was complete! Overcome with joy, freed from his task, proud and triumphant, he kissed the tiny head of his frail "child"—almost crushed it with his lips. Filled with a motherly love for this tiny creature to which he had given life, he wished to keep it in bed, at least until morning. Humbly he asked Mère Toine's permission. For the first time in many years she nodded and smiled.

And Toine was happy!
—*Adapted from* Guy de Maupassant

17

THE NECKLACE

She was one of those pretty and charming young women, born, as if through an error of fate, into a family of civil servants. She had no dowry, nothing to look forward to, no way to become known, understood, loved or married to a rich and distinguished man. So she agreed to marry a simple clerk in the Ministry of Public Instruction.

She dressed simply, unable to afford any finery, and was as unhappy as though she had been lowered in the social scale. For women belong neither to caste nor race; their beauty, their grace, their charm take the place of birth and family. Their inherent finesse, their instinct for elegance, their supple wit are their only means to advance in the social hierarchy, making women of the lower classes the equals of the greatest ladies.

She suffered continually, feeling that she was born for all the refinements and all the luxuries of life. The poverty of her lodgings, the drabness of the walls, the worn and shabby ugliness of the furnishings made her suffer intensely. All those things that another woman of her class would not even be aware of tormented and humiliated her. The sight of the little Breton girl who cleaned her humble rooms stirred up weary regrets and bewildered dreams within her. She envisioned

tonnées de tentures orientales, éclairées par de hautes torchères de bronze, et aux deux grands valets en culotte courte qui dorment dans les larges fauteuils, assoupis par la chaleur lourde ku calorifère. Elle songeait aux grands salons vêtus de soie ancienne, aux meubles fins portant des bibelots inestimables, et aux petits salons coquets, parfumés, faits pour la causerie de cinq heures avec les amis les plus intimes, les hommes connus et recherchés dont toutes les femmes envient et désirent l'attention.

Quand elle s'asseyait, pour dîner, devant la table ronde couverte d'une nappe de trois jours, en face de son mari qui découvrait la soupière en déclarant d'un air enchanté: "Ah! le bon pot-au-feu! Je ne sais rien de meilleur que cela . . ." elle songeait aux dîners fins, aux argenteries reluisantes, aux tapisseries peuplant les murailles de personnages anciens et d'oiseaux étranges au milieu d'une forêt de féerie; elle songeait aux plats exquis servis en des vaisselles merveilleuses, aux galanteries chuchotées et écoutées avec un sourire de sphinx, tout en mangeant la chair rose d'une truite ou des ailes de gelinotte.

Elle n'avait pas de toilettes, pas de bijoux, rien. Et elle n'aimait que cela; elle se sentait faite pour cela. Elle eût tant désiré plaire, être enviée, être séduisante et recherchée.

Elle avait une amie riche, une camarade de couvent qu'elle ne voulait plus aller voir, tant elle souffrait en revenant. Et elle pleurait pendant des jours entiers, de chagrin, de regret, de désespoir et de détresse.

Or, un soir, son mari rentra, l'air glorieux et tenant à la main une large enveloppe.

—Tiens, dit-il, voici quelque chose pour toi.

Elle déchira vivement le papier et en tira une carte imprimée qui portait ces mots:

Le ministre de l'Instruction publique et Mme Georges Ramponneau prient M. et Mme Loisel de leur faire l'honneur de venir passer la soirée à l'hôtel du ministère, le lundi 18 janvier.

Au lieu d'être ravie, comme l'espérait son mari, elle jeta avec dépit l'invitation sur la table, murmurant:

—Que veux-tu que je fasse de cela?

—Mais, ma chérie, je pensais que tu serais contente. . . . Tu ne sors jamais, et c'est une occasion, cela, une belle! J'ai eu une peine infinie à l'obtenir. Tout le monde en veut; c'est

quiet antechambers hung with Oriental tapestries, illuminated by tall bronze candelabra, and tall footmen in kneebreeches, made drowsy by the excessive warmth of central heating, asleep in deep armchairs. She dreamed of grand salons decorated with ancient silks, filled with handsome furniture and priceless knick-knacks; she imagined dainty little perfumed salons, made for chatting with her most intimate admirers—famous and distinguished men whose attention all women seek and desire.

When she sat down to dinner opposite her husband at the round dining table covered with a tablecloth three days old, and listened to him express his delight at the sight of a dish of stew, she would have visions of elegant dinners, gleaming silver, and dining rooms covered with tapestries depicting ancient figures and strange birds in an exotic forest. She imagined exquisite dishes served on beautiful china, whispered gallantries listened to with sphinxlike smiles, while she nibbled at the pink flesh of a trout or the wing of a grouse.

She had no wardrobe, no jewelry—nothing! and there was nothing she liked better. She felt she was born for those things, and she felt a strong yearning to please, to be envied, to be charming and seductive.

She had one rich friend, a schoolmate of her convent days, whom she no longer visited. It was so painful for her that she would weep for days at a time from anguish and despair.

One evening her husband came home proudly holding a large envelope in his hand.

"Look," he said, "I've got something for you."

She quickly tore open the envelope, drew out a printed card and read:

The Minister of Public Instruction and Mme Georges Ramponneau request the honor of M. and Mme Loisel's presence at a soirée at the Ministry, on the evening of Monday the 18th of January.

Instead of being delighted, as her husband had hoped, she threw the invitation on the table, saying resentfully:

"What do you want me to do with that?"

"But, my dear, I thought you would be pleased. You never go out, and this is an occasion, a great opportunity. I took infinite pains to get it. Everybody wanted one; it's an honor

très recherché et on n'en donne pas beaucoup aux employés. Tu verras là tout le monde officiel.

Elle le regardait d'un œil irrité, et elle déclara avec impatience:

—Que veux-tu que je me mette sur le dos pour aller là?

Il n'y avait pas songé; il balbutia:

—Mais la robe avec laquelle tu vas au théâtre. Elle me semble très bien, à moi...

Il se tut, stupéfait, éperdu, en voyant que sa femme pleurait. Deux grosses larmes descendaient lentement des coins des yeux vers les coins de la bouche; il bégaya:

—Qu'as-tu? qu'as-tu?

Mais, par un effort violent, elle avait dompté sa peine et elle répondit d'une voix calme en essuyant ses joues humides:

—Rien. Seulement je n'ai pas de toilette et par conséquent je ne peux pas aller à cette fête. Donne ta carte à quelque collègue dont la femme sera mieux nippée que moi.

Il était désolé. Il reprit:

—Voyons, Mathilde. Combien cela coûterait-il, une toilette convenable, qui pourrait te servir encore en d'autres occasions, quelque chose de très simple?

Elle réfléchit quelques secondes, établissant ses comptes et songeant aussi à la somme qu'elle pouvait demander sans s'attirer un refus immédiat et une exclamation effarée du commis économe.

Enfin, elle répondit, en hésitant:

—Je ne sais pas au juste, mais il me semble qu'avec quatre cents francs je pourrais arriver.

Il avait un peu pâli, car il réservait juste cette somme pour acheter un fusil et s'offrir des parties de chasse l'été suivant, dans la plaine de Nanterre, avec quelques amis qui allaient tirer des alouettes, par là, le dimanche.

Il dit cependant:

—Soit. Je te donne quatre cents francs. Mais tâche d'avoir une belle robe.

Le jour de la fête approchait, et Mme Loisel semblait triste, inquiète, anxieuse. Sa toilette était prête cependant. Son mari lui dit un soir:

—Qu'as-tu? Voyons, tu es toute drôle depuis trois jours.

Et elle répondit:

—Cela m'ennuie de n'avoir pas un bijou, pas une pierre, rien à mettre sur moi. J'aurai l'air misère comme tout. J'aimerais presque mieux ne pas aller à cette soirée.

and they are not often given to clerks. You will meet the whole official world there."

She looked at him with irritation.

"What do you expect me to wear?" she said impatiently.

He hadn't thought about that.

"But the gown you wear to the theater," he hesitatingly suggested. "I think it's very nice."

He stopped, stunned and bewildered, seeing his wife weeping. Two large tears were slowly running down from the corners of her eyes to the corners of her mouth.

"What is it? What's the matter?" he exclaimed.

With a great effort, she mastered her grief and replied calmly as she wiped her damp cheeks:

"Nothing. Only I have nothing to wear, so I won't be able to go to the party. Give the invitation to one of your colleagues whose wife has nicer clothes than I have."

He was desolate.

"Come, Mathilde, how much would a suitable gown cost—something very simple that you could wear on other occasions?"

She thought for a few seconds, reckoning the cost and wondering at the same time about the sum she could ask for without startling her thrifty husband and perhaps getting a refusal.

She hesitated:

"I don't really know, but it seems to me that with four hundred francs I could manage."

He paled somewhat; that was exactly the amount he had saved to buy a rifle to go hunting at Nanterre the following summer with some of his friends.

He agreed at last:

"Very well. I will give you four hundred francs. But try to get something beautiful."

The day of the reception drew near, but Mme Loisel, although her gown was ready, appeared sad and restless.

"What's troubling you?" her husband asked one evening. "You've been depressed for the past three days."

She replied:

"It bothers me not to have any jewels, not a stone, nothing to put on. I shall look very shabby. I'd almost rather not go to the party."

Il reprit:

—Tu mettras des fleurs naturelles. C'est très chic en cette saison-ci. Pour dix francs tu auras deux ou trois roses magnifiques.

Elle n'était point convaincue.

—Non . . . il n'y a rien de plus humiliant que d'avoir l'air pauvre au milieu de femmes riches.

Mais son mari s'écria:

—Que tu es bête! Va trouver ton amie Mme Forestier et demande-lui de te prêter des bijoux. Tu es bien assez liée avec elle pour faire cela.

Elle poussa un cri de joie.

—C'est vrai. Je n'y avais point pensé.

Le lendemain, elle se rendit chez son amie et lui conta sa détresse.

Mme Forestier alla vers son armoire à glace, prit un large coffret, l'apporta, l'ouvrit, et dit à Mme Loisel:

—Choisis, ma chère.

Elle vit d'abord des bracelets, puis un collier de perles, puis une croix vénitienne, ornée de pierreries, d'un admirable travail. Elle essayait les parures devant la glace, hésitait, ne pouvait se décider à les quitter, à les rendre. Elle demandait toujours:

—Tu n'a plus rien d'autre?

—Mais si. Cherche. Je ne sais pas ce qui peut te plaire.

Tout à coup elle découvrit, dans une boîte de satin noir, une superbe rivière de diamants; et son cœur se mit à battre d'un désir immodéré. Ses mains tremblaient en la prenant. Elle l'attacha autour de sa gorge, sur sa robe montante, et demeura en extase devant elle-même.

Puis, elle demanda, hésitante, pleine d'angoisse:

—Peux-tu me prêter cela, rien que cela?

—Mais oui, certainement.

Elle sauta au cou de son amie, l'embrassa avec emportement, puis s'enfuit avec son trésor.

Le jour de la fête arriva. Mme Loisel eut un succès. Elle était plus jolie que toutes, élégante, gracieuse, souriante et folle de joie. Tous les hommes la regardaient, demandaient son nom, cherchaient à être présentés. Tous les attachés du cabinet voulaient valser avec elle. Le ministre la remarqua.

Elle dansait avec ivresse, avec emportement, grisée par le plaisir, ne pensant plus à rien, dans le triomphe de sa beauté,

He replied:

"You could wear flowers, it's very fashionable this season. For ten francs you can have two or three magnificent roses."

But she was not at all satisfied.

"No, there is nothing more humiliating than to look poor among wealthy women."

Her husband exclaimed:

"How silly you are. Why don't you ask your friend, Mme Forestier, to lend you some jewels? You know her well enough for that."

She cried joyfully:

"That's true! I never thought of that."

The following day, she paid her friend a visit and explained her situation.

Mme Forestier went to her cupboard and removed a large chest which she brought back to Mme Loisel.

"Choose something, my dear," she said, opening the box.

First, Mathilde saw some bracelets, then a pearl necklace, then a beautifully wrought gold Venetian cross, studded with precious stones. She tried on the jewels before a mirror, hesitant, unable to pull herself away or to put them back, and kept asking:

"Haven't you anything else?"

"Of course, just look. I don't know what you like."

Suddenly she discovered a superb diamond necklace in a black satin box. Her heart began to beat with intense longing, and her hands trembled as she picked it up and put it around her throat against her high-necked dress. She stood in ecstasy before her image.

Then, filled with apprehension, she asked hesitantly:

"Would you lend me this? Just this?"

"Yes, of course."

Mathilde threw her arms about her friend's neck, hugged her impetuously, and dashed away with her treasure.

The day of the reception arrived. Mme Loisel was a success; she was the prettiest woman there, elegant, gracious, smiling and radiant with joy. All the men looked at her, asked her name, sought to be introduced. All the attachés of the Ministry wanted to waltz with her, and even the Minister noticed her.

She danced with intoxication, with abandon, inebriated with pleasure, no longer thinking of anything. In the triumph

dans la gloire de son succès, dans une sorte de nuage de bonheur fait de tous ces hommages, de toutes ces admirations, de tous ces désirs éveillés, de cette victoire si complète et si douce au cœur des femmes.

Elle partit vers quatre heures du matin. Son mari depuis minuit, dormait dans un petit salon désert avec trois autres messieurs dont les femmes s'amusaient beaucoup.

Il lui jeta sur les épaules les vêtements qu'il avait apportés pour la sortie, modestes vêtements de la vie ordinaire, dont la pauvreté jurait avec l'élégance de la toilette de bal. Elle le sentit et voulut s'enfuir, pour ne pas être remarquée par les autres femmes qui s'enveloppaient de riches fourrures.

Loisel la retenait:

—Attends donc. Tu vas attraper froid dehors. Je vais appeler un fiacre.

Mais elle ne l'écoutait point et descendait rapidement l'escalier. Lorsqu'ils furent dans la rue, ils ne trouvèrent pas de voiture; et ils se mirent à chercher, criant après les cochers qu'ils voyaient passer de loin.

Ils descendaient vers la Seine, désespérés, grelottants. Enfin ils trouvèrent sur le quai un de ces vieux coupés noctambules qu'on ne voit dans Paris que la nuit venue, comme s'ils eussent été honteux de leur misère pendant le jour.

Il les ramena jusqu'à leur porte, rue des Martyrs, et ils remontèrent tristement chez eux. C'était fini, pour elle. Et il songeait, lui, qu'il lui faudrait être au Ministère à dix heures.

Elle ôta les vêtements dont elle s'était enveloppé les épaules, devant la glace, afin de se voir encore une fois dans sa gloire. Mais soudain elle poussa un cri. Elle n'avait plus sa rivière autour du cou.

Son mari, à moitié dévêtu déjà, demanda:

—Qu'est-ce que tu as?

Elle se tourna vers lui, affolée:

—J'ai . . . j'ai . . . je n'ai plus la rivière de Mme Forestier.

Il se dressa, éperdu:

—Quoi! . . . comment! . . . Ce n'est pas possible!

Et ils cherchèrent dans les plis de la robe, dans les plis du manteau, dans les poches, partout. Ils ne la trouvèrent point.

Il demandait:

—Tu es sûre que tu l'avais encore en quittant le bal?

of her beauty and the glory of her success, she was in a kind of cloud of happiness filled with all the compliments, all the admiration, all the awakened desires of this victory—so complete and so dear to the heart of a woman.

About four o'clock in the morning, Mathilde left the ball and found her husband asleep in a small deserted salon where he had been since midnight with three other gentlemen whose wives were also enjoying themselves.

He threw the cloak he had brought along across her shoulders—a simple everyday cloak which clashed with the elegance of her evening dress. She sensed it and wanted to escape so she would not be noticed by the other women enveloped in their luxurious furs.

Loisel held her back.

"Wait a minute, you'll catch cold outside. I'll call a cab."

But she would not listen to him and hurried down the stairs. Once outside, they could not find a carriage, so they began to search for one, calling out to cab drivers they saw passing in the distance.

They walked toward the Seine, utterly discouraged, shivering with cold. At last on the quai, they found one of those old nocturnal broughams that are seen in Paris only after dark, as if they were ashamed of their shabbiness in the daylight.

It took them directly to their home on the Rue des Martyrs. Sadly they entered the house. It was all over for her. And his only thought was that he had to be at the Ministry by ten o'clock the next morning.

Standing before the mirror, she removed the cloak which had covered her shoulders to gaze at herself once more in all her glory. Suddenly, she uttered a cry—the necklace was no longer around her neck!

Her husband, who was already half-undressed, asked:

"What's the matter?"

She turned towards him, panic-stricken.

"I . . . I . . . I no longer have Mme Forestier's necklace." He stood up, dumbfounded.

"What! . . . Why, that's impossible!"

They searched the folds of her gown, they searched the folds of her cloak, the pockets, everywhere . . . they could not find it!

He asked:

"Are you sure you had it when you left the ball?"

—Oui, je l'ai touchée dans le vestibule du Ministère.
—Mais si tu l'avais perdue dans la rue, nous l'aurions entendue tomber. Elle doit être dans le fiacre.
—Oui. C'est probable. As-tu pris le numéro?
—Non. Et toi, tu ne l'as pas regardé?
—Non.
Ils se contemplaient atterrés. Enfin Loisel se rhabilla.

—Je vais, dit-il, refaire tout le trajet que nous avons fait à pied, pour voir si je ne la retrouverai pas.
Et il sortit. Elle demeura en toilette de soirée, sans force pour se coucher, abattue sur une chaise, sans feu, sans pensée.

Son mari rentra vers sept heures. Il n'avait rien trouvé.

Il se rendit à la Préfecture de police, aux journaux pour faire promettre une récompense, aux compagnies de petites voitures, partout enfin où un soupçon d'espoir le poussait.
Elle attendit tout le jour, dans le même état d'effarement devant cet affreux désastre.
Loisel revint le soir, la figure creuse, pâlie; il n'avait rien découvert.
—Il faut, dit-il, écrire à ton amie que tu as brisé la fermeture de sa rivière et que tu la fais réparer. Cela nous donnera le temps de nous retourner.
Elle écrivit sous sa dictée.

Au bout d'une semaine, ils avaient perdu toute espérance.
Et Loisel, vieilli de cinq ans, déclara:
—Il faut aviser à remplacer ce bijou.
Ils prirent, le lendemain, la boîte qui l'avait renfermé, et se rendirent chez le joaillier, dont le nom se trouvait dedans. Il consulta ses livres:
—Ce n'est pas moi, madame, qui ai vendu cette rivière; j'ai dû seulement fournir l'écrin.
Alors ils allèrent de bijoutier en bijoutier, cherchant une parure pareille à l'autre, consultant leurs souvenirs, malades tous deux de chagrin et d'angoisse.
Ils trouvèrent, dans une boutique du Palais-Royal, un chapelet de diamants qui leur parut entièrement semblable à celui qu'ils cherchaient. Il valait quarante mille francs. On le leur laisserait à trente-six mille.
Ils prièrent donc le joaillier de ne pas le vendre avant trois

"Yes, I touched it when I got to the vestibule."

"But if you lost it in the street, we would have heard it fall; it must be in the carriage."

"Probably. . . . Did you take the number of the cab?"

"No. Did *you* notice it?"

"No."

They looked at each other in consternation. Finally, Loisel got dressed.

"I'll go and retrace our steps over the entire route we made on foot to see if I can find it."

And he went out. Still in her evening gown she sank dejectedly into her chair, in the dark, without the strength to go to bed, without emotion, without a thought.

Toward seven o'clock, her husband returned—he had found nothing.

Later, he went to the Prefecture of Police. He offered rewards through the newspapers. He went to the cab companies—any place that offered the least shred of hope.

She waited all day, in the same state of fright, before this terrible calamity.

Loisel returned in the evening, his face drawn and pale. He had found nothing.

"You must write your friend that you broke the clasp," he said, "and that you are having it repaired. That will give us time to look around."

She wrote as he dictated.

At the end of a week they had lost all hope.

And Loisel, looking five years older, said:

"We must think about replacing that necklace."

The following day, they took the box which had contained the necklace to the jeweler whose name was on it. The jeweler looked through his records:

"I didn't sell the necklace, madam. I must have furnished only the case."

They went from jeweler to jeweler, looking for a necklace similar to the other, trying hard to remember the design, both ill from worry and anguish.

Finally, in a shop in the Palais-Royal, they found a string of diamonds that seemed to them exactly like the other. It cost 40,000 francs, and it was offered to them for 36,000 francs.

They begged the jeweler to hold it for three days, and both

jours. Et ils firent condition qu'on le reprendrait pour trente-quatre mille francs, si le premier était retrouvé avant la fin de février.

Loisel possédait dix-huit mille francs que lui avait laissés son père. Il emprunterait le reste.

Il emprunta, demandant mille francs à l'un, cinq cents à l'autre, cinq louis par-ci, trois par-là. Il fit des billets, prit des engagements ruineux, eut affaire aux usuriers, à toutes les races de prêteurs. Il compromit toute la fin de son existence, risqua sa signature sans savoir même s'il pourrait y faire honneur, et, épouvanté par les angoisses de l'avenir, par la noire misère qui allait s'abattre sur lui, par la perspective de toutes les privations physiques et de toutes les tortures morales, il alla chercher la rivière nouvelle, en déposant sur le comptoir du marchand trente-six mille francs.

Quand Mme Loisel reporta la parure à Mme Forestier, celle-ci lui dit, d'un air froissé:

—Tu aurais dû me la rendre plus tôt, car je pouvais en avoir besoin.

Elle n'ouvrit pas l'écrin, ce que redoutait son amie. Si elle s'était aperçue de la substitution qu'aurait-elle pensé? Qu'aurait-elle dit? Ne l'aurait-elle pas prise pour une voleuse?

Mme Loisel connut la vie horrible des nécessiteux. Elle prit son parti, d'ailleurs, tout d'un coup, héroïquement. Il fallait payer cette dette effroyable. Elle payerait. On renvoya la bonne; on changea de logement; on loua sous les toits une mansarde.

Elle connut les gros travaux du ménage, les odieuses besognes de la cuisine. Elle lava la vaisselle, usant ses ongles roses sur les poteries grasses et le fond des casseroles. Elle savonna le linge sale, les chemises et les torchons, qu'elle faisait sécher sur une corde; elle descendit à la rue chaque matin les ordures, et monta l'eau, s'arrêtant à chaque étage pour souffler. Et, vêtue comme une femme du peuple, elle alla chez le fruitier, chez l'épicier, chez le boucher, le panier au bras, marchandant, injuriée, défendant sou à sou son misérable argent.

Il fallait chaque mois payer des billets, en renouveler d'autres, obtenir du temps.

Le mari travaillait, le soir, à mettre au net les comptes d'un commerçant, et la nuit souvent, il faisait de la copie à cinq sous la page.

agreed that he would take it back for 34,000 francs if the lost necklace were found before the end of February.

Loisel had 18,000 francs which his father had left him; he would borrow the rest.

He borrowed a thousand from one, five hundred from another, five louis here, three louis there. He signed notes, undertook ruinous pledges, did business with usurers and all kinds of money-lenders. He compromised his future and signed promissory notes without knowing whether he could honor his signature. He was tormented by worry about the future and the dark misery that had befallen him, and facing the prospect of physical privation and all kinds of self-recrimination, he went back to the jeweler, and placed 36,000 francs on the counter in payment for the necklace.

When Mme Loisel brought the necklace to Mme Forestier, she was coolly received.

"You should have brought it back sooner; I might have needed it."

Mme Forester did not open the case as her friend feared she might. If she had seen the substitute, what would she have thought? What would she have said? Would she not have taken Mme Loisel for a thief?

Mme Loisel now experienced the pitiful existence of extreme poverty. This frightful debt had to be paid, and with unexpected courage, she made her decision. She would pay it. They dismissed the maid, changed their lodgings, and rented rooms in a garret.

She endured the drudging work of the household, the hateful chores of the kitchen. She washed dishes, wearing out her pink nails on the bottoms of greasy pots and pans. She washed dirty linen, shirts, and dishcloths that she hung out on a line to dry. Every morning she went downstairs with the garbage, and came back upstairs with fresh water, pausing on each landing to catch her breath. And, dressed like a domestic, with a basket under her arm, she went to the fruitstore, the grocer, the butcher, haggling, arguing, defending every sou of her wretched savings.

Each month the notes had to be paid, others renewed, more time asked for.

In the evenings her husband worked, keeping books for a merchant. At night he often did copy work at five sous a page.

Et cette vie dura dix ans.

Au bout de dix ans, ils avaient tout restitué, tout avec le taux de l'usure, et l'accumulation des intérêts composés.

Mme Loisel semblait vieille, maintenant. Elle était devenue la femme forte, dure, et rude, des ménages pauvres. Mal peignée, avec les jupes de travers et les mains rouges, elle parlait haut, lavait à grande eau les planchers. Mais parfois, lorsque son mari était au bureau elle s'asseyait auprès de la fenêtre, et elle songeait à cette soirée d'autrefois, à ce bal où elle avait été si belle et si fêtée.

Que serait-il arrivé si elle n'avait point perdu cette parure? Qui sait? qui sait? Comme la vie est singulière, changeante! Comme il faut peu de chose pour vous perdre ou vous sauver!

Or, un dimanche, comme elle était allée faire un tour aux Champs-Élysées pour se délasser des besognes de la semaine, elle aperçut tout à coup une femme qui promenait un enfant. C'était Mme Forestier, toujours jeune, toujours belle, toujours séduisante.

Mme Loisel se sentit émue. Allait-elle lui parler? Oui, certes. Et maintenant qu'elle avait payé, elle lui dirait tout. Pourquoi pas?

Elle s'approcha.

—Bonjour, Jeanne.

L'autre ne la reconnaissait point, s'étonnant d'être appelée ainsi familièrement par cette bourgeoise. Elle balbutia:

—Mais . . . madame! . . . Je ne sais . . . Vous devez vous tromper.

—Non. Je suis Mathilde Loisel.

Son amie poussa un cri:

—Oh! . . . ma pauvre Mathilde, comme tu es changée! . . .

—Oui, j'ai eu des jours bien durs, depuis que je ne t'ai vue; et bien des misères . . . et cela à cause de toi! . . .

—De moi . . . comment ça?

—Tu te rappelles bien cette rivière de diamants que tu m'as prêtée pour aller à la fête du Ministère.

—Oui. Eh bien?

—Eh bien, je l'ai perdue.

—Comment! puisque tu me l'as rapportée.

—Je t'en ai rapporté une autre toute pareille. Et voilà dix ans que nous la payons. Tu comprends que ça n'était pas aisé pour nous, qui n'avions rien. . . . Enfin c'est fini, et je suis rudement contente.

Mme Forestier s'était arrêtée.

This life went on for ten years.

At the end of that time, they had paid back everything with compound interest, including the usurers' fees.

Mme Loisel looked old now. She had become the stout, tough, and uncouth woman of the poor neighborhoods. Loud-spoken, ill-combed, skirt askew, she scrubbed the floors with her rough, red hands. But sometimes, when her husband was at the office, she sat by the window and dreamed of that evening, of that ball where she had been so beautiful and so alluring.

What would have happened if she had not lost that necklace? Who knows? How strange and fickle life is. How little is needed to ruin or make a person.

One Sunday, when she was out for a stroll on the Champs-Élysées to relax from the pressure of her weekly labor, she suddenly noticed a woman walking along with a child. It was Mme Forestier, still young, still beautiful, still charming.

Mme Loisel was moved. Should she speak to her? Yes, of course. And now that she had finished paying the debt, she would tell her all. Why not?

She approached Mme Forestier.

"Good morning, Jeanne!"

The other did not recognize her, astonished to be addressed so familiarly by this common woman.

"Madam! . . . I do not know . . . you must be mistaken."

"No . . . I am Mathilde Loisel."

Her friend cried out:

"Oh! my poor Mathilde, how you have changed! . . ."

"Yes, I have had some difficult days and a great deal of suffering since I saw you last . . . and all because of you!"

"Because of me! . . . What do you mean?"

"You remember the diamond necklace you lent me to wear to the Minister's ball?"

"Yes . . . well?"

"Well, I lost it."

"But you gave it back to me."

"I gave you one similar to it, and for the past ten years we've been paying for it. You must understand that it was not easy for us; we who had nothing. . . . But it's all over at last, and I'm very happy."

Mme Forestier stopped short.

—Tu dis que tu as acheté une rivière de diamants pour remplacer la mienne?

—Oui. Tu ne t'en étais pas aperçue, hein! Elles étaient bien pareilles.

Et elle souriait d'une joie orgueilleuse et naïve.

Mme Forestier, fort émue, lui prit les deux mains.

—Oh, ma pauvre Mathilde! Mais la mienne était fausse. Elle valait au plus cinq cents francs! . . .

—Guy de Maupassant

"You say you bought a diamond necklace to replace mine?"

"Yes, and you didn't notice the difference, then? They were very similar."

And she smiled with proud and naive joy.

Mme Forestier, very touched, took her by both hands.

"Oh! . . . My poor Mathilde! But my necklace was an imitation! At the most it was worth only five hundred francs! . . ."

—Guy de Maupassant; *translated by* Olga Z. Taylor

VOCABULARIES FOR READING SELECTIONS

—— 1 ——

apprendre, to learn
assez (de), enough
attendre, to wait for
autre, other
bien, well
c'est, it is
chanter, to sing
chanteur, *m.*, singer
chat, *m.*, cat
chien, *m.*, dog
chose, *f.*, thing
connaissance, *f.*, knowledge, acquaintance
crier, to shout, to cry out
des heures, *f.*, some hours
écrire, to write
en un jour, in one day
étranger, foreign
faire attention, pay attention
il faut, it is necessary, one must
jour, *m.*, day
langue, *f.*, language
lire, to read
n'a pas été bâtie, has not been built, was not built
nombreux, numerous
occasion, *f.*, opportunity
pas encore, not yet
pleurer, to weep
quand, when
que, that
règles, *f.*, rules
rencontrer, to meet
retourner, to return
surtout, above all
tâche, *f.*, task
tous les jours, every day
toutes les occasions, every opportunity

—— 2 ——

cause, *f.*, cause
ce, *adj.*, this, that
comme, as, like
constamment, constantly
devoirs, exercises, homework
dire, to say, to tell
élève, *m.*, *f.*, pupil
enseigner, to teach
esprit, *m.*, mind, intelligence, wit
faible d'esprit, feeble-minded
faute, *f.*, fault
génie, *m.*, genius
je mettrai, I will put
je sais, I know (how)
il sort, he goes out
mais oui, fine, of course
mal, badly
mémoire, memory
même quand, even when
mettez-le, put him
moi, I, me
mon fils, *m.*, my son
monstre, *m.*, monster
pays, *m.*, country
répondre, to answer
sept, seven
seul, alone
si, if
traduire, to translate
très bien, very well
votre fils, your son

—— 3 ——

à sept heures, at seven o'clock
(s')allonger, to stretch out
appartenir, to belong
(sans) arrêt, without stopping
(s')arrêter, to stop
(s')asseoir, to sit down
avait vu, had seen
battre, to beat
(en) boucles, *f.*, curls
cadeau, *m.*, gift
chérir, to cherish
chevelure, *f.*, hair
cœur, *m.*, heart
compter, to count
côtelettes, *f.*, cutlets

couler, to flow, to drop
(en) courant, running
croire, to believe
dénouer, to undo, to untie
digne, worthy
doivent payer, must pay
emplir, to fill
enlever, to take off
enseigne, *f.*, sign
entendre, to hear
escalier, *m.*, stairway
essayer, to try
faire croire, to make believe
fierté, *f.*, pride
fois, *f.*, time
frémir, to tremble, to quiver
genoux, *m.*, knees
iront ensemble, will go together
joues, *f.*, cheeks
Joyeux Noël, Merry Christmas
laisser, to leave, to let
larmes, *f.*, tears
loyer, *m.*, lodging
mettre de côté, to put aside
moins, less
montre, *f.*, watch
ouvrir, to open
peignes, *m.*, combs
(en) piécettes, *f.*, in pennies
(se) poster, to stand, to pose
pousser, to push, to grow
quatre-vingt-sept, eighty-seven
quelque chose, *f.*, something
qu'est-ce qui, what
ranger, to put away
rester, to stay, to remain
servir, to serve
soit, be, is
soixante, sixty
soudain, suddenly
souhaiter, to wish
sourire, *m.*, smile
sous les yeux, under her eyes
suivantes, following
toutes sortes, *f.*, all kinds
va penser, is going to think
vingt, twenty
visage, *m.*, face
voir, to see

————— 4 —————

à droite, on the right
à gauche, on the left
air puant, smelly, rotten air
âme, *f.*, soul
ange, *m.*, angel
après tout, after all
argent, *m.*, silver
avait perdu, had lost
beaucoup plus, much more
bien-aimés, *m.*, beloved
blé, *m.*, wheat
blême de peur, pale with fear
chaire, *f.*, pulpit
clé, *f.*, key
combien, how many
couper, to cut
croire, to believe
dimanche, *m.*, Sunday
donc, then
embrasé, stifling
en bas, down below
en enfer, *m.*, in hell
en foule, *f.*, in crowds
en train de rouler, beginning to move or to roll
four, *m.*, oven
frapper, to knock
il n'y a personne, there is no one
il serait, he would be
incroyable, incredible, unbelievable
laver, to wash
les voir, to see them
leur foi, *f.*, their faith
linge sale, *m.*, dirty linen
mil, mille, thousand
mûr, ripe
ne savait pas, didn't know
nous voici, here we are
nuit, *f.*, night
où diantre, where the deuce
ouvrir, to open
pécheur, sinner
plaisanter, to joke
plein de ronces, full of briars
puisque, since

sentier, *m.*, path
seule, single, alone
siffler, to whistle, to hiss
soient, be, are
suivre, to follow
tenir, to hold, to have, to keep
tiré, drawn
tirer, to draw, to pull
tourbillon, *m.*, whirlwind
votre, your
votre faute, your fault
vous-même, you yourself

——————— 5 ———————

an, *m.*, year
année, *f.*, year
avais juré, had sworn
avait perdu, had lost
beurre, *m.*, butter
c'était, it was
contre lui, against him
dernière, last
en ces jours, in these days
gagner, to earn
ils seront, they will be
j'en dirais autant de vous, I would say as much about you
lait, *m.*, milk
légumes, *m.*, vegetables
les laissent vieillir, let them get old
mes, my
métier, *m.*, profession
moins, less
nier, to deny
on dirait, one would say
parmi, among
peu de, few
plaider, to plead
pommes de terre, *f.*, potatoes
preuves, *f.*, proofs
sucre, *m.*, sugar
tant de, so many
témoin, *m.*, witness

——————— 6 ———————

à part, aside

aller voir, to go see
aveuglément, blindly
beaucoup de, many, much
boutique, *f.*, shop, store
causer, to chat, to talk
ce, cet, cette; ces, *adj.*, this, that; these, those
celui, celle, ceux, celles, *pron.*, this (one), that (one), these, those
ceux qui, those who
chef-d'œuvre, *m.*, masterpiece
chose, *f.*, thing
cinquante, fifty
comme tous, like all
crâne, *m.*, skull
dire, to say, to tell
donc, then, therefore
durant, during
(s')écrier, to cry out
encore une fois, once more
épicier, *m.*, grocer
ferme, firm
gardien, *m.*, guard
ignorer, not to know
il va voir, he goes to see
jour, *m.*, day
laissons, let us leave
lui, he, him, to him
(du) matin, in the morning
même, same, even
mille, thousand
monde, *m.*, world, society, people
obéir, to obey
plus ... que, more ... then
pommes de terre, *f.*, potatoes
poser, to ask, to put
première fois, *f.*, first time
près de, near
presque, almost
que, that, as, than, what
qu'est-ce que c'est que ceci? what does this mean?
qu'est-ce que c'est que cela (or ça)? what does that mean?
(à) quel grand homme étaient-ils? to what great man did they belong?

raconter, to tell, to relate
(se) rapporter, to concern itself
répandre, to spread
salle, *f.*, room
sans, without
si, if, so, whether
sucre, *m.*, sugar
surtout, above all
tel, telle, tels, telles, such, such a
toile, *f.*, canvas
tous les jours, every day
tout ce que, all that which
(se) trouver, to find oneself, to be
voir, to see

——— 7 ———

à la chaleur, in the heat
à partir du chaos, from chaos
ainsi, thus
alors, then
ange, *m.*, angel
appeler, to call
après, after
arbre, *m.*, tree
attraper, to catch
au cours de, in the course of
aussi, so, thus
avoir besoin de quelque chose, to have need of something
bavarder, to chatter
beaucoup (de), many, much
bientôt, soon
ça et là, here and there
chrétien, *m.*, Christian
côte, *f.*, rib
devant eux, in front of them
devenir, to become
devint toute sèche, became very dry
eau, *f.*, water
échapper, to escape
enfin, finally
ensuite, then
épuisé, worn out, tired
errer, to wander
être, *m.*, being

eux aussi, they also
fut créée, was created
il pouvait, he was able
il s'assied, he sits down
il se sent seul, he feels alone
il sourit, he smiled
il y voit, he sees in it
lointain, far
lorsque, when
lui échappa, escaped him
maintenant, now
mener, to lead, to take
mettre, to put
nous vient, comes to us
oiseau, *m.*, bird
ombre, *f.*, shadow
partout, everywhere
peut-être, perhaps
plus, more, most
plus de douze fois, more than a dozen times
pouvoir, to be able
prendre, to take
près d'un étang, near a pool
qu'ainsi, that therefore
sa propre, his own
sans savoir de quoi, without knowing what
se dresser, to stand up
se sentir, to feel
se trouver, to find oneself, to be
semaine, *f.*, week
soleil, *m.*, sun
soudain, suddenly
souffle, *m.*, breath
sourire, to smile
tellement, so much
travail, *m.*, work
travailler, to work
trop, too much, too many, too
tu as vu, you have seen

——— 8 ———

(s')affairer, to be busy
alors, then
août, *m.*, August
arbre fruitier, *m.*, fruit tree
avait été, had been

bonheur, m., happiness
bourgeonner, to bloom
car, because
chienne, f., bitch
colline, f., hill
contre, against
cour, f., court
couverte, covered
cueillis, picked
dont, of which
durant, during
ensuite, then
entre, among, between
(s')épanouir, to blossom out
été, m., summer
(s')éveiller, to awaken
feuilles, f., leaves
(s')habiller, to dress, to adorn
jaillissement, a gushing forth
jouir, to enjoy
lourd, heavy
milieu, m., midst, middle
mois, m., month
moissonné, gathered
mûr, ripe
mûrir, to ripen
neige, f., snow
nous nous asseyons, we sit down
(à) nouveau, anew, again
or, m., gold
pairs, m., peers
prendre, to take
printemps, m., spring
prix, m., price
puisque, since
rapport, m., report
rassembler, to gather
récolte, f., harvest
reine, f., queen
remplir, to fill
renaître, to be born again
rendre, to render
(se) répandre, to spread
repos, m., rest
rien, nothing
sale, dirty
serez pendu, will be hanged
si l'on, if one

sobre, austere
sommeil, m., sleep
veiller, to watch over
verger, m., orchard
(s'en) vont, go away
vous verrez (voir), you will see

───────── 9 ─────────

attacher, to tie
auprès de, near
autrement, otherwise
bouc, m., billy goat
Carême, m., Lent
ce, adj., this, that
ce que, that which, what
cela ne fait mon affaire, I don't like it
cependant, nevertheless
ces, adj., these, those
chez nous, at home
compter, to count, to depend
consentir, to consent, to agree
dimanche, Sunday
dire, to say, to tell
donc, therefore, so
église, f., church
entendre, to hear
était, was
(se) faire, to make oneself
faire admirer, to have one admire
j'y consens, I am willing, I agree to it
libre, free
messe, f., Mass
(ses) moustaches, f., his whiskers
ne ... plus rien, no longer anything
nous perdîmes, we lost
oraison (funèbre), funeral oration
oser, to dare
parlait, was speaking, spoke
pas du tout, not at all
penser, to think
peu, little, few
plein de, full of

plonger, to plunge, immerse
premier, first, best, great
puisque, since
qu'est-ce que c'est? what is it?
qui plus est, what is more
regard, *m.*, gaze
rester, to remain
rien du tout, nothing at all
sembler, to seem
seul, alone
sur lui, on him
tant, so much
tellement, so much
tous leurs dimanches, all their Sundays, every Sunday
tout ce que, all that which, all that
(les) trouver, to find them
vers, toward

———— 10 ————

à ces affaires, about these things
à moins que, unless
à travers, across
(aux) ailes, to the wings
(s')aplatir, to flatten, to lie down
(en) arrière, behind
attraper, to pick up
battre, to beat
bouteille, *f.*, bottle
bras dessus bras dessous, arm in arm
briller, to shine
chacun, each one
chantonner, to hum
chaumière, *f.*, cottage
course, *f.*, race
Dieu du ciel, great heavens!
église, *f.*, church
(bien) élevé, well bred
embaumé, balmy
empocher, to pocket
épouser, to marry
été, *m.*, summer
fendre, to split
gagner, to win, to get into
il n'y comprend rien, he understands nothing
il se prend pour quelqu'un, he thinks he is somebody
j'y suis, here I am
journée, *f.*, day
lent, slow
louis d'or, gold louis
(au) milieu de, in the middle of
ne ... que, only
oreilles, *f.*, ears
parier, to bet
plus vite, faster (more quickly)
pousser, to grow
prendre (pris), to take (taken)
(en) premier lieu, in the first place
prés, *m.*, meadows
près de, near
propre, clean
puis, then
rempli, filled
(en) revenant, (in) returning
(en) riant, (in) laughing
semble, seems
s'en va, goes away
sillon, *m.*, furrow
soixante-quatorze, seventy-four
tandis que, while
tomber, to fall
(à une) vitesse, *f.*, at a speed
vivre, to live
voler, to fly

———— 11 ————

à moins que, unless
accueillir, to receive
afin que, so that
aiguisé, sharp
amener, to bring, to take
(s')assit (s'asseoir), sat down
atteler, to hitch
au-dessus, over
au lieu de, instead of
au seuil, *m.*, on the threshold
avant peu, before long
brouillard, m., fog
bruit, *m.*, noise
(se) brûler la cervelle, to blow one's brains out

car, because
charrue, *f.*, plow
chauve, bald
contrée, *f.*, country
cravache, *f.*, lash, riding whip
(y) compris, including
dinde, *f.*, turkey
dons, *m.*, gifts
doué, endowed
effrayer, to frighten
elles-mêmes, they themselves
empirer, to get worse
entreprendre, to undertake
épais, thick
esclave, *m., f.*, slave
éventer, to fan
fou de joie, mad with joy
fouetter, to whip
grossir, to get big
guérir, to cure
hameau, *m.*, hamlet
juif, *m.*, Jew
liège, *m.*, cork
lustre, *m.*, chandelier
mise à l'essai, put to the test
(en) moi-même, within me
mourrait (mourir), would die
ordonnance, *f.*, prescription
peints (peindre), painted
pendre, to hang
plafond, *m.*, ceiling
plaire, to please
plutôt, rather
pourvu que, provided
(ne) prît (prendre), would take
quelque, some
quiconque, whoever
(en) quoi, in what
râle, *m.*, rattle (in throat)
revinrent (revenir), came back, returned
sable, *m.*, sand
sagesse, *f.*, wisdom
(en) seraient venus aux coups, would have come to blows
soin, *m.*, care
(ne) soit pleine, be not full
soutenir, to maintain
tel que, such as

──────── 12 ────────

à la fois, at the same time
à peine, scarcely
(bien) accueilli, well received
affamé, famished
âne, *m.*, donkey, ass
aplomb, *m.*, effrontery
aube, *f.*, dawn
aucun, any, no, none
aurait dû, (you) should have
au sommet, *m.*, at the top
babillard, babbling
barbiche, *f.*, beard
(en) bas, down below
bêlement, *m.*, bleating
bélier, *m.*, ram
bondir en avant, to spring, to pounce on
briser, to break
brouter, to graze
chamois, *m.*, chamois, antelope
consterné, dismayed, stunned
cor, *m.*, horn (instrument)
corne, *f.*, horn (of animals)
cou, *m.*, neck
doit être, must be
dos, *m.*, back
envie, *f.*, desire
étable, *f.*, stable, barn
s'éteignirent (éteindre), to fade away, to disappear
être pressé, to be in a hurry
fendre, to split, to break
fourrure, *f.*, fur, skin
froissement, *m.*, rustling
gambader, to skip, to gambol
gens, *m.*, people
je vous en prie, I beg you
lutter, to struggle, to fight
malheureux, unhappy, wretched
mentir, to lie
mourir, to die
mousse, *f.*, moss
n'a rien à voir, has nothing to do
néanmoins, nevertheless
(lui) parvint (parvenir), reached her
percher, to perch

(lui) plut, pleased her
râpé, worn out
rayé, striped
reculer, to recoil, to draw back
régal, f., treat, exquisite dish
(se) rendre compte, to become aware
retenir, to restrain, to hold back
ricaner, to grin
rire, to laugh
ruisseau, m., stream, brook
savourer, to relish, to enjoy

--------- 13 ---------

à l'aventure, at random
à travers, across
anniversaire, m., birthday
apparaître, to appear
appartenir, to belong
archet, m., bow
atteignirent, attained
atteindre, to attain
bijou, m., jewel
bouleverser, to astound, to thrill
caler, to adjust
celui qui, he who
chute, f., fall
colline, f., hill
courir, to run
couvent, m., convent
devenir, to become
déverser, to pour, to flow
devint, became
dix-septième siècle, seventeenth century
doux, douce, sweet, gentle
(se) dresser, to stand up
dur, hard
(s')emparer, to take possession
environnante, neighboring
étroit, narrow
faire un tour, to take a stroll
(se) faisaient, were made
flot, m., wave
gitane, m., f., gipsy
graver, to engrave
inoubliable, unforgettable

interdire, to forbid
ivresse, f., intoxication
jouir de, to enjoy
léger, light
(se) mêler, to mingle, to mix
mendiant, m., beggar
menton, m., chin
mouiller, to wet
non loin de là, not far from there
oser, to dare
oublier, to forget
paix, f., peace
partir, to leave, to depart
(se) pencher, to lean over
peu importe, it matters little
quel qu'en soit, whatever it may be
qu'est-il arrivé? what happened?
rencontrer, to meet, to restore
rendre, to return
répandre, to spread
rêve, m., dream
soleil levant, m., rising sun
sonner, to strike, to ring
supplier, to beg, to urge
tandis que, while
tour à tour, by turns, in turn
transmise, transmitted
une des plus, one of the most
vécu, lived
vieillir, to become old
vivre, to live
vœu, m., vow

--------- 14 ---------

accrocher, to hang
amertume, f., bitterness
(s')approcher de, to approach
d'autant plus, so much the more
aveugle, m., blind man
cercueil, m., coffin
coin, m., corner
de quel droit, by what right
devrait être, should be
doit être, must be
épouvante, f., terror, fright

être en vie, to be alive
être gâché, to spoil, to waste, to squander, to mix
(une) fois encore, once more
inclus, included
lutte, *f.*, struggle, fight
même si, even if
moine, *m.*, monk
peignit (peindre), painted (to paint)
peintre, *m.*, painter
(se) peut, is possible
plancher, *m.*, floor
plein de frayeur, full of fear, dismay
(de) plus, more
pourrait être, could be
pousser, to utter, to push, to grow
propre, one's own; clean
(se) réjouir, to rejoice
remarquer, to notice
révéler, to reveal
toile, *f.*, canvas
(la) vie même, *f.*, the very life

---------- 15 ----------

à l'aube, *f.*, at dawn
à nouveau, again
auparavant, before, previously
avait failli se noyer, almost drowned
bique, *f.*, nanny goat
bondir, to leap, to jump
brebis, *f.*, ewe, sheep
brouillard, *m.*, fog, mist
cailloux, *m.*, pebbles
cancans, *f.*, gossip, tittle-tattle
charretier, *m.*, charioteer
clochette, *f.*, small bell
courriers, *m.*, steeds, couriers
crête, *f.*, crest, ridge
effrayer, to frighten, to startle
ennuyeux, boresome, tedious
épaule, *f.*, shoulder
escarpé, steep
fée, *f.*, fairy
grand'messe, *f.*, High Mass

gravir, to climb up
grelots, *m.*, bells
(se) lasser, to tire
luire, to shine
mentir, to lie
ondé, wavy
orage, *m.*, thunderstorm
panier, *m.*, basket
parc, *m.*, fold, park
pente, *f.*, slope
plainte, *f.*, complaint, groan
quinzaine, *f.*, fortnight, two weeks
rêve, *m.*, dream
sentier, *m.*, path
troupeau, *m.*, herd, flock
Voie Lactée, *f.*, Milky Way

---------- 16 ----------

accès, *m.*, outburst
acquiesça (acquiescer), acquiesced (to acquiesce)
adresse, *f.*, skill
affolé, distracted
arborer, to have, to set up
bégayer, to stammer
(bien) à lui, all his own
bien au-delà, far beyond
bourra le mur de coups de poing, pounded the wall with his fists
bourrer, to stuff
briser, to break
chair, *f.*, flesh
chatouiller, to tickle
chouette en colère, angry owl
chuchoter, to whisper
cloison, *f.*, partition
coquille, *f.*, shell
couver, to hatch
craignant (craindre), fearing (to fear)
crainte, *f.*, fear
déborder, to brim over
débrouiller, to contrive
diable lui-même, the devil himself
duvet, *m.*, down

échec, *m.*, failure
eclair, *m.*, flesh
éclater, to burst
éclore, to hatch
écouler, to elapse
émettre, to emit, to utter
(s')emparer, to take over
ému, moved
entourer, to surround
entrain, enthusiasm
entraîner, to drag along
envers, toward
épanoui, beaming
éprouver, to feel
éteinte, subdued
étincelle, *f.*, sparkle, twinkle
fainéant, *m.*, loafer
frotter, to rub
furibond, furious, full of rage
gêné, embarrassed
grimper, to crawl
jurer, to curse
juron, *m.*, a curse
loin de là, far from it
mangeaille, *f.*, eats, grub
mêlée, *f.*, fight, scuffle
mi-moqueur, half joking

naissance, *f.*, birth
nourrir, to nourish
oreille, *f.*, ear
orgueil, *m.*, pride
osseuse, bony
passer, to happen
planer, to hover over
poussin, *m.*, chick
(en) proie à, a victim of
qu'est-ce qui te prend? what's coming over you?
quinzaine, *f.*, fortnight, two weeks
relever, to roll, to turn over
(se) répandre, to spill over
rêve, *m.*, dream
sage-femme, *f.*, midwife
sentier, *m.*, path
soupçonneux, suspicious
squelettique, skeletonlike
tablier, *m.*, apron
taille, *f.*, size
(se) tordre, to twist, to roar
vaincu (vaincre) conquered (to conquer)
vaurien, *m.*, good-for-nothing
visage, *m.*, face

APPENDIX

FRENCH PHRASES COMMON IN ENGLISH USAGE

à la française, in the French manner.
à la mode, in fashion.
à l'anglaise, in the English manner.
à outrance, to the utmost, to the bitter end.
affaire d'amour, love affair.
affaire de cœur, affair of the heart.
amende honorable, satisfactory apology, reparation.
amour propre, self-respect, pride.
ancien régime, old order of things.
arrière pensée, mental reservation.

beau monde, the fashionable world, society.
beaux esprits, men of wit.
bienséance, civility, decorum.
billet doux, love letter.
bon mot, witty saying.
Bon voyage, (Have a) pleasant trip.
bourgeois, middle-class, pedestrian, unsophisticated.
bourgeoisie, the middle class, the unsophisticated masses.

chargé d'affaires, minor diplomat at foreign post, ambassador's deputy.
châteaux en Espagne, castles in the air.
chef-d'œuvre, masterpiece.

cherchez la femme, there's a woman behind every deed.
chronique scandaleuse, chronicle of shameful acts.
comme il faut, as it should be, just right.
compte-rendu, account rendered, report.
cordon sanitaire, a line of troops to contain pestilence, a protective ring.
crème de la crème, the best of the best.
coup d'état, violent political overthrow of a government.
coup de grâce, finishing stroke.
coûte que coûte, at whatever cost.

de trop, too much or too many, not wanted.
demi-mondaine, woman of shady reputation.
de rigueur, required, compulsory.
dernier cri, latest fashion, last word.
dernier ressort, last resort.
Dieu défend le droit, God defends the right.
Dieu et mon droit, God and my right.
double entente, double entendre, double meaning, play on words.

en famille, in the family, to feel at home.

en masse, all together, in a body.
en passant, in passing, by the way.
en plein jour, in broad daylight.
en rapport, in mutual understanding.
en règle, in order.
en route, on the way.
enfant gâté, spoiled child.
ennui, tedium, spleen, boredom.
entente cordiale, friendly understanding.
entourage, retinue, one's followers.
entre nous, between us, confidentially.
esprit de corps, group spirit.
esprit des lois, spirit of the laws.

fait accompli, accomplished fact, deed already done.
faux pas, false step, social blunder.
fleur de lis, emblem of French royalty.

hors de combat, disabled, unable to fight.

insouciance, gay heedlessness, lighthearted unconcern.

je ne sais quoi, I don't know what, an indefinable something.
jeu de mots, play on words, pun.
jeu d'esprit, witticism.
joie de vivre, joy of living, lively cheerfulness.

laissez-faire (let alone), governmental policy of noninterference.
lèse-majesté, high treason.
liaison, illicit love affair.

Ma foi! Upon my faith! Goodness!

maître d'hôtel, steward, headwaiter.
mal à propos, ill-timed.
malentendu, misunderstanding.
mauvais goût, bad taste.
mêlée, confused fight, riot.
mésalliance, improper association, marriage beneath one's station.
mise en scène, putting on stage, direction.

naïveté, ingenuousness, credulous simplicity
née, born (whose maiden name is . . .)
noblesse oblige, behavior worthy of the noble.
nom de plume, pen name, pseudonym.
nuance, shade, gradation, tint.

ouï-dire, hearsay.
outré, extravagant.

papier mâché, a hard substance made of pulp from rags or paper.
par excellence, pre-eminently, highest excellence.
parole d'honneur, word of honor.
parvenu, upstart.
pas à pas, step by step.
passé, out of use or fashion.
penchant, inclination, liking.
peu à peu, little by little, by degrees.
peu de chose, a trifle.
pièce de résistance, outstanding feature, main dish.
pis aller, the worst, last resource.
point d'appui, point of support, prop.
pot pourri, hodgepodge, medley.

qui vive, on the alert.

raconteur, a good storyteller.

ruse de guerre, stratagem of war.

saboteur, a person who wrecks or damages things illegally.
salon, a drawing room, exhibition room.
sang-froid, coolness under difficult circumstances.
sans cérémonie, without ceremony.
sans peur et sans reproche, without fear and without reproach.
sauve qui peut, save himself who can, every man for himself.
savoir faire, knowing what to do, tact, poise.
savoir vivre, good breeding.
séance, sitting, session.
sobriquet, nickname.

soubrette, maid in light comedy.

tant pis, so much the worse.
tapis, carpet, cover of council table. Hence, to be on the tapis is to be under consideration.
tiers état, third estate, the common people.
tout à fait, entirely.
tout au contraire, on the contrary.
tout ensemble, the whole taken together.

valet de chambre, manservant.
vis-à-vis, opposite, facing, regarding, as concerns.
Vive le roi! Long live the king!
vraisemblance, the appearance of truth.

FRENCH PROVERBS

À bon chat, bon rat. — Tit for tat.
À bon jour, bonne œuvre. — The better the day, the better the deed.

À cheval donné on ne regarde pas la bouche. — Never look a gift horse in the mouth.
À force de forger, on devient forgeron. — Practice makes perfect.
Aide-toi le ciel t'aidera. — Heaven helps those who help themselves.

Après la pluie, le beau temps. — Every cloud has a silver lining.
Au besoin on connaît l'ami. — A friend in need is a friend indeed.

Au pays des aveugles, les borgnes sont rois. — In the kingdom of the blind, the one-eyed man is king.
Autre temps, autres mœurs. — Other times, other customs.

Beaucoup de bruit pour rien. — Much ado about nothing.
Brûler la chandelle par les deux bouts. — Burning the candle at both ends.

Ce que femme veut, Dieu le veut. — Woman will have her way.
C'est chercher une aiguille dans une botte de foin. — It's like looking for a needle in a haystack.
C'est découvrir Saint-Pierre pour couvrir Saint-Paul. — Robbing Peter to pay Paul.
C'est jeter des perles à un pourceau. — Casting pearls before swine.
C'est porter de l'eau à la mer. — Carrying coals to Newcastle.
C'est un aveugle qui en conduit un autre. — The blind leading the blind.
C'est une économie de bouts de chandelle. — Penny wise and pound foolish.
Chacun à son goût. — Each to his own taste.
Chacun pour soi, et Dieu pour tous. — Each one for himself, and God for all.
Chacun son métier. — To each his own.
Charbonnier est maître chez soi. — A man's home is his castle.

Chien qui aboie ne mord pas.	Barking dogs never bite.
Comme on fait son lit, on se couche.	As ye sow, so shall ye reap.
De la coupe aux lèvres il y a loin.	There's many a slip betwixt the cup and the lip.
Dis-moi qui tu hantes, je te dirai qui tu es.	Birds of a feather flock together.
Durant la nuit, tous les chats sont gris.	At night, all cats are gray.
Entre l'arbre et l'écorce il ne faut pas mettre le doigt.	Never take sides between man and wife.
Faire et dire sont deux.	Actions speak louder than words.
Fais ce que dois, advienne que pourra.	Do what you must, come what may.
Faites aux autres ce que vous voudriez qu'on vous fît.	Do unto others as you would have them do unto you.
Faute d'un point, Martin a perdu son âne.	A miss is as good as a mile.
Hon(n)i soit qui mal y pense.	Evil to him who evil thinks.
Il est gueux comme un rat d'église.	He's poor as a church-mouse.
Il faut battre le fer pendant qu'il est chaud.	Strike while the iron is hot.
Il faut faire de nécessité vertu.	Make a virtue out of necessity.
Il faut hurler avec les loups.	When in Rome do as the Romans do.
Il faut prêcher d'exemple.	Practice what you preach.
Il faut que tout le monde vive.	Live and let live.
Il faut saisir l'occasion aux cheveux.	Make hay while the sun shines.
Il ne faut pas courir deux lièvres à la fois.	Don't put too many irons in the fire.
Il n'est pas si diable qu'il est noir.	He's not so black as he's painted.
Il n'est pire eau que l'eau qui dort.	Still waters run deep.
Il n'y a point de fumée sans feu.	Where there's smoke there's fire.
Il n'y a point de règle sans exception.	There's no rule without an exception.
Il n'y a point de rose sans épines.	There are no roses without thorns.
Il n'y voit pas plus loin que son nez.	He can't see farther than his nose.
Il vaut son pesant d'or.	He's worth his weight in gold.

Il vous jette de la poudre aux yeux.	He's pulling the wool over your eyes.
Ils s'accordent eomme chien et chat.	They get along like cat and dog.
J'ai d'autres chat à fouetter.	I have other fish to fry.
J'ai découvert le pot aux roses.	Letting the cat out of the bag.
J'appelle un chat un chat.	Calling a spade a spade.
Je ferai d'une pierre deux coups.	Kill two birds with one stone.
Je jette ma langue aux chiens.	I give up.
Je lui garde un chien de ma chienne.	I have it in for him.
Je suis au bout de mon latin.	At my wit's end.
Je suis tombé de Charybde en Scylla.	Out of the frying pan into the fire.
La familiarité engendre le mépris.	Familiarity breeds contempt.
La fin justifie les moyens.	The end justifies the means.
La parole est d'argent, le silence est d'or.	Speech is silver, but silence is golden.
La probité est la meilleure politique.	Honesty is the best poliey.
La voix du peuple est la voix de Dieu.	The voice of the people is the voice of God.
L'ami de tout le monde n'est l'ami de personne.	Everyone's friend is no one's friend.
L'appétit vient en mangeant.	The appetite grows with the eating.
Le sort en est jeté.	The die is cast.
Le temps perdu ne se retrouve jamais.	Time lost is never found again.
L'enfer est pavé de bonnes intentions.	The road to hell is paved with good intentions.
Les gros poissons mangent les petits.	The big fish eat the little ones.
Les murs ont des oreilles.	The walls have ears.
L'homme propose, et Dieu dispose.	Man proposes, God disposes.
Loin des yeux, loin du cœur.	Out of sight, out of mind.
L'oisiveté est la mère de tous les vices.	The Devil finds work for idle hands.
Mêlez-vous de vos affaires.	Mind your own busluess.
Mieux vaut sagesse que richesse.	Better wise than rich.
Mieux vaut tard que jamais.	Better late than never.
Ne faites pas le diable plus noir qu'il est.	Give the devil his due.

Ne mettez pas tous vos œufs dans le même panier.	Don't put all your eggs in one basket.
Ne remettez pas au lendemain ce que vous pouvez faire la veille.	Never put off till tomorrow what you can do today.
Ne vendez pas la peau de l'ours avant de l'avoir tué.	Don't count your chickens before they're hatched.
Nécessité est mère d'invention.	Necessity is the mother of invention.
Noblesse oblige.	Noble birth requires noble deeds.
Nul n'est prophète dans son pays.	No man is a prophet in his own country.
On a souvent besoin d'un plus petit que soi.	No help is too small to be despised.
On apprend à tout âge.	It's never too late to learn.
On ne badine pas avec l'amour.	Love is not to be trifled with.
On ne peut pas être et avoir été.	You can't have your cake and eat it too.
On prend plus de mouches avec du miel qu'avec du vinaigre.	You can catch more flies with honey than with vinegar.
Paris n'a pas été fait en un jour.	Rome wasn't built in a day.
Pas de nouvelles, bonnes nouvelles.	No news is good news.
Plus on a, plus on veut avoir.	The more you have, the more you want.
Plus on est de fous, plus on rit.	The more, the merrier.
Premiers venus, premiers servis.	First come, first served.
Promettre et tenir sont deux.	It is one thing to promise, but another to deliver.
Quand la poire est mûre, il faut qu'elle tombe.	Ripe fruit must fall.
Quand le chat n'y est pas, les souris dansent.	When the cat's away the mice will play.
Quand le diable devient vieux, il se fait ermite.	Young devil, old saint.
Quand le vin est tiré, il faut le boire.	As you brew, so you must drink.
Qui aime bien, châtie bien.	Spare the rod, spoil the child.
Qui m'aime, aime mon chien.	Love me, love my dog.
Qui ne dit mot, consent.	Silence gives consent.
Qui ne risque rien, n'a rien.	Nothing ventured, nothing gained.
Qui se ressemble, s'assemble.	Birds of a feather flock together.
Qui trop embrasse, mal étreint.	Grasp all, lose all.

Qui veut trop prouver ne prouve rien.	Proving too much is proving nothing.
Revenons à nos moutons.	Let's get back on the subject.
Rira bien qui rira le dernier.	He who laughs last laughs best.
Selon ta bourse gouverne ta bouche.	Cut your coat according to your cloth. Put your money where your mouth is.
Si jeunesse savait, si vieillesse pouvait.	If we always got a second chance, we would all be wise.
Tel père, tel fils.	Like father, like son.
Tel se marie à la hâte qui s'en repent à loisir.	Marry in haste, repent at leisure.
Tôt ou tard tout se sait.	Sooner or later truth will out.
Tout ce qui reluit n'est pas or.	All that glitters is not gold.
Tout chemin mène à Rome.	All roads lead to Rome.
Tout est bien qui finit bien.	All's well that ends well.
Un malheur ne vient jamais seul.	Misfortunes never come singly.
Un point fait à temps en épargne cent.	A stitch in time saves nine.
Un tien vaut mieux que deux tu l'auras.	A bird in the hand is worth two in the bush.
Une hirondelle ne fait pas le printemps.	One swallow doesn't make a summer.
Ventre affamé n'a pas d'oreilles.	A hungry belly has no ears.
Vouloir, c'est pouvoir.	Where there's a will there's a way.
Vous avez fait l'école buissonière.	You've played truant.
Vous avez mis le doigt dessus.	You've hit the nail on the head.
Vous êtes né coiffé.	You were born with a silver spoon in your mouth.
Vous mettez la charrue devant les bœufs.	You are putting the cart before the horse.
Vous tournez autour du pot.	You are beating around the bush.

IDIOMS

à cause de, owing to, because of
  C'est a cause de son enfant qu'il n'est pas parti.
  He did not leave, because of his child.
à côté de, by the side of
  Elle se tenait à côté de son mari.
  She stood beside her husband.
à deux pas, a few steps away
  Je demeure à deux pas d'ici.
  I live a few steps from here.
à droite, à gauche, to the right, to the left
  Le théâtre se trouve à droite, le Métro à gauche.
  The theater is on the right, the subway on the left.
à force de, by dint of
  À force de patience on vient à bout de tout.
  By dint of work one succeeds in everything.
À la bonne heure! Well and good, Hooray!
  Le travail est fini; à la bonne heure!
  The work is finished! Hooray!
à la fois, at the same time
  Il ne faut pas faire deux choses à la fois.
  One must not do two things at the same time.
à la longue, in the long run
  À la longue justice sera faite.
  In the long run justice will be done.
à la française, in the French style
  Nous mangeons à la française.
  We eat French style.
à l'heure, on time
  Cet homme n'arrive jamais à l'heure.
  That man never arrives on time.
à l'insu de, without the knowledge of
  On a tout fait à mon insu.
  Everything was done without my knowledge.

à mon avis, in my opinion
   À mon avis, il se trompe.
   In my opinion he is mistaken.
à partir d'aujourd'hui, from this day on
   À partir d'aujourd'hui, mettez-vous sérieusement à l'ouvrage.
   From today on, begin to work seriously.
à peine, hardly, scarcely
   À peine étions-nous sortis qu'il s'est mis à pleuvoir.
   We had scarcely gone out when it began to rain.
à perte de vue, as far as one can see
   Notre propriété s'étend à perte de vue.
   Our property extends as far as the eye can see.
à peu près, nearly, almost
   Il était à peu près certain qu'elle ne viendrait pas.
   He was almost certain that she would not come.
à première vue, at first sight
   Il est tombé amoureux à première vue.
   He fell in love at first sight.
à propos, by the way
   À propos, quel âge a-t-elle?
   By the way, how old is she?
à propos de, with regard to
   À propos de quoi est-il venu hier?
   What was his purpose in coming yesterday?
à quoi bon, what is the use
   À quoi bon sortir puisqu'il fait mauvais?
   What is the use of going out if the weather is bad?
à tort et à travers, at random
   Il parle à tort et à travers.
   He talks at random.
à tort ou à raison, right or wrong
   À tort ou à raison il fait toujours ce qu'il veut.
   Right or wrong he always does what he wants.
à tour de rôle, by turns, alternately
   Nous sortons nous promener à tour de rôle.
   We will go out for a walk by turns.
à tout prix, at all costs
   Faites cela à tout prix.
   Do that whatever the cost.
à vrai dire, to tell the truth
   À vrai dire je n'ai pas faim.
   To tell the truth I am not hungry.

aimer mieux, to prefer
 J'aime mieux l'opéra que le ballet.
 I prefer the opera to the ballet.
aller à bicyclette, to go by bicycle
 Prenez le train si vous voulez. Moi j'irai à bicyclette.
 Take the train if you wish. I will go by bicycle.
aller à cheval, to go on a horse
 Quand j'étais jeune tout le monde allait à cheval.
 When I was young, everybody went on horseback.
aller à pied, to go on foot
 Vous allez à pied aujourd'hui?
 You are walking today?
aller bien, mieux, *etc.*, to be well, better, *etc.*
 Comment allez-vous? Je vais bien, merci, mieux que la semaine passée.
 How are you? I am well, thank you, and better than last week.
aller chercher, to go fetch
 Va chercher le médecin. Ta mère est malade.
 Go and get a doctor. Your mother is ill.
aller en avion, en bateau, *etc.*, to go by plane, by boat, *etc.*
 Que préférez-vous, aller en avion ou en bateau?
 What would you rather do, take a plane or boat?
Allez vous promener! Go about your business!
 Allez vous promener et laissez-moi tranquille.
 Go about your business and let me alone.
Allons donc! Nonsense!
 Allons donc! C'est impossible!
 Nonsense! That's impossible!
au bout du compte, when all is said and done
 Au bout du compte, qu'est-ce que cela fait?
 When all is said and done what does it matter?
au cours de, during
 Il s'est enrhumé plusieurs fois au cours de l'hiver.
 He caught cold several times during the winter.
au lieu de, instead of
 Il s'est couché au lieu de travailler.
 He went to bed instead of working.
au loin, in the distance
 Le château se voyait au loin.
 The castle could be seen in the distance.
au moment de, at the moment of
 Au moment de partir il est tombé.
 Just as he was leaving he fell.

au moyen de, by means of
   Au moyen de quoi allez-vous faire ça?
   By what means are you going to do that?
au pied de la lettre, literally
   Suivez ces instructions au pied de la lettre.
   Follow these instructions literally.
au pis aller, at the worst
   Au pis aller vous perdrez votre argent.
   At the worst you will lose your money.
au train dont il y va, at the rate he goes
   Au train dont il y va il perdra toute sa fortune.
   At the rate he is going, he will lose his whole fortune.
aussitôt dit, aussitôt fait, no sooner said than done
   "Aussitôt dit, aussitôt fait!" s'écria-t-il.
   "No sooner said than done!" he cried.
avoir de la chance, to be lucky
   J'ai eu de la chance hier, j'ai gagné dix dollars au poker.
   I was lucky yesterday, I won ten dollars at poker.
avoir envie de, to desire, to feel like
   J'ai envie d'aller en France.
   I feel like going to France.
avoir l'air, to look, appear
   Pourquoi avez-vous l'air fâché?
   Why do you look angry?
avoir lieu, to take place
   La cérémonie aura lieu demain.
   The ceremony will take place tomorrow.
avoir mal à la tête, aux yeux, aux pieds, *etc.*, to have a headache, eyeache, sore foot, *etc.*
   Où sont les cachets d'aspirines? Maman a mal à la tête.
   Where are the aspirin tablets? Mother has a headache.

bien entendu, of course
   Vous accompagnerez votre sœur, bien entendu.
   You will accompany your sister, of course.
bon gré, mal gré, willingly or not
   Tu le feras bon gré, mal gré.
   You will do it whether you like it or not.
bras dessus, bras dessous, arm in arm
   Les amoureux marchaient bras dessus, bras dessous.
   The lovers walked arm in arm.

ce n'est guère la peine, it is scarcely worth while
  Ce n'est guère la peine de partir pour deux semaines seulement.
  It's hardly worth while to leave for two weeks only.

cela fait venir l'eau à la bouche, that makes my mouth water
  Ces belles pêches me font venir l'eau à la bouche.
  These beautiful peaches make my mouth water.

cela ne fait rien, that makes no difference
  Cela ne fait rien, je vous assure.
  That makes no difference, I assure you.

cela ne m'étonnerait pas, I shouldn't wonder, I shouldn't be surprised
  Cela ne m'étonnerait pas qu'il échoue à ses examens, il n'étudie jamais.
  It wouldn't surprise me if he were to fail his examinations; he never studies.

cela (ça) ne se peut pas, that cannot be
  Cela ne se peut pas, il n'est pas ici.
  That cannot be; he is not here.

cela ne vous regarde pas, that's none of your business
  Taisez-vous, cela ne vous regarde pas!
  Keep quiet, that doesn't concern you.

cela saute aux yeux, it is self-evident
  Il déteste son frère. Cela saute aux yeux.
  He hates his brother. It is very evident.

cela va sans dire, that goes without saying
  François viendra aussi; cela va sans dire.
  Francis will come also; that goes without saying.

c'est-à-dire, that is to say
  Je vous dois six dollars, c'est-à-dire, tout ce qu'il y a dans ma poche.
  I owe you six dollars; that is to say, all I have in my pocket.

c'est à mourir de rire, it's enough to make you die laughing
  Connaissez-vous cette histoire? C'est à mourir de rire!
  Do you know that story? It's enough to make you die laughing!

c'est dommage, it's a pity
  Il vous a refusé? C'est dommage, n'est-ce pas?
  He refused you? It's a pity, isn't it?

c'est le moins que vous puissiez faire, it is the least you can do
  C'est le moins que vous puissiez faire; elle vous adore.
  It is the least you can do; she loves you.

c'est ma bête noire, it is a pet peeve to me
  Ne me parlez jamais de cet homme, c'est ma bête noire.
  Never speak to me of that man; he is my pet peeve.
c'est trop fort, that is going too far
  Il vous a dit ça? C'est trop fort!
  He told you that? That's going too far!
c'est un malentendu, it's a misunderstanding
  Je vous assure que c'est un malentendu. Michel ne ment jamais.
  I assure you that it is a misunderstanding. Michael never lies.
c'est un sot en trois lettres, he is a downright fool
  Mon oncle est un sot en trois lettres; tout le monde le sait.
  My uncle is a downright fool; everybody knows that.
c'est une bagatelle, it's a trifle
  Je sais que c'est une bagatelle, mais je vous l'offre avec affection.
  I know it's a trifle, but I give it to you with affection.
chacun à son tour, each one in turn
  Nous boirons chacun à notre tour.
  We will take turns in drinking.
comment ça va? how goes it?
  Comment ça va, Serge? Comme ci, comme ça. Et vous?
  How are you, Serge? So-so. And you?
comment se fait-il? how is it?
  Comment se fait-il que vous ne m'avez pas dit cela?
  How is it that you didn't say that?
comptez là-dessus, rely on it
  Je vous aiderai, comptez là-dessus.
  I'll help you, depend on it.
connaître de nom, to know by name
  Connais-tu Marcel Langellier? De nom seulement.
  Do you know Marcel Langellier? By name only.
connaître de vue, to know by sight
  Je la connais de vue, mais c'est une belle fille.
  I know her by sight, but she is a nice-looking girl.

d'ailleurs, furthermore
  Je ne peux pas, et d'ailleurs je ne veux pas.
  I cannot, and besides, I don't want to.
d'après, according to
  D'après ce qu'elle a dit il n'en savait rien.
  According to what she said, he knew nothing about it.

d'aujourd'hui en quinze, two weeks from today
   Le mariage de ma sœur aura lieu d'aujourd'hui en quinze.
   The marriage of my sister will take place two weeks from today.
de bonne heure, early
   Il est rentré de bonne heure aujourd'hui.
   He returned early today.
de mes propres yeux, with my own eyes
   J'ai tout vu de mes propres yeux.
   I saw everything with my own eyes.
de mieux en mieux, better and better
   Les affaires vont de mieux en mieux.
   Business is better and better.
de nos jours, nowadays
   De nos jours les gens lisent de moins en moins.
   Nowadays, people read less and less.
de pis en pis, worse and worse
   Depuis la mort de sa tante il va de pis en pis.
   Since the death of his aunt he gets worse and worse.
de son vivant, during his lifetime
   De son vivant, il ne parlait que français.
   During his lifetime, he spoke only French.
de temps à autre, now and then
   Écrivez-nous de temps à autre.
   Write to us now and then.
d'habitude, usually
   D'habitude j'aime faire la grasse matinée.
   Ordinarily, I like to sleep late.
Dieu m'en garde! God forbid!
   Aller en Angleterre en hiver? Dieu m'en garde!
   Go to England in winter? God forbid!
donner un coup de poing, to punch
   L'agent a donné un coup de poing au voleur.
   The policeman gave the thief a punch.
donner rendez-vous à, to make an appointment with
   Elle m'a donné rendez-vous pour demain.
   She gave me an appointment for tomorrow.
dormir sur les deux oreilles, sleep soundly
   Tout va bien. Vous pouvez dormir sur les deux oreilles.
   Everything is all right. You can sleep soundly.

et ainsi de suite, and so forth
   Arrangez-les un à un et ainsi de suite.
   Arrange them one by one and so forth.

en attendant, meanwhile, in the meantime
  il me tarde d'apprendre le résultat mais en attendant je vais manger.
  I am anxious to learn the result but in the meantime, I am going to eat.
en dépit du bon sens, against all common sense
  Vous vous êtes conduit en dépit du bon sens.
  You conducted yourself in a senseless manner.
en même temps, at the same time
  Vous me ferez plaisir et en même temps vous gagnerez un peu d'argent.
  You will please me and at the same time you will earn a little money.
en premier lieu, in the first place
  En premier lieu, je suis certain qu'elle ignore tout!
  In the first place, I am sure she doesn't know anything about it!
en retard, late
  Je m'excuse d'être en retard, monsieur.
  I am sorry to be late, sir.
en somme, in short
  En somme tout est fini, n'est-ce pas?
  In short, everything is finished, isn't it?
en vouloir à, to have a grudge against
  Ne m'en veuillez pas, ce n'est pas ma faute.
  Don't have a grudge against me, it isn't my fault.
envoyer chercher, to send for
  Envoyez chercher mon frère, il faut que je lui parle.
  Send for my brother; I must speak to him.
être à, to belong to
  Ce chien est à ma sœur.
  This dog belongs to my sister.
être au courant de, to be up to date
  Je croyais que vous étiez au courant de l'affaire.
  I thought you were informed about this matter.
être bien mis, to be well dressed
  Ce garçon est toujours bien mis.
  That boy is always well dressed.
être d'accord avec, to agree with
  Je ne suis pas d'accord avec vous mais je sais que vous êtes sincère.
  I don't agree with you but I know you are sincere.

être de retour, to be back
   À quelle heure serons-nous de retour?
   At what time will we be back?
être en train de, to be busy with, engaged in
   Je suis en train de travailler.
   I am busy working.

faire attention à, to pay attention to
   Faites attention à ce que je vous dis!
   Pay attention to what I tell you!
faire de son mieux, to do one's best
   Je ferai de mon mieux pour vous aider.
   I will do my best to help you.
faire des courses, to go out shopping
   Où est maman? Elle fait des courses.
   Where is Mother? She is out shopping.
faire des économies, to save money
   À quoi bon faire des économies? La vie est courte!
   What is the use of saving? Life is short!
faire grand cas de, to attach (too much) importance to
   Il ne faut pas faire grand cas de tout cela.
   One must not attach too much importance to all that.
faire la connaissance de, to meet
   Elle est charmante. Je voudrais faire sa connaissance.
   She is charming. I should like to meet her.
faire ses adieux, to say good-by
   Je suis venu vous faire mes adieux.
   I came to say good-by.
faire un récit, to give an account
   Il a fait un récit exact de son aventure.
   He gave an exact account of his adventure.
faire un voyage, to take a trip
   L'année passée j'ai fait un voyage en Europe.
   Last year I made a trip to Europe.
faire valoir, to set off to advantage
   Cette belle monture fait valoir le diamant.
   This beautiful setting makes the diamond stand out.
faire venir, to send for
   Il nous a fait venir.
   He sent for us.
faire voir, to show, to let see
   Je vais vous faire voir ce que j'ai fait.
   I am going to show you what I did.

faute de mieux, for want of something better
  Faute de mieux nous irons au cinéma.
  For want of something better we will go to the movies.

il boit comme un trou, he drinks like a fish
  Sa femme l'a quitté parce qu'il boit comme un trou.
  His wife left him because he drinks like a fish.
il est fou à lier, he belongs in a strait jacket
  Le médecin a dit qu'il est fou à lier.
  The doctor said he is crazy enough to be tied.
il est sourd comme un pot, he is deaf as a post
  Parlez plus haut! Il est sourd comme un pot.
  Speak louder. He is as deaf as a post.
il est têtu comme un âne, he is stubborn as a mule
  N'insistez plus. Il est têtu comme un âne.
  Don't insist any longer. He is as stubborn as a mule.
il fera son chemin, he will make his way
  Ce garçon aime travailler. Il fera son chemin.
  This boy likes to work. He will go far.
il me tarde de le voir, I long to see him
  Dites-lui de me téléphoner. Il me tarde de le voir.
  Tell him to phone me. I long to see him.
il ne tardera pas à rentrer, he will be back soon
  Attendez-le si vous voulez. Il ne tardera pas à rentrer.
  Wait for him if you wish. He will not be long in coming.
il ne tient qu'à vous, it's up to you
  Il ne tient qu'à vous de le faire.
  It's up to you to do it.
il n'y a pas à dire, there is no denying it
  Il est coupable. Il n'y a pas à dire.
  He is guilty. There is no denying it.
il n'y a pas un chat dans la maison, there isn't a soul at home
  Je crois qu'il n'y a pas un chat dans la maison.
  I don't believe there is a soul at home.
il n'y a rien qui presse, there is no hurry
  Puisqu'il n'y a rien qui presse je vais commander un autre Martini.
  Since there is no hurry, I am going to order another Martini.
il sait à peine lire, he can hardly read
  Il sait à peine lire et il se croit quelqu'un!
  He can hardly read and he thinks he is somebody!

il se peut, it is possible
>Il se peut bien qu'il soit arrivé pendant mon absence.
>It is possible that he may have arrived during my absence.

il s'en faut qu'il soit riche, he is far from being rich
>Il s'en faut qu'il soit riche mais il gaspille beaucoup d'argent.
>He is far from being rich but he wastes a great deal of money.

il y a des hauts et des bas dans la vie, there are ups and downs in life
>L'expérience nous enseigne qu'il y a des hauts et des bas dans la vie.
>Experience teaches us that there are ups and downs in life.

il y a lieu de croire, there is reason to suppose
>Il y a lieu de croire qu'elle est innocente.
>There is reason to believe that she is innocent.

j'ai de la peine à le croire, I can hardly believe it
>On dit qu'il s'est très mal conduit. J'ai de la peine à le croire.
>They say that he conducted himself badly. I can hardly believe it.

j'ai votre affaire, I have just what you want
>J'ai votre affaire—vous allez voir.
>I have just what you want—you will see.

je crois que oui, I think so
>A-t-il fini ses devoirs? Je crois que oui.
>Did he finish his homework? I think so.

Je le crois bien! I should think so!
>A-t-il accepté l'argent? Je le crois bien!
>Did he accept the money? I should think so!

je m'en doutais, I suspected it
>Je ne me doutais pas qu'ils fussent (étaient) ici!
>I had no idea they were here.

je m'en lave les mains, I wash my hands of it
>Je ne sais que faire; je m'en lave les mains.
>I don't know what to do; I wash my hands of it.

je ne demande pas mieux, I ask nothing better
>Faites comme vous voudrez, je ne demande pas mieux.
>Do as you wish; I ask nothing better.

je ne sais (pas) ce qui me retient, I don't know what stops me
>Je ne sais ce qui me retient de lui dire ce que je pense de lui.
>I don't know what stops me from telling him what I think of him.

je ne sais pas au juste, I don't know exactly
> Je ne sais pas au juste combien cette maison lui a coûté.
> I don't know exactly how much that house cost him.

je n'en peux plus, I am exhausted
> Laissez-moi me reposer un peu, je n'en peux plus!
> Let me rest a while; I am exhausted!

je n'en reviens pas, I am quite astonished
> Il a épousé la vieille? Je n'en reviens pas!
> He married the old woman? I am quite astonished.

je n'y manquerai pas, I will not fail
> Soyez tranquille, je n'y manquerai pas.
> Don't worry: I will not fail.

je vous en prie, please do
> Vous permettez? Je vous en prie.
> May I? Please do.

je vous fais mes excuses, I beg to apologize
> Je vous fais mes excuses. C'est la première fois que ceci m'arrive.
> I am very sorry. It's the first time this has happened to me.

je vous frotterai les oreilles, I will box your ears
> Si vous ne vous taisez pas, je vous frotterai les oreilles!
> If you don't keep quiet, I'll box your ears.

jouer à, to play (*a game*)
> Voulez-vous jouer aux cartes?
> Do you want to play cards?

jouer de, to play (*an instrument*)
> Il joue très bien du piano.
> He plays the piano very well.

laissez-moi tranquille, let me alone
> Laissez-moi tranquille! Je vous jure que je n'en sais rien.
> Let me alone! I swear to you I know nothing about it.

ménagez vos paroles, mind what you say
> Ménagez vos paroles: il nous écoute.
> Be careful of what you say: he is listening to us.

mettez le couvert, set the table
> Mettez le couvert, Marie, tout le monde a faim.
> Set the table, Marie, everyone is hungry.

mettre à la porte, to throw out
> On va te mettre à la porte si tu ne t'excuses pas!
> You will be thrown out if you don't excuse yourself.

mettre à la poste, to mail
   Auriez-vous la bonté de mettre cette lettre à la poste?
   Would you be kind enough to mail this letter?
mettre au courant, to inform
   Mettez-moi au courant de cette affaire, s'il vous plaît.
   Please keep me informed about that matter.
monter à cheval, to ride a horse
   Qui veut monter à cheval aujourd'hui?
   Who wishes to go horseback riding today?
mourir d'envie, to be dying (to be eager) to do something
   Je meurs d'envie de voyager en Europe.
   I am extremely eager to travel in Europe.

ne manquez pas de venir, don't fail to come
   Ne manquez pas de venir ce soir; on vous attend.
   Don't fail to come this evening; you are expected.
ne plus y tenir, not to be able to stand it any more
   J'ai trop souffert; je n'y tiens plus.
   I have suffered too much; I can't endure it any more.
ne vous fiez pas à lui, don't trust him
   C'est un voleur. Ne vous fiez pas à lui!
   He is a thief. Don't trust him!
n'en parlons plus, let us speak no more of it
   Quelle confusion! N'en parlons plus.
   What a mess! Let us speak no more about it.
ni moi non plus, nor I either
   Vous ne l'aimez pas? Ni moi non plus.
   You don't like it? Neither do I.

où voulez-vous en venir? what are you driving at?
   Je ne vous comprends pas; où voulez-vous en venir?
   I don't understand you; what are you driving at?

par conséquent, consequently
   Il ne parle pas français, et par conséquent il préfère aller en Italie.
   He doesn't speak French and consequently he prefers to go to Italy.
par malheur, unfortunately
   Par malheur tu te trompes.
   Unfortunately you are mistaken.

par-dessus le marché, into the bargain
 Et si je vous donne une bouteille de rhum par-dessus le marché?
 And if I give you a bottle of rum in the bargain?
pas à pas, step by step
 Pas à pas il nous expliqua son projet.
 Step by step he explained his project to us.
pas que je sache, not that I know of
 Nous a-t-il écrit cette semaine? Pas que je sache.
 Did he write to us this week? Not that I know of.
passer chez quelqu'un, to drop by someone's house
 Passons chez ton frère ce soir.
 Let us drop in at your brother's this evening.
petit à petit, little by little
 Petit à petit nous avons réussi à le convaincre.
 Little by little we succeeded in convincing him.
plaire à, to please
 La musique lui plaît beaucoup.
 He likes music very much.
Plaît-il? I beg your pardon
 Plaît-il? Vous disiez?
 I beg your pardon? What did you say?
poser des questions, to ask questions
 J'ai une question à vous poser.
 I have a question to ask you.
pour ainsi dire, so to speak
 C'est mon ami pour ainsi dire. Je le connais depuis mon enfance.
 He is my friend, so to speak. I have known him since my childhood.
Pour qui me prenez-vous? Whom do you take me for?
 Croyez-vous que je ferais ça? Pour qui me prenez-vous?
 Do you think I would do that? Whom do you take me for?
pour rien au monde, for anything in the world
 Je ne voudrais pas t'offenser pour rien au monde.
 I wouldn't want to offend you for anything in the world.

quant à moi, as for me
 Quant à moi je préfère aller au cinéma.
 As for me I would rather go to the movies.
Quelle mouche vous pique? What's bothering you?
 Vous êtes bien irritable ce matin, quelle mouche vous pique?
 You are very irritable this morning; what's bothering you?

Qu'est devenu votre frère? What has become of your brother?
    Avec tout cela, vous ne me dites pas ce qu'est devenu votre frère.
    With all that, you are not telling me what became of your brother.

quoi qu'il en soit, be that as it may
    Quoi qu'il en soit, je ne risquerai pas un sou dans cette affaire.
    Be that as it may, I will not risk a sou in that business.

Qu'y a-t-il de nouveau? (Quoi de nouveau?) What's new?
    Quoi de nouveau, Georges? On dit que vous avez été à Paris.
    What's new, George? They say you have been in Paris.

Que faire? What's to be done?
    Que faire? Tout le monde est déjà parti!
    What's to be done? Everyone has already left!

Qu'importe! What does it matter!
    Qu'importe! La police arrivera bientôt.
    What does it matter! The police will be here soon.

réussir à, to succeed
    Si vous travaillez dur vous y réussirez.
    If you work hard you will succeed.

rire au nez de quelqu'un, to laugh in someone's face
    J'ai failli rire au nez du professeur!
    I almost laughed in the professor's face!

rire aux éclats, to laugh heartily
    Ce livre m'a fait rire aux éclats.
    This book made me laugh heartily.

rire aux larmes, to laugh till the tears come
    J'ai ri aux larmes quand il m'a raconté l'histoire.
    I laughed till the tears came when he told me the story.

rire de bon cœur, to laugh heartily
    Tout le monde riait de bon cœur.
    Everyone laughed heartily.

s'agir de, to be a matter of, to be a question of
    De quoi s'agit-il?
    What is it all about?

s'amuser bien, to have a good time
    Nous nous sommes très bien amusés à la campagne.
    We had a good time in the country.

sans y penser, unintentionally
   Il m'a blessé sans y penser, j'en suis sûr.
   He hurt me without meaning to, I am sure.
savoir à quoi s'en tenir, to know what to believe
   Je ne sais plus à quoi m'en tenir.
   I no longer know what to believe.
se connaître à, to know about
   Aimez-vous la musique? Beaucoup, mais je ne m'y connais pas.
   Do you like music? Very much, but I don't know much about it.
se faire à, to grow accustomed to
   Sois patient; tu t'y feras.
   Be patient; you will get accustomed to it.
se mettre à, to begin, to set about
   Il est temps de se mettre au travail.
   It's time to begin working.
se mettre en route, to be on one's way
   Il n'a pas voulu se mettre en route avant d'avoir mangé.
   He didn't want to be on his way before eating.
se passer de, to do without
   Je ne peux pas m'en passer.
   I cannot get along without it.
se rendre compte de, to realize
   Il ne se rend pas compte du mal qu'il fait.
   He doesn't realize the harm he is doing.
se servir de, to make use of
   Vous servez-vous de votre plume?
   Are you using your pen?
se souvenir de, to remember
   Vous souvenez-vous de moi?
   Do you remember me?
se tirer d'affaire, to manage
   Si vous suivez mon conseil vous vous tirerez d'affaire.
   If you follow my advice you will get along.
se tenir debout, to stand
   À New-York les gens se tiennent debout dans le métro.
   In New York people stand in the subway.
se tenir droit, to sit up, to stand upright
   Ce garçon ne se tient jamais droit.
   That boy never stands up straight.
selon toute apparence, in all likelihood
   Selon toute apparence la guerre éclatera.
   In all likelihood war will break out.

s'en falloir, to be lacking
   Il s'en faut de beaucoup qu'il soit heureux.
   He is far from being satisfied.

si bon vous semble, if you think best
   Invitez-le pour ce soir, si bon vous semble!
   Invite him for tonight if you think best.

s'il ne tient qu'à cela, if that is all
   S'il ne tient qu'à cela, je suis prêt à partir tout de suite.
   If that is all, I am ready to leave immediately.

sur-le-champ, at once
   Faites ça sur-le-champ.
   Do that at once.

tant bien que mal, fairly well, after a fashion
   Je m'en suis tiré tant bien que mal.
   I got along fairly well.

tant mieux, so much the better
   Il ne veut pas nous accompagner? Tant mieux!
   He doesn't want to accompany us? So much the better!

tant pis, so much the worse
   Tant pis pour lui! J'ai fait tout ce que j'ai pu.
   So much the worse for him! I have done all I could.

tel ou tel, some people, this or that one
   Tel ou tel vous dira que je suis riche, mais ce n'est pas vrai.
   Some will tell you that I am rich, but it isn't true.

tenir à, to value, to be anxious to
   Je tiens beaucoup à te revoir.
   I am most anxious to see you again.

tenir de, to resemble
   Il tient de son père plutôt que de sa mère.
   He resembles his father rather than his mother.

tout à fait, completely
   Vous avez compris? Tout à fait.
   Did you understand? Completely.

tout à l'heure, presently, a little while ago
   Il est parti tout à l'heure. Il va partir tout à l'heure.
   He left a few minutes ago. He is leaving directly.
     à tout à l'heure. I will see you soon; So long.

tout au plus, at the most
   Elle a tout au plus quarante ans.
   She is at most forty years old.

tout de suite, immediately
>Allez le voir tout de suite. Il vous attend.
>Go and see him immediately. He is waiting for you.

un coup d'œil, a glance
>Un coup d'œil lui a tout révélé.
>All was revealed to him at a glance.

une fois pour toutes, once and for all
>Tenez-vous pour averti une fois pour toutes.
>You are warned once and for all.

valoir la peine de, to be worth the trouble (worth while)
>Croyez-vous que ça vaille la peine de faire le voyage?
>Do you believe that making that trip is worth while?

valoir mieux, to be better
>Il vaut mieux ne pas sortir aujourd'hui.
>It is better not to go out today.

venir à bout, to succeed in, to manage
>Nous sommes venus à bout de ce travail.
>We have succeeded in doing this work.

venir de, to have just
>Je viens de donner ma démission au directeur.
>I have just turned in my resignation to the owner.

veuillez vous asseoir, please sit down
>Veuillez vous asseoir, ma sœur viendra sans tarder.
>Please sit down, my sister will not be long in coming.

voir c'est croire, seeing is believing
>"Voir c'est croire" est le plus pratique des proverbes.
>"Seeing is believing" is the most practical of proverbs.

vouloir bien, to be willing to, to want to
>Je voudrais bien vous aider si je pouvais.
>I would help you if I could.

vouloir dire, to mean
>Que voulez-vous dire? Vous êtes fou!
>What do you mean? You are crazy!

vous êtes bien difficile, you are very particular
>Vous êtes bien difficile. Il a tout fait pour vous plaire.
>You are very particular. He did everything to please you.

vous faites d'une mouche un éléphant, you make a mountain out of a molehill
>Il n'y a pas grand mal; vous faites d'une mouche un éléphant.
>No great harm done; you are making a mountain out of a molehill.

vous faites la sourde oreille, you turn a deaf ear
    Quand quelque chose ne vous intéresse pas, vous faites toujours la sourde oreille.
    When something doesn't please you, you always turn a deaf ear.

vous me manquez beaucoup, I miss you very much
    Vous me manquez beaucoup, chaque jour de plus en plus.
    I miss you very much, more and more every day.

vous n'avez pas lieu de craindre, you need not fear
    Vous n'avez pas lieu de craindre que je vous oublie jamais.
    You have no cause to fear that I will ever forget you.

vous ne vous effrayez de rien, nothing daunts you
    J'admire votre audace; vous ne vous effrayez de rien.
    I admire your audacity; nothing daunts you.

vous piquez ma curiosité, you arouse my curiosity
    Vous piquez ma curiosité quand vous me dites qu'il vous a écrit.
    You arouse my curiosity when you say he wrote you.

vous vous moquez de moi, you're making fun of me
    Je commence à croire que vous vous moquez de moi.
    I am beginning to believe you are making fun of me.

vous vous trompez, you are mistaken
    Vous vous trompez. Personne ne vous a trahi.
    You are mistaken. No one has betrayed you.

VERBS

The Conjugation of the Auxiliary Verbs avoir and être

INFINITIVE
avoir, *to have*   être, *to be*

PRESENT PARTICIPLE
ayant, *having*   étant, *being*

PAST PARTICIPLE
eu, *had*   été, *been*

PRESENT INDICATIVE

I have, I am having, I do have   *I am*

j'ai   je suis
tu as   tu es
il a   il est
nous avons   nous sommes
vous avez   vous êtes
ils ont   ils sont

IMPERFECT INDICATIVE

I had, I was having, I used to have   *I was, I used to be*

j'avais   j'étais
tu avais   tu étais
il avait   il était
nous avions   nous étions
vous aviez   vous étiez
ils avaient   ils étaient

PAST DEFINITE

I had, I did have   *I was*

j'eus   je fus
tu eus   tu fus
il eut   il fut
nous eûmes   nous fûmes
vous eûtes   vous fûtes
ils eurent   ils furent

PAST INDEFINITE

I have had, I had, I did have
- j'ai eu
- tu as eu
- il a eu
- nous avons eu
- vous avez eu
- ils ont eu

I have been, I was
- j'ai été
- tu as été
- il a été
- nous avons été
- vous avez été
- ils ont été

FUTURE

I will have
- j'aurai
- tu auras
- il aura
- nous aurons
- vous aurez
- ils auront

I will be
- je serai
- tu seras
- il sera
- nous serons
- vous serez
- ils seront

CONDITIONAL

I would have
- j'aurais
- tu aurais
- il aurait
- nous aurions
- vous auriez
- ils auraient

I would be
- je serais
- tu serais
- il serait
- nous serions
- vous seriez
- ils seraient

IMPERATIVE

Have (familiar), let us have, have (polite)
- aie
- ayons
- ayez

Be (familiar), let us be, be (polite)
- sois
- soyons
- soyez

PRESENT SUBJUNCTIVE

I have, I may have, I do have, I am having, I will have
- j'aie
- tu aies
- il ait
- nous ayons
- vous ayez
- ils aient

I am, I may be, I will be
- je sois
- tu sois
- il soit
- nous soyons
- vous soyez
- ils soient

IMPERFECT SUBJUNCTIVE

I had, I might have
  j'eusse
  tu eusses
  il eût
  nous eussions
  vous eussiez
  ils eussent

I was, I might be
  je fusse
  tu fusses
  il fût
  nous fussions
  vous fussiez
  ils fussent

PAST PERFECT (*PLUPERFECT*)

I had had
  j'avais eu
  tu avais eu
  il avait eu
  nous avions eu
  vous aviez eu
  ils avaient eu

I had been
  j'avais été
  tu avais été
  il avait été
  nous avions été
  vous aviez été
  ils avaient été

PAST ANTERIOR

I had had
  j'eus eu
  tu eus eu
  il eut eu
  nous eûmes eu
  vous eûtes eu
  ils eurent eu

I had been
  j'eus été
  tu eus été
  il eut été
  nous eûmes été
  vous eûtes été
  ils eurent été

FUTURE PERFECT

I will have had
  j'aurai eu
  tu auras eu
  il aura eu
  nous aurons eu
  vous aurez eu
  ils auront eu

I will have been
  j'aurai été
  tu auras été
  il aura été
  nous aurons été
  vous aurez été
  ils auront été

CONDITIONAL PERFECT

I would have had
  j'aurais eu
  tu aurais eu
  il aurait eu
  nous aurions eu
  vous auriez eu
  ils auraient eu

I would have been
  j'aurais été
  tu aurais été
  il aurait été
  nous aurions été
  vous auriez été
  ils auraient été

PERFECT SUBJUNCTIVE

I have had, I had, I may have had
- j'aie eu
- tu aies eu
- il ait eu
- nous ayons eu
- vous ayez eu
- ils aient eu

I have been, I was, I may have been
- j'aie été
- tu aies été
- il ait été
- nous ayons été
- vous ayez été
- ils aient été

PLUPERFECT SUBJUNCTIVE

I had had, I might have had
- j'eusse eu
- tu eusses eu
- il eût eu
- nous eussions eu
- vous eussiez eu
- ils eussent eu

I had been, I might have been
- j'eusse été
- tu eusses été
- il eût été
- nous eussions été
- vous eussiez été
- ils eussent été

The Conjugation of Regular Verbs

First Conjugation: -er	*Second Conjugation:* -ir	*Third Conjugation:* -re
\multicolumn{3}{c}{INFINITIVE}		

INFINITIVE

donner, *to give*	finir, *to finish*	vendre, *to sell*

PRESENT PARTICIPLE

donnant, *giving*	finissant, *finishing*	vendant, *selling*

PAST PARTICIPLE

donné, *given*	fini, *finished*	vendu, *sold*

PRESENT INDICATIVE

I give, I am giving, I do give	*I finish, I am finishing, I do finish*	*I sell, I do sell, I am selling*
je donne	je finis	je vends
tu donnes	tu finis	tu vends
il donne	il finit	il vend
nous donnons	nous finissons	nous vendons
vous donnez	vous finissez	vous vendez
ils donnent	ils finissent	ils vendent

IMPERFECT INDICATIVE

I was giving, I used to give, I would give, I gave	*I was finishing, I used to finish, I would finish, I finished*	*I was selling, I used to sell, I would sell, I sold*
je donnais	je finissais	je vendais
tu donnais	tu finissais	tu vendais
il donnait	il finissait	il vendait
nous donnions	nous finissions	nous vendions
vous donniez	vous finissiez	vous vendiez
ils donnaient	ils finissaient	ils vendaient

PAST DEFINITE

I gave, I did give	*I finished, I did finish*	*I sold, I did sell*
je donnai	je finis	je vendis
tu donnas	tu finis	tu vendis
il donna	il finit	il vendit
nous donnâmes	nous finîmes	nous vendîmes
vous donnâtes	vous finîtes	vous vendîtes
ils donnèrent	ils finirent	ils vendirent

First Conjugation: -er	Second Conjugation: -ir	Third Conjugation: -re

PAST INDEFINITE

I have given, I gave, I did give	*I have finished, I finished, I did finish*	*I have sold, I sold, I did sell*
j'ai donné	j'ai fini	j'ai vendu
tu as donné	tu as fini	tu as vendu
il a donné	il a fini	il a vendu
nous avons donné	nous avons fini	nous avons vendu
vous avez donné	vous avez fini	vous avez vendu
ils ont donné	ils ont fini	ils ont vendu

FUTURE

I will give	*I will finish*	*I will sell*
je donnerai	je finirai	je vendrai
tu donneras	tu finiras	tu vendras
il donnera	il finira	il vendra
nous donnerons	nous finirons	nous vendrons
vous donnerez	vous finirez	vous vendrez
ils donneront	ils finiront	ils vendront

CONDITIONAL

I would give	*I would finish*	*I would sell*
je donnerais	je finirais	je vendrais
tu donnerais	tu finirais	tu vendrais
il donnerait	il finirait	il vendrait
nous donnerions	nous finirions	nous vendrions
vous donneriez	vous finiriez	vous vendriez
ils donneraient	ils finiraient	ils vendraient

IMPERATIVE

Give (familiar), let us give, give (polite)	*Finish (familiar), let us finish, finish (polite)*	*Sell (familiar) let us sell, sell (polite)*
donne *	finis	vends
donnons	finissons	vendons
donnez	finissez	vendez

* Add s before y or en: Donnes-en, donnes-y.

First Conjugation: -er	Second Conjugation: -ir	Third Conjugation: -re

PRESENT SUBJUNCTIVE

I may give, I give, I am giving, I do give, I will give	*I may finish, I finish, I am finishing, I do finish, I will finish*	*I may sell, I sell, I am selling, I do sell, I will sell*
je donne	je finisse	je vende
tu donnes	tu finisses	tu vendes
il donne	il finisse	il vende
nous donnions	nous finissions	nous vendions
vous donniez	vous finissiez	vous vendiez
ils donnent	ils finissent	ils vendent

IMPERFECT SUBJUNCTIVE

I gave, I was giving, I would give, I might give	*I finished, I was finishing, I would finish, I might finish*	*I sold, I was selling, I would sell, I might sell*
je donnasse	je finisse	je vendisse
tu donnasses	tu finisses	tu vendisses
il donnât	il finît	il vendît
nous donnassions	nous finissions	nous vendissions
vous donnassiez	vous finissiez	vous vendissiez
ils donnassent	ils finissent	ils vendissent

PAST PERFECT (*PLUPERFECT*)

I had given	*I had finished*	*I had sold*
j'avais donné	j'avais fini	j'avais vendu
tu avais donné	tu avais fini	tu avais vendu
il avait donné	il avait fini	il avait vendu
nous avions donné	nous avions fini	nous avions vendu
vous aviez donné	vous aviez fini	vous aviez vendu
ils avaient donné	ils avaient fini	ils avaient vendu

PAST ANTERIOR

I had given	*I had finished*	*I have sold*
j'eus donné	j'eus fini	j'eus vendu
tu eus donné	tu eus fini	tu eus vendu
il eut donné	il eut fini	il eut vendu
nous eûmes donné	nous eûmes fini	nous eûmes vendu
vous eûtes donné	vous eûtes fini	vous eûtes vendu
ils eurent donné	ils eurent fini	ils eurent vendu

First Conjugation: -er	Second Conjugation: -ir	Third Conjugation: -re

FUTURE PERFECT

I will have given	*I will have finished*	*I will have sold*
j'aurai donné	j'aurai fini	j'aurai vendu
tu auras donné	tu auras fini	tu auras vendu
il aura donné	il aura fini	il aura vendu
nous aurons donné	nous aurons fini	nous aurons vendu
vous aurez donné	vous aurez fini	vous aurez vendu
ils auront donné	ils auront fini	ils auront vendu

CONDITIONAL PERFECT

I would have given	*I would have finished*	*I would have sold*
j'aurais donné	j'aurais fini	j'aurais vendu
tu aurais donné	tu aurais fini	tu aurais vendu
il aurait donné	il aurait fini	il aurait vendu
nous aurions donné	nous aurions fini	nous aurions vendu
vous auriez donné	vous auriez fini	vous auriez vendu
ils auraient donné	ils auraient fini	ils auraient vendu

PERFECT SUBJUNCTIVE

I have given, I gave, I may have given	*I have finished, I finished, I may have finished*	*I have sold, I sold, I may have sold*
j'aie donné	j'aie fini	j'aie vendu
tu aies donné	tu aies fini	tu aies vendu
il ait donné	il ait fini	il ait vendu
nous ayons donné	nous ayons fini	nous ayons vendu
vous ayez donné	vous ayez fini	vous ayez vendu
ils aient donné	ils aient fini	ils aient vendu

PLUPERFECT SUBJUNCTIVE

I had given, I might have given	*I had finished, I might have finished*	*I had sold, I might have sold*
j'eusse donné	j'eusse fini	j'eusse vendu
tu eusses donné	tu eusses fini	tu eusses vendu
il eût donné	il eût fini	il eût vendu
nous eussions donné	nous eussions fini	nous eussions vendu
vous eussiez donné	vous eussiez fini	vous eussiez vendu
ils eussent donné	ils eussent fini	ils eussent vendu

The Conjugation

INFINITIVE AND PARTICIPLES	INDICATIVE			
	PRESENT	IMPERFECT	PAST DEFINITE	PAST INDEFINITE
aller,	vais	allais	allai	suis allé (e)
to go	vas	allais	allas	es allé (e)
	va	allait	alla	est allé (e)
allant	allons	allions	allâmes	sommes allé (e) s
allé	allez	alliez	allâtes	êtes allé (e)(s)
	vont	allaient	allèrent	sont allé (e) s
asseoir,*	assieds	asseyais	assis	me suis assis (e)
to seat	assieds	asseyais	assis	t'es assis (e)
	assied	asseyait	assit	s'est assis (e)
asseyant	asseyons	asseyions	assîmes	nous sommes assis (es)
assis	asseyez	asseyiez	assîtes	vous êtes assis (e) (es)
	asseyent	asseyaient	assirent	se sont assis (es)
battre,	bats	battais	battis	ai battu
to beat	bats	battais	battis	as battu
	bat	battait	battit	a battu
battant	battons	battions	battîmes	avons battu
battu	battez	battiez	battîtes	avez battu
	battent	battaient	battirent	ont battu
boire,	bois	buvais	bus	ai bu
to drink	bois	buvais	bus	as bu
	boit	buvait	but	a bu
buvant	buvons	buvions	bûmes	avons bu
bu	buvez	buviez	bûtes	avez bu
	boivent	buvaient	burent	ont bu
conduire,	conduis	conduisais	conduisis	ai conduit
to lead	conduis	conduisais	conduisis	as conduit
	conduit	conduisait	conduisit	a conduit
conduisant	conduisons	conduisions	conduisîmes	avons conduit
conduit	conduisez	conduisiez	conduisîtes	avez conduit
	conduisent	conduisaient	conduisirent	ont conduit
connaître,	connais	connaissais	connus	ai connu
to be	connais	connaissais	connus	as connu
acquainted	connaît	connaissait	connut	a connu
	connaissons	connaissions	connûmes	avons connu
connaissant	connaissez	connaissiez	connûtes	avez connu
connu	connaissent	connaissaient	connurent	ont connu

* *This verb is usually used in its reflexive form s'asseoir, to sit. For this rea-*

# of Irregular Verbs

FUTURE	CONDITIONAL	IMPERATIVE	SUBJUNCTIVE PRESENT	IMPERFECT
irai	irais		aille	allasse
iras	irais	va	ailles	allasses
ira	irait		aille	allât
irons	irions	allons	allions	allassions
irez	iriez	allez	alliez	allassiez
iront	iraient		aillent	allassent
assiérai	assiérais		asseye	assisse
assiéras	assiérais	assieds-toi	asseyes	assisses
assiéra	assiérait		asseye	assît
assiérons	assiérions	asseyons-nous	asseyions	assissions
assiérez	assiériez	asseyez-vous	asseyiez	assissiez
assiéront	assiéraient		asseyent	assissent
battrai	battrais		batte	battisse
battras	battrais	bats	battes	battisses
battra	battrait		batte	battît
battrons	battrions	battons	battions	battissions
battrez	battriez	battez	battiez	battissiez
battront	battraient		battent	battissent
boirai	boirais		boive	busse
boiras	boirais	bois	boives	busses
boira	boirait		boive	bût
boirons	boirions	buvons	buvions	bussions
boirez	boiriez	buvez	buviez	bussiez
boiront	boiraient		boivent	bussent
conduirai	conduirais		conduise	conduisisse
conduiras	conduirais	conduis	conduises	conduisisses
conduira	conduirait		conduise	conduisît
conduirons	conduirions	conduisons	conduisions	conduisissions
conduirez	conduiriez	conduisez	conduisiez	conduisissiez
conduiront	conduiraient		conduisaient	conduisissent
connaîtrai	connaîtrais		connaisse	connusse
connaîtras	connaîtrais	connais	connaisses	connusses
connaîtra	connaîtrait		connaisse	connût
connaîtrons	connaîtrions	connaissons	connaissions	connussions
connaîtrez	connaîtriez	connaissez	connaissiez	connussiez
connaîtront	connaîtraient		connaissent	connussent

son the reflexive forms of the past indefinite and imperative are given.

352 / VERB CONJUGATIONS

INFINITIVE AND PARTICIPLES	INDICATIVE			
	PRESENT	IMPERFECT	PAST DEFINITE	PAST INDEFINITE
courir,	cours	courais	courus	ai couru
to run	cours	courais	courus	as couru
	court	courait	courut	a couru
courant	courons	courions	courûmes	avons couru
couru	courez	couriez	courûtes	avez couru
	courent	couraient	coururent	ont couru
craindre,	crains	craignais	craignis	ai craint
to fear	crains	craignais	craignis	as craint
	craint	craignait	craignit	a craint
craignant	craignons	craignions	craignîmes	avons craint
craint	craignez	craigniez	craignîtes	avez craint
	craignent	craignaient	craignirent	ont craint
croire,	crois	croyais	crus	ai cru
to believe	crois	croyais	crus	as cru
	croit	croyait	crut	a cru
croyant	croyons	croyions	crûmes	avons cru
cru	croyez	croyiez	crûtes	avez cru
	croient	croyaient	crurent	ont cru
devoir,	dois	devais	dus	ai dû
to owe,	dois	devais	dus	as dû
have to	doit	devait	dut	a dû
	devons	devions	dûmes	avons dû
devant	devez	deviez	dûtes	avez dû
dû, due *	doivent	devaient	durent	ont dû
dire,	dis	disais	dis	ai dit
to say, tell	dis	disais	dis	as dit
	dit	disait	dit	a dit
disant	disons	disions	dîmes	avons dit
dit	dites	disiez	dîtes	avez dit
	disent	disaient	dirent	ont dit
écrire,	écris	écrivais	écrivis	ai écrit
to write	écris	écrivais	écrivis	as écrit
	écrit	écrivait	écrivit	a écrit
écrivant	écrivons	écrivions	écrivîmes	avons écrit
écrit	écrivez	écriviez	écrivîtes	avez écrit
	écrivent	écrivaient	écrivirent	ont écrit
envoyer,	envoie	envoyais	envoyai	ai envoyé
to send	envoies	envoyais	envoyas	as envoyé
	envoie	envoyait	envoya	a envoyé
envoyant	envoyons	envoyions	envoyâmes	avons envoyé
envoyé	envoyez	envoyiez	envoyâtes	avez envoyé
	envoient	envoyaient	envoyèrent	ont envoyé
faire,	fais	faisais	fis	ai fait
to do, make	fais	faisais	fis	as fait
	fait	faisait	fit	a fait
faisant	faisons	faisions	fîmes	avons fait
fait	faites	faisiez	fîtes	avez fait
	font	faisaient	firent	ont fait

* *The masculine singular form of the past participle is written with the circumflex accent to distinguish it from the word* **du.** *All other forms are written without the accent (*dû, dus; due, dues*).*

VERB CONJUGATIONS / 353

			SUBJUNCTIVE	
FUTURE	CONDITIONAL	IMPERATIVE	PRESENT	IMPERFECT
courrai	courrais		coure	courusse
courras	courrais	cours	coures	courusses
courra	courrait		coure	courût
courrons	courrions	courons	courions	courussions
courrez	courriez	courez	couriez	courussiez
courront	courraient		courent	courussent
craindrai	craindrais		craigne	craignisse
craindras	craindrais	crains	craignes	craignisses
craindra	craindrait		craigne	craignît
craindrons	craindrions	craignons	craignions	craignissions
craindrez	craindriez	craignez	craigniez	craignissiez
craindront	craindraient		craignent	craignissent
croirai	croirais		croie	crusse
croiras	croirais	crois	croies	crusses
croira	croirait		croie	crût
croirons	croirions	croyons	croyions	crussions
croirez	croiriez	croyez	croyiez	crussiez
croiront	croiraient		croient	crussent
devrai	devrais		doive	dusse
devras	devrais	dois	doives	dusses
devra	devrait		doive	dût
devrons	devrions	devons	devions	dussions
devrez	devriez	devez	deviez	dussiez
devront	devraient		doivent	dussent
dirai	dirais		dise	disse
diras	dirais	dis	dises	disses
dira	dirait		dise	dît
dirons	dirions	disons	disions	dissions
direz	diriez	dites	disiez	dissiez
diront	diraient		disent	dissent
écrirai	écrirais		écrive	écrivisse
écriras	écrirais	écris	écrives	écrivisses
écrira	écrirait		écrive	écrivît
écrirons	écririons	écrivons	écrivions	écrivissions
écrirez	écririez	écrivez	écriviez	écrivissiez
écriront	écriraient		écrivent	écrivissent
enverrai	enverrais		envoie	envoyasse
enverras	enverrais	envoie	envoies	envoyasses
enverra	enverrait		envoie	envoyât
enverrons	enverrions	envoyons	envoyions	envoyassions
enverrez	enverriez	envoyez	envoyiez	envoyassiez
enverront	enverraient		envoyent	envoyassent
ferai	ferais		fasse	fisse
feras	ferais	fais	fasses	fisses
fera	ferait		fasse	fît
ferons	ferions	faisons	fassions	fissions
ferez	feriez	faites	fassiez	fissiez
feront	feraient		fassent	fissent

354 / VERB CONJUGATIONS

INFINITIVE AND PARTICIPLES	INDICATIVE			
	PRESENT	IMPERFECT	PAST DEFINITE	PAST INDEFINITE
falloir,* to be necessary ——— fallu	il faut	il fallait	il fallut	il a fallu
lire, to read lisant lu	lis lis lit lisons lisez lisent	lisais lisais lisait lisions lisiez lisaient	lus lus lut lûmes lûtes lurent	ai lu as lu a lu avons lu avez lu ont lu
mettre, to put mettant mis	mets mets met mettons mettez mettent	mettais mettais mettait mettions mettiez mettaient	mis mis mit mîmes mîtes mirent	ai mis as mis a mis avons mis avez mis ont mis
mourir, to die mourant mort	meurs meurs meurt mourons mourez meurent	mourais mourais mourait mourions mouriez mouraient	mourus mourus mourut mourûmes mourûtes moururent	suis mort(e) es mort(e) est mort(e) sommes mort(e)s êtes mort(e)(es) sont mort(e)(s)
naître, to be born naissant né	nais nais naît naissons naissez naissent	naissais naissais naissait naissions naissiez naissaient	naquis naquis naquit naquîmes naquîtes naquirent	suis né(e) es né(e) est né(e) sommes né(e)s êtes né(e)(es) sont né(e)s
ouvrir, to open ouvrant ouvert	ouvre ouvres ouvre ouvrons ouvrez ouvrent	ouvrais ouvrais ouvrait ouvrions ouvriez ouvraient	ouvris ouvris ouvrit ouvrîmes ouvrîtes ouvrirent	ai ouvert as ouvert a ouvert avons ouvert avez ouvert ont ouvert
plaire, to please plaisant plu	plais plais plaît plaisons plaisez plaisent	plaisais plaisais plaisait plaisions plaisiez plaisaient	plus plus plut plûmes plûtes plurent	ai plu as plu a plu avons plu avez plu ont plu
pleuvoir,* to rain pleuvant plu	il pleut	il pleuvait	il plut	il a plu

* *This verb is used only in the third person singular.*

			SUBJUNCTIVE	
FUTURE	CONDITIONAL	IMPERATIVE	PRESENT	IMPERFECT
il faudra	il faudrait		il faille	il fallût
lirai	lirais		lise	lusse
liras	lirais	lis	lises	lusses
lira	lirait		lise	lût
lirons	lirions	lisons	lisions	lussions
lirez	liriez	lisez	lisiez	lussiez
liront	liraient		lisent	lussent
mettrai	mettrais		mette	misse
mettras	mettrais	mets	mettes	misses
mettra	mettrait		mette	mît
mettrons	mettrions	mettons	mettions	missions
mettrez	mettriez	mettez	mettiez	missiez
mettront	mettraient		mettent	missent
mourrai	mourrais		meure	mourusse
mourras	mourrais	meurs	meures	mourusses
mourra	mourrait		meure	mourût
mourrons	mourrions	mourons	mourions	mourussions
mourrez	mourriez	mourez	mouriez	mourussiez
mourront	mourraient		meurent	mourussent
naîtrai	naîtrait		naisse	naquisse
naîtras	naîtrais	nais	naisses	naquisses
naîtra	naîtrait		naisse	naquît
naîtrons	naîtrions	naissons	naissions	naquissions
naîtrez	naîtriez	naissez	naissiez	naquissiez
naîtront	naîtraient		naissent	naquissent
ouvrirai	ouvrirais		ouvre	ouvrisse
ouvriras	ouvrirais	ouvre	ouvres	ouvrisses
ouvrira	ouvrirait		ouvre	ouvrît
ouvrirons	ouvririons	ouvrons	ouvrions	ouvrissions
ouvrirez	ouvririez	ouvrez	ouvriez	ouvrissiez
ouvriront	ouvriraient		ouvrent	ouvrissent
plairai	plairais		plaise	plusse
plairas	plairais	plais	plaises	plusses
plaira	plairait		plaise	plût
plairons	plairions	plaisons	plaisions	plussions
plairez	plairiez	plaisez	plaisiez	plussiez
plairont	plairaient		plaisent	plussent
il pleuvra	il pleuvrait		il pleuve	il plût

356 / VERB CONJUGATIONS

INFINITIVE AND PARTICIPLES	INDICATIVE			
	PRESENT	IMPERFECT	PAST DEFINITE	PAST INDEFINITE
pouvoir,	peux, puis*	pouvais	pus	ai pu
to be able	peux	pouvais	pus	as pu
	peut	pouvait	put	a pu
pouvant	pouvons	pouvions	pûmes	avons pu
pu	pouvez	pouviez	pûtes	avez pu
	peuvent	pouvaient	purent	ont pu
prendre,	prends	prenais	pris	ai pris
to take	prends	prenais	pris	as pris
	prend	prenait	prit	a pris
prenant	prenons	prenions	prîmes	avons pris
pris	prenez	preniez	prîtes	avez pris
	prennent	prenaient	prirent	ont pris
recevoir,	reçois	recevais	reçus	ai reçu
to receive	reçois	recevait	reçus	as reçu
	reçoit	recevais	reçut	a reçu
recevant	recevons	recevions	reçûmes	avons reçu
reçu	recevez	receviez	reçûtes	avez reçu
	reçoivent	recevaient	reçurent	ont reçu
rire,	ris	riais	ris	ai ri
to laugh	ris	riais	ris	as ri
	rit	riait	rit	a ri
riant	rions	riions	rîmes	avons ri
ri	riez	riiez	rîtes	avez ri
	rient	riaient	rirent	ont ri
savoir,	sais	savais	sus	ai su
to know	sais	savais	sus	as su
	sait	savait	sut	a su
sachant	savons	savions	sûmes	avons su
su	savez	saviez	sûtes	avez su
	savent	savaient	surent	ont su
suivre,	suis	suivais	suivis	ai suivi
to follow	suis	suivais	suivis	as suivi
	suit	suivait	suivit	a suivi
suivant	suivons	suivions	suivîmes	avons suivi
suivi	suivez	suiviez	suivîtes	avez suivi
	suivent	suivaient	suivirent	ont suivi
tenir,	tiens	tenais	tins	ai tenu
to hold, keep	tiens	tenais	tins	as tenu
	tient	tenait	tint	a tenu
tenant	tenons	tenions	tînmes	avons tenu
tenu	tenez	teniez	tîntes	avez tenu
	tiennent	tenaient	tinrent	ont tenu
vaincre,	vaincs	vainquais	vainquis	ai vaincu
to conquer	vaincs	vainquais	vainquis	as vaincu
	vainc	vainquait	vainquit	a vaincu
vainquant	vainquons	vainquions	vainquîmes	avons vaincu
vaincu	vainquez	vainquiez	vainquîtes	avez vaincu
	vainquent	vainquaient	vainquirent	ont vaincu

* Puis *is used in the inverted form of the interrogative:* Puis-je?

VERB CONJUGATIONS / 357

			SUBJUNCTIVE	
FUTURE	CONDITIONAL	IMPERATIVE	PRESENT	IMPERFECT
pourrai	pourrais		puisse	pusse
pourras	pourrais		puisses	pusses
pourra	pourrait		puisse	pût
pourrons	pourrions		puissions	pussions
pourrez	pourriez		puissiez	pussiez
pourront	pourraient		puissent	pussent
prendrai	prendrais		prenne	prisse
prendras	prendrais	prends	prennes	prisses
prendra	prendrait		prenne	prît
prendrons	prendrions	prenons	prenions	prissions
prendrez	prendriez	prenez	preniez	prissiez
prendront	prendraient		prennent	prissent
recevrai	recevrais		reçoive	reçusse
recevras	recevrais	reçois	reçoives	reçusses
recevra	recevrait		reçoive	reçût
recevrons	recevrions	recevons	recevions	reçussions
recevrez	recevriez	recevez	receviez	reçussiez
recevront	recevraient		reçoivent	reçussent
rirai	rirais		rie	risse
riras	rirais	ris	ries	risses
rira	rirait		rie	rît
rirons	ririons	rions	riions	rissions
rirez	ririez	riez	riiez	rissiez
riront	riraient		rient	rissent
saurai	saurais		sache	susse
sauras	saurais	sache	saches	susses
saura	saurait		sache	sût
saurons	saurions	sachons	sachions	sussions
saurez	sauriez	sachez	sachiez	sussiez
sauront	sauraient		sachent	sussent
suivrai	suivrais		suive	suivisse
suivras	suivrais	suis	suives	suivisses
suivra	suivrait		suive	suivît
suivrons	suivrions	suivons	suivions	suivissions
suivrez	suivriez	suivez	suiviez	suivissiez
suivront	suivraient		suivent	suivissent
tiendrai	tiendrais		tienne	tinsse
tiendras	tiendrais	tiens	tiennes	tinsses
tiendra	tiendrait		tienne	tînt
tiendrons	tiendrions	tenons	tenions	tinssions
tiendrez	tiendriez	tenez	teniez	tinssiez
tiendront	tiendraient		tiennent	tinssent
vaincrai	vaincrais		vainque	vainquisse
vaincras	vaincrais	vainc	vainques	vainquisses
vaincra	vaincrait		vainque	vainquît
vaincrons	vaincrions	vainquons	vainquions	vainquissions
vaincrez	vaincriez	vainquez	vainquiez	vainquissiez
vaincront	vaincraient		vainquent	vainquissent

INFINITIVE AND PARTICIPLES	INDICATIVE				
	PRESENT	IMPERFECT	PAST DEFINITE	PAST INDEFINITE	
valoir,	vaux	valais	valus	ai	valu
to be worth	vaux	valais	valus	as	valu
	vaut	valait	valut	a	valu
valant	valons	valions	valûmes	avons	valu
valu	valez	valiez	valûtes	avez	valu
	valent	valaient	valurent	ont	valu
venir,	viens	venais	vins	suis	venu(e)
to come	viens	venais	vins	es	venu(e)
	vient	venait	vint	est	venu(e)
venant	venons	venions	vînmes	sommes	venu(e)s
venu	venez	veniez	vîntes	êtes	venu(e)(s)
	viennent	venaient	vinrent	sont	venu(e)s
vivre,	vis	vivais	vécus	ai	vécu
to live	vis	vivais	vécus	as	vécu
	vit	vivait	vécut	a	vécu
vivant	vivons	vivions	vécûmes	avons	vécu
vécu	vivez	viviez	vécûtes	avez	vécu
	vivent	vivaient	vécurent	ont	vécu
voir,	vois	voyais	vis	ai	vu
to see	vois	voyais	vis	as	vu
	voit	voyait	vit	a	vu
voyant	voyons	voyions	vîmes	avons	vu
vu	voyez	voyiez	vîtes	avez	vu
	voient	voyaient	virent	ont	vu
vouloir,	veux	voulais	voulus	ai	voulu
to want, wish	veux	voulais	voulus	as	voulu
	veut	voulait	voulut	a	voulu
voulant	voulons	voulions	voulûmes	avons	voulu
voulu	voulez	vouliez	voulûtes	avez	voulu
	veulent	voulaient	voulurent	ont	voulu

			SUBJUNCTIVE	
FUTURE	CONDITIONAL	IMPERATIVE	PRESENT	IMPERFECT
vaudrai	vaudrais		vaille	valusse
vaudras	vaudrais	vaux	vailles	valusses
vaudra	vaudrait		vaille	valût
vaudrons	vaudrions	valons	valions	valussions
vaudrez	vaudriez	valez	valiez	valussiez
vaudront	vaudraient		vaillent	valussent
viendrai	viendrais		vienne	vinsse
viendras	viendrais	viens	viennes	vinsses
viendra	viendrait		vienne	vînt
viendrons	viendrions	venons	venions	vinssions
viendrez	viendriez	venez	veniez	vinssiez
viendront	viendraient		viennent	vinssent
vivrai	vivrais		vive	vécusse
vivras	vivrais	vis	vives	vécusses
vivra	vivrait		vive	vécût
vivrons	vivrions	vivons	vivions	vécussions
vivrez	vivriez	vivez	viviez	vécussiez
vivront	vivraient		vivent	vécussent
verrai	verrais		voie	visse
verras	verrais	vois	voies	visses
verra	verrait		voie	vît
verrons	verrions	voyons	voyions	vissions
verrez	verriez	voyez	voyiez	vissiez
verront	verraient		voient	vissent
voudrai	voudrais		veuille	voulusse
voudras	voudrais	veuille	veuilles	voulusses
voudra	voudrait		veuille	voulût
voudrons	voudrions		voulions	voulussions
voudrez	voudriez	veuillez	vouliez	voulussiez
voudront	voudraient		veuillent	voulussent

VOCABULARIES

Vocabularies for the Reading Selections are on pages 302–311.

French-English

A

à, to, at
abord (d'), at first
acheter, to buy
adresse, *f.*, address
affreux, horrible
afin de, in order to
africain, African
Afrique, Africa
âge, *m.*, age
âgé, aged, old
agir, to act
agréable, pleasant
aider, to aid, to help
ailleurs (d'), besides, moreover
aimer, to love, to like; ——— mieux, to prefer
Allemagne, Germany
allemand, German
aller, to go
alors, then
américain, American
Amérique, America
ami, *m.*, friend
amie, *f.*, friend, loved one
amuser, to amuse
an, *m.*, year
anglais, English
Angleterre, England
animal, *m.*, animal
année, *f.*, year
août, August
apparaître, to appear
appeler, to call
appétit, *m.*, appetite
apprendre, to learn
après, after, afterward
après-demain, the day after tomorrow
arbre, *m.*, tree
argent, *m.*, money, silver
arrêter, to stop
arriver, to arrive, to happen
asiatique, Asiatic
Asie, Asia
asseoir (s'), to sit down
assez, enough, quite
assis, seated
assister, to attend
attendre, to wait for
attention, *f.*, attention; faire ———, to pay attention
au-dessous, below
au-dessus, above
aussi, also, too
aussitôt, immediately
aussitôt que, as soon as
Australie, Australia
australien, Australian
autant, as much, as many
automne, *m.*, autumn, fall
autour de, around
autre, other
autrefois, formerly
avant, before
avant-hier, the day before yesterday
avec, with
avoir, to have; ——— beau, "in vain"
avril, April

B

bas, low
beau, bel, belle, beautiful, fine, handsome
beaucoup, much, a lot, many
belge, Belgian
Belgique, Belgium
besoin, *m.*, need
bête, stupid; *f.*, beast
bien, well, very indeed, quite;
—— entendu, of course
bientôt, soon
blanc, white
bleu, blue
boire, to drink
boîte, *f.*, box
bon, good
bonjour, good day, good morning
bonne, *f.*, maid, servant
bonsoir, good evening
bras, *m.*, arm
brave, good, worthy, brave
bref, brief
Brésil, Brazil
brésilien, Brazilian
brouillard, *m.*, fog, haze
bruit, *m.*, noise
brun, brown

C

ça (for cela), that
cahier, *m.*, notebook
campagne, *f.*, country, fields
Canada, Canada
canadien, Canadian
canif, *m.*, penknife
car, for
carotte, *f.*, carrot
cas, *m.*, case
ce, cet, cette, this, that (*adj.*)
ceci, this (*pron.*)
cela, that (*pron.*)
célébrer, to celebrate
cent, (a) hundred
cependant, however, nevertheless
certain, certain
cesser, to cease
chacun, each (one)
chanter, to sing
chapeau, *m.*, hat
chaque, each
charmant, charming
charmer, to charm, to delight
chat, *m.*, cat
château, *m.*, castle
chaud, *m.*, heat, warmth
cher, dear, beloved
chercher, to search, to look for
cheval, *m.*, horse
cheveu, *m.*, hair
chez, to, at, in (the house, store, office of)
chien, *m.*, dog
Chine, China
chinois, Chinese
choisir, to choose
chose, *f.*, thing
ciel, *m.*, sky, heaven
cigare, *m.*, cigar
cigarette, *f.*, cigarette
cinéma, *m.*, movies
clair, clear, plain; clearly, plainly
classe, *f.*, class
combien, how much, how many
commander, to command, to order
comment, how
comprendre, to understand
connaissance, *f.*, acquaintance
connaître, to know, to be acquainted with
content, content, happy
continuer, to continue
contraire, contrary; au ——, on the contrary
contre, against
coucher, to lie (down); se ——, to go to bed
couper, to cut
courir, to run
court, short
craie, *f.*, chalk
craindre, to fear

crainte, *f.*, fear
crier, to shout, to cry (out)
croire, to believe
cuisine, *f.*, kitchen
curieux, curious

D

dame, *f.*, lady
dans, in, into, within
date, *f.*, date
davantage, more
de, of, from, by; ———— bonne heure, early
debout, standing
décembre, December
dedans, within, inside
défendre, to defend, to forbid
déjà, already
déjeuner, *m.*, breakfast
demain, tomorrow
demander, to ask, to ask for
demeurer, to live, to reside
demi, half
demi-heure, *f.*, half an hour
dépêcher (se), to hurry
depuis, since
dernier, last
derrière, behind
dès que, as soon as
désagréable, disagreeable
descendre, to descend, to come down
désirer, to desire, to wish
désormais, from now on
dessus, above, over
devant, in front of, ahead
devenir, to become
devoir, to owe, to be obliged to, ought to; ————, *m.*, duty, homework
dictionnaire, *m.*, dictionary
Dieu, *m.*, God
différence, *f.*, difference
difficile, difficult, hard
dimanche, Sunday
dîner, to dine
dire, to say, to tell
doigt, *m.*, finger

dommage, *m.*, damage, pity
donc, therefore, consequently
donner, to give
dont, whose, of whom, of which
dormir, to sleep
douleur, *f.*, pain, grief, sorrow
doute, *m.*, doubt
douzaine, *f.*, dozen
droit, straight
droite, right; à ————, to the right
durant, during

E

eau, *f.*, water
éclair, *m.*, lightning
éclater, to burst out
école, school
écouter, to listen (to)
écrier (s'), to cry out
écrire, to write
effet, *m.*, effect; en ————, in fact
élève, *m.*, pupil
empêcher, to hinder, to prevent
employer, to use
en, in, into; (*pron., adv.*) of it, of her, of them, some, any, *etc.*
enchanter, to enchant, to delight
encore, yet, still, again
encre, *f.*, ink
endormir (s'), to fall asleep
enfant, *m.*, child
enfin, at last, finally
ennuyer (s'), to be wearied, bored
ennuyeux, tiresome, boring
enseigner, to teach
ensemble, together
ensuite, afterward, then
entendre, to hear
entre, among, between
entrer, to enter
envers, toward
envie, *f.*, envy, desire
envoyer, to send
épais, thick

épaule, *f.*, shoulder
Espagne, Spain
espagnol, Spanish
espérer, to hope, to expect
espoir, *m.*, hope
essayer, to try
et, and
état, *m.*, state
États-Unis, United States
été, *m.*, summer
être, to be
étudier, to study
Europe, Europe
européen, European
eux, they, them
évidemment, evidently
excepté, except
exemple, *m.*, example
exercice, *m.*, exercise
exiger, to require

F

face, *f.*, face; en ——— de, opposite
facile, easy
facilement, easily
façon, *f.*, way, manner, fashion
faible, weak, feeble
faim, *f.*, hunger
faire, to do, to make
falloir, to be necessary, must
famille, *f.*, family
fatiguer, to fatigue, to tire
femme, *f.*, woman
fenêtre, *f.*, window
fermer, to close, to shut
feu, *m.*, fire
février, February
figure, *f.*, face
fille, *f.*, daughter; la jeune ———, the girl
fils, *m.*, son
finir, to finish
flatter, to flatter
fleur, *f.*, flower
foi, *f.*, faith
fois, *f.*, time, occasion
folle, *f.*, madwoman

fort, strong
fou, mad, foolish
frais, fraîche, cool, fresh
franc, franc (monetary unit of France, worth about 21 cents)
France, *f.*, France
français, French
Français, Française, Frenchman, Frenchwoman
frapper, to strike, to knock
frère, *m.*, brother
froid, *m.*, cold
fumer, to smoke

G

gant, *m.*, glove
garçon, *m.*, boy
geler, to freeze
gentil, nice
goût, *m.*, taste
grâce, *f.*, grace, favor, pardon
gracieux, gracious, kindly
grammaire, *f.*, grammar
grand, big, large, great
grand-père, *m.*, grandfather
gris, gray
gros, large, fat
guère, but little, hardly, scarcely

H

habiller, to dress
habiter, to inhabit, to live in
hasard, *m.*, chance; par ———, by chance
haut, high; en ———, upstairs
hélas! alas!
heure, *f.*, hour, time
heureusement, happily, fortunately
heureux, happy
hier, yesterday
histoire, *f.*, history, story
hiver, *m.*, winter
homme, *m.*, man; jeune ———, young man
honte, *f.*, shame; avoir ———, to be ashamed

huile, *f.*, oil
humain, human

I

ici, here
idée, *f.*, idea
il, he, it
ils, they
important, important
importer, to be of importance
impossible, impossible
instant, *m.*, instant
intelligent, intelligent
intention, *f.*, intention
intéressant, interesting
intéresser, to interest
inutile, useless
inviter, to invite
Italie, Italy
italien, Italian

J

jamais, ever, never
janvier, January
Japon, Japan
japonais, Japanese
jardin, *m.*, garden
jaune, yellow
jeter, to throw
jeudi, Thursday
jeune, young
joie, *f.*, joy
joli, pretty
jour, *m.*, day
journal, *m.*, newspaper
journée, *f.*, day
joyeux, joyous
juillet, July
juin, June
jusque (à), as far as, up to, until

L

là, there
là-bas, over there, yonder
là-dessus, thereupon
là-haut, up there
laid, ugly
lait, *m.*, milk
large, wide, broad
latin, Latin
laver, to wash
leçon, *f.*, lesson
légume, *m.*, vegetable
lendemain, *m.*, the following day
lentement, slowly
lequel, laquelle, who, whom, which, which one
lettre, *f.*, letter
leur, their; le leur, theirs
lever, to raise; se ———, to get up
libre, free
lire, to read
livre, *m.*, book; *f.*, pound
loin, far
long, long
longtemps, a long while
lorsque, when
loup, *m.*, wolf
lourd, heavy
lui, him, to him, to her, to it, he
lundi, Monday

M

M. (abbreviation of Monsieur)
madame, madam, Mrs.
mademoiselle, miss
mai, May
main, *f.*, hand
maintenant, now
mais, but
maison, *f.*, house
maître, master, teacher
maîtresse, *f.*, mistress
mal, *m.*, evil, bad; (*adv.*) badly, ill, wrong
malade, sick
malgré, in spite of
manger, to eat
manière, *f.*, way, manner, fashion
marcher, to walk, to march

mardi, Tuesday
mars, March
matin, *m.*, morning
matinée, *f.*, morning
mauvais, bad
me, me, to me
méchant, naughty
médecin, *m.*, doctor
meilleur, better, best
même, same, even, self
mener, to lead, to take
merci, thank you
mercredi, Wednesday
mère, *f.*, mother
merveille, *f.*, marvel
merveilleux, marvelous, wonderful
messieurs (plural of monsieur)
mettre, to put, to place, to put on
Mexicain, Mexican
Mexico, Mexico City
Mexique, Mexico
midi, *m.*, noon
mien, mine; le ———, mine
mieux, better (*adv.*)
milieu, middle, midst
mil, mille, (a) thousand
million, million
minuit, *m.*, midnight
minute, *f.*, minute
miroir, *m.*, mirror
misérable, miserable
moi, me, to me, I
moindre, less, least
moins, less; à ——— que, unless
mois, *m.*, month
moitié, *f.*, half
moment, *m.*, moment
mon, ma, mes, my
monde, *m.*, world; tout le ———, everybody
monsieur, sir, gentleman, Mr.
monter, to mount, to go up, to rise
montre, *f.*, watch
montrer, to show

moquer (se), to make fun of
mort, dead; (*f.*), death
mot, *m.*, word
mou, soft
mourir, to die
moyen, *m.*, means, way

N

naissance, *f.*, birth
naître, to be born
ne, no, not; ne . . . pas, not
néanmoins, nevertheless
nécessaire, necessary
neige, *f.*, snow
neuf, new
nez, *m.*, nose
ni, neither, nor
noir, black
nom, *m.*, name
nombre, *m.*, number
nombreux, numerous
nord, *m.*, north
notre, nos, our; le nôtre, ours
nous, we, us, to us
nouveau, new; de ———, again
nouvelles, *f. pl.*, news
novembre, November
nuage, *m.*, cloud
nuit, *f.*, night
nul, no, no one

O

octobre, October
œil (*pl.*, yeux), *m.*, eye
offrir, to offer
on, one, they, we, people
ordonner, to prescribe, to order
oser, to dare
ôter, to remove, to take off
ou, or
où, where
oublier, to forget
ouest, *m.*, west
oui, yes
outre, beyond
ouvrir, to open

P

page, *f.*, page
pain, *m.*, bread
papier, *m.*, paper
par, by, through; ——— ici, this way; ——— là, that way
paraître, to appear
parc, *m.*, park
pardon, *m.*, pardon, excuse me
parfum, *m.*, perfume
Paris, Paris
parisien, Parisian
parler, to speak
parmi, among
paresseux, paresseuse, lazy
parole, *f.*, word
part, *f.*, part, share
partir, to leave, to depart
partout, everywhere
pas, not; *m.*, step, pace
passer, to pass, to spend; se ———, to happen; se ——— de, to do without
pauvre, poor
payer, to pay (for)
peigne, *m.*, comb
peigner, to comb
peine, *f.*, difficulty, trouble
pendant, during
pensée, *f.*, thought
penser, to think
père, *m.*, father
personne, *f.*, person; *m.*, nobody
petit, little, small
petit-fils, *m.*, grandson
peu, little (*adv.*)
peur *f.*, fear; avoir ———, to be afraid
peut-être, perhaps
phrase, *f.*, sentence
pied, *m.*, foot
plaindre (se), to complain
plaire, to please
plaisanterie, *f.*, joke
plaisir, *m.*, pleasure
pleurer, to cry, to weep
pleuvoir, to rain

pluie, *f.*, rain
plume, *f.*, pen
plus, more
plusieurs, several
plutôt, rather
poche, *f.*, pocket
point, no, not
poire, *f.*, pear
poli, polite
poliment, politely
porte, *f.*, door
porter, to bear, to carry, to take
poser, to set, to place
pour, for, in order to
pourboire, *m.*, tip, gratuity
pourquoi, why
pourtant, however
pourvu que, provided that
pouvoir, to be able, can; *n.*, power
précis, précise, exact
préférable, preferable
préférer, to prefer
premier, première, first
prendre, to take
préparer, to prepare
près, near
présent, *m.*, present
presque, almost
prêt, ready
prier, to beg, to pray
printemps, *m.*, spring(time)
prix, *m.*, price
probable, probable
probablement, probably
prochain, next
professeur, professor, teacher
promenade, *f.*, walk, drive
promener, to walk, to drive about
promettre, to promise
prouver, to prove
prudent, prudent
puis, then
puisque, since
punir, to punish
pupitre, *m.*, desk

Q

quand, when
quant à, as for
quart, *m.*, quarter
que, whom, which, what, that (*pron.*); that (*conj.*); how, how many, what (*adv.*)
quel, quels, quelle, quelles, which, what, who (*interrog.*)
quelquefois, sometimes
quelqu'un, quelques-uns, someone, some
qui, who, which, that, whom
quitter, to quit, to leave
quoique, although

R

raison, *f.*, reason, right; avoir ———, to be right
rare, rare, unusual
recevoir, to receive
regarder, to look (at)
regretter, to regret
remercier, to thank
rendre, to give back
rentrer, to return
repas, *m.*, meal
répéter, to repeat
répondre, to reply
reposer, to rest
restaurant, *m.*, restaurant
rester, to remain
retard, *m.*, delay; être en ———, to be late
retarder, to delay
retour, *m.*, return; être de ———, to be back
retourner, to return, to go back
retrouver, to find again
réussir, to succeed
réveiller, to awaken
rien, nothing
rire, to laugh
robe, *f.*, dress
rond, round
rouge, red
rue, *f.*, street
Russie, Russia
russe, Russian

S

sac, *m.*, sack, bag
saison, *f.*, season
salle, *f.*, room, hall
salon, *m.*, living room
samedi, Saturday
sans, without
santé, *f.*, health
savoir, to know (how)
se, oneself, to oneself
sec, sèche, dry
second, second
semaine, *f.*, week
sentir, to feel, to smell
septembre, September
sérieux, serious
servir, to serve
seul, alone, only
seulement, only
si, if, whether; so, however
sien, le, his, hers
sœur, *f.*, sister
soi, oneself, himself
soif, *f.*, thirst; avoir ———, to be thirsty
soir, *m.*, evening
soirée, *f.*, evening
soleil, *m.*, sun
sommeil, *m.*, sleep; avoir ———, to be sleepy
son, sa, ses, his, her, its
sorte, *f.*, sort; de ——— que, so that
sortir, to go out, to come out
souffrir, to suffer
sous, under
souvenir de (se), to remember
souvent, often
stylo, *m.*, fountain pen
Suisse, Switzerland
suisse, Swiss
suivre, to follow
sujet, *m.*, subject, course

sur, on, upon, over, about
sûr, sure
surtout, above all, especially

T

table, *f.*, table
tableau, *m.*, picture, blackboard
tâcher, to try
taire (se), to be silent
tandis que, while
tant, so, so many, so much
tante, *f.*, aunt
tantôt, presently, soon
tard, late; plus ———, later
te, you, to you (*familiar*)
tel, telle, such, like, so
tellement, so, so much
temps, *m.*, time, weather
tenir, to hold
terrible, terrible
tête, *f.*, head
théâtre, *m.*, theater
tien, yours; le ———, yours (*familiar*)
toi, you, to you (*familiar*)
toilette, *f.*, toilet, dress
tomber, to fall
ton, ta, tes, your (*familiar*)
tort, wrong; avoir ———, to be wrong
tôt, soon
toujours, always, still
tout, tous, toute, toutes, all, any, every(thing); tous les jours, every day
tranquille, quiet, calm
travail, *m.*, work
travailler, to work
travers, *m.*, breadth; à ———, through
très, very
triste, sad
tromper, to deceive
trop, too, too much, too many
troubler, to disturb
trouver, to find
tuer, to kill

U

un, une, a, one
utile, useful

V

vacances, *f. pl.*, holiday, vacation
vache, *f.*, cow
vain, vain
valoir, to be worth
vendre, to sell
vendredi, Friday
venir, to come
vent, *m.*, wind
vers, toward, about
vert, green
viande, *f.*, meat
vieillard, *m.*, old man
vieux, vieil, vieille, old
vilain, ugly
village, *m.*, village
ville, *f.*, town, city; en ———, downtown
vin, *m.*, wine
visiter, to visit
vite, quick, quickly
vivre, to live
voici, here is
voilà, there is
voir, to see
voix, *f.*, voice
voler, to steal, to fly
votre, vos, your; le vôtre, yours
vouloir, to wish, to want
vous, you
voyage, *m.*, trip, journey
vrai, true, real

Y

y, there, in it, on it, to it, at it, *etc.*
yeux, *m. pl.*, eyes

Z

zéro, zero

English-French

A

a, an, un, *m.*, une, *f.*
able: be ———, pouvoir
about, de
above, au-dessus de
according to, selon
account: on ——— of, à cause de
acquaintance, connaissance, *f.*
acquainted: to be ——— with, connaître
act, agir
address, adresser; adresse, *f.*
afraid: to be ——— (of), avoir peur (de), craindre
Africa, l'Afrique, *f.*
African, africain
after, après; après que (*conj.*)
afternoon, après-midi, *m. and f.*
afterward, ensuite, puis, après
again, encore, de nouveau
against, contre
age, âge
ago, il y a
agreeable, agréable
alas! hélas!
all, tout; ——— that (which), tout ce qui; not at ———, pas du tout
allow, laisser
almost, presque
alone, seul
along, par, le long de
already, déjà
also, aussi
although, bien que, quoique
always, toujours
America, Amérique, *f.*
American, américain
amiable, aimable
among, parmi, entre
amuse, amuser
and, et
angry, fâcher
animal, animal, *m.*
another, un autre
answer, répondre
anybody, anyone, quelqu'un; not . . . ———, ne . . . personne
appear, paraître
appetite, appétit, *m.*
apple, pomme, *f.*
approach, approcher
April, avril, *m.*
arm, bras, *m.*
around, autour de
arrive, arriver
as, comme, aussi, si
ascend, monter
ashamed: be ———, avoir honte
Asia, l'Asie, *f.*
Asiatic, asiatique
ask, demander, prier
asleep, endormi
assist, aider
at, à, chez
attention, attention, *f.*; pay ———, faire attention
August, août
autumn, automne, *m.*
Australia, l'Australie, *f.*
Australian, australien(ne)
away: go ———, partir, s'en aller

B

back, dos, *m.*; be ———, être de retour
bad, mauvais, méchant
badly, mal
be, être
beautiful, beau
because, parce que

bed: go to ———, se coucher
bedroom, chambre à coucher (f.)
before, *prep.*, devant (*of place*); avant (*of time*); *conj.*, avant que
beg: I ——— your pardon, pardon
begin, commencer, se mettre à
behind, derrière
Belgian, belge
Belgium, Belgique, *f.*
believe, croire
belong: ——— to, être à, appartenir à
below: here ———, ici-bas
beside, à côté de
besides, d'ailleurs
best, le meilleur; mieux (*adv.*)
better, *adj.*, meilleur
between, entre
big, grand, gros
birth, la naissance, *f.*
birthday, fête, *f.*, anniversaire, *m.*, de ma (sa) naissance
black, noir
blond, blond
blow, *n.*, coup, *m.;* ——— with a stick, coup de bâton
blue, bleu
book, livre, *m.*
born: to be ———, naître
both, tous (les) deux, l'un et l'autre
box, boîte, *f.*
boy, enfant, garçon, *m.*
brave, courageux, brave
Brazil, Brésil, *m.*
Brazilian, brésilien(ne)
bread, pain, *m.*
breakfast, petit déjeuner, *m.*
bring, apporter
brother, frère, *m.*
brown, brun(e)
burst, éclat, *m.;* éclater
busy, occupé
but, mais

buy, acheter
by, par

C

call, appeler
can, pouvoir
Canada, Canada, *m.*
Canadian, canadien
cat, chat, *m.*
cease, cesser
celebrate, célébrer
cent, sou, *m.*
certain, certain
chair, chaise, *f.*
charm, charmer
charming, charmant
chat, causer
child, enfant, *m. and f.*
China, Chine, *f.*
Chinese, chinois(e)
cigar, cigare, *m.*
cigarette, cigarette, *f.*
city, ville, *f.*
class, classe, *f.*
clear, clair
close, fermer
cloud, nuage, *m.*
cold, froid
comb, peigne, *m.*
come, venir, arriver
commence, commencer
complain, se plaindre
continue, continuer
contrary: on the ———, au contraire
cool, frais, fraîche
country, pays, *m.*
courage, courage, *m.*
cousin, cousin, *m.*
crazy, fou, folle
cry, pleurer, crier
curious, curieux, curieuse
cut, couper

D

daily, tous les jours
dark, noir, obscur

date, date, f.
daughter, fille, f.
day, jour, m., journée, f.; **every ———**, tous les jours
dead, mort
deal: a great ———, beaucoup
dear, cher, chère
death, mort, f.
deceive, tromper
December, décembre
delighted, enchanté
delightful, charmant
deny, nier
depart, partir
desire, désirer, vouloir
desk, pupitre
die, mourir
different, différent
difficult, difficile
dine, dîner
dinner, dîner, m.
disagreeable, désagréable
do, faire
dog, chien, m.
door, porte, f.
doubt, n., doute, m.; **no ———**, sans doute; v., douter
dress, v., s'habiller
drink, boire
drive: go for a ———, se promener en voiture
dry, sec, sèche
during, pendant
duty, devoir, m.
dwell, demeurer

E

each, chaque, tout
each one, chacun
each other, l'un l'autre, etc.
early, de bonne heure
easily, facilement
easy, facile
eat, manger
either: nor ... ———, ni ... non plus
eldest, aîné
elsewhere, autre part, ailleurs
empty, vide
end, v., finir
England, Angleterre, f.
English, anglais; **———man**, Anglais, m.
enjoy, s'amuser
enough, assez
enter, entrer (dans)
Europe, Europe, f.
European, européen
even, même; **——— if**, **——— though**, quand même
evening, soir, m., soirée, f.
ever, jamais
every, tout, chaque
everybody, tout le monde, m.
everyone, chacun
everywhere, partout
exactly, exactement
example, exemple, m.; **for ———**, par exemple
exclaim, s'écrier
exercise, devoir, m., exercice, m.
exercise book, cahier, m.
eye, œil, m. (plur. yeux)

F

face, figure, f., visage, m.
fall, tomber
family, famille
far, adv., loin
fast, vite
father, père, m.
fear, v., craindre, avoir peur
February, février
feed, nourrir
fellow, garçon
few, peu, peu de, quelques
finally, enfin, à la fin
find, trouver; **to be (found)**, se trouver
finger, doigt, m.
finish, finir
first, adv., d'abord; **at ———**, d'abord

flatter, flatter
flower, fleur, f.
following, suivant
fond: be ———— of, aimer
foolish, fou, m., folle, f.
for, prep., pour, pendant; conj., car
forbid, défendre
forget, oublier
fortunate, heureux
franc, franc, m.
France, France, f.; in ————, to ————, en France
freeze, geler
French, adj., français; ———— man, Français, m., ———— woman, Française, f.
Friday, vendredi
friend, ami, m., amie, f.
friendly, aimable
from, de
front: in ———— of, devant

G

garden, jardin, m.
gate, porte, f.
gentleman, monsieur, m.
gently, gentiment
German, allemand
Germany, Allemagne
get, prendre, avoir
girl, jeune fille, f.
give, donner
glad: ———— of, content de, charmé de
glove, gant, m.
go, aller; ———— away, s'en aller, partir
good, bon; be ———— enough to, voulez-vous bien, ayez la bonté de, veuillez
good-by, adieu, au revoir
grammar, grammaire, f.
gray, gris
great, grand
Great Britain, Grande-Bretagne, f.

Greek, grec
green, vert

H

hair, cheveux, m. pl.
half, demi, moitié, f.
hand, main, f.; shake hands with, donner la main à
happen, arriver, se passer
happily, heureusement
happy, heureux, content
hardly, à peine
harm, v., faire mal à
hasten, se dépêcher
hat, chapeau, m.
have, avoir, obtenir
head, tête, f.
headache: have a ————, avoir mal à la tête
health, santé, f.
hear, entendre
heavy, lourd
help, aider
hence, aussi, donc
here, ici, y
high, haut
history, histoire, f.
holiday, jour de fête, m.; ————s, vacances, f. pl.
home: at ————, chez moi, chez toi, etc., à la maison; go ————, aller chez moi, chez toi, etc., aller à la maison
hope, v., espérer
horse, cheval, m.
horseback: on ————, à cheval
hot, chaud
hour, heure, f.
house, maison, f.; at (to) our ————, chez nous
how, comment, comme
however, cependant
hunger, faim, f.
hungry: be (feel) ————, avoir faim
hurry: ———— up, se dépêcher; be in a ————, être pressé

hurt, faire mal à; ——— **one-self**, se faire mal
husband, mari, *m.*

I

idle, paresseux
if, si
ill, *n.*, mal, *m.*; *adj.*, malade; *adv.*, mal
immediately, tout de suite
important, important
impossible, impossible
indeed! vraiment!
ink, encre, *f.*
insist, exiger
instead of, au lieu de
intelligent, intelligent
intend, avoir l'intention de
intention, intention, *f.*
interest, intérêt, *m.*; take ——— in, s'occuper de
into, dans, en
Italian, italien
Italy, Italie, *f.*

J

January, janvier, *m.*
Japan, Japon, *m.*
Japanese, Japonais
John, Jean
journey, voyage, *m.*
July, juillet
June, juin
just, *adv.*, justement, donc

K

kind, espèce, *f.*, sorte, *f.*; what ——— of weather is it? quel temps fait-il?; *adj.*, bon
kindly, bien
kitchen, cuisine, *f.*
knife, couteau, *m.*; penknife, canif, *m.*
know, savoir, connaître; ——— how, savoir

L

labor, travail, *m.*
lady, dame, *f.*
large, grand, gros
last, *adj.*, dernier, passé
late, tard, en retard
lately, dernièrement
latter: the ———, celui-ci
laugh, rire; ——— at, rire de, se moquer de
lazy, paresseux
lead, mener, conduire
learn, apprendre
leave, *v.t.*, quitter, laisser; *v.i.*, partir
less, moins
lesson, leçon, *f.*
lest, de peur que
let, laisser, permettre
letter, lettre, *f.*
like, *v.*, aimer, vouloir, désirer
listen (to), écouter
little, *adj.*, petit; *adv.*, peu
live, demeurer, vivre
London, Londres
long, *v.*, tarder; I ——— to, il me tarde de; be ——— in, tarder à; *adj. or adv.*, long, longtemps
longer: no ———, ne . . . plus
look, regarder; ——— at, regarder; ——— around, regarder autour
loud, fort, haut
love, *v.*, aimer
low, bas(se)
lunch, déjeuner, *m.*; *v.*, déjeuner

M

madam, madame, *f.* (*pl.* mesdames)
make, faire
man, homme, *m.*; old ———, vieillard
many, very ———, a great ———, beaucoup (de); so ———, tant (de)

March, mars, *m.*
Mary, Marie
master, maître, *m.*
matter: What is the ——— with you? Qu'avez-vous?
May, mai, *m.*
may, pouvoir; that ——— be, cela se peut; it ——— be, il se peut
mean, naughty, méchant(e); to ———, *v.*, vouloir dire
meat, viande, *f.*
meet, rencontrer
mention: don't ——— it, il n'y a pas de quoi
merely, seulement, rien que
Mexican, mexicain
Mexico, Mexique
midnight, minuit, *m.*
midst, milieu, *m.;* into the ———, au milieu
mild: be ———, faire doux
mistake: make a ———, se tromper
mistaken: be ———, se tromper
moment, moment, *m.*
Monday, lundi, *m.*
money, argent, *m.*
month, mois, *m.*
more, plus (de), encore, davantage
morning, matin, *m.;* good ———, bonjour; in the ———, le matin
most, très, bien, fort
mother, mère, *f.*
movies, le cinéma
Mr., monsieur, *m.*
much, beaucoup (de), bien, très
must, falloir, devoir

N

name, *v.*, appeler; be named, s'appeler
narrow, étroit
naughty, méchant

near, près de; ———by, tout près
nearly, près de, presque
necessary, nécessaire; be ———, être nécessaire, falloir
need, *n.*, besoin, *m.; v.*, avoir besoin de, falloir
neither, ni l'un ni l'autre . . . ne; ——— . . . nor, (ne . . .) ni . . . ni
never, ne . . . jamais
nevertheless, cependant
new, nouveau, neuf
New Orleans, la Nouvelle-Orléans, *f.*
news, nouvelle(s), *f.;* What is the ———? Qu'y a-t-il de nouveau?
newspaper, journal, *m.*
next, *adj.*, prochain; *adv.*, après, ensuite
nice, joli, gentil
night, nuit, *f.*
nobody, ne . . . personne
noise, bruit, *m.*
none, pas nul
nonsense! allons donc!
noon, midi, *m.*
nor, ni, et ne . . . pas; ——— I either, ni moi non plus
North America, l'Amérique du Nord (*f.*)
nose, nez, *m.*
not, ne . . . pas (point), non
notebook, cahier, *m.*
nothing, (ne . . .) rien
November, novembre, *m.*
now, maintenant, à présent, déjà
number, nombre, *m.*, numéro, *m.*, compte, *m.*

O

obey, obéir (à)
occasionally, de temps en temps
October, octobre, *m.*
of, de
often, souvent

old, vieux, âgé
once, une fois; at ———, tout de suite
only, ne ... que, seulement
or, ou
other, autre; ———s, d'autres
ought, devoir
out: come ———, go ———, sortir
outside, hors de, en dehors de
over, sur, par, par-dessus
owe, devoir

P

page, page, *f.*
park, parc, *m.*
paper, papier, *m.*
pardon, *n.*, pardon, *m.*; I beg your ———, pardon
parent, parent, *m.*
Paris, Paris, *m.*
Parisian, parisien
patience, patience, *f.*
pay, pay for, payer; ——— attention, faire attention
pear, poire, *f.*
pen, plume, *f.*; fountain pen, stylo, *m.*
pencil, crayon, *m.*
penknife, canif, *m.*
people, peuple, *m.*, on, gens, *m., f.*, monde, *m.*, personnes, *f.*
perhaps, peut-être
person, personne, *f.*
physician, médecin, *m.*
picture, tableau, *m.*, peinture, *f.*
pity, pitié, *f.*; it's a ———, c'est dommage
place, *v.*, mettre, placer
pleasant, agréable, aimable
please, plaire à; if you ———, s'il vous plaît
pleased, content
pleasure, plaisir, *m.*; give ———, faire plaisir
polite, poli
poor, pauvre, mauvais

possible, possible
potato, pomme de terre, *f.*
praise, louer
precisely, précisément; at two o'clock ———, à deux heures précises
prefer, préférer, aimer mieux
preferable, préférable
prepare, préparer
pretty, joli
prevent, empêcher
probable, probable
probably, probablement
promenade, promenade, *f.*
prove, prouver
provide, fournir
provided that, pourvu que
punish, punir
pupil, élève, *m., f.*
put, mettre; ——— on (clothing), mettre

Q

question, question, *f.*
quickly, vite
quiet, tranquille
quite, tout, tout à fait

R

rain, *n.*, pluie, *f.*; *v.*, pleuvoir
rather, assez, plutôt
read, lire
ready, prêt
receive, recevoir
really, réellement, vraiment
reason, raison, *f.*
receive, recevoir
recognize, reconnaître
red, rouge
regret, *v.*, regretter
relate, raconter
relative, parent, *m.*
remain, rester
remember, se souvenir de, se rappeler
repeat, répéter
reply, *v.*, répondre

resemble, ressembler à
rest (the), les autres
restaurant, restaurant, *m.*
return, *v.*, revenir, retourner
rich, riche
ride: go for a ———, se promener (à cheval, en auto)
right, *n.*, droit, *m.;* be ———, avoir raison; *adj.*, droit; on the ——— hand, to the ———, à droite
rise (up), se lever
road, route, *f.*, chemin, *m.*
round, rond
Russia, Russie, *f.*
Russian, russe

S

sad, triste
same, même
satisfied, satisfait, content
Saturday, samedi, *m.*
say, dire; that is to ———, c'est-à-dire; it is said, on dit
scarce, scarcely, à peine
school, école, *f.*
scream, crier
search, chercher
season, saison, *f.*
seated, assis
see, voir
seek, chercher
seem, sembler
sell, *v.*, vendre
send, envoyer
September, septembre, *m.*
set, mettre; ——— out, partir
several, plusieurs
shame, honte, *f.;* it is a ———, c'est honteux
short, court; in ———, bref
shortly, bientôt
shout, crier
show, *v.*, montrer
shut, fermer
sick, malade
silver, argent

since, *prep.*, depuis
sir, monsieur, *m.*
sister, sœur, *f.*
sleep, dormir; to fall asleep, s'endormir
sleepy: to be ———, avoir sommeil
slow, lent
small, petit
smell, sentir
smoke, *v.*, fumer
snow, *n.*, neige, *f.; v.*, neiger
so, si, ainsi, par conséquent, aussi; ——— that, de sorte que
somebody, someone, quelqu'un, on
something, quelque chose, *m.*
sometimes, quelquefois
son, fils, *m.*
song, chanson, *f.*, chant, *m.*
soon, bientôt; as ——— as, aussitôt que
sooner, plus tôt
speak, parler
spend (time), passer; (money), dépenser
spring, *n.*, printemps, *m.;* in ———, au printemps
stand, être debout, se tenir, se trouver
standing, debout
stay, rester, s'arrêter
steal, voler
still, encore, toujours
stop, s'arrêter
story, histoire, *f.*, conte, *m.*
street, rue, *f.;* from one ——— to another, de rue en rue
strong, fort
student, étudiant
study, *v.*, étudier
stupid, sot, bête, stupide
succeed, réussir (à)
such, tel; ——— a, un tel
suffer, souffrir
sum, somme, *f.*
summer, été, *m.;* in ———, en été

sun, soleil, *m.*
Sunday, dimanche, *m.*
sunny, il fait du soleil
sure, sûr
sweet, doux, douce
Swiss, suisse
Switzerland, Suisse, *f.*

T

table, table, *f.*
take, prendre, porter, emporter, mener, conduire
talk, parler
tall, grand, haut
taste, goût, *m.*
teach, enseigner, apprendre
teacher, professeur, *m.*, maître, *m.*
tell, raconter, dire
than, que; de (*before numerals*)
thank, remercier; I ———— you, je vous remercie
theater, théâtre, *m.*
then, alors, ensuite, puis
there, là, y
thereupon, là-dessus
thief, voleur, *m.*
thing, chose, *f.*, affaire, *f.*
think, penser
thirsty: be ————, avoir soif
though, bien que, quoique
through, par, à travers
throw, jeter
Thursday, jeudi, *m.*
thus, ainsi
ticket, billet, *m.*
till, *prep.*, jusqu'à, avant; *conj.*, jusqu'à ce que
time, temps, *m.*, fois, *f.*
tired, fatigué, ennuyé
today, aujourd'hui
together, ensemble
tomorrow, demain; the day after ————, après-demain
too, aussi, trop; ———— much, ———— many, trop
top, haut, *m.*

toward, vers, envers
town, ville, *f.;* in ————, down————, en ville; to ————, à la ville
translate, traduire
travel, *n.,* voyage, *m.; v.,* voyager
true, vrai
try, tâcher
Tuesday, mardi, *m.*

U

ugly, vilain, laid
uncle, oncle, *m.*
under, sous, au-dessous de
understand, comprendre
unfortunate, malheureux
unhappy, malheureux
unless, à moins que
until, jusqu'à ce que
up, en haut; get ————, se lever
upon, sur
upstairs, en haut
use, *v.,* se servir de
useful, utile

V

vacation, les vacances, *f. pl.*
vain, vain; in ————, en vain
value, valeur, *f.;* to be of ————, valoir
very, très
village, village, *m.*
visit, visiter, faire (une) visite à, rendre visite à

W

wait, wait for, attendre
waiter, garçon, *m.*
wake, waken, éveiller, réveiller, se réveiller
walk, *n.,* promenade, *f.; v.,* marcher, se promener
want, avoir besoin, vouloir, désirer

warm, *adj.*, chaud
wash, laver; to ——— oneself, se laver
watch, montre, *f.*
weak, faible
weep, pleurer
well, *adv.*, bien, eh bien, très; so ———, si bien; very ———, très bien, eh bien
when, quand, lorsque
where, où; from ———, d'où
whether, si, que, soit que; ——— ... or, (soit) que ... ou (que)
while, *prep.*, en; ———, whilst, *conj.*, pendant que, tandis que, tant que
whistle, *v.*, siffler
white, blanc
whoever, qui que, qui que ce soit, quiconque
whole, tout
why, pourquoi
wicked, méchant
wide, large
wife, femme, épouse, *f.*
willing: be ———, vouloir bien
wind, *n.*, vent, *m.*
window, fenêtre, *f.*; out of the ———, par la fenêtre
windy, be ———, faire du vent
winter, hiver, *m.*
wish, *v.*, désirer, vouloir
with, avec, chez, à
within, dans
without, *prep.*, sans; *conj.*, sans que
woman, femme, *f.*
work, *n.*, travail, *m.*, ouvrage, *m.*, œuvre, *m.*, *f.*; *v.*, travailler
world, monde, *m.*
worse, plus mauvais, pire, pis, plus malade; which is ———, qui pis est
worth, be ———, valoir
worthy, digne, brave
wretch, misérable, *m.*, *f.*
write, écrire; ——— to each other, s'écrire
wrong, mal, tort, *m.*; be (in the) ———, avoir tort

Y

year, année, *f.*, an, *m.*
yellow, jaune
yesterday, hier
yet, encore, cependant, déjà; not ———, pas encore
you, vous, tu, te, toi

Situational

L'ÉCOLE, THE SCHOOL
le bureau, desk
la craie, chalk
le maître (la maîtresse), teacher
le stylo, pen
le pupitre, desk
le crayon, pencil
le tableau noir, blackboard
la chimie, chemistry
la géographie, geography
l'histoire, *f.*, history
la littérature, literature
les mathématiques, *f.*, mathematics
la physique, physics
la psychologie, psychology
les sciences, sciences
l'allemand, *m.*, German
l'anglais, *m.*, English
le chinois, Chinese
l'espagnol, *m.*, Spanish
le français, French
le grec, Greek
l'italien, *m.*, Italian
le latin, Latin
le russe, Russian

LA MAISON, THE HOUSE
la cuisine, kitchen
la chambre à coucher, bedroom
la salle à manger, dining room
la salle de bain, bathroom
le salon, living room
les toilettes (W.C.), *f.*, lavatory
les meubles, *m.*, furniture
le canapé (le sofa), couch
la chaise, chair
la couverture, blanket
le drap, sheet
le fauteuil, armchair
la lampe, lamp
le lit, bed
le matelas, mattress
le miroir, mirror
l'oreiller, *m.*, pillow
le rideau, curtain
le tapis, rug
le mur, wall
le premier étage, second floor
le rez-de-chaussée, ground floor

LA FAMILLE, THE FAMILY
le bébé, baby
le cousin (la cousine), cousin
la femme (l'épouse), wife
le fiancé (la fiancée), fiancé(e)
la fille, daughter
le fils, son
la grand'mère, grandmother
le grand-père, grandfather
le mari (l'époux), husband
la mère (la maman), mother
le neveu, nephew
la nièce, niece
l'oncle, *m.*, uncle
le père (le papa), father
la sœur, sister
la tante, aunt

LA VILLE, THE TOWN, THE CITY
l'autobus, *m.*, bus
l'avion, *m.*, airplane
la banque, bank
le bateau, boat
le chemin de fer, railroad
le métro, subway

le taxi, taxicab
le train, train
l'aérodrome, *m.*, airport
les bagages, *m.*, luggage
la bibliothèque, library
le billet, ticket
le chemin, way, road
le cinéma, movies
l'église, *f.*, church
le film, film
la gare, station
le guichet, ticket window
l'hôtel, *m.*, hotel
le journal, newspaper
la librairie, bookstore
la malle, trunk
le marché, shopping market
le musée, museum
le passeport, passport
la poste, post office
la route, road
le télégraphe, telegraph
le téléphone, telephone
le théâtre, theater
le timbre, stamp
le trottoir, sidewalk
la salle d'attente, waiting room
la valise, suitcase

LES OCCUPATIONS ET LES PROFESSIONS, THE OCCUPATIONS AND PROFESSIONS

l'agent de police, *m.*, policeman
l'avocat, *m.*, lawyer
le banquier, banker
le boucher, butcher
le boulanger, baker
le chirurgien, surgeon
le coiffeur, barber, hairdresser
la couturière, dressmaker
le dentiste, dentist
le docteur (le médecin), doctor
l'épicier, *m.*, grocer
le gérant, manager
la modiste, milliner
le pharmacien, druggist
le porteur, porter
le tailleur, tailor

VOCABULARIES / 381

le vendeur (la vendeuse), salesman (saleswoman)

LES VÊTEMENTS, APPAREL

les bas, *m.*, stockings
le chapeau, hat
les chaussettes, *f.*, socks
les chaussures, *f.*, shoes
la chemise, shirt
le complet, suit
la cravate, tie
les gants, *m.*, gloves
la jupe, skirt
le mouchoir, handkerchief
le pantalon, trousers
le pardessus, overcoat
la robe, dress
le veston, man's jacket

LE CORPS HUMAIN, THE HUMAN BODY

la barbe, beard
la bouche, mouth
les bras, *m.*, arms
les cheveux, *m.*, hair
le cou, neck
les dents, *f.*, teeth
les jambes, *f.*, legs
les joues, *f.*, cheeks
la langue, tongue
les lèvres, *f.*, lips
les membres, *m.*, limbs
le menton, chin
la moustache, mustache
le nez, nose
les oreilles, *f.*, ears
la tête, head
le visage (la figure), face
les yeux, *m.*, eyes

LES MALADIES, DISEASES

la grippe, grippe
le rhume, cold
mal aux dents, toothache
mal à l'estomac, stomach-ache
mal à la gorge, sore throat
mal à la tête, headache

LES ARTICLES DE TOILETTE, TOILET ARTICLES

la brosse à cheveux, hairbrush
la brosse à dents, toothbrush
le dentifrice, toothpaste
le gant de toilette, face cloth
le peigne, comb
le rasoir, razor
le savon, soap
la savonnette, toilet soap
la serviette de toilette, towel

LA NOURRITURE, FOODS

la viande, meat
le bœuf, beef
le canard, duck
le mouton, mutton
l'oie, *f.*, goose
le poulet, chicken
le porc, pork
le veau, veal
le bifteck, steak
la côtelette, cutlet
l'escalope, *f.*, cutlet
le jambon, ham
le ragoût, stew
le rosbif, roast beef
le poisson, fish
la carpe, carp
la friture, small fried fish
le homard, lobster
la langouste, lobster
le maquereau, mackerel
la morue, cod
le saumon, salmon
l'œuf à la coque, *m.*, soft-boiled egg
l'œuf brouillé, *m.*, scrambled egg
l'œuf dur, *m.*, hard-boiled egg
l'omelette, *f.*, omelet
les légumes, *m.*, vegetables
l'asperge, *f.*, asparagus
la carotte, carrot
le céleri, celery
le champignon, mushroom
le chou, cabbage
le concombre, cucumber
les épinards, *m.*, spinach
les haricots verts, *m.*, string beans
la laitue, lettuce
les petits-pois, *m.*, green peas
la pomme de terre, potato
la tomate, tomato

LES FRUITS, FRUITS

la banane, banana
la cerise, cherry
la fraise, strawberry
l'orange, *f.*, orange
la pêche, peach
la poire, pear
la pomme, apple

LES BOISSONS, BEVERAGES

le café, coffee
le chocolat, chocolate
le cidre, cider
l'eau, *f.*, water
l'eau minérale, *f.*, mineral water
le lait, milk
le thé, tea
le vin, wine

LE RESTAURANT, THE RESTAURANT

le beurre, butter
la confiserie, sweets
la crème, cream
le fromage, cheese
l'huile, *f.*, oil
le pain, bread
le potage, soup
le sel, salt
le sucre, sugar
le vinaigre, vinegar
l'addition, *f.*, bill, check
l'assiette, *f.*, dish
la bouteille, bottle
le caissier (la caissière), cashier
la carafe, decanter
la carte du jour, menu (of the day)
le couteau, knife
la cuiller, spoon
la cuiller à café, coffee spoon
le déjeuner, lunch

le dessert, dessert
le dîner, diner
l'entrée, *f.*, entrée
la fourchette, fork
le garçon, waiter
la glace, ice
le goûter, snack
les hors-d'œuvre, *m.*, hors-d'oeuvres, side dish
le menu, menu
la nappe, tablecloth
le petit déjeuner, breakfast
le plat du jour, main course of the day
le pourboire, tip
la salade, salad
la serveuse, waitress
la serviette, napkin
la soucoupe, saucer
le souper, supper
la table, table
le verre, glass

DIVERS, MISCELLANEOUS
l'âne, *m.*, donkey
le chat, cat
le cheval, horse
le chien, dog
l'arbre, *m.*, tree
la feuille, leaf
la forêt (le bois), woods
l'herbe, *f.*, grass
la marguerite, daisy
la rose, rose
la tulipe, tulip
la violette, violet
la campagne, country
la chaleur, heat
la colline, hill
le feu, fire
le froid, cold
la fumée, smoke
le lac, lake
la lumière, light
la mer (l'océan), sea, ocean
la montagne, mountain
l'orage, *m.*, storm
la plage, beach
la poussière, dust
la rivière, river
la vague, wave
la vallée, valley

SPECIAL OFFER: If you enjoyed this book and would like to have our catalog of over 1,400 other Bantam titles, just send your name and address and 50¢ (to help defray postage and handling costs) to: Catalog Department, Bantam Books, Inc., 414 East Golf Rd., Des Plaines, Ill. 60016.

Speak any language as easily as you speak your own!

FRENCH

- ☐ 22971 THE BANTAM NEW COLLEGE FRENCH & ENGLISH DICTIONARY   Roger J. Steiner $2.95
- ☐ 23163 READ, WRITE, SPEAK FRENCH   Mendor Brunetti $3.50

HEBREW

- ☐ 14420 THE NEW BANTAM-MEGIDDO HEBREW & ENGLISH DICTIONARY   Reuben Sivan & Edward A. Levenston $2.95

ITALIAN

- ☐ 22905 THE BANTAM NEW COLLEGE ITALIAN & ENGLISH DICTIONARY   Robert Melzi $2.95

LATIN

- ☐ 20255 THE NEW COLLEGE LATIN & ENGLISH DICTIONARY   John Traupman $2.95

SPANISH

- ☐ 22888 SPANISH STORIES   Angel Flores, ed. $3.50
- ☐ 22898 THE BANTAM NEW COLLEGE SPANISH & ENGLISH DICTIONARY   Edwin B. Williams $2.95
- ☐ 14386 FIRST SPANISH READER   Angel Flores, ed. $2.25

Buy them at your local bookstore or use this handy coupon for ordering:

Bantam Books, Inc., Dept. EDC, 414 East Golf Road, Des Plaines, Ill. 60016

Please send me the books I have checked above. I am enclosing $_____ (please add $1.25 to cover postage and handling). Send check or money order —no cash or C.O.D.'s please.

Mr/Mrs/Miss_____

Address_____

City_____State/Zip_____

EDC—11/82

Please allow four to six weeks for delivery. This offer expires 5/83.

Facts at Your Fingertips!

☐ 20832	THE PUBLICITY HANDBOOK	$3.50
☐ 22573	THE BANTAM BOOK OF CORRECT LETTER WRITING	$3.50
☐ 23011	THE COMMON SENSE BOOK OF KITTEN AND CAT CARE	$2.95
☐ 14582	AMY VANDERBILT'S EVERYDAY ETIQUETTE	$3.50
☐ 14954	SOULE'S DICTIONARY OF ENGLISH SYNONYMS	$2.95
☐ 14483	DICTIONARY OF CLASSICAL MYTHOLOGY	$2.75
☐ 14080	THE BETTER HOMES AND GARDENS HANDYMAN BOOK	$3.95
☐ 20085	THE BANTAM NEW COLLEGE SPANISH & ENGLISH DICTIONARY	$2.75
☐ 20356	THE GUINNESS BOOK OF WORLD RECORDS 20th ed.	$3.95
☐ 20957	IT PAYS TO INCREASE YOUR WORD POWER	$2.95
☐ 14890	THE BANTAM COLLEGE FRENCH & ENGLISH DICTIONARY	$2.75
☐ 20298	THE FOOLPROOF GUIDE TO TAKING PICTURES	$3.50
☐ 22574	SCRIBNER/BANTAM ENGLISH DICTIONARY	$2.75
☐ 22975	WRITING AND RESEARCHING TERM PAPERS	$2.95

Ask for them at your local bookstore or use this handy coupon:

Bantam Books, Inc., Dept. RB, 414 East Golf Road, Des Plaines, Ill. 60016

Please send me the books I have checked above. I am enclosing $_____ (please add $1.25 to cover postage and handling). Send check or money order —no cash or C.O.D.'s please.

Mr/Mrs/Miss_____

Address_____

City_____ State/Zip_____

RB—10/82

Please allow four to six weeks for delivery. This offer expires 4/83.

READ TOMORROW'S LITERATURE—TODAY

THE BEST OF TODAY'S WRITING BOUND FOR TOMORROW'S CLASSICS.

☐	22580	**PEACE BREAKS OUT** John Knowles	$2.95
☐	23224	**SEPARATE PEACE** John Knowles	$2.50
☐	14666	**SET THIS HOUSE ON FIRE** William Styron	$3.95
☐	20967	**SOPHIE'S CHOICE** William Styron	$3.95
☐	20290	**RAGTIME** E. L. Doctorow	$3.95
☐	20274	**THE SUMMER BEFORE THE DARK** Doris Lessing	$3.50
☐	13441	**ONE DAY IN THE LIFE OF IVAN DENISOVICH** Alexander Solzhenitsyn	$2.50
☐	20178	**THE END OF THE ROAD** John Barth	$3.50
☐	20850	**THE GOLDEN NOTEBOOK** Doris Lessing	$4.95
☐	22817	**MEMOIRS OF A SURVIVOR** Doris Lessing	$3.95
☐	22724	**THE CRYING OF LOT 49** Thomas Pynchon	$3.25
☐	14761	**GRAVITY'S RAINBOW** Thomas Pynchon	$4.95
☐	20580	**EVEN COWGIRLS GET THE BLUES** Tom Robbins	$3.95
☐	01260	**STILL LIFE WITH WOODPECKER** Tom Robbins (Large Format)	$6.95
☐	14081	**BURR** Gore Vidal	$3.95
☐	23246	**BEING THERE** Jerzy Kosinski	$2.95
☐	20332	**V** Thomas Pynchon	$3.95
☐	20554	**THE PAINTED BIRD** Jerzy Kosinski	$3.25

Buy them at your local bookstore or use this handy coupon for ordering:

Bantam Books, Inc., Dept. EDO, 414 East Golf Road, Des Plaines, Ill. 60016

Please send me the books I have checked above. I am enclosing $_____
(please add $1.25 to cover postage and handling). Send check or money order no cash or C.O.D's please.

Mr/Mrs/Miss_____

Address_____

City_____ State/Zip_____

EDO—11/82

Please allow four to six weeks for delivery. This offer expires 5/83.

THE NAMES THAT SPELL GREAT LITERATURE

Choose from today's most renowned world authors—every one an important addition to your personal library.

Hermann Hesse

☐ 22973	MAGISTER LUDI	$3.95
☐ 20696	DEMIAN	$2.95
☐ 20855	THE JOURNEY TO THE EAST	$2.95
☐ 20884	SIDDHARTHA	$2.95
☐ 20858	BENEATH THE WHEEL	$3.50
☐ 23250	NARCISSUS AND GOLDMUND	$3.50
☐ 20804	STEPPENWOLF	$3.25

Alexander Solzhenitsyn

☐ 22904	THE FIRST CIRCLE	$4.50
☐ 13441	ONE DAY IN THE LIFE OF IVAN DENISOVICH	$2.50
☐ 20655	CANCER WARD	$4.95

Jerzy Kosinski

☐ 14117	STEPS	$2.50
☐ 20554	THE PAINTED BIRD	$3.25
☐ 14952	COCKPIT	$2.75
☐ 14661	BLIND DATE	$2.95
☐ 23246	BEING THERE	$2.95
☐ 14577	THE DEVIL TREE	$2.75

Doris Lessing

☐ 20274	THE SUMMER BEFORE THE DARK	$3.50
☐ 22811	THE FOUR-GATED CITY	$4.95
☐ 14398	BRIEFING FOR A DESCENT INTO HELL	$2.95
☐ 22817	MEMOIRS OF A SURVIVOR	$3.95

Buy them at your local bookstore or use this handy coupon for ordering

---

Bantam Books, Inc., Dept. EDG, 414 East Golf Road, Des Plaines, Ill. 60016

Please send me the books I have checked above. I am enclosing $_____
(please send $1.25 to cover postage and handling). Send check or money order
—no cash or C.O.D.'s please.

Mr/Mrs/Miss_____

Address_____

City_____ State/Zip_____

EDG—11/82

Please allow four to six weeks for delivery. This offer expires 5/83.

SAVE $2.00 ON YOUR NEXT BOOK ORDER!
BANTAM BOOKS
Shop-at-Home Catalog

Now you can have a complete, up-to-date catalog of Bantam's inventory of over 1,600 titles—including hard-to-find books.

And, you can save $2.00 on your next order by taking advantage of the money-saving coupon you'll find in this illustrated catalog. Choose from fiction and non-fiction titles, including mysteries, historical novels, westerns, cookbooks, romances, biographies, family living, health, and more. You'll find a description of most titles. Arranged by categories, the catalog makes it easy to find your favorite books and authors and to discover new ones.

So don't delay—send for this shop-at-home catalog and save money on your next book order.

Just send us your name and address and 50¢ to defray postage and handling costs.

BANTAM BOOKS, INC.
Dept. FC, 414 East Golf Road, Des Plaines, Ill. 60016

Mr./Mrs./Miss_____
(please print)
Address_____
City_____ State_____ Zip____

Do you know someone who enjoys books? Just give us their names and addresses and we'll send them a catalog too at no extra cost!

Mr./Mrs./Miss_____
Address_____
City_____ State_____ Zip____

Mr./Mrs./Miss_____
Address_____
City_____ State_____ Zip____

FC—9/81